U0590685

The Multisensory Museum

Cross-Disciplinary Perspectives
on Touch, Sound, Smell, Memory, and Space

多感知博物馆

触摸、声音、嗅味、空间
与记忆的跨学科视野

[美]妮娜·莱文特（Nina Levent）
[美]阿尔瓦罗·帕斯夸尔-利昂（Alvaro- Pascual-Leone） 主编
王思怡 陈蒙琪 译

ZHEJIANG UNIVERSITY PRESS
浙江大学出版社

本书献给我的孩子,艾迪斯·亚历山大和伊莎贝尔,陪伴我游览全球各大博物馆。他们从刚刚学会走路开始就和我在一起,多数时候我们并不是坐飞机。他们总是能够找到享受体验的方法——将伙伴不顾前后地塞进古老的大理石棺,上上下下爬楼梯赛跑,或总是喜欢来点别的恶搞。他们也从不落下博物馆的咖啡厅,将每一次博物馆之旅变成一场感官体验。

——妮娜·莱文特

本书献给我的父亲,阿尔瓦罗·帕斯夸尔-利昂·帕斯夸尔,他很早就让我感受到参观博物馆的乐趣。没有他早期的影响,我可能不会认识到合理展览的重要性以及形成一种对于艺术展示的欣赏判断能力并从中得到欢愉和知识。同时,我想将本书献给我的妻子伊丽莎白和我的孩子安娜、尼科和安德烈,他们一直提醒我什么才是重要的。

——阿尔瓦罗·帕斯夸尔-利昂

总　序

　　现代博物馆源自两个古老的传统,一个是以缪斯的名义出现的对知识和哲学的冥思,一个是以收藏柜为表征的对器物的收藏。这两个传统在很长时间内并没有交集,直到16世纪中叶基格伯格(Samuel Quiccheberg)做出最初的尝试。在基格伯格的时代,在一种以剧场形式出现的讲演记忆训练中,物品作为帮助提示讲演人记忆的手段出场,物品与思想发生了接触。从那以后,两者的结合一直是博物馆史的重要内容。经过几代人的努力,它们逐渐走向融合,并向着两位一体的方向发展。然而,只有当人们的观念突破了收藏物精美的外壳,将关注转向物质深处的精神内涵,并试图以知识和信息的形式将其提炼与揭示出来时,物与思想结缘的通路才被真正打开。从此,物品作为欣赏对象与作为启发思想、帮助理解的知识载体的双重身份出现了有机的结合。

　　这既是博物馆历史演变的趋势,也是博物馆现实发展的理想。依着这样的愿景,当观众进入一座优秀的博物馆,他不仅能感受到人类制造物品的艺术魅力,满足欣赏与崇拜的愿望,也应该能在阐释的帮助下深入理解物品内部的知识、思想与情感的内涵,在智性方面有所收益。然而,在现实中,两者的结合还有待进一步的努力,尤其在中国,如何在欣赏物品的基础上强化展览的信息传播能力,提高观众的参观受益,是今后一个时期特别需要关注的方面。这就是本丛书产生的背景和目的。

　　在全球范围学习型社会建设的浪潮中,非正式学习的需求被极大地放大,博物馆作为一个高度组织化与制度化的非正式教育机构,如何满足这一需求,是一个必须应对的挑战。当公众带着更多学习与理解的诉求进入博物馆,他们会发现,在这一机构中学习与认知的过程是非常独特的,与他们日常的学习经验大相径庭:作为知识传播者的策展人并不像老师那样站在他们的面前,而是隐身幕后;作为信息传播载体的不是符号,而是物品;更大的差异是,如果说教室是为学习者提供的一个栖身空间的话,那博物馆展厅本身就如同教科书,成为学习的对象与内容。观众在书中穿梭,在行走与站立的交替运动中,对空间中呈现的物品进行观察、阅读和体验。在这个过程中，许多在日常学习行为中不曾遇到过的因素开始影响他们的学习，比如方向、位置、体量、光、色彩等。如果方向不对，叙事的顺序就乱了；如果位置不对，物品之间的逻辑关系就错了；如果光出现了问题，观众不仅觉得眼睛不舒服，而且也会对展览的重点出现误解。这种学习者所面临的"环境语境"是其他学习行为所没有的。

这一切都表明，尽管我们可以利用一般的教育学、认知学、心理学和传播学理论来帮助我们，但博物馆学习的独特性质仍然要求我们进行专门的、有针对性的研究，并将其作为博物馆学研究的中心内容之一。没有对博物馆学习与认知过程独特性的研究与理解，我们的传播方法与策略就缺乏明确的标的，缺必要的有效性。所以，在这种情况下，首先要展开对博物馆学习与认知特点的研究，探明这一媒体与其他媒体在传播过程中的区别，为制定正确有效的传播策略提供依据。正因为如此，我们把博物馆学习与认知及其和传播的关系作为重要的学术内容展开研究，并期待有更多的学者关注这一问题。

传播效益取决于多方面的因素，这些因素贯穿在整个展览的建设与运营中。比如：如何通过前置评估了解公众的需求与愿望，并将他们的想法融入到展览策划中；如何在建构展览的结构与框架时将主题叙述的思想与逻辑要求，与博物馆学习的特点及公众的习惯、爱好相结合；如何规划与经营展览设计的空间，让观众觉得整个展览清晰流畅、层次分明、重点突出，并通过形成性评估来保证其落实；如何针对基本陈列展开适当的拓展式教育和相关的配套活动，使展览主题内容得以深化与拓展；如何通过总结性评估收集观众的意见与建议，进一步做好展览的调整与改善，为下次展览提供借鉴；等等。所有这些，都直接影响到博物馆的传播效益，进而影响其社会效益的实现。

本丛书分为"译丛"与"论丛"。鉴于一些国家已经在博物馆学认知与传播方面积累了相对成熟的经验，为我们的探索提供了很好的借鉴，"译丛"从理论与实践两个方面反映了当代西方博物馆学界的新观念、新理论与新实践。"论丛"则是国内学者在探索过程中的心得，尤其令人欣慰的是，作者大多是年轻人，其中有一些已经参加了大量的展览实践。衷心希望这套丛书能够为实践中的工作团队提供有益的启发，为中国博物馆事业发展的洪流增添美丽的浪花。

严建强

2018 年 3 月 30 日

前　言

妮娜·莱文特　阿尔瓦罗·帕斯夸尔-利昂

　　虽然收藏仍然是当今所有博物馆的核心功能之一，但今天的博物馆，已不仅仅是为未来保存古代文物的仓库。它们还是学习中心、交流中心、社交中心、休闲中心甚或疗愈中心。博物馆通过展品与展览逐渐深入到社群之中，并努力使展览对大多数观众而言是亲和易懂、更有意义的。许多展览聚焦在某一件展品上，试图帮助观众感受历史文物，了解其内涵及背后的故事。另有一些则通过纯技术手段创造出没有实物展品的沉浸式学习体验。

　　我们已经意识到，参观博物馆也已不再是单纯的观众被动吸收策展团队精心组织的知识，而是包含了感觉、智性、审美、社交等多方面的综合体验。观众在其中收获的，可能是学习、质疑、沉思、放松、感官愉悦、朋友间的交流、新的社会关系、创造持久的记忆或者追忆过往。

　　在博物馆的定义与目标被重新定位的同时，关于人类大脑及其功能的研究进展重塑着我们对感知、认知与知识的理解。当代的认知神经科学开始倾向于认为，大脑创造基于现实的预期和假设，再与经验进行对比。大脑不是感官信息的被动接收器，而是主动搜索信息去确认或推翻预设。神经科学的研究发现，现实的内在表征，我们对经验做出预设的方式，以及经验本身的性质，从本质上说都是多感知的（Pascual-Leone and Hamilton，2001）。因此，博物馆需要更多地考虑视觉、听觉、嗅觉、味觉、本体感觉以及观众的其他感知体验之间的组合和复杂交互。同时，大脑本质上是可塑的，随着环境、活动、需求等方面的变化而动态变化（Pascual-Leone et al.，2005）。因此，博物馆需要考虑自身对观众的潜在影响和塑造观众大脑的可能性。

　　本书希望开启现代博物馆学与人类神经科学之间的对话。我们意在强调一些优秀的博物馆多感知实践，探讨新的研究与技术将如何影响博物馆的未来，希望启发博物馆界同仁发展多元的博物馆体验，并提供如何实践的实操性信息。本书的撰写者，是各领域的专家学者，他们试图用批判的眼光看待当下多感知博物馆体验与展览的趋势，从感知维度思考博物馆中的学习、沉思与对话。我们很幸运地邀请到顶尖的撰写团队，包括神经科学家、认知研究学者、建筑师、人类学家、历史学家、艺术家、策展人、教育学家，共同构筑一个框架。本书希望通过跨学科的努力，为思考当下与未来博物馆中的感知体验创建一个概念框架。

感知研究与博物馆实践的历史

在美国，非视觉艺术协会（ABS，原视障者艺术教育协会）从 1987 年开始就致力于促成博物馆从业者与认知科学家之间的对话。该组织最初的目标是使视障者也能享受博物馆与视觉文化，并为视障观众开发了一些多感知工具，如可触图片、口述导览、可触展品、有声图片等。该组织的创始人伊丽莎白·阿克塞尔（Elisabeth Axel）和她的团队倡导可触图书并发展了一种由线条与图案组成的可触语言；他们制作了第一本可触式艺术史百科全书《触摸与聆听艺术史》（*Art History Through Touch and Sound*）。在 1996 年他们还开发了第一套博物馆口述导览系统并定期更新。

在 20 世纪 90 年代，阿克塞尔领导下的 ABS 开始转向最新的多感知研究领域。研究内容包括为视障者设计的可触图片、对形式与形状的触觉感知、听觉感知、语言描述、发音、基于感知的艺术教育等。20 世纪 90 年代初，ABS 在大都会艺术博物馆举办了第一个全国性会议，探讨认知心理学家关于多感官的相关研究，包括约翰·M. 肯尼迪（John M. Kennedy）的《绘画与盲人》（*Drawing and the Blind*）（1993）、莫顿·海勒（Morton Heller）的《触摸心理学》（*Psychology of Touch*）（1991）等。之后二十年，ABS 逐渐成为博物馆教育领域前沿性研究与实践的中心。在早期，ABS 与阿尔瓦罗·帕斯夸尔-利昂（Alvaro Pascual-Leone）团队建立了重要合作，他们在贝伦森—艾伦中心从事无创脑刺激研究，隶属于波士顿贝斯以色列女执事医疗中心（BIDMC）与哈佛医学院，其中一项合作的研究对象包括先天失明的艺术家艾斯莱福·阿马甘（Esref Armagan）（Amedi et al. , 2008）。两者合作探索新的研究领域，特别是博物馆和艺术实践的相关性。

ABS 与大都会艺术博物馆的合作始于两年一次的国际性会议——非视

觉艺术:多模式学习方法。来自大都会艺术博物馆的丽贝卡·麦金尼斯(Rebecca McGinnis)提出倡议,使会议内容由关注视障者拓展到探讨所有博物馆观众的多感知学习。过去十年中的四次会议已经吸引了神经科学、社会心理学、博物馆学、教育学、艺术史、计算机科学、美学等领域的学者。

通过最近一些博物馆、艺术家和神经科学研究实验室间的创新合作,艺术、感知、认知与博物馆实践之间的对话正在建立起来。2010 年,沃尔特斯艺术博物馆宣布与霍普金斯大学的精神/脑研究所进行合作。同年,著名表演艺术家玛丽娜·阿布拉莫维奇(Marina Abramovi)在纽约现代艺术博物馆举办了一次回顾展,在与纽约大学的神经科学家们合作的一个艺术和科学相互凝视的项目中,她获得了极大的灵感。大西洋两岸越来越多的博物馆开始组织讲座与演讲,探讨神经科学与声音、视觉注意、学习、美学、创意及关于博物馆经验其他方面的关系。

当今的神经科学与物的感知

关于我们是如何感知这个世界的,通常的观点是,我们拥有一系列分布式系统结构与不同类型的感知模式及过程相对应。也就是我们说的视觉系统、触觉系统、听觉系统等等。的确,我们拥有不同形态的专门化感受器,可以同时接收和捕捉世界上不同能量形式的信息。某些体验的确是单模态的,比如色彩只能由视觉感知,痒感只能由触觉感知,音高只能由听觉识别等。但是,正如巴里·斯坦(Barry Stein)和亚历克斯·梅瑞狄斯(Alex Meredith)充分阐述的那样(Stein and Meredith,1993),我们对世界的感知体验是多模态的。我们能够对不同感知模态进行整合(多感知整合),并且,经常从某一感知模态提取信息再用到另一感知模态中去(跨模态调节);比如,我们能够通过触觉感知形状随后通过视觉准确辨认出它。这提出了一个广泛议题:关于大脑组织架构中的内在性与经验性影响。在这种背景下,现代神经科学开始强调身体内在经验的重要性,大脑并不是感觉输入的被动接收器,而是对世界积极建构的预期,并与经验进行对比。

大脑负责创造对这个世界及事物的预测,在这个角色中,大脑其实对现实有一种元模态的表述(Pascual-Leone and Hamilton,2001)。大脑似乎是由元模态运算组成,无论接受到的感知输入是什么,神经网络总会由一定的计算而得到应用。但这不表示特定计算中没有感知通道。这正是让皮层产生自己被构建在感受器周围而不是处理器周围的错觉之源。但是，现实世界的内部展示似乎有效地超过了特定的感知形态。如果确实如此，这暗示着默认的对于世界的多感知体验的存在。

感知研究、多感知学习与博物馆学

随着人文与社会科学领域将目光转向感觉与感官文化生活研究，感知研究在过去二十年间蓬勃发展。相关的感知研究大多启发于康考迪亚感知研究小组所做的工作。这个研究小组是由人类学家大卫·霍威斯（David Howes）、历史学家康斯坦斯·克拉森（Constance Classen）与社会学家安东尼·辛诺特（Anthony Synnott）在 1988 年组建的。他们出版了一系列书籍探讨感知体验的多样性，如霍威斯的《感知体验的多样性》（*The Varieties of Sensory Experience*）（Howes，1991）。后续出现了很多关于典型五感的研究（如 Classen，Howes and Synnott，1994；Bull and Back，2003；Classen，2005，2012；Korsmeyer，2005；Edwards and Bhaumik，2008）。还有研究关于在历史与不同文化中我们对感觉的理解是如何变化的（Classen，1998；Howes，2005；M. Smith，2007）。文学学者和医学史学家也加入了感知理解受"文化"影响的阐释研究中（B. Smith，1999；Bynum and Porter，1993；Jütte，2005；Ackerman，1991）。在这些著作中，谈及博物馆领域的有很多，如克拉森的《触摸之书》（*The Book of Touch*）（2005）中有一章专门论述了早期博物馆中的观众体验。其中，克拉森描述了在 17 世纪末和 18 世纪，前去阿什莫尔博物馆和大英博物馆的观众会摩擦、拿起、摇晃、嗅闻甚至品尝展品。其他历史学家记录了那些我们如今习以为常的感官约束是如何逐渐形成的（Leahy，2012），最终只有保管员与鉴定家被允许与藏品亲密接触，而曾经这是一种常见的传统（Candlin，2010）。

在这种"感知转向"中，现代博物馆的专业人员开始重新思考对观众感官运用的种种限制，并开始积极鼓励观众运用感知。随着越来越多的研究表明触摸与把玩物件具有社会、认知甚至疗愈价值（Pye，2008；Chatterjee，2008），博物馆对"触摸"的重视得到加强。直接"体验与感受事物的属性"已经形成一个新的焦点（Dudley，2010，2012），这彻底改变了解释历史遗产与其他文化中物质遗产的方式。越来越多关于多感知学习策略的研究表明,多感知学习不仅适用于幼童,对学龄儿童以及成年学习者同样意义非凡,这给博物馆教育学家极大的启发。教育学家与实践者指出多感知学习方法在学习数学、语言、阅读等领域有一些成功经验(Birsch,2005;Campbell et al.,2008;Kerry and Baker,2011;Shams and Seitz,2008;Scheffel et al.,2008)。多感知学习的效果表现在学生参与度的提升,更完整的信息留存,母语与外语技巧的提高,阅读能力、数学技能及完成复杂任务能力的加强。而且多感知教学方法对有感官缺陷的学习者尤为有效(Malatesha Joshi et al.,2002;Axel and Levent,2003;Al-Hroub,2010)。

学术界的感知转向也启发了艺术家们探索非视觉感知的艺术化可能性。过去几十年里,艺术家们尝试将声音、气味、触摸、动作甚至味道融合进创作中。归功于技术的发展,我们已经能够更好地控制声音与气味,并运用数字与机器人技术扩展触摸与动作。多感知沉浸已经逐渐成为艺术界的目标(Jones,2006;Schwartzman,2011),也转而挑战了博物馆界对感知运用的限制(Drobnick,2004,2006;Voegelin,2010;Serres,2009;Kelly,2011;Bacci and Melcher,2011)。打破感知的界限,接纳而不是排除诸如视障者这样的特殊人群,正在成为博物馆学研究的新领域,这也是本书试图进一步探讨的。

感知体验与消费趋向

多感知博物馆体验实在少得可怜。人们还是很少关注不同的感知模式,设计博物馆时也很少会考虑提升多感知体验。但这很重要,现代神经科学告诉我们,基本上我们对世界的所有体验都是多感知的。因此,博物馆策展人与管理者应当充分了解设计多感知博物馆体验的重要性。从本质上来说,无论我们喜欢与否,博物馆体验都将是多感知的。因此,比起偶然和潜在的不良影响,我们更应该把注意力放在努力达到想要的效果上。

基于这样的想法,让我们重新审视当下的状况。正如本书中许多作者所说,博物馆中的触觉与嗅觉仍然受到"感官等级"的制约,视觉感知拥有凌驾于其他感官之上的特权。当下展览中的许多展品还被锁在玻璃柜里,艺术仍然以沙龙的形式呈现,感官体验可能会通过博物馆的"后门"——商店和餐馆进入博物馆文化。消费者倾向于更具有感受性的商品,这是对这一趋势的迎合。达西斯博物馆(Dahesh Museum)致力于欧洲学院艺术的收藏，展厅位于纽约市麦迪逊大道和第五十七街。在这家博物馆的礼品店里有极具特色的维多利亚珠宝、丝绸和羊绒披肩、精美的艺术品、19 世纪的东方家具，完全可以与麦迪逊大道的任何其他商店相媲美。许多观众和游客徘徊在摩洛哥凳子、土耳其枕头、巴黎药丸盒和印度披肩之间，却从未走到楼下的展厅。

新艺廊(Neue Galerie)位于纽约上东区，专门展出 20 世纪初德国及奥地利艺术与设计。这座博物馆空间比较小，却有两个餐厅：Sabarsky 咖啡馆和Fledarmaus 咖啡馆，都提供传统的维也纳咖啡。咖啡馆里顾客坐的椅子由现代奥地利建筑师阿道夫·路斯(Adolf Loos)设计，还有其他时期的物件，包括约瑟夫·霍夫曼(Josef Hoffmann)设计的灯具和 1912 年奥托·瓦格纳(Otto Wagner)设计的内部装饰物。因此，当你在享用经典的维也纳餐品时，可以在纽约体验到最地道的维也纳咖啡文化。不论这个博物馆楼上的展厅观众多不多，餐厅总是人满为患。这样看来，餐厅的感官体验似乎比博物馆展厅吸引了更多新老顾客。

大脑的感知博物馆

博物馆是一处我们可以有机会探索和感知物的地方——奇珍异宝、功能性物品和优美艺术品。博物馆也是我们邂逅，建立社交，分享故事，衡量自身观点和辩论的地方。但是我们在博物馆空间中的体验因我们先前的知识、动机和背景(Falk,2009)而更加多彩。事实上，正如我们上述讨论的，现代神经科学表明大脑作为体验预测员的角色是很普遍的。我们进入一家博物馆，就像我们穿越生命，我们的大脑建立起预测框架来决定我们要看什么(我们只看到自己想看的东西)并影响我们的体验(当大脑的模型地图符合了体验，我们会感到更加舒适)。聪明的英国儿童作家简·马克(Jan Mark)为年轻和中年观众提出了大脑博物馆这一概念，他将这一概念看作是最终的博物馆藏品。

一切都在你的脑子里。你曾听到的，闻到的，尝到的和触摸到的所有东西都在那里。大部分被推到了后面，比如实际博物馆中的东西，但当你要用的时候就发现很多东西还是在那里。任何时候你都可以拿出来参观；你可以随便花多少时间在物体周边观察。当你年纪逐增，很多在你首次收藏时并不理解的东西突然变得易懂了。
把它们从地下室中拿出来……记忆是你的博物馆，你的好奇柜，你
的珍宝阁。它永远不会被塞满；总是会为新的、奇怪的、神奇的东西
留出空间。（Mark，2007）

正如马克所建议的，一个 70 岁的纽约盲人带着我们穿过她的大脑博物
馆。她首先向我们生动地描述的物品之一是她童年在美国自然历史博物馆
中遇到 90 英尺长鲸鱼模型。她看不到鲸鱼模型，也摸不到，因为这个模型是
在长廊的天花板上，但她保留了这个生动的大脑形象几十年，这个形象来自
于口头描述和亲自用码尺测量 90 英尺模型的动态且愉快的体验，这让她理解
了这个巨型动物的尺寸（Reich et al.，2011，9.95）。当我们离开博物馆时，我
们把这个巨大蓝鲸、本·富兰克林（Ben Franklin）的手杖、林肯的帽子和蒙娜
丽莎抛之脑后，带回家的是物件或艺术品的脑中形象；我们自身的预想、博物
馆的氛围、向导的热情和在物前无意中听到的对话，为这个动态形象添加了
色彩。大脑博物馆是通用性的；成人和孩子，那些看得见和看不见的人，将他
们遇见过的物体收集成脑中形象。这种大脑多感知博物馆是以我们在实际
博物馆空间中的体验为背景的。

本书结构：未来博物馆的跨学科框架

我们要承认这本书的悖论，即试图单靠叙事来创造丰富的感官体验讨
论。但本书中的许多作者还是完成了这个艰巨的任务，成功地描述了复杂的
多感知博物馆际遇，并再现了微妙而强烈的感官对象经验的本质。

这本书是围绕触摸、声音、空间、气味、味道与未来博物馆的主题展开的。
然而，它真正的目的则是强调这样的区分虽然在叙述和操作上是方便有用
的，但只是人为的划分。事实上，它们是彼此交织的多感官（多模态）现实，基
于大脑的现实表征以及我们对这个世界的经验。

每个专题部分的开篇均是概述性的关于触觉、听觉、空间或嗅味等感知
模式的研究现状与科学原理的背景介绍。这些开放性的章节揭示了我们对
大脑运作方式的了解，包括如何通过不同的感知模式处理信息，以及如何在
不同感官输入的基础上生成意象与记忆。所有的专题部分也都囊括了目前

博物馆实践的案例，以及博物馆规划、视觉艺术、展览设计方面的趋势概览。本书中我们对博物馆的定义是宽泛的，正如美国博物馆联盟提出的，这个定义集合了现存的植物园、动物园、水族馆、科技馆、历史博物馆和历史遗迹，以及艺术博物馆；还包括保存美洲土著传统和文物的文化中心等。

　　第一部分是博物馆与触摸，以克里什·萨显（Krish Sathian）和西蒙·莱西（Simon Lacey）的文章开篇，他们向我们呈现了神经科学家在触觉感知上的观点，同时也阐释了在物的感知上触觉与视觉之间的相似性。他们讨论得出，通过触觉对物进行的探索并不是单一感知的，也不是与视觉直接分离的体验，而实际上，触觉感知过程运用了许多与视觉相同的大脑区域。在第二章，弗朗西斯卡·巴吉（Francesca Bacci）和弗朗西斯科·帕瓦尼（Francesco Pavani）提出"触觉不仅仅是用手来完成"，同时采用了广泛的视角来讨论触摸，他们认为触摸包括整个身体的本体感受和内感受体验，例如观赏艺术作品时的感同身受，同时也存在着身体位置、比例与艺术作品之间相互联系的感受。弗朗西斯卡·罗森伯格（Francesca Rosenberg）和卡丽·麦吉（Carrie McGee）以他们在纽约现代艺术博物馆的经验，探索设计亲密接触艺术家的材料与工具的教育项目。菲普斯温室植物园的莫利·施泰因瓦尔德（Molly Steinwald）、梅丽莎·哈丁（Melissa Harding）和理查德·V. 佩森蒂尼（Richard V. Piacentini）探索如何针对植物园内的活态藏品使用触摸和其他感官体验来策划新的展览和项目，他们给出了一系列在博物馆内开展的例子，让观众亲身接触真实的植物，同时提供绿色空间来开设自然教育项目，从而满足人们的社交与学习需求。妮娜·莱文特（Nina Levent）和琳恩·麦克雷尼（Lynn McRainey）综述了目前关于触摸体验的多种博物馆与艺术界的评论与观点。

　　第二部分是博物馆与声音，由史蒂芬·R. 阿诺特（Stephen R. Arnott）和克劳德·阿兰（Claude Alain）开篇，他们探讨了声音的神经科学可帮助发展声音展厅及声音博物馆的设想。他们在近二十年来的研究中主要关注于大脑如何完全地处理声音场域，大脑是如何在感兴趣的发声物体中通过有效分配注意力来区分和识别各种声音的。作曲家、艺术家及演员赛斯·克卢特（Seth Cluett）评论了近五十年来的关于声音的策展主题。他的文章中不仅包括了声音艺术作品，同时还有其他多感知艺术作品及声音作为主题出现的展览。他从三个方面把我们一同带入声音之旅：从 20 世纪 60 年代晚期萌发的将转瞬即逝的声音作为艺术元素的初步认识到 20 世纪七八十年代将声音艺术完全地运用至各大媒介，最后到 21 世纪，策展人不断地重新评估音像艺术与声音作为媒介的潜力。萨洛米·沃格林(Salomé Voegelin)向博物馆引进了声音漫步的实践——在行走中聆听环境——同时带领着我们在伦敦的博物馆中开始一场声音之旅。她强调了声音与空间紧密相连，阐释了博物馆藏品之间看不见的关系，从不同角度来欣赏建筑，同时鼓励多种不同的策展策略。

　　第三部分是博物馆与嗅味，这是关于在博物馆语境下嗅觉与味觉的运用。理查德·史蒂文森(Richard Stevenson)关于"被遗忘的感官"的文章强调了嗅觉不同寻常的性质，包括成为唤起幼年记忆的线索，诱发强烈的情感波动，尤其是诸如厌恶和害怕等消极情绪，掌控心情，同时产生与气味融为一体的感觉。史蒂文森总结了几点在博物馆内使用嗅觉来增进观众体验的建议，包括感官残疾的观众。神经科学家安德里亚斯·凯勒(Andreas Keller)分析了想在博物馆展览中加入气味元素的艺术家、展览设计师、建筑师、策展人和教育工作者所面对的挑战和机会。凯勒特别地关注了嗅觉与视觉之间的基础性差异。这一讨论提供了曾经专注于视觉物的博物馆专家试图在展览中加入气味的理论基础。凯勒提到嗅觉艺术在空间中很难控制，经常会产生很强的潜意识影响，同时能触发强烈的情感反应。艺术批评家和嗅觉艺术策展人吉姆·多罗拔尼克(Jim Drobnick)带领我们进入了嗅觉艺术与博物馆和画廊中的气味之旅；他以礼品店中令人愉悦的气味开头，以通过气味来思考文化社会禁忌的艺术家结束。多罗拔尼克阐释了嗅觉艺术作品和展览是如何将博物馆变成一个愉悦的气味场域的；同时他指出这些作品对于传达体验的策展人而言存在的一些复杂挑战。本部分的最后一章是值得关注的关于味觉和博物馆内与味觉相关的教育体验趋势。伊丽娜·米哈拉齐(Irina Mihalache)探讨味觉作为一个教育角色的可能性且其有利于激发对饮食文化与文化原型的评判性思考，同时强调食物作为身份标记的集体意义与价值。

　　第四部分是博物馆建筑与感官，开篇是由雨果·斯皮尔(Hugo Spiers)、菲奥娜·齐西斯(Fiona Zisch)和史蒂芬·盖奇(Stephen Gage)关于博物馆导航认知方面的综述，他们关注近期对于大脑如何再现和记忆建筑空间的研究。在最为先进的研究基础上，作者带给博物馆展览和空间的建筑设计师可能的暗示。芬兰建筑师和建筑理论家尤哈尼·帕拉斯马(Juhani Pallasmaa)

在 1996 年发表的《肌肤的眼眸》(*The Eyes of the Skin*)中首先提出并发展了该论点。这本书作为建筑界的经典之作，为多感知建筑奠定了基础。在此，帕拉斯马建议博物馆建筑应尽可能地增进感知，激发观众的感官，促进观众与展品间的热烈对话。帕拉斯马通过介绍他的若干博物馆展览设计来展示自己的观点，同时说明了设计是如何增加展品存在感的。乔伊·莫妮卡(Joy Monice)和弗兰克·沃德瓦尔卡(Frank Vodvarka)描述了多感知建筑包括加拿大和美国土著居民的活态建筑。土著文化中很少出现"博物馆"这样的单词，因为那是代表"死亡"的事物。他们的传统和物件需要一个与独特文化及其感官、符号、精神、神话同他们的活动相共鸣的空间。

第五部分是未来的博物馆，它提供了将会塑造我们对于未来博物馆的理解以及观众与物之间互动的想法与观点。其中包括来自认知研究、人类学、博物馆教育、数字科技和机器人学的观点，同时也有艺术家、策展人和工程师的声音。杰米·沃德(Jamie Ward)提供了一种记忆是如何被建构的看法以及感官所扮演的在特定环境中促进记忆的角色。他在博物馆学习和其他博物馆体验中总结出了这些科学发现的含义。文化人类学家大卫·霍威斯(David Howes)邀我们一同重新审思传统的与视觉相关联的西方审美定义以及强调这一定义的博物馆规章。他提出非西方文化的感官审美体验可以帮助我们开始想象全新的综合审美定义。霍威斯认为美学的秘密源自感官共轭，同时他将未来的博物馆比作一个感官场，在那里审美体验在跨文化和多模式中被建构。塞尔瓦托·阿里洛蒂(Salvatore Aglioti)、伊拉里亚·巴夫拉里(Ilaria Bufalari)和马泰奥·坎迪迪(Matteo Candidi)继续进行审美的探讨，他们聚焦于审美感知中的心理与认知过程，以及审美是如何与观众的具身感知相联系的。他们的观点植根于具身认知理论，同时提出我们感知自己的身体以及与艺术品互动的方式，在博物馆中的观众在审美感知中扮演了重要的角色。当凝视一幅艺术作品时，我们的大脑模拟着和艺术品与艺术家相关联的状态；这样的同感关联和大脑图像极可能是我们进行审美判断的关键所在。丽贝卡·麦金尼斯(Rebecca McGinnis)以独特的观点从盲人或弱视观众群体的视角来看待博物馆。她将这些观众的深刻见解与当下博物馆教育的趋势相结合，同时这将会影响未来的博物馆教育项目的创设和策展过程。麦金尼斯在展厅与这些观众打交道的经验支持情境认知的观点，即我们身体所处的空间、博物馆环境以及与导览人员的互动能够形塑我们对于博物馆物与收藏的认识与理解。麦金尼斯描述了一系列现在和未来的博物馆体验,其中包括智性的、美学的、社交的、休闲的、沉思及正念等。最后,未来的博物馆这一部分还包括了围绕当前及未来技术的讨论,其中有藏品的数字化及机器人学等。英国曼彻斯特博物馆的萨曼莎·斯宝顿(Samantha Sportun)探讨了高分辨率博物馆藏品 3D 扫描及 3D 打印复制品的现状与前景,同时也提到通过使用触觉设备结合虚拟接口实现观众的虚拟触摸藏品体验。这些技术预示着博物馆将冲破边界,因为观众即使无法在身体上靠近,但依然可以深入了解成百上千的博物馆藏品与艺术品。这一部分还包括了妮娜·莱文特、策展人塞巴斯蒂安·陈(Sebastian Chan)、艺术家拉斐尔·洛扎诺·哈默(Rafael Lozano Hammer)、机器人学家海瑟·奈特(Heather Knight)之间关于现有技术在转变未来博物馆发展中所扮演的角色的对话。我们尤其关注科技在博物馆中增进感知、促进互动、实现全身心沉浸式多感知体验的能力。

目　录

第一部分

博物馆与触摸

1 请务必触摸展品：
视觉意象与触觉感知的相互作用

西蒙·莱西 克里什·萨显

从单感官到多感官角度的转变与神经科学研究和博物馆体验相关。直至今日，博物馆或画廊的参观方式仍旧以单一的视觉体验为主（Candlin，2008），展品被玻璃阻挡着，或是以其他方式与观众保持着距离，另外还有来自标识和工作人员的明令禁止："只准观看，请勿触摸！"最近，这些限制在某些情况下有所放宽：例如，大英博物馆（伦敦，英国）推出的"触摸"项目允许观众触摸特定的展品。虽然存在以重现维京人生活气味、声音而著称的约维克维京中心（约克，英国），但视觉以外的其他感官所受到的关注仍然较少。并且，此类例子主要来源于宣传和教育活动，而鲜少有来自神经科学领域的直接报道。

此前，我们对大脑组织的理解是感官输入信息由各自的感官系统单独处理，而研究的重点也在于视觉处理。然而，现在的研究发现许多先前被认定为专门处理视觉输入信息的大脑区域在人体进行被动触摸或主动触摸任务时也会被激活。例如，处理视觉运动的区域也会被触觉运动激活（Hagen et al.，2002；Summers et al.，2009）；触觉纹理感知也会激活视觉纹理选择性区域（Stilla and Sathian，2008；Sathian et al.，2011）；而侧枕叶在视觉感知和触觉感知下都会做出形状选择性反应（Amedi et al.，2001，2002；Zhang et al.，2004；Stilla and Sathian，2008）。由此，旧的观点正逐渐被基于多感官任务系统的"元模型"大脑概念所取代（Pascual-Leone and Hamilton，2001；Lacey et al.，2009a；James et al.，2011）；例如，无论是处理视觉任务或触觉任务时，形状选择性区域都会做出反应。一个直观有趣的观点是：触觉感知时大脑视觉区域的激活反映了视觉意象（Sathian et al.，1997）；在感知一个物体时，人们会自然而然地想象它的样子。在本章中，我们将回顾视觉意象在触觉形状感知中的潜在作用,并勾勒出相关的流程模型。在此背景下,审视在物体识别中视觉与触觉的相似性,并从中推断出物体形状表象的内在原理。

物体识别中视觉与触觉的相似性

物体识别具有观察点依赖性,视角变化会干扰后续的视觉与触觉识别(详见 Peissig and Tarr,2007, Lacey and Sathian,2011 的评论)。后来的研究惊人地发现双手可以从不同角度同时探索物体,由此同时获取不同"角度"的信息。然而,随着对物体的熟悉,旋转物体对视觉和触觉识别的干扰将会减少,并更加倾向于"观察点独立"认知(Peissig and Tarr,2007;Lawson,2009)。相比内模式识别,在物体甚至是陌生物体的识别中,无论是先进行视觉学习再进行触觉检查,或是先进行触觉学习再进行视觉检查,视—触交叉模式识别都属于观察点独立认知(Lacey et al.,2007a)。当触觉学习在前,视觉检查在后(反之则不行),对熟悉物体的交叉模式识别也是"观察点独立"认知(Lawson,2009),尽管解释这一情况的原因还未明确。

基于这些发现,我们得出结论:对同一物体的表象可能与交叉模式识别和观察点独立认知有关。在感知学习研究中(Lacey et al.,2009b),我们证明了观察点独立认知可以通过两种模式间完全对称地转移来获得。交叉模式学习(无论触觉学习在前、视觉检查在后,或是反之)也发生了视觉和触觉内感官的观察点独立认知。由此,我们得出结论,视—触观察点独立认知,无论是内模式或是交叉模式,都依赖于直接将单一感官与观察点依赖表象相结合的多感官表象。

视觉意象与触觉

如果视觉和触觉具有一个共同的表象系统,那我们应该能找到视觉与触觉衍生表象处理的相似处,而事实也是如此。例如,用来浏览视觉图像(Kosslyn,1980,第 7 章;1994,第 10 章)或触觉衍生图像(Röder and Rösler,1998)的时间与观察的空间距离成正比。此外,用来判断两个物体是否相同或反映视图的时间,会随着视觉与触觉(Shepard and Metzler,1971;Kosslyn,1980,第 8 章;1994,第 10 章)刺激中物体角度差异的增加而呈接近线性增长(Marmor and Zaback,1976;Carpenter and Eisenberg,1978;Dellantonio and Spagnolo,1990)。当触觉刺激与标准角度之间的差异产生变化,左顶叶皮层(Prather et al.,2004)中特定区域的相关活动也会随着视觉刺激的心理旋转而活跃(Alivisatos and Petrides,1997)。类似的情况在视觉正常、失明早期或后期个体中都有发现(Carpenter and Eisenberg,1978;Röder and Rösler,1998)。这些结果表明,空间度量信息保存在视觉与触觉的衍生表象中,而两种模式都依赖于相似的意象处理方式(Röder and Rösler,1998)。

视觉与触觉中的共同意象层次

心理意象不是一种单一能力,最近的研究表明存在两种不同的视觉意象,它会随个人的喜好而有所不同。"物体"成像倾向于产生那些形象化的,与物体的形状和表面属性等实际外观相关(例如颜色和纹理)的图像。相比之下,"空间"成像则倾向于产生与物体空间关系、元件构成以及空间转换相关的示意图(Kozhevnikov et al.,2002,2005;Blajenkova et al.,2006)。

在我们进行的一项研究触觉与多感官表象的实验中,除了视觉维度之外,是否还存在物体与空间意象维度(Lacey et al.,2011)。我们利用物体成像需要对物体表面属性的信息进行编码而空间想象则不需要的观点,进行了纹理变化的形状识别以及形状变化的纹理识别任务。在视觉和触觉中,我们发现物体成像中纹理的变化会削弱形状识别,而空间成像中纹理的变化不会影响形状识别;空间成像中形状的变化会影响纹理识别,而物体成像中形状的变化不会影响纹理识别。类似的情况也发生在交叉模式下,当参与者进行上述的多感官观察点独立表象时(见 Lacey et al.,2009b),物体成像的形状识别会受纹理改变的影响,而无论纹理改变与否,空间成像都可以进行形状识别。因此,这将有助于探索物体意象与空间意象的作用,而不是简单地采用无差别的视觉意象法。这种区别是有意义的,因为视觉和触觉会对物体的空间信息进行编码——例如,尺寸、形状、相关位置等信息——此类信息会被编码进独立模式的空间表象中(Lacey and Campbell,2006)。这种可能性得到了最新研究的支持，表明空间（非物体）意象与交叉模式（而非单一模式或物体识别）的准确性有关（Lacey et al.，2007a）。

参与视—触形状处理的皮层区域

参与视—触形状处理的主要大脑皮层区域为侧枕叶（图 1.1），侧枕叶是最初被确认为视觉物体选择性区域（Malach et al.，1995）。然而，侧枕叶的一部分会对视觉和触觉物体进行有选择的反应（Amedi et al.，2001，2002）。在3D（Amedi et al.，2001；Zhang et al.，2004；Stilla and Sathian，2008）与 2D触觉形状感知过程中，侧枕叶都会被激活（Stoesz et al.，2003；Prather et al.，2004）。侧枕叶被认为是处理几何图形的区域。它在物体识别过程中不会被特定物体的声音激活（Amedi et al.，2002），但经过适当训练后，当听觉目标识别通过视听感官替代装置进行传递后，侧枕叶便会做出回应（Amedi et al.，2007）。此类装置可以将视觉形状信息转化成听觉信息流或"声景"，通过听觉过程与立体声移位传递视觉横轴，通过调整音高来传递纵轴，通过调整响度来传递亮度。从这些声景中提取的形状信息，经过适当的训练后，能够实现物体识别并泛化到未经训练的物体；需要注意的是，这种情况只发生在按上述规则（而不仅仅只是任意的与声音—形状相关的课程）进行过训练的个人（无论是视觉正常或是失明的人）身上。总之，这些成果强有力地表明了侧枕叶是与形状信息处理相关的区域，无论这些形状信息是以何种感官模式输入的。

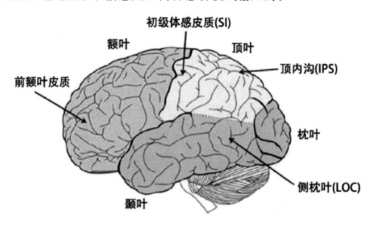

图 1.1　人类大脑左半球相关脑叶划分与主要皮质区示意图

几个顶叶皮质区域也显示了多感官形状选择性,包括初级体感皮质(SI,图1.1)的后部(Stilla and Sathian,2008),而这个区域通常不被认为是多感官的,即使在猴子身上进行的神经生理学研究表明初级体感皮质的视觉反应良好(Zhou and Fuster,1997;Iwamura,1998)。视—触形状选择性也广泛存在于人类顶叶的顶内沟中(IPS,图1.1),而顶叶正好处在传统的多感官皮质区域范围之中(Grefkes et al.,2002;Saito et al.,2003;Stilla and Sathian,2008)。

一个关键的问题在于,视觉皮质区的主动触觉或被动触觉激活反应仅仅只是附带造成的结果,还是任务处理中必不可少的一部分? 两个案例证据表明答案是后者。首先,对侧枕叶损伤的患者进行的研究表明侧枕叶是触觉与视觉形状感知的必要区域。其中一名患者,即使基本的躯体感觉皮质与功能都是完整的,侧枕叶损伤还是导致了其触觉与视觉失认症(无法识别物体)(Feinberg et al.,1986),而另一名患者则无法通过视觉或触觉学习新的物体。其次,一些研究对各大脑视觉区域进行了经颅磁刺激,以此来暂时妨碍各个大脑区域的功能,从而来证明它们是否参与了触觉任务。例如,对在光栅定位的触觉识别中被激活的顶枕叶区域进行经颅磁刺激(Sathian et al.,1997)后,触觉识别受到了干扰(Zangaladze et al.,1999)。最新的一项研究报告表明,对左侧枕叶的经颅磁刺激会干扰物体分类活动(Mullin and Steeves,2011),表明了物体的处理不能脱离这一区域。同理,对左顶内沟进行经颅磁刺激会影响用左手进行形状的视—触识别,但却不会影响用右手进行的触-视识别(Buelte et al.,2008),但对右顶内沟进行的经颅磁刺激却对两种交叉模式感知都不会产生影响。虽然其中的具体原因还不清楚,但这说明了躯体感觉、顶区与侧枕叶区域在多感官形状处理中的具体作用还有待解决。

视觉意象或多感官融合?

一个颇大的可能性在于,视觉皮质的触觉触发激活以视觉意象为中介(Sathian et al.,1997)。许多研究表明侧枕叶会在意象任务中被激活:例如,盲人之前通过触觉的方式,或视力正常的人通过视觉的方式接触过的物体(De Volder et al.,2001),他们对此类熟悉的物体会产生心理意象,并根据记忆回想物体的几何和材料属性（Newman et al.，2005）。有趣的是，个体在视觉想象生动性的差异可用来预示右侧枕叶区域在触觉形状感知过程中的活跃程度（Zhang et al.，2004）。在此基础上，一些研究者反对先天盲人和视力正常的人拥有相同的（形状相关的）活跃性。由于先天失明的盲人没有视觉意象，盲人感受到的意象，无法用来解释视力正常人群的视觉激活区域（Pietrini et al.，2004）。然而，事实上，在触觉形状感知时，盲人无法采用视觉意象，当然我们也没理由排除视力正常的人群也会存在这种可能性，尤其是考虑到视力正常的群体与盲人群体之间的神经差异（Sathian，2005；Sathian and Stilla，2010）。另一种反对意见是视觉意象过程中侧枕叶的活跃度占到触觉感知中侧枕叶活跃度的 20%，这表明视觉意象在触觉形状感知中是次要的（Amedi et al.，2001；详见 Reed et al.，2004）。然而，这些研究大多没有对视觉意象活动进行监控，因此意象期间的侧枕叶低活跃度只能简单表明侧枕叶没有与意象活动同步或视觉意象没有一直持续贯穿整个意象扫描过程。

对视觉意象的另一种假设为：视觉与触觉处理的相似性（参见以上内容）表明，视觉与触觉信息在输入前会进行多感官表象的融合。这里的"多感官"表象指的是那些可以被编码，并通过多感官系统进行检索，以及能维持相关信息模式的表象（Sathian，2004）。这种多感官假设观点得到了机能性磁共振成像数据有效连通性研究的支持，表明了自下而上的传递方式（即主要感官区域）从初级体感皮质到侧枕叶（Peltier et al.，2007；Deshpande et al.，2008），而电生理学的数据也表明了触觉形状识别期间从初级体感皮质到侧枕叶的早期传播方式（Lucan et al.，2010）。然而，珀尔帖等（2007）与德什潘德等（2008）也为自上而下的传递（即参与如想象等高级感知功能的区域）找到了依据，表明了侧枕叶区域的形状表象可灵活地通过自下而上或自上而下的方式进行。

触觉形状感知与表象中的视觉意象初步模型

多感官研究的一个重要目标在于为视—触物体表象过程构建模型。为了实现这一目标，我们针对熟悉与陌生物体进行了视觉物体意象与触觉感知相关的脑皮层网络的研究（Deshpande et al.，2010；Lacey et al.，2010），并由此勾勒出汇集上述成果的触觉形状感知中视觉意象的初步流程模型。

在实验中(Lacey et al.,2010),一项视觉意象任务要求参与者倾听成对的词语,并决定这些词语对应的物体是否具有相似性(如,蛇－绳子)或不同的形状(如,勺子－叉子)。相对于早期研究,参与者的视觉意象可以通过监控他们的反应来进行验证。在一项单独的试验中,参与者用右手对一系列陌生的物体进行了触觉形状识别,并进行了相同－不同形状的辨认。每个任务都搭配有合适的参照任务(详见 Lacey et al.,2010)。我们尤其关注意象与触觉任务中被激活的大脑区域,以及这些重叠区域的活跃程度在两个任务中的关联性。这样重叠的区域仅有 4 个,而其中只有一个区域呈现了显著的正相关。因此,这样的结果仅为视觉意象假说提供了微弱的证据,也许仅仅只是反映了对陌生物体基本形状的瞬态意象。然而,当对陌生物体进行触觉形状识别时,视觉意象任务却明显与长期记忆中的熟悉物体的视图再现有关。根据推理,这种差异可能为我们的研究成果提供了依据。我们进行了第二次视觉想象与触觉形状识别实验,只是触觉任务的对象被替换成了一组熟悉物体。由此,两个任务所匹配的对象都具有一定的熟悉度。这产生了大量的重叠区,在这些重叠区中,活跃度与任务和侧枕叶双侧、顶骨和额前区域之间呈显著正相关。我们也应注意到,相比视觉空间意象(见以上讨论),视觉意象和熟悉的触觉形状识别可能与视觉物体意象更有关联。将两个实验放到一起,我们认为,尽管视觉物体意象可能与陌生物体的触觉感知联系很弱,却与熟悉物体的触觉感知具有强烈的关联。

为视觉意象假说找到依据后,我们希望通过验证视觉想象和触觉形状感知相关的皮层网络系统力的连通性来增强这一依据的说服力(Deshpande et al.,2010)。此外,对连通性的验证可以区分视觉意象与多感官融合假说。我们此前提出,视觉与触觉具有一个共同的形状表象,该形状表象可通过自上而下或自下而上的方式进行传递(Lacey et al.,2007b)。视觉意象的路径是自上而下的,即从前额与后顶叶皮质区域到视觉皮质(Mechelli et al.,2004),由此,如果侧枕叶活动以视觉意象为中介,我们应该能在视觉意象和触觉形状任务中找到通往侧枕叶相关的自上而下路径。另外,侧枕叶活动可能反映了多感官表现中的融合,在这个例子中我们可以预测从侧枕叶到躯体感觉皮质的自下而上的路径。有效连通性的早期研究证明了相关的路径(Peltier et al.;Deshpande et al.,2008),但这些研究只涉及了陌生物体,并且没有分析特定任务的连通性。在对熟悉形状的视觉与触觉感知中,侧枕叶主要受额前区自上而下的驱动;而这两个神经网络之间又具有密切的关联。然而,对不熟悉形状的触觉感知揭露了一个完全不同的模式,在这个模式中,主要是由躯体感觉皮质自下而上地将信息传至侧枕叶。此外,触觉陌生形状系统与视觉意象或是熟悉的触觉形状系统都无关联。

基于这些发现与本章节之前所述的研究,我们提出了结合视觉意象与多感官途径的视—触物体表象的概念性框架(Lacey et al.,2009a)。在此模型中,侧枕叶包括与输入感官模式相独立的表象,该表象可通过自下而上或自上而下的方式灵活地传递,并依赖于物体的熟悉性(或其他任务属性)。对于熟悉的物体,或许是由于具有充足的区别特征来得到视觉意象,整体形状更容易被判断。因此,该模型认为对熟悉物体的触觉识别信息会在视觉物体意象的基础上主要以从顶骨到前额叶、自上而下的方式进行传递。与此相反,由于陌生的物体没有实现事先储存的表象,它的全局形状需要全部被重新探索。因此,对陌生形状的触觉感知可能更多地依赖于从躯体感觉皮质到侧枕叶自下而上的路径。由于顶内沟中或围绕顶内沟的顶叶皮层涉及形状和定位的视—触感知(Stilla and Sathian,2008;Sathian et al.,2011),该模型也预测,为了计算物体的全局形状,这些顶叶区域也会参与物体部件的空间位置并反映出空间意象的增多。

最近,在对模型的进一步测试中,我们比较了视觉空间意象在熟悉物体和不熟悉物体的触觉形状感知中的情况(Lacey et al.,2012)。这项研究表明了顶枕部脑区在空间意象与触觉形状任务中都有所参与,其中一些区域表明了空间意象任务与触觉形状任务之间的活跃程度的关联。这些结果表明,事实上,触觉形状感知中的空间意象与物体的熟悉度无关,而更可能与部件构成的全局形状表象有关(Lacey et al.,2012)。

结　论

在这一章中,我们审视了视觉皮质区参与触摸的证据。着眼于侧枕叶——视觉物体选择性区域,我们讨论了它在触觉形状感知中的作用并勾勒了一个大致的流程模型,反映了视觉物体与空间意象都依赖于对物体的熟悉度。无论是活跃性还是连通性的分析都表明了物体意象与熟悉物体更加相关(相比陌生物体),而空间意象则可能与两者都具有关联。进一步的工作需要检查该模型的个体差异,以及调查它与早期视觉意象模型的联系。

根据这些结论,我们建议让观众触摸更多的物品。当然,这些物品必须局限于已经丧失考古价值的原作,或是那些具有极少历史价值的文物,或是逼真的仿制品。另外,它们并非必须是历史文物,也可以是艺术展览的雕塑复制品或触摸线图(Heller,2006)。这样做可以让观众获得更细致的信息处理,从而实现对作品更好的理解,并提升博物馆体验与学术理解。此外,也能让展览更好地为盲人等视障人群服务,因为在一般情况下,除非借助盲文或音频设备,这些盲人无法感受历史文物。更重要的是,此类多感官方法还能促进公众对历史的了解。如理查德三世(理查德三世于 1485 年死于战场,而他的遗体也自此下落不明)遗骸的出土,该遗骸上发现了多处刀刃武器所致的可怕伤痕(University of Leicester,2013)。从中感受中世纪剑的重量,想象国王最后的时刻,这前所未有的经历该是多么令人震撼。

致　谢

本研究由以下机构支持:美国国家眼科研究所、美国国家科学基金会和退伍军人管理局。

2 "第一手",而非"第一眼"知识: 博物馆中的身体体验

弗朗西斯卡·巴吉　弗朗西斯科·帕瓦尼

从禁止到不当:适当的博物馆触摸体验展望

在全球各地的博物馆中,即使没有书面规定,人们也会认为展品是禁止触摸的。博物馆也花费了大量金钱有形或无形地加强这一观点:简易隔离带、观众距离展品太近时会发出蜂鸣声的感应器、地板平面的变化、将展品用玻璃进行阻挡等。原因很简单:多数艺术品的损坏,除了运输造成以外,主要是由漠视规则的观众随意触碰所导致的,而此类损坏的修复是非常昂贵的。从以下盖蒂博物馆(Getty Museum)的观众须知就足以了解博物馆最常见的干预方式。请勿触碰画作:手指和指甲会划损漆料与颜料。请勿触摸画框:手指会将老旧的木板移位。请勿触碰装置与雕塑:手指上的油脂会弄脏木板与石头,而在金属上也非常容易留下指纹。请勿携带蜡笔或铅笔进入博物馆。请勿打开设备抽屉,打开盖子或坐在桌椅上。如果您是坐轮椅而来,请留心不要让您的搁脚板与设施或墙壁磕碰(Classen,2005)。

这些措施清楚地反映了人类本能的一种深层需求:触摸物体来获取物体相关的信息。从17世纪和18世纪私人收藏馆发展而来的早期博物馆通过鼓励观众触摸展品来迎合这一需求。正如社会学家康斯坦斯·克拉森所写的:"策展人组织的博物馆之旅如同主人提供的住宅参观。策展人如同友好的东道主,他们能够提供藏品相关的信息,并允许客人触摸物品……博物馆观众作为有礼貌的客人,能够通过提问和触摸展出对象来表达他们对展出对象的兴趣与好感。"(Classen,2005)导致目前博物馆观众很少能触摸展品的原因有如下几个:无法控制大量素质不高的观众;展示技术与电气照明的发展让人们

无需触摸就能看清展品；视觉在 19 世纪文化中的主导地位（参照如 Charles Darwin，Max Nordau and Sigmund Freud 等的作品）。

那么，触摸是否已经被排除在博物馆体验之外了呢？如果触摸仅仅表示具体身体部位（手）和物体之间的接触，答案是肯定的。然而触摸并非只指手的接触。

首先，尽管表面触摸已经被博物馆禁止，然而其他身体感觉并没有。学校里老师教我们人有五感，然而一项快速的判断就能说明我们的身体除了表面触摸之外还有各种丰富的感觉。当阅读这本书的时候，你的身体保持着一个特定的姿势。无论你是交叉着腿坐在扶手椅上，或是躺在沙发上，你都可以清楚地知道你的躯干、头、上下肢、手指和脚的姿势。尽管你知道此时你的眼睛正忙着阅读这一页的文字，你可能很少有暇顾及自己的身体部分。将此信息传送至大脑的身体感觉被称为本体感受，而这归功于我们肌肉与肌腱中特定的感受器。通过本体感觉，我们获得了与自己关节、身体部分的静止与运动状态——即在某种程度上，我们的身体部位在空间中的位置信息（Longo et al.，2009）。然而，在有关重力的身体感受（垂直、水平或倾斜）上，本体感觉无法告知大脑身体的整体定位。此时，我们需要依赖一个不同的身体感觉——前庭感觉。前庭感觉取决于我们内耳的特定感受器，而该感受器的位置靠近听觉感官。最后，加之许多内脏感觉的作用：从由呼吸导致的胸腔体积有节奏的变化到我们的心跳声，从胃部的消化感觉到体内的弥散性疼痛，这些输入信息与我们身体的生理状态以及被称为体内感觉的自主神经系统有关，并不同于触摸、本体感觉和前庭感觉（Craig，2009）。在我们参观博物馆期间，虽然没有手的触摸，但这些身体感觉却不断地在进行信息的传递。

解释触摸为什么没有从博物馆体验中消失的第二个原因更为微妙，并且与我们知觉体验的多感官性质有关。禁止触摸不会阻止观众进行多感官环境的表象，而表象是一个持续、不可避免的倾向。即使我们被迫与一幅画或一件雕塑作品保持距离，看起来似乎我们只能拥有视觉体验，然而我们的大脑构建了一套超越单感官模式的物体观察系统。这是因为我们的知觉体验从根本上是整合性的，将多感官刺激信息、动作计划和动作执行完美地结合在一起。在任何时候，我们的大脑都在处理多感官与动作输入信息，并缔造环境的表象，在该环境中，每个因素以可靠性为标准进行加权（而这被称为多感官知觉的最优整合理论；Ernst and Banks，2002；Alais and Burr，2004）。因此，我们可以通过视觉或听觉来唤醒触觉，或当我们离物体非常近，近到几乎要触摸的时候，我们的身体可以预感触摸的感觉。我们可以通过视觉来激活前庭感觉，或当我们面对移动的艺术作品时，我们可以感到一种感觉——运动冲动。综上所述，当我们置身于博物馆环境时，我们会不断地进行其他身体感觉的体验。

将触摸概念拓展至身体感觉和多感官知觉至少有两层含义：首先，博物馆限制人的触摸并不一定意味着一些替代性的艺术身体体验的完全缺失；其次，允许触摸并不一定意味着会对艺术作品拥有更为精确的感知。在这一章节，我们会针对这两层含义，探索它们对盲人在博物馆体验中的影响。

通过本体感受和内感受来体验艺术

艺术值得体验的原因之一在于艺术能够引起人的情感共鸣。在具象艺术中，我们会发现经常会将自己代入绘画或雕塑作品中，思考如果自己处在相同的地点、时间或创作对象所处的环境中时会是什么样的感觉。这是间接感受他人感受的有力方式，正如罗思科曾说，以安全、容易的方式探索"悲剧、狂喜、无望"的心境。这种共情作用最常发生在观众通过视觉领悟艺术作品的过程中，并产生身体感觉。由于这是一种智能的方式，因此回应又分生理和心理两种。

当视觉路径不可用时，我们认为传递这种感觉的一种有效方式是将观众的姿势调整成和绘画或雕塑人物的姿势一致，并向他们提供作品的口头描述。通过与作品人物完全一致的姿势来了解和感受作品能有效地消除观众与艺术作品的距离，让观众（正如现象学家梅洛-庞蒂所说的）身临其境，置身于艺术本身的空间和时间。

本体感受（即身体位置感）是欧文·沃姆（Erwin Wurm）的作品系列——"一分钟雕塑（*One-minute Sculptures*）"的核心，这项仍在进行的项目开始于20世纪80年代末期。在这些作品中，艺术家让路人与一件或多件日常生活用品一起摆好为时一分钟左右的姿势。静止不动的活体雕塑被拍摄下来，变得与那些更加传统的雕塑形式等效。沃姆的项目，除了促进对雕塑永恒性和物质性的理解之外,还让观众有机会通过自己的肌肉与骨骼感受雕塑,理解一些有时能够感受却无法通过思考来理解的作品。同样,2009 年,雕塑家安东尼·葛姆雷(Anthony Gormley)的作品"一个接一个(*One and Other*)"中,邀请普通人参与进来,登上伦敦特拉法加广场西北角的第四基座,每人拥有一个小时的时间。共 2400 人登上这个舞台,成了活体雕塑和英国当代集体肖像的一部分,再次体现展览更新了自我意识,并转化为影响我们艺术体验的深远力量。我们不仅仅是观察者,还是对艺术有着个人理解和感情的个体。我们对艺术的理解除了高层次的认知以外,同时还涉及丰富的感觉。

艺术依赖除触觉以外的身体感觉的另一个例子是:基于生物反馈的艺术。在最近十年,能够记录生理信号的感测器已经做到无创、低成本和可重复利用。在运动器械中,简单的金属把手可以捕捉心跳,胸带可以测量呼吸,少数可重复利用的表面电极可以测量皮肤的电导反应(即,随皮肤水分含量水平变化的皮肤电导度)。这些指示器捕捉隐蔽的内感受体验,并开始引起人们的关注,因为它们是心理和生理反应的指标。如肖恩·蒙哥马利的(Sean Montgomery)混合媒介雕塑作品《浮现(*Emergence*)》。艺术家说,

> 当观众触碰装置时,他们每一次心跳引起的电脉冲传递至整个身体,被装置检测并数字化。在整个交互过程中,《浮现》将自身的电脉冲与观众的心跳同步,创造切分光声景,反映与观众之间的亲密体验(Montgomery,2012)。

这种艺术类型设计来源于身体并运用于身体,必然也关注拥有不同感官能力的大众。

最新的一项认知神经科学成果表明生物反馈艺术的影响并不止步于将一些隐蔽的激活状态表现出来。阿尼尔·赛斯与他在萨塞克斯大学的同事(Seth et al. ,2012)认为内感受有助于人对现实世界以及自我在世界中的感知(即对"存在"的感知,目前也用于描述虚拟环境或形象化符号的真实度)。具体来说,他们提供了一个名为"内感受预测编码"的框架,认为存在感源于大脑对身体内感信号的预测能力。反之,对内感受信号病理的不确定可能是精神性存在感混乱,如人格解体(丧失自我主观现实感)或失实症(丧失世界客观现实感)。在这个框架内,艺术中内感受的放大可以通过调节观众的存

在感而引起特别强烈的感觉。值得注意的是，这种艺术类型不需要视觉的参与，因为放大的心跳声或皮肤电导性的调节（通常在医学生物反馈设备中进行）可以通过声音来传递。

利用艺术中的多感官感知

通过视觉引起触觉的一个强有力例子便是行为艺术。让我们回想一下吉娜·潘恩（Gina Pane）的著名表演艺术"感性行动（*Sentimental Action*）"（1973）。在这项艺术中，艺术家用玫瑰的刺刺破手臂皮肤而流血，并以刀片在掌心雕刻一枚玫瑰花蕾作为结束。观众能感受到的痛苦和危险是显而易见的，甚至于和潘恩这种方式相似的视觉展示成了认知神经科学研究诱发共情反应的标准方法。例如，埃文南蒂与同事（Avenanti et al.，2005）测量了人们在观看一枚针深深刺入一个陌生人的手的视频时感觉运动系统的兴奋度。观看该视频引起了人们感觉运动系统与在直接经历痛苦时相似的兴奋度，而观看一枚针刺入番茄或用无害的棉签接触陌生人的手时并不会引起这样的反应。采用脑成像技术（机能性磁共振成像），辛格与同事（Singer et al.，2004）检测了女性直接经历痛苦或在看见她们的男性伴侣受到伤害时的大脑活动。结果表明，参与疼痛处理的典型大脑回路区域（即双侧前脑岛、前扣带皮层与小脑）在个人经历疼痛和疼痛的共情体验时都会变得活跃。总之，看到别人正在经历伤痛会引起我们的共情感觉和共情情感体验，这可能是由于我们直接经历疼痛时激活的大脑回路在这种情况下也会被激活（Singer and Lamm，2009）。

潘恩的行为艺术留存下来的只有照片；因此，触摸艺术（照片）对患有视觉障碍的观众而言并没有多大作用。然而，伴随着现场适当的噪音和文字描述的同时，触摸手臂，可能的话，再加上嗅闻血液的味道，一定可以引起强烈的反应。最新的神经影像研究成果再一次表明这种方法是非常有效的。朗和同事（2011）对与疼痛相关的尖叫声是否能够引起人们的疼痛共情进行了测试。相对于参照组中观众听到与疼痛无关的积极表达（例如，大笑）或消极表达（例如，打鼾），与疼痛相关的尖叫会改变大脑听觉区域和与情感疼痛相关区域（例如，第二体感皮层、前扣带皮层和小脑）的活跃度。这表明，类似的大脑回路与听/看他人疼痛的活动相关,说明感觉与共情体验确实与多感官过程相关。

显然,行为艺术中的多感官疼痛体验只是众多通过艺术多感官处理唤起身体感觉中的一例。安东尼·麦考尔(Anthony McCall)的展览"纯粹雕塑的五分钟(*Five Minutes of Pure Sculpture*)"(2003—2012),于 2012 年 8 月在柏林的汉堡车站当代艺术馆(Museum fiir Gegenwart-Hamburger Bahnhof)中一个充满迷雾和大量灯光设施的黑暗小房间内进行。纯白的图纸从天花板悬挂至地板,光束在空气中形成了固体的雕塑形状。观众不约而同地尝试走向光与暗的边界,仿佛形状的边缘是固体的。人们在展览空间里穿过这些雕塑,这说明这些雕塑是无形的,然而,这些形状是如此真实,以至于人们都会忍不住用手去触摸。使用定向热空气流和光束等无形元素为视障观众们创造相似的感官体验也非常有趣,它们可以被感受到,却无法被触摸到。研究表明,此类虚幻的触觉体验会刺激大脑,甚至由单个神经元进行编码。在20 世纪 70 年代,芬兰神经生理学家在猕猴的研究中发现了以多感官形式响应的大脑神经元(Hyvärinen and Poranen,1974):它们由特定皮肤区域的触觉刺激激活,但也会被紧邻触发触觉反映的皮肤区域的视觉刺激激活。因此,如果神经元对右手背的触摸刺激做出反应,当实验者接近右手背,不触摸它,却在非常靠近手的位置(约 12 英寸)提供刺激,神经元也会发生反应。这个初步证据已经被广泛证实,例如分布在多个大脑区域的视—触双模式神经元(Graziano and Gross,1994;Rizzolatti et al.,1981),以及相关人类行为学与神经影像学的研究(Makin,Holmes and Zohary,2007)。对盲人而言,这些预期性触觉体验介于听觉和触觉之间。在猴子(Graziano et al.,1999)与人类(Làdavas et al.,2001)附近的声音(与远离身体的声音相比)与触觉刺激处理具有强烈的相互作用,仿佛它们已经被大脑视作身体事件。简而言之,我们的大脑以一种特殊的方式呈现身体附近的空间,预测视觉和听觉事件,如同它已经与皮肤相接触。它是触摸前的触摸,它的作用可能是为了让我们对一个接近的物体做出接触反应预测,以做出避开或防御动作。此外,它还可以针对我们身边的物体进行自主行为的计划。神经学家将其称之为"近体"空间(Rizzolatti et al.,1981)。

对行为或艺术"近体"空间的多感官编码可能会延伸到触觉预期之外。

行为科学家现在正在探索"近体"空间在令人感到窒息或约束的空间中发挥作用的可能性。艾莫利大学的斯特拉·洛伦索(Stella Lourenco)和同事研究了"近体"空间与幽闭恐怖感之间的关系,发现拥有更大"近体"空间的人们会对封闭空间产生更严重的恐惧感(Lourenco et al.,2011)。为了探究这些感觉,奥地利艺术家欧文·沃姆在西班牙马拉加当代艺术中心(CAC)设计了一所"窄屋(*Narrow House*)"(2010),窄屋是其"我是房子吗"项目的一部分。在这项艺术中,沃姆全面重建了自己童年的住房,但改变了建筑的宽度,因此墙面之间的距离非常狭窄。沿着房子走时,人们会感觉身边的空间越来越狭窄,当"近体"空间被物体和家具所侵犯时,会开始感到不适,并体会到真正的幽闭感。当观众到达洗浴室时,他/她需要侧着身体,以防止和墙体接触(更确切地说,防止被两堵墙挤成"三明治")。正是对不愉快时刻(空间太过狭窄,我们会与墙体触碰)的预期,使得这件作品释放出无限的表达潜能和意义。

围绕着我们的墙和物体不只是入侵我们"近体"空间的外在刺激,同时也能帮助我们进行身体空间的定位。其中一个很好的例子是以宏伟钢铁装置艺术而著称的雕塑家理查德·塞拉(Richard Serra)于1998—2005年在毕尔巴鄂古根海姆展出的"关乎时间(*The Matter of Time*)"系列作品,作品包括八座12~14英尺高的大雕塑。相互松散平行的巨大考顿钢板按照不规则的曲线轨迹被倾斜放置(而不是垂直于地面),塞拉让我们置身于一个建筑中,在人造空间里打破感知设想与感知习惯。在穿越这些窄廊的过程中,观众需要紧紧扶着作品来保持直立和平衡,以避免产生眩晕和混乱感。显然,塞拉旨在"当观众走进并在其中徘徊时,空间的物理性……会以出其不意的方式变化,这些雕塑作品营造了空间与平衡的新奇体验,并产生令人眩晕的、运动着的钢铁感和空间感"(FMGB Guggenheim Bilbao Museoa,2013)。如果塞拉和沃姆等雕塑家能够提供允许观众触摸作品的信息(因为看起来此类艺术品能够很好地承受温柔的抚摸),这对所有观众而言都具有非凡的意义;触摸所带来的审美效果甚至对创造这些作品本身的艺术家也颇具意义。此类活动能够大大促进对艺术作品的正确解读,因为作品的内涵可以通过观众的身体和雕塑之间的动态关系传达。

在讨论多感官艺术体验引起身体感觉时还必须强调一点,即感官知觉和运动系统的紧密关系。在过去二十多年里，视觉和其他感官会引起运动系统反应的观点，以及人们会运用运动系统来感受环境的观点已经和著名的镜像神经元及镜像系统紧密关联（Rizzolatti and Craighero，2004）。然而，感知和行动相互影响的理论概念在时间上要早于重要的神经学发现，即早于镜像神经元与镜像系统几十年。心理学家詹姆斯·J.吉布森（James J. Gibson）便是首批科学家，他指出来自神经末梢的感觉会通过运动系统来参与环境探索的过程，并在探索的过程中不断发生变化（Gibson，1996）。甚至在吉布森之前，法国心理—生理学家亨利·皮埃隆（Henri Piéron）认为，我们之所以相信有五种感官是因为我们对环境的主动探索方式是围绕以下五种行为进行的：观察、触摸、倾听、嗅闻和品尝（Piéron，1953）。还有其他作者强调了运动系统在艺术感知中发挥的作用（例如，Gallese，2011）。除了这些以外，我们认为感官—运动艺术欣赏甚至可以在没有视觉输入的情况下进行。许多声音艺术家利用这一点来创造令人叹服的力与美的艺术，例如詹妮特·凯迪芙（Janet Cardiff）和乔治·布雷斯·米勒（George Bures Miller）的装置艺术"森林（千百年）［FOREST（for a thousand years...）］"（2012）。这项艺术布置在真正的森林中，环境的声音和扬声器的声音融合在一起，各种声音旨在唤起一场短暂的穿越时光之旅，例如"战争之声：尖锐的叫喊声、大爆炸的声音、机关枪的砰砰声；短暂却令人震惊的一声尖叫、轰然倒塌的大树、母亲和孩子的叫喊声、金属碰撞的声音。然后歌声变得清晰，之后又退去。你再次听到了树和风以及蟋蟀和鸟悦耳的声音"（Volk，2012）。

通过感觉—运动系统来欣赏艺术在非自然环境中也能起到很好的效果。其中一例就是戴夫·科尔（Dave Cole）2005年在麻省现代艺术博物馆（MASS MoCA）（马萨诸塞州北亚当市）举行的大规模装置艺术活动"起重机针织（Cranes Knitting）"。将两台电控起重机面对面摆放，一同编制一面巨大的美国国旗，用来编制的针有路灯柱那么大。这件作品之所以对大众具有那么大的吸引力就在于两台通常用来完成重工任务（如挖土或水泥升吊）的大机器，居然难以置信地用来进行女性化但又机械性的针织任务。我们当中尝试过女工的人都知道针织是一项有节奏和重复性的活动，具有将编织者转化成人类机器的力量（反之，在"起重机针织"中，机器表现得非常拟人化）。除了对这件作品的批判性解读——如强调时光的流逝以及国家认同的概念之外——恰恰是感官—运动信息让大众能够了解这件艺术作品所传达的信息，以至于在面对这件作品前组织一次针织课(而不是通过语言描述)也可以成为通过身体体验作品核心概念的好方式。此外,尝试用大针进行编织也是领悟这件作品超现实维度的一个有趣方式。

触摸并非总是解决之道

如果身体感觉不是少到只剩触觉,而只是整个多感官—运动体验的一部分,那么单独的触摸未必是盲人体验艺术的最好方式。不可否认,无法使用视觉的人们通常习惯于通过触摸训练来获得想要的信息。但重要的一点在于,艺术体验有时和其他日常生活体验完全不同,因此需要专门的交流方式来传达作品的意义。在面对日常的物件时,多数情况下我们能够通过视觉特点预测物件触摸起来的感觉,因为我们已经积累了这类物品的许多经验。在艺术中,这种可预测性和一致性在多感官模式中变得难以维持。因此,视障者很少能够被允许触摸艺术品,因为这并不是向他们传达艺术作品内涵的最佳方式。探寻多感官模式下新的方式需要激情、创造力、对感觉的深层次理解以及传递艺术作品内涵与信息的坚强意志。

让我们举一个观众可能无法通过触摸来全方位欣赏艺术作品的常见例子。雕塑家杜安·汉森(Duane Hanson)素以对日常人物的超现实表现方式而著称。他创作的一名家庭主妇推着购物车或观光游客的雕塑作品非常具有视觉震撼力,并很容易被人误认为是真人(确实是通过真人模特铸造而成)。如果只允许看而不允许触摸只会让观众确信这些并不是真人。但试图通过单独的触摸来渲染这种神秘的仿真效果可能很难生效。雕塑的视觉特点,如红润的脸颊和令人信服的肤色在手指的触摸下会变得与真人脸部的感觉非常不一样。即使完全忠诚于原脸的形状,还是改变不了这些人物由玻璃纤维、青铜(有时也用聚酯纤维)制成的事实,必然地,触摸起来也会和真人不同。这项工作的关键特点——模拟,必须为视障观众找到触觉之外的体验方式。

结论：大的改变从小处着手

博物馆在收集当代艺术作品、实施策展实践时不妨向艺术家征集一些指示信息，以提示作品是否可以接受触摸。可以简单地将标准问答与其他作品附属技术信息放在一起：允许触摸吗？ 如果是，允许每个人触摸还是只允许视障观众？ 有无例外情况？ 如果否，艺术家希望通过交互模式来传达作品本质的意愿如何？

将其规范化会带来两个好处。首先，艺术家会对作品的体验模式负责，如果交由博物馆工作人员负责，默认方式多是限制而不是允许（触摸）。毕竟，多数当代艺术品为私有制，因而会被经常触摸，并在需要时进行维修。其次，这会逐渐增加公共馆藏可触摸作品的数量，并因此更好地察觉各种博物馆参观人群的不同需求。

另一条对博物馆教育者有用的提示为，深入了解涵盖性词汇"触摸"下的诸多感觉，并思考这些感觉是如何帮助人们理解展出的作品，正如我们上面提到过的几个例子。这也许将有助于为观众提供更加有效传达艺术作品重要信息的方式。

3 作为多感官互动的艺术创造：现代艺术博物馆的案例研究

卡丽·麦吉　弗朗西斯卡·罗森伯格

纽约现代艺术博物馆(MoMA)有着将亲身体验学习与教育项目相结合的悠久历史。20世纪四五十年代博物馆的教育部变成了一个实验室，成为开发艺术创作教学的新技术和新方法之地。纽约现代艺术博物馆成为连接艺术和教育世界的纽带。在1937年到1969年间，在现代艺术博物馆第一任教育部主任维克多·达米克(Victor D'Amico)开拓进取的领导下，博物馆提供了包括青年画廊、人民艺术中心和儿童艺术嘉年华在内的互动空间和活动。教育哲学指导这些空间和活动来支持体验式的、以儿童为中心的学习方式。1944年，退伍老兵艺术中心向成千上万的二战老兵提供关于艺术的康复和职前培训服务。艺术家开设从绘画和雕塑到制陶、珠宝和设计等学科的课程。在1952年和1953年，博物馆联合制作了"通向魔法之门"的电视系列节目，其中维克多·达米克引导在现场的孩子和那些在家里的孩子利用简单的、能在家中随意找到的材料来进行开放式的艺术探索。

如今现代艺术博物馆的教育部致力于向观众提供探索艺术家制作材料和工艺的机会。你可以在博物馆中感受到艺术创作是身体的、社会的、情感和智慧的多感官体验。它使观众的身体和心灵互动——触觉和视觉，但也经常有声音、气味，有时甚至是味道。同时它也弥补了观看的不足，增进了对艺术作品的学习与理解，让观众理解为何一个艺术作品是有意义并令人兴奋的。

此外，探索艺术的过程培养了诸多生活技能。最近，教育和经济学领域的专家们已经描述了培养个人和社区创新潜力的重要性。随着我们花越来越多的时间盯着屏幕，身体力行的、社会性的和智慧的创造性参与机会比以往任何时候都更重要；我们认为，艺术博物馆拥有一个独特的机会来促进这一参与。许多博物馆都面临着不断上升的挑战，开始寻找新的和令人兴奋的方式增强参与性——如通过公众项目、动手工作坊、鼓励观众参与的展览、儿童互动空间和社会事件等。

博物馆认识到，不同类型的观众有不同的体验要求。尤其重要的是，博物馆需要迅速地、灵活地、创造性地满足越来越追求思考之外体验的观众需求。为此，在 MoMA，我们努力创建项目和互动空间来让所有年龄和能力的人都可以参与到艺术的材料和工艺的实践探索中。以下三个案例将展示多感官博物馆体验是如何让观众通过社会、情感、身体和智慧的参与理解和享受现代和当代艺术的。

案例一

为盲人或弱视的成年人创造一个艺术创作工作坊

MoMA 有长期服务盲人和弱视群体的传统。由于在 1972 年提供了首个原始雕塑触摸之旅，MoMA 已致力于将自己建设成为无障碍项目领域的领导者。多年来，我们在继续提供触摸之旅的同时，从盲人和弱视者处了解到，他们想要接触到现代艺术博物馆的所有收藏和特展，包括无法触摸的二维绘画、图纸、印刷品和照片。在 20 世纪 90 年代，我们开始提供为时八周的深度艺术欣赏课程，采用触觉图表、视觉描述和艺术制作等形式。这些课程在博物馆教室中教授，并围绕一个特定的艺术家或主题展开。通过课程评估我们了解到，许多参与者想花更少的时间在博物馆的课堂上，而花更多的时间在博物馆的展厅中。他们也想获得探索临时展览的机会。同时，现代艺术博物馆教育部设计的项目正逐渐从传统的讲座形式向以鼓励近距离观察和对话的讨论为基础的项目转变。2003 年，我们开始与社区组织合作开发为盲人和弱视者开设的讨论项目；在 2005 年我们推出了每月向公众提供的艺术视野项目。在该项目中，经过特殊训练的艺术史学家提供详细的口头描述来帮助参与者在脑海中形成想象的画面，同时分享艺术的历史信息以促进讨论。每个月，我们都围绕一个不同的主题或特别展览来进行。观众聆听艺术作品的描述，然后参与到现场讨论中，分享他们自己的见解和想法。如果条件允许的话，该项目还包括触摸雕塑或设计物品。如果参观作品无法被触摸的展览，我们常常带给观众一些与艺术家创作过程相关的其他物品(如复制一种特定的方法或纹理的油画,部分雕刻的版画小件或者一块石膏)来触摸。由于该项目十分受欢迎,我们同时提供了两组,每月最多可容纳四十人。

多年后,一些"艺术视野"项目的参与者培养起了艺术创作的兴趣。当我们急于满足观众的需求时,我们同时也是谨小慎微的:一个为盲人和弱视者准备的成功的艺术创作工作坊是什么样的?这里有几个具有挑战性的指标。首先,参与者在以往的艺术经验、对实践活动的热情和视力水平方面千差万别。该项目常欢迎那些刚开始经历视力丧失的人、出生以来就失明的人和许多介于两者之间的人。在艺术创作经验方面,我们的长期参与者从一个拥有丰富艺术实践的专业珠宝设计师到一个从来没有做过一件艺术作品的女性。"常客"还包括几位拥有丰富艺术史知识而怀疑艺术创作过程的参与者。此外,每个月我们都欢迎新加入的参与者。我们面临的挑战是为艺术创作工作坊制订一个计划,这个计划将会是复杂而成熟的,同时让不同视力水平和经验层次的个人感受到成功。

由于两个小时并不能完成一张草图,更不用说是一幅杰作了,我们不得不现实地面对在现有的时间内能够完成什么的问题,并把工作重点放在探索艺术理念和过程,而不是完成作品上。我们希望,这能让所有参与者留下来,更深入地了解当代艺术实践的一些体验,不管他们是否对自己的创作满意。我们决定把重点放在"象征性的自画像"上,即用白色的纸黏土来创作雕塑(图 3.1)。选择纸黏土是因为它几乎是无味的,并有一个不太黏且令人满意的质地,同时易于操作并可用于创作细节,即一种重量适当、颜色明亮的白色纸黏土。选择用纸黏土来创作象征性的自画像有以下几个原因。首先,我们不想让参与者陷入创作自画像逼真性的不断尝试中,特别是考虑到时间限制。相反,我们想阐明一些更复杂的方式,艺术家会把想法转化为对象,并在他们的作品中运用象征。其次,我们鼓励参与者的自我表达,让参与者分享他们的个性和兴趣。最后,我们想让参与者做一些小而结实的作品,可以让小组内的其他人来传递和触摸;同时活动以一个热身训练开始,然后进入主项目,并根据创作完成工作坊的触摸和讨论活动。

我们认识到使用高质量的材料并有组织地、专业地来展现的重要性,并了解到准备工作室空间能给工作坊营造氛围,同时小的细节能起到大的作

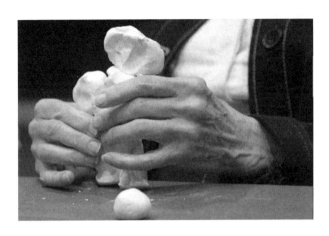

图 3.1 一位"艺术视野"项目参与者用白色纸黏土来创造雕塑。柯尔斯顿·施罗德摄。

用。该工作坊用黑纸覆盖的桌子,并使用白纸和白黏土,以确保对那些视障者而言对比度最高。我们在每个位置上都布置了材料:在每一张椅子左边的桌子上放置一小堆厚的白色画纸,在右边放置一块用塑料布包裹的白色纸黏土。为每个参与者提供一致的材料意味着可以引导参与者并用言语指导他们,比如说"在你面前的桌子右侧,你会找到一堆纸;拿出一张纸"。

考虑到一些参与者可能会害怕,在欢迎介绍之后,要让他们明白,我们在一起的时间有限,并让他们知道该期待什么,这个工作坊不会是技术指导,而是一个艺术过程的探索和锻炼自己创造力的机会。我们一开始以破冰的形式使参与者创造性地思考自己的身份,让他们用一种动物、一种气味和一辆移动汽车来描述自己。当各参与者陆续把自己描述为"一只猴子""刚出炉的烤面包香味"和"顶级的奔驰"时,他们在情绪舒缓的同时,开始以新的方式看待彼此。

预热完头脑后,我们便需要预热双手。这只是一个练习,即在热身期间不会记录任何事,这个想法让工作迅速和直观。然后,我们简要描述和分析了理查德·塞拉(Richard Serra)的动词表(1967—1968)和将动作转化为艺术品的方式。我们要求参与者从他们面前的一堆纸中拿出一张。一旦大家都准备好了,我们就从动词表中分享一个动词,并要求参与者在纸上尝试着呈现它。完成之后,他们与坐在对面的人交换,并看看对方完成的作品。然后我们从列表中再选择另一个动词。当参与者交换彼此的作品时,他们会感到惊奇,因为不同人会对这些简单的短语,如"折叠""撕裂"或"滚动"有如此千差万别的解释。当完成这组热身后,我们选择了稍微复杂的指令,如"环绕""安置""展开"。偶尔我们会向整个小组分享一位参与者与众不同的原创解释。

一旦小组完成了热身,我们便进入主项目。我们要求每个参与者记住在破冰活动中对自己的描述并用黏土来制作一个小型象征性自画像,他们可以将之前描述自己的比喻作为一个起点,也可以凭直觉来创作,一边揉黏土一边思考从材料中获得些什么。最后,如果有人不确定该如何开始,他们可以从动词表中的一个动作开始。黏土是一种很好的材料,因为它具有令人满意的触摸质地且易于操作。有趣的是,小组中每个参与者都有不同的方法。由于我们在破冰活动和动词表练习热身中花了时间来认知彼此,所以每个人都立即开始用黏土做尝试。他们将有大约三十分钟来完成雕塑,然后与其他同桌的三人通过触摸和口头描述来分享它。

他们的创作和个性一样各不相同:一位女性做了三个音符,她是一个有自己专辑的爵士歌手;另一位女性创作了一条长腿来象征她的身高;一位男性创作了一个受到他的昵称(蜘蛛)启发的网。参与者似乎十分享受分享他们的创作并看到和感觉其他人创作的雕塑的机会。覆盖桌子的黑色纸和白色黏土间高对比度的做法是成功的;一个弱视的参与者说她不相信她可以看到自己做的雕塑。一些参与者想要额外的黏土带回家来做更多的雕塑,甚至是刚开始似乎不太热衷于艺术创作的几个参与者也十分满意此次体验。每个人都同意注册参与另一个工作坊。

需要注意的事项如下:

• 保持尽量小的小组容量(每个老师对应八到十二人),以确保每个人都得到关注。

• 围绕一个概念性主题,这将超越工艺本身来提升项目,并有助于阐明你的博物馆收藏中的艺术。

• 使用高品质、成人级的艺术创作材料。

• 使用适合观众的材料,尤其是具有触觉吸引力的用品,避免尖锐工具。

- 在可能的情况下使用高对比度的材料。
- 在每一个创作空间中做好统一的供应安排。
- 用语言引导参与者熟悉他们的创作区，如"在你的左边，你会发现一块黏土"。
- 应对期望——提醒参与者他们的目标是要享受乐趣，并探索创造性过程，而不是创作下一个博物馆杰作。
- 从破冰开始来营造小组成员之间的趣味氛围和团体感。
- 进行一个容易简短的和友好且平易近人的关于艺术创作的热身活动来缓解参与者进行艺术创作初体验时的不安。
- 与小组分享参与者创作作品的视觉描述。
- 鼓励参与者通过触摸和口头描述来分享他们的创作。

案例二

探索针对发展障碍或学习障碍人群的行为艺术

现代艺术博物馆致力于提供各种各样的项目和服务，以确保适应和满足我们观众的不同需求和能力。我们的创造能力项目服务于患有学习或发育障碍的儿童和成人，包括自闭症障碍人群和他们的家庭。通过与这些观众以及慈善组织的对话，我们了解到，通常很少有为他们及其家庭设计的有意义的休闲活动；同时也意识到，患有这类障碍的群体常被许多文化机构所忽视，缺乏接触艺术的机会。我们决定每月创建一个易理解的、愉快的、丰富且富有创造性的项目。我们邀请了来自其他博物馆的向这类观众提供过项目服务的同事来分享他们的挑战和成功经验，我们希望这个项目既成为一个讨论的中介，又成为一个动手操作学习的平台。一些参与者来自相当远的地方，而他们的父母在平时需要工作，所以我们决定在周末举办这个项目，并控制每节课在两个小时内。在与大都会艺术博物馆合作的一个试点项目成功后，我们为在 2006 年初推出创造能力项目做好了准备。

如今，创造能力项目每个月的周日在博物馆中举办。上午有向 5～7 岁孩子及其家庭推出的两小时课程，下午有向成人及其家庭推出的两小时课程。

每个课程包含有一小时的在博物馆展厅中的艺术欣赏和讨论，以及一小时的在工作室空间内的艺术创作。参与者通过对不同材料和过程的实验去探索他们艺术能力的不同方面。项目的目标是智慧的、情感性和社会化的。我们当然希望参与者能够学习到关于艺术的新知识，但是更希望他们享受乐趣，同时学到关于自己和他人的新知识。我们创造一个支持性环境来鼓励参与者挑战自我、尝试新事物、探索新思路。通常，他们在这个过程中发现了自己的新才能和兴趣，这将有助于建立自信。该项目也意味着社会化，我们希望把家庭和个人联系起来以创造一个创新性集体。

自项目开展以来，我们就开始探索不同类型的艺术。多年来，参与者在现代艺术博物馆教育工作者（那些自身为专业艺术家）引导下在工作坊中创作了许多绘画、雕塑、拼贴、版画等作品。2009 年更名后，四位博物馆策展人把重点放在采集和策划行为艺术展览上，同时开始思考如何使这个复杂的艺术形式接触和吸引参加创造能力项目的观众——拥有不同的背景经历、兴趣领域和身体及认知能力的差异群体。

在每月的项目中，我们以选择一个特定主题来激发灵感开始。工作的主题提供了一个探索复杂思想的视角。它也有助于聚焦重点和指导决策，在准备艺术作品和动手实践的工作坊具体内容时发挥作用。我们在行为艺术领域内选择的主题是"日常事物，日常行为"。之所以选择了这一主题有以下几个原因。首先，它与若干在展厅中的作品相对应。我们认为这将是深入人心的，也可以帮助组内成员解决。"是什么创造了一个行为艺术作品"的问题。创造能力项目的成功也许最重要的组成因素便是工作坊的教师。现代艺术博物馆的所有项目均是由对项目感兴趣的、有与能力参差不齐的观众打交道的工作经验的专业艺术家和艺术史学家来教授。对于这个节目，我们选择了两位行为艺术家在工作坊中担任教师，他们在媒介方面的丰富知识和诚挚热情，能够确保高品质的体验。

在每月项目开展的当天，我们以聚在工作室里来浏览一天的计划为开端，将计划的步骤写在一张大纸上。对于部分参与者来说，明确该工作坊的目标是十分重要的。我们首先会对行为艺术有一个简短的讨论，然后进入展厅来讨论一些在博物馆中的藏品。之后，我们会再回到工作室并开始创作自己的表演。最后，那些希望展示的参与者应邀给大家分享他们的行为作品。

　　在观看特定的作品之前，教师开始对行为艺术做一般性的介绍和讨论，并鼓励参与者讨论之前所看到过的表演。多数参与者都曾看过音乐剧、戏剧或舞蹈表演，但许多人从未涉及过行为艺术。我们以小组的形式开始提问两者间的区别，虽然有时这很难回答。教师要求小组成员思考艺术家的工具和材料。例如：如果你想画一幅画，你需要什么材料？那么如果你想做雕塑呢？参与者根据他们以往的经验讨论必要的用品。一位教师随后分享了当天表演的信息，并用我们的身体和声音作为材料。

　　然后，教师介绍了当天的主题是"日常用品，日常行动"，并引导小组进入博物馆展厅。我们欣赏了如玛莎·罗斯勒（Martha Rosler）的《厨房的符号学》(*Semiotics of the Kitchen*)（1975）和崔莎·布朗（Trisha Brown）的《游走在建筑边缘的人》(*Man Walking Down the Side of a Building*)（1970）等作品并讨论了是什么让它们成为艺术。我们开始思考各个作品中使用的材料、过程和熟悉的物品和行为以及它们的影响。回到工作室后，我们开始了热身活动。教师把小组变成了一个大圆圈，然后让我们尖叫一分钟。一开始，参与者并不确定在博物馆里尖叫是否真的没问题，但一旦有几个人先开始了，那么其他人便加入进来，很快房间里便一片嘈杂。当参与者的声音充满了空间时，他们不禁笑了起来。一分钟结束后，我们讨论了尖叫和听到其他人尖叫时有什么感觉。一些参与者认为精神得到了宣泄；还有一些觉得在博物馆中做一些不应该做的事情感到很自由。随着心情轻松起来，我们准备继续回到工作坊。

　　教师让参与者在纸上写出问题来讨论"是什么创造了行为艺术"。小组成员们抛出了很多想法，最后他们都同意两个最重要的组成：表演者和行为。其间，教师将这些词写在纸上，然后将纸挂在大家都能看到的地方。之后，他介绍了参与者将要创作的表演所含的要素，并告诉小组成员可以在他们的表演中以任意喜欢的方式使用放在工作室中的日常物品。每个人可以独立创作，也可以和家庭成员或其他参与者以小组的形式合作创作。

　　之后，两位教师轮流向小组成员展示行为表演。工作室中有一架钢琴，同时教师也带来了各类小型的日常物品。其中一位教师使用日常物品来让钢琴发出声音，而不是用他的手指来弹。另一位教师需要观众的参与：她拿起一件物品并开始利用它来制造声音，同时邀请其他人拿起物品加入她。最后，活动以参与者在空间中列队游走来制造他们喜欢的声音而结束。

　　表演结束后，参与者有大约二十分钟的时间来创作自己的表演作品，然后那些想分享的人有机会向小组成员展示他们的作品。教师鼓励参与者尝试使用不同的物品和行为。他们提出转变日常行动方法的建议——重复它们，将它们变慢或加快。我们有一些具有实践艺术教学经验的志愿者来帮助教师对参与者进行一对一的支持或鼓励。起初，空间有点混乱，但很快事情就解决了，因为每个参与者都集中探索不同的动作和行为。许多人静静地创作而其他人享受着用钢琴和手头其他的物品发出尽可能多的声音。教师从一个参与者走到下一个参与者，提供建议和赞美，鼓励参与者思考他们的表演将持续多久。以及以何种方式结束。

　　很快到了分享的时刻。几乎所有的参与者都想在大家面前分享自己的表演。一个拥有新闻主播梦想的十几岁男孩作为主持人来介绍每一个作品。当参与者依次在小组成员面前表演时，他们的脸部发生了变化。即使是那些经常面无表情的参与者在展示自己作品时，整个人都显得明快了。他们的表演和他们的个性一样各有不同：一位女性在聚光灯和墙壁之间跳了一个无声而充满感情的舞蹈，她的影子反映她的一举一动；一位富有幽默感的男孩一开始将自己埋在一堆皱皱的彩色美术纸里，并让他的伙伴把他挖出来；一位父亲说出不同的自然元素和现象，并由他的儿子通过动作来解释。每一个展示都得到了热烈的掌声。项目结束后，我们编辑了所有表演的视频录像并给每个参与者的家庭都送去了一卷录像带。

　　该项目得到了成功，因为它既是有组织的又很灵活。教师能够见到来自各地的参与者，同时该项目提供了许多不同的表达风格和参与程度的机会。参与者可以使用不同的动作或声音来设计适合他们的能力和个性的东西。向小组（每月都不同）分享的机会使参与者明白自己是团体中有价值的一员并增强自尊心，我们致力于创造互相尊重和融入积极情感的氛围。

　　每年在博物馆里，我们都会在创造能力项目上增加一个艺术创作展览。在现代艺术博物馆的墙上看到自己的艺术体验作品时，参与者和他们所爱的人会十分高兴。他们带朋友、老师和家庭成员来观看艺术创作，并通过创造能力项目结交朋友。在每一个展览开幕时，我们邀请参与者发表评论。这可能会让一些人感到恐惧，因为他们的口头表达能力有限，同时也没有公开演讲的经验。但许多人选择与观众分享一些通过项目获得的启发。他们的话增强了我们的信念，即残疾人渴望挑战，想有创造和成长的机会。我们经常听到这些家庭希望与新的人和想法接触，以及渴望在我们的项目提供的安全和受欢迎的环境中接受挑战。残疾群体经常说，消极态度是他们在社会中面临的最大障碍之一，这样的环境需要被改变。

需要注意的事项如下：

- 尊重残障人士，了解学习障碍和发展障碍的知识，消除刻板印象。
- 聘请具有与不同的观众打交道的经验丰富的艺术家，同时他们的个人兴趣正是活动所探索的艺术形式。
- 有熟练的志愿者来参与，需要时提供一对一的关注和支持。
- 让参与者在开始前了解工作坊的期望，列出活动的顺序。
- 营造一种轻松的氛围，确保工作坊是有组织的但又不严肃。
- 将整个过程分解为可控的若干步骤，向参与者列出步骤。
- 用清晰的文字表达并展示意思。
- 提供各种各样的参与方式。
- 使用和注意非语言交流，运用幽默感，识读面部表情和肢体语言。
- 通过拍摄照片和录像的形式存档并与参与者分享。
- 举办一个具有专业水准的展览和开幕仪式，从而让参与者可以与更广泛的群体分享他们的作品。

案例三

设计为家庭提供的无障碍互动空间

MoMA 艺术实验室是由家庭项目成员与博物馆展览设计部门设计师合作开发的互动空间。它们是嵌入式的空间，并向所有观众开放。在每个实验室中，孩子和成人们实验、玩要和创作，他们将自己的创造性探索与现当代艺术家的观点、工具和技术相连接。2008 年至 2013 年间，MoMA 有五个不同的实验室，每一个都有一个独特的主题。MoMA 所有的艺术实验室的目标便是创造一个安全、包容和温馨的环境，在这样的环境中，所有观众，尤其是亲子家庭观众可以参与艺术创作。通过一个专题性视角，观众被鼓励将他们在实验室中、在博物馆展厅中的活动与生活中的经验联系起来。MoMA 所有的艺术实验室都配备了训练有素的引导者，他们帮助和鼓励观众在空间中探索各种艺术创作活动。除了训练有素的引导者，还有一系列专门的志愿者帮助管理空间，如接待所有的观众、提供空间的快速定位并解释各种活动。

为了发展每个实验室，小组成员希望确保每个空间都与 MoMA 的藏品有清晰的关联，而不仅仅是呈现游戏或工艺制作。在作为系列中的第四个实验室——材料实验室中，观众被邀请去触摸、探索，并用传统和非传统的艺术材料进行创造。作为以往的 MoMA 艺术实验室，其面临的挑战是创造一个足够开放，鼓励探索、玩耍和发现的嵌入式空间，同时使家庭可以独立创作。由于一些观众不会讲英语或只有有限的语言技能和/或受限的活动能力或敏捷度，我们希望确保实验室能激发所有儿童（和成人）的兴趣。我们的目的是创造多感官的环境，在这样的环境下动手参与能够培养独立学习艺术材料和创作过程的能力，最终建立对现当代艺术的理解。虽然以往的 MoMA 艺术实验室已考虑 5～12 岁的儿童观众，但通过观察，我们决定在材料实验室中提供更多适当的机会给年龄更小的孩子。

为了保证空间尽可能普遍共享，工作人员在项目初就参与到了设计团队中，在整个概念内容、设计与实施阶段中，保证了实体空间和行为活动内容的最大包容性。我们认为针对残障人士的改变实际上有利于所有观众。设计者们创造了适用于轮椅使用者的艺术制作桌子，以及适用于个头较小观众也可以用来坐的踏凳。工作站的凳子可轻易移动来为轮椅和婴儿车腾出空间，除此之外，我们在有弹性的硬纸板长凳上提供了舒适的基座，可以延伸为更长的长椅以适合更多的观众，或者压缩以占据更少的空间。我们在硬底板上铺了块式地毯，形成了更柔软的垫子，使观众感到舒适，也为刚学步的孩子创造了更加安全的空间。墙上所有的文字以及活动卡片都是用大字、粗体、非衬线体排印的。尽管考虑到国际观众，所有文字都翻译成了多种语言，但我们尽量限制文字的使用，取而代之的是使用图片和符号，开发直观的活动。

我们期望提供有触觉的感官体验，以吸引广大拥有不同年龄、能力、兴趣

图 3.2　儿童在 MoMA 艺术实验室（材料实验室）中探索"发现盒子"。
米歇尔·纳格尔摄。

以及学习方式的观众。通过特别设计的"发现盒子"（图 3.2），观众们可以寻找出一种材料来探索其物理性质等。油漆、橡胶、硬纸板、树脂、天鹅绒以及香料等材料，每一种都有自己的盒子，其中包含了可处理的材料范例、活动的建议以及现代艺术博物馆收藏的由不同材料做成的艺术品信息。参与的家庭被邀打开多个盒子，并探索艺术家们使用不同材料创造艺术作品的方法。例如，一个盒子要求观众嗅一下各式各样的香料，其中部分是巴西艺术家欧内斯托内托在其大规模的设备中曾使用过的。

除了"发现盒子"项目以外，这里有拼贴画、装饰、雕塑、绘画以及数字绘画艺术制作工作站。每一个工作站拥有一个简单的开放式提示，鼓励观众运用特别的材料来创新。艺术制作提示每隔几周就会改变，以适应再次参与的观众的需要。例如，"制作乐器"与"创造建筑物"是用于雕塑工作坊的两个提示。限制材料的数量可以激励观众对手头材料的试验与创新。在雕塑工作坊中，提供的材料仅为硬纸板、各种颜色与材质的纸以及彩带。由于没有剪刀，孩子们被鼓励对纸进行撕、折、弯曲与分层，释放他们的天性，不去担心太多"是否正确"。我们期望观众使用他们的想象力并即兴发挥，不需要担心技能水平以及以往的经验。成年陪伴者根据需要给孩子们提供支持、建议与帮助，并制作自己的作品。我们还展出以往观众创造的艺术作品，为那些不确定如何开始的人提供灵感。

实验室整个时段内的另一个工作坊提供数字绘画体验。我们尝试展现艺术家们使用的一些传统材料，如炭笔和油画颜料，但是空间中没有水槽，因此不可能使用真实的颜料和炭笔。最后我们决定选择数字绘画的方式。当时，得知微软公司正在研发一款数字绘画应用，他们慷慨地捐献了代表微软数字艺术技术的触摸屏、显示器，并同意在实验室里预演该应用。该项目在模拟不同类别的绘画媒介效果方面尤其令人印象深刻。观众可以选择使用虚拟铅笔、炭笔、粉蜡笔或画笔进行作画或涂色。同时也存在各种虚拟的画笔与纸张，供观众了解各种材料与工具的品质与细微差别。例如，与分层的彩色粉蜡笔作画不同，湿式积层绘画会造成颜色混合。就其可及性而言，显示屏可以被抬升、放低并倾斜，使得小孩子们、使用轮椅或是手臂使用受限的观众能够得到。另外，触摸屏对于行动受限观众的轻触反应足够灵敏；并且，视力低下的孩子与成人可使用它的放大功能，他们可以聚焦在屏幕上进行创作。

尽管实验室在公共时间服务于残障人士，在非公共时间里，实验室也对残障人士私人团体参观开放。通过这些特别的设置，有学习与发展障碍的孩子和成年人以及失明或视力部分障碍的学生能够在现代艺术博物馆无障碍项目教育者支持下参与实验室的活动。

在其18个月的经营中，七万两千多名孩子及成年人参加了材料实验室。在那段时间里，我们进行了包括采访与观察的观众研究。我们得知，96％的受访者觉得实验室对他们及其孩子体验博物馆的方式有着正面的影响；48％的受访者解释道，触摸探索艺术制作材料的方式，能帮助他们及其孩子更好地了解现代艺术博物馆藏品所代表的艺术以及创作过程。一位奶奶说道："实验室强化了我们所看到的。在展厅里孩子们见到了艺术家们的作品，这进一步使其思考艺术家们的创作方法、使用什么材料以及如何使用那些材料。这帮助我们在观看之后与艺术相联。"另一位成年观众指出："艺术不再仅仅是一项观赏活动，而是某种大家都能参与的活动。"

需要注意的事项如下：

• 训练有素的助理与志愿者能够创造一种热情的氛围，并且提供进一步解释的机会。

- 用活动提供的空间和资源设法完成与创造。
- 身体和展厅空间的近距离接触是理想的。
- 考虑贯穿项目的概念内容、设计与实施阶段的可及性。
- 超越美国残障人士法规定的权限——为残障人士创造的设施有益于所有观众。
- 不要忘记语言障碍以及非英语国家的观众。限制使用文字，包括所有文字的翻译，尽可能地使用图片或符号，并且开发直观的活动。
- 互动空间需要经得起长时间，高强度的磨损——选择耐磨的室内陈设及材料。
- 提供多样化的探索性活动和能够带回家的动手制作项目。
- 始终牢记：触摸和感官体验能吸引广泛的观众，尤其是运动类型学习者、儿童和残障人士。
- 控制用于艺术创作项目的材料和工具，鼓励多方尝试，注重培养解决创造性问题的能力。

致　谢

在此，感谢我们的同事利兹·马古利斯、卡里·弗里希和柯尔斯顿·施罗德，他们的努力工作、创造力和视野引领我们开发材料实验室；教师安德鲁·翁德雷恰克和丽贝卡·格伊特领导了创造能力行为艺术工作坊；同时，感谢许多在现代艺术博物馆中孜孜不倦地工作来创造多感官的博物馆体验的教师和志愿者们。

4 运用真实生命体创建真实自然环境的多感官参与

莫利·施泰因瓦尔德   梅利莎·A.哈丁   理查德·V.佩森蒂尼

艾德华·威尔森(E. O. Wilson)的亲生命理论主张人类都有"与其他生命形式亲近的渴望",即亲近自然是每个人的天性。该理论与多年来的研究成果一致,研究表明人类会对自然做出强烈、积极的回应。还有一种观点也日益得到认可,即人类需要自然,这种需要不仅仅是物质需要,同时也包括情感、精神和认知需要(Louv,2005;Townsend and Weerasuriya,2010)。生态心理学专家发现,接触自然能够带来许多积极的影响以及治疗效果。研究证明,无论是通过窗户眺望或是真正置身于自然环境中,都能够给人们的心理健康带来积极影响,降低患心理疾病的风险,延长预期寿命(Louv,2005;Pretty et al. ,2009)。接触自然还能够帮助人们减少压力,提高户外体育活动水平,增强幸福感,提高社会参与度,增强与社会的联系。许多研究还表明,与自然的直接接触有助于人们形成保护和关爱环境的意识和态度(Louv,2005,Chawla,2009)。

开放的绿地和亲近自然对儿童尤为重要;研究证明,在自然中自由玩耍能让儿童获得自由感与独立感(Pretty et al. ,2009)。人们认为,自由探索与户外玩耍能让儿童突破自身界限、勇于冒险并激活潜能。自由的户外活动对身体的强健也具有积极影响:研究表明,在自然界中玩耍的儿童要比同龄人具有更高的运动素质,尤其是身体的敏捷性和平衡性。此外,户外活动还能够让孩子们更好地进行自我探索;在自然环境中进行的教学能够获得更好的自然与环境知识学习效果,同时也能提高学生的创造性和学习能力。亲近自然的儿童往往要比他们的同龄人具有更高的自我价值感;亲近自然还能够锻炼儿童对抗压力和逆境的韧性。经证明,绿地也能促进儿童的社会交际以及自我独处的能力,而这两者对儿童的情绪发展都非常重要(Louv,2005)。

　　遗憾的是,我们现在所处的时代是一个远离自然的时代。儿童与成年人的大部分时间都在大楼中度过;花在体育活动上的时间日益减少,而花在看电视、玩电脑等数码产品上的时间却在逐日增加。总而言之,人们与自然的联系远不如上一代人那么密切。正如作家理查德·洛夫(Richard Louv)写道,我们生活在一个"自然缺失症"的时代,洛夫将自然缺失症定义为:"脱离自然的代价:感官体验缺乏,注意力难以集中,身体与心理疾病患病率提高。"(Louv,2005)这个问题不仅仅是个人的问题,也是整个社会群体的问题,面临的问题有:不断攀升的肥胖率、患病率、社会孤立感以及更常见的久坐行为。对于社会群体而言,这些问题通常还会导致医疗保健服务资源与社会支出预算紧张。越来越多的证据表明,亲近自然能够帮助各年龄层和各阶层的人们减轻复杂的社会和健康问题(Chawla,2009;Louv,2005),而博物馆可以通过展览和创新自然教育的形式来为人们提供必要的绿地空间和自然体验,以此来改善周边的社区环境,解决此类社会需求。

植物感官的重要性

　　其中一个简单的供博物馆建立人与自然联系的方法便是运用植物。这不仅仅是由于植物比较容易照顾和看管,而且还因为它们本身所能提供的神奇感官体验:芳香、纹理,甚至是美味的口感,一种植物能以多种方式来刺激人的感官。

　　进一步而言,与植物的互动能给人们带来与自然互动相似的好处。对工作场所中植物影响的研究表明,植物有助于人们放松和缓解压力。自然物能够帮助人们缓解工作压力,并影响整体幸福感(Shibata and Suzuki,2002)。园艺的积极效果也得到了广泛的认可。两千多年前,道家就相信花园有益于人类的健康。快进到今天,已有一群园艺治疗师通过园艺的方式来治疗病人的慢性疾病。对植物的研究整体表明,自然有助于人们恢复健康。一项为期十年、以手术病人为对象的研究表明,那些住在朝向树林房间里的病人要比那些住在朝向砖墙房间里的病人恢复更快(Louv,2005)。在一项相关研究中,住在朝向监狱中庭房间里的囚犯患病率要比那些住在朝向农田房间里的犯人患病率高24%(Louv,2005)。这项研究表明,亲近植物能够增强儿童和成人与自然的联系。因此，植物能够作为一种有效的媒介，供博物馆通过感官刺激的方式来增强观众的参观体验和参与感。

用植物和真实的自然来刺激感官的理念正在博物馆等非正式学习机构中日益兴起。在博物馆界，植物园对这种概念和趋势（即以植物和自然作为教学的媒介）而言就是一个非常好的资源——在植物园中，以自然为基础的多感官展览不仅仅建设良好，而且也正在向新的广度和深度拓展。沉浸式自然体验能够让观众们在植物园中全身心地体验植物：漫步在花园中，嗅闻、观察、触碰（多数情况下）植物，而增加的交互式展览和项目还能丰富观众的体验。即使没有大型植物栖息地，多数博物馆也能够为观众提供人与植物的多感官体验。

乍看之下，传统博物馆似乎无法和人与自然体验相结合，但事实上，活体植物以及植物概念能够被广泛运用在多个领域。首先，考虑把博物馆建筑周边的场景作为人与植物互动的展览和规划空间。其次，利用中庭和其他空间来为室内植物提供自然的光照。这些区域通常都是可利用但尚未被充分利用的空间。此外，还可以利用简单又实惠的日光灯照明，将没有窗户的空间转变为郁郁葱葱的植物展览区。

借鉴植物园的现有例子，在博物馆中通过植物来建立人与自然联系的方面，我们主要关注四个基本领域：（1）展览；（2）讲解员；（3）课堂与设计；（4）博物馆之外的社区拓展项目。这里，我们主要借鉴了芝加哥植物园、纽约植物园、明尼苏达景观植物园以及菲普斯温室植物园的实践。

鼓励探索

芝加哥植物园将自己打造成了"没有桌子或墙壁的课堂，在这里，学生可以在室内或室外探索各种各样的神奇植物"（芝加哥植物园网站）。其宗旨是促进人们欣赏、理解和保护自然植物。芝加哥植物园的教育主管帕齐·本维尼斯特（Patsy Benveniste）认为"多感官学习是环境教育中不可或缺的一环，并且多感官学习也符合我们坚信的人类学习模式"（个人交流，2012年11月21日）。明尼苏达景观植物园的座右铭为"创造、参与、发展、保护"，其完美地描述了植物园发展多感官教育的使命。

纽约植物园教育各年龄段的学员"植物的科学、作用、美,帮助他们认识植物,激发他们对植物的欣赏,帮助他们理解植物对地球其他生命形式的重要性",其教育部门为儿童和成人提供了丰富的多感官探究式课程。教育主管詹姆斯·波伊尔说道:"多感官自然游戏和科学学习是让孩子们对自然感兴趣的最初步骤,在此基础上,我们再增加科学技能的培养。"(J. Boyer,个人交流,2012 年 11 月 21 日)在纽约植物园中,触摸与观察是科学技能教学的重要组成部分,并且能够促进父母与孩子的参与(J. Boyer,个人交流,2012 年 11 月 21 日)。菲普斯温室植物园的宗旨为:"进行植物美学和意义的启发与教育,推进可持续发展,并通过行动和研究促进人类环境的改善。"植物园的终极目标是:将人类和植物在生活中发挥的重要作用联系起来。

我们鼓励对展览区域的关注以及创意感官花园等潮流的发展。这些花园能够实现观众与植物的互动(无论是出于教育目的或是治疗目的),通过跨学科方法来进行科学及非科学知识的教学,并将食物理念作为健康生活教学的媒介。这些方法很快被一些当今世界上历史悠久的博物馆及公园所运用。值得注意的是,感官花园展览,可在室内进行,也可在户外进行;明白这一点可以拓展人与自然的感官体验。

明尼苏达景观植物园的教育项目——温室触摸(Please Touch Greenhouse)里满是不同形状、大小、颜色、质地和香味的各种植物,且有标识牌温馨提示观众充分调动自己的感官来探索植物。温室同时还是探索整个植物园、示范景观以及自然区域的入口,还有多个专门供观众自由参观和进行感官探索的花园。

明尼苏达景观植物园的绿地游乐场(Green Play Yard)占地 15000 平方英尺,通过种植和自然活动让孩子和成人"亲近自然"。该场地还设置有婴儿区、幼儿区、学前儿童区及各种特色装置,如:供跳跃的树桩、为婴幼儿设计的爬行花园、植物隧道、堡垒、沙地、泥地、水乐园等。除此之外,还有各个走道、表演场地和小桥。该游乐场能够让孩子们调动全身的感官,"沉浸式"充分体验自然世界,而成人也能从中获得装饰儿童中心、幼儿园和后院的灵感。另一个感官花园——橡树下(Under the Oak)是设置在植物园中一棵最古老的橡树下并面向各年龄层的乡村风格自然游乐场。这是一个以明尼苏达景观植物园林地的打捞木材为主要材料,由植物园与当地艺术家合作设计建设的小预算游乐场。在这里，孩子们可以"移动东西、搭建堡垒和洞穴、举办茶话会/木偶戏、攀爬倒木、发挥自己的想象来创作作品"。这里还有木棒、椎体、树枝、树叶和小面积防水布等丰富的"散件"。这里有丰富的材料供孩子们进行充满想象力的游戏。

纽约植物园中鼓励探索的项目——埃弗里特儿童冒险花园（Everett Children's Adventure Garden）是一个占地 12 英亩的感官花园，里面有各种探索设施，包括植物迷宫、满是各种水生植物的"触摸池"、攀爬岩石、巨型花，甚至还有供学习者进行科学试验的室内实验室。这是一个安全的封闭式空间，孩子们可以在这里自由玩耍。

芝加哥植物园的儿童成长花园（Children's Growing Garden）是培养未来科学家的完美场所。孩子们可以在这里的儿童苗圃花园中进行劳作，参与和音乐、艺术相关的各种实验学习活动，还可以烹饪，分享植物科学知识。进入参观的家庭可以获得背包，背包里存放着放大镜、望远镜、野外指南书、杂志以及参观植物展览时用来记录的铅笔。这些背包的领取采取先到先得的原则，需以监护人的驾驶执照作为抵押；这些背包可以促进观众和植物的互动，让他们能够更近距离、更细微地观察植物的各个方面。

虽然不像其他儿童花园那么大，菲普斯温室植物园的户外探索花园（Outdoor Discovery Garden）是位于几个温室间的小面积花园，它可以让儿童沉浸在儿童型（小尺寸）花园世界中探索和嬉戏。该花园建立的初衷是探索植物开花的问题。花园中有几个小型主题花园和大型娱乐雕塑作品，旨在充分调动观众的感官，并提供更加丰富的学习体验。主题花园中有小溪，并连接着沼泽园、授粉园、感官花园、百鸟园等区域。这些花园中有许多大型娱乐雕塑作品，包括巨大的树桩、游乐房、墙上花园迷宫、洒水中心、儿童可控式喷泉池等。全方位的定向指示牌、丰富的儿童展览和众多的野外观察活动，可以让孩子们沉浸在探索花园的快乐中长达数小时。

为了提供更多的自由玩耍和感官探索体验，同时提高成人的参与度，菲普斯温室植物园又建立了第二座儿童花园，并将其命名为自然游乐区（Nature Play Area）。自然游乐区是一个开放式游乐场地，项目包括堡垒搭建区、挖坑区、藤架隧道、迷宫与游乐房；同时还提供砖、圆木片、树桩等搭建材料以及其他有助于提高想象力的零件。作为探索花园的补充场所，孩子们在这里可以玩得更加尽兴；这种无限制玩耍不仅富有趣味性，同时对孩子们的成长也非常重要。孩子们可以随喜好使用花园里的各种植物材料，享受更有意义的户外体验。他们可以花时间挖掘土坑，堆叠木头和树枝。不同于探索花园，孩子们在这里可以享受更自由、更狂野的游玩。但这也需要父母的参与来减少儿童受伤的可能。额外的空间为孩子们提供了更大的场所，降低了两个花园的拥挤度，也方便父母更好地照看孩子。这两个花园的结合使得孩子们能够全身心地体验户外活动，完全不受限制地学习和玩耍。

食物与园艺感官体验

通过植物将人与自然联系在一起的另一个多感官方法是食物。在菲普斯温室植物园，植物对人类生活的重要作用在美味花园（Edible Garden）展览中体现得最为明显。在美味花园中，蔬菜被种植在绿色屋顶培植台上。在该空间里，观众不仅仅能够观察、触摸日常生活中的蔬菜，阅读相关知识，了解蔬菜在平衡膳食中所发挥的重要作用，同时该空间还是进行参与性项目的场所。孩子们可以在这个封闭的花园空间里自由走动，并可以在培植台上进行植物探索。工作人员和观众的互动有多种形式：品尝、寻宝和其他项目。此类活动不但能刺激人们的多种感官，还能够为成年人构建自己的美味花园带来灵感。美味花园的部分空间现在也用于学习营和实习项目，供学生进行更长时间的学习（而不仅仅只是一次短暂的参观）、种植和烹饪自己的食物。

特意毗邻蔬菜园建立的菲普斯温室植物园儿童公共市场（Children's Public Market）是拥有各种可拆卸的塑料水果和蔬菜的交互式公共市场，它是为儿童创建的最热门的场所之一。儿童公共市场中许多"道具"水果和蔬菜可以在美味花园展览中找到。孩子们可以使用儿童购物车来"购买""有机"水果、蔬菜、肉类、乳制品和烘焙食品等，模拟真实的农贸市场流程。该展览同时还为年龄稍大点的儿童提供食谱卡片、结账员以及称重计。各年龄段的观众可以在这里亲身体验市场的各个环节。在这里，孩子们不但能够通过戏剧性的表演进行学习，还能了解健康饮食中食物的原貌和种类。

感官参与不仅仅只存在于展览中。纽约植物园的豪威尔家族花园（Ruth Rea Howell Family Garden）能够让参与者亲自进行园艺实践来了解植物。

在教育工作人员的指导下，参与者种植、照料、收割新鲜的产物。除此之外，他们还可以通过参加家庭烹饪课程来制作和品尝鲜美的植物美食。美味学院（Edible Academy）是一所提供"美味教育"的新场所，是纽约植物园为了开设全年营养学与园艺课程，鼓励家长、儿童和教师参与的一个场所。

多数情况下，在包括植物园在内的博物馆中，许多展览未必会允许观众进行视觉以外的其他感官体验，或者说，由于观众固有的认知——包括植物园在内的博物馆中的展品，就传统意义而言，是不能触摸的，博物馆和植物园尚未充分发挥其功能。在这些案例中，创建辅助非参与性展览的小型学习站点，对讲解人员进行培训、采取交互模式有助于鼓励观众进行多感官参与和学习。

在菲普斯温室植物园，探索小车（Discovery Carts）遍布整个温室，是在高峰时期采用的小型学习站点。小车提供与展览、季节和普通植物科学相关的短时课程。这些课程采用的形式包括植物和昆虫类书籍、工艺品、探索实践活动。小车的工作人员可以向过来的每个人讲授这些短时课程，同时也协助观众进行特定展览的进一步探索。工作人员会适当、温和地提醒观众哪些展品可以触摸，哪些不可以。

附加的信息指示牌可以鼓励观众进行展品的互动，并设置显示屏帮助观众进行更好的探索。一些指示装置是永久性的，而另一些则可以随着季节和展览变化而变化。针对儿童，很多指示装置上设有植物、鸟类和传粉昆虫观察相关的学习提示。针对成人，这些指示信息可以帮助他们拓展展览的相关知识，同时还有助于观众将学到的知识运用到他们自己的花园中。

多感官项目设计

纽约植物园的讲解员项目是一项让14～17岁的青少年参与的竞争性实习项目——在冒险花园（Adventure Garden）担任志愿教育工作者或讲解员。讲解员需要帮助儿童们调动自己的感官来探索和了解花园。这个项目不但有益于家庭，同时也有益于讲解员本身。许多讲解员说，这个项目让他们变得更加自信，同时也让他们与自然的关系变得更为密切。

除了自由玩耍和探索，纽约植物园还为儿童和家庭提供了感官教育项目,让他们能够通过亲身实践与通过探究式课堂来探索植物、园艺、季节变化和生态循环学(见图 4.2)。学习营、学校课程以及为忙碌家庭设计的免预约项目可以让学习者以各种方式了解花园(J. Boyer,个人交流,2012 年 11 月21 日)。

菲普斯温室植物园拥有许多正式的青少年项目,包括季节性学习营。学校组织的青少年实地考察项目都以实践活动的形式来进行学习。

学习营自然是采用多学科教学方式的项目,而菲普斯温室植物园也通过添加艺术、烹饪、健身和摄影等课程来吸引新学员。例如,自然摄影营就是一个吸引对摄影感兴趣的人来参加学习营(包含许多植物教学)的项目。菲普斯温室植物园的摄影营注重视觉,除了教授构造和光照等概念,还教授花部构造、雨林地层及植物适应性等知识。多学科教学的另一个例子是烹饪营。烹饪营除了美味花园的种植、丰收和烹饪项目之外,同时还教授健康食品的选择搭配。通过将植物学和科学等多学科学习营相结合,菲普斯温室植物园成功地吸引了非主流的青少年参与者,帮助他们建立起与自然的联系。品尝、嗅闻花朵、绘画、烹饪都是探索植物的典型多感官方式。这些学习营在向学员传授技能的同时,也鼓励他们通过亲身实践的方式与自然世界建立起联系。

包括植物园在内的许多博物馆正逐渐结合多学科活动来改造之前的单一感官项目(单一感官项目通常是严重依赖于课程或脱离主展览空间的单一课堂形式)。尽管直接的讲座教学成本较低、难度较小,却未必能够给观众提供有意义的体验。虽然移动式小组项目主要基于展览空间进行,但大大提高了观众的参与度,结合博物馆课堂的实验和实践活动,探究式课堂也变得更有意义。

菲普斯温室植物园的学前教育项目——幼苗(Little Sprouts),让监护人与儿童一起参与和自然相关的工艺品、故事、歌曲和游戏等多感官活动,并从中学习简单的科学概念(图 4.2)。该项目在菲普斯温室植物园热带雨林展览(Tropical Forest)中心举行,参与者与监护人沉浸在雨林的画面、声音和气味中。参与者不单能从中学到知识,还能置身于雨林环境中进行探索。在课堂教学的基础上,项目为年龄稍大的青少年提供实践教学,学习做健康美味的小吃、草本美容产品以及可回收的首饰。

图 4.2 科里·杜曼摄

明尼苏达景观植物园为各年龄段的人群提供实践课堂。针对儿童和家庭,植物园为儿童提供了各种各样的多学科课程,如科学家、艺术家、主厨、探险者实践,以体验的方式与植物建立联系。从亲子项目到童子军再到学校课程,明尼苏达景观植物园为个人学习者探索植物世界提供了多种不同的途径。

与纽约植物园相似,明尼苏达景观植物园还提供了家庭烹饪课堂,参与者可以按照自己的方式品尝和触摸植物,并组合成新鲜健康的食谱。它还设有一个感官花园,该花园由一系列示范校园花圃(名为"校园学习地")组成,作寻找灵感和实地考察用。每个"校园学习地"都允许观众通过观察和数据记录的方式感受季节的变化。

在芝加哥植物园,除了青少年之外,教师和其他成年人也能从实验式植物教育中获益。通过专业发展项目,教师能够拓展植物和生态学的有关知识,并学习设计符合州与联邦科学标准、更加具有参与性的课程,甚至还能获得植物礼物。纽约植物园则通过向教师传播知识将植物教学传播至各地的课堂,其通过认证项目向成人学习者提供了 500 多场课程和讲座,以及国家认证的专业园艺学院和众多活体植物实践教学活动。

植物的治疗力量

除了儿童、家庭、学生等传统观众,博物馆的多感官和跨学科植物项目可以让更多观众从丰富的体验活动中受益。其中,园艺疗法通过植物和园艺来帮助患有各种心理或生理疾病的人恢复健康。现场和场外专家运用植物的感官性质来指导参与者分散对病痛的注意力,帮助他们减轻抑郁、缓解压力。

芝加哥植物园就是一个拥有园艺疗法部门的植物园。简单的场外盆栽种植或在园内的比勒体验花园(一个特殊的无障碍现场感官花园)工作,都能调动观众的感官,使其建立与自然世界的联系,提高医疗保健的效果。尤其是对于退伍老兵,他们中的许多人都患有不同程度的创伤后应激障碍(PTSD);他们适应正常生活方式的能力也受到了影响。植物和园艺的舒缓作用能够唤醒这些患者的感官,恢复他们的感觉系统(B. Kreski,芝加哥植物园园艺治疗服务主管,个人交流,2012 年 11 月 16 日)。

明尼苏达景观植物园还通过园艺治疗部门帮助观众调动他们的感官。其园艺治疗与娱乐服务中心还为参与者提供探索花园技巧的机会,将园艺作为放松、消除身心障碍的方式。现场与场外项目都能帮助各种患有感官接受失调以及身心疾病的人群。该中心还为那些寻求方法来创建自己的园艺场景的人们提供进一步的专业支持,并为那些希望学习园艺疗法专业的人们提供认证项目。

　　芝加哥植物园积极参与社区园艺项目，包括与青少年和成年人一起合作的项目。绿色青年农场（The Green Youth Farm）项目让学生能够有机会参与食物的生产过程，使其播种、烹饪、销售自己种植的食物。每年都会有60名学生在一个有机农场（共有三个有机农场）中进行20小时/周的劳作（从5月中旬到10月中旬）；学生们在这里不但能学习园艺知识，还能培养团队合作精神，锻炼职业技能，了解社区服务的重要性，并对食物拥有全新的见解。对于成年人而言，风城丰收（Windy City Harvest）项目能培养参与者的可持续蔬菜生产与销售技能，包括种植、出售、营销与定价等；结束课程的学生可进入"绿领"工作部门。另一项成人项目——职业康复影响中心（Vocational Rehabilitation Impact Center）则向犯人传授园艺技能。这个项目中种植与收获的有机蔬菜将用于监狱食堂，同时犯人学习到的实用技能还能帮助他们在刑满释放后找到有意义的工作。所有这些实践园艺项目让参与者有了安静放松的时间，享受挖掘、在阳光下劳作、烹饪并享用收获食物的感官喜悦（P. Benveniste，个人交流，2012年11月21日）。

　　明尼苏达景观植物园为青少年提供的拓展园艺项目名为城市花园项目（Urban Gardening Program）。该项目最初是为那些需要关爱的儿童创建的邻里花园点，而现在已经拥有经验式花园课程、帮助城市青少年培养领导能力的园艺就业项目，以及体验高等教育环境的机会。该项目让儿童和青少年有机会种植与照料自己的花园，用收割的食材制作新鲜的食物，并在成年教育者对模范行为的关怀和鼓励下学习植物对生活的重要作用。

　　学校通过菲普斯温室植物园促进感官学习的主要途径为仙童挑战（Fairchild Challenge）项目，它源于佛罗里达州仙童热带植物园（Fairchild Tropical and Botanic Gardens）的标准多学科教育项目。自2008年以来，菲普斯温室植物园就是此项目的附属合作伙伴，并向当地的初高中学生提供仙童挑战活动。仙童挑战贯穿整个学年，初高中的学生可以参与一系列的环境挑战活动。丰富多样的挑战活动旨在吸引各种学生参与；这些活动涉及艺术、写作、音乐、表演、科学、社区活动和公民活动。在整个学年中，学校可以有选择地开展挑战活动。在学年结束的时候，获奖的学校将获得现场奖金奖励来用于自己的环保项目。在仙童挑战项目之前，菲普斯温室植物园面向高年级学生的项目非常有限。对于那些喜欢视觉艺术和音乐艺术的学生而言，这是一个让他们参与环保艺术的方式，而在此之前是没有这种机会，或者说他们尚未对这类活动产生兴趣。该项目还将建立起参与者与环境和植物的联系，即使这些参与者从未去过菲普斯温室植物园。

添加参与性元素的挑战和回报

虽然结合多感官的人与自然体验展览，包括教员、讲解人员、课堂、项目及拓展社区服务等方面均取得了许多激动人心和标志性的成功，但有一点必须得到明确：这里的每个方面都面临着挑战。根据每个博物馆的限制条件，各方面的发展和可行性均是可变的。在这里，我们回顾一些遇到的共同难题。

虽然实践展览可以提高参与者的参与度和学习效果，但它自身也存在着缺点。维持每日的操作就是一个难题，尤其是当展出物体为活体植物时。儿童在与展品进行互动的时候可能会比较粗鲁，当然有些成年人也会这样。这些展览还需要额外的人员来负责清洁工作，例如，如果展览包含一些可移动的小物品，这些物体难免会被带到博物馆的其他区域，除非有人负责确保这些物品停留在展览区。活体植物和展品可能还需要根据使用的频率和持续时间进行定期更新。所有这些问题结合起来会让实践性的感官展览比其他交互性较小的展览需要更高的成本。

菲普斯温室植物园的实践性展览和项目所面临的一个难题在于改变观众的认知。1893 年菲普斯温室植物园成立，其主要充当的是一座拥有观景房的展览式花园，并且不建议观众触摸展品。经过多年的演变，尤其是近年来，菲普斯温室植物园在现有的结构和操作体系中纳入了更多的信息标牌、交互性展览以及多感官项目，工作人员也许能对菲普斯温室植物园的多感官体验发展较为知悉，但观众却可能没有很好地了解这一点，尤其是那些早期参观过菲普斯温室植物园的观众。

儿童自然游戏空间的创造或改造需要考虑很多因素。有时，儿童更喜欢爬进池塘或走进小溪来进行视觉或触觉体验，而不是全身体验。石道非常吸引人，但有时湿滑或不平的道路可能会让愉快的奔跑在意外中结束。缺乏家长的参与，尤其对狭小的游乐空间而言可能是充满挑战的；指示牌以及鼓励家长参与可以帮助克服这一点。

在狭小的游乐空间内，孩子们可能无法自由玩耍，而奔跑与不受束缚的行为在拥挤的地方并不是那么安全。同理，拥挤还会使家长无法很好地照看自己的孩子。采取封闭式空间和看护人的照看将有助于改善这个问题。有时候，许多问题就是由于监督不善造成的。

在创建一个新的展览，或是改造原有展览，运用更多元素创建触觉参与式展览时，要明白一点：展览作品可能会逐渐消失。例如，在表演市场中，孩子们会把道具食物装满小推车，之后在离开时可能会有意或无意地未将物品放回原处，或是直接带走。在博物馆中，原本在一处的作品跑到了另一处的情况并不罕见。另外，被频繁触摸或搬弄的展品通常会随着时间流逝而遭到破坏；对此预先规划和进行备份是必不可少的。当活体植物作为"可触摸"的展品时，展览方需要准备相同的株型，以便在展出植物受损或需要时间恢复时进行替补。

被频繁触摸的展品需要进行定期的清理，并在附近设置洗手台以及提示参与者洗手来减少细菌传播的标志牌。

当交互性展品距离非触摸式展品很近时，有必要做出明确的信息提示，提示观众哪些展品鼓励触摸，而哪些不应被触摸。例如，在菲普斯温室植物园，儿童市场空间附近的活体植物展览空间里放着的主要是不可触摸的展品，这容易让观众，尤其使孩子们感到困惑；把玩市场内的物品后，观众可能会像对待道具物品一样粗鲁地对待植物。对此，在高峰期时为此类展览空间配备一名工作人员就比较重要了。

除了人员费用及展览维护费用之外，实践式展览活动同时还需要解决如何吸引成人与儿童参与的难题。例如，在表演市场中，成人并非总是和他们的孩子一起参与，而这可能会导致无人看管的儿童发生意外或受伤的情况，这也是需要工作人员在场的原因之一。设计成人与儿童共同参与的展览活动是克服这一问题的有效方法。

除此之外，还有与教员或讲解人员相关的难题。在一个多感官参与向来不被鼓励的环境里（即博物馆），观众并非是唯一感到困惑或是拒绝改变的人群。让在博物馆呆了数年的工作人员和志愿者适应更加沉浸式的环境也是一个难题。重新设计的讲解员与志愿者计划（包括更加频繁和更加多样性的培训，以及与教育人员之间建立更加紧密的联系）有助于为拥有不同背景和兴趣的观众提供更好的参观服务，促进多感官参与。

以下是与课堂与项目相关的一些具体问题:虽然更加富有体验性和多感官的项目是观众的一大福利,然而它的人员和材料成本通常是比较昂贵的。例如,切开仙人掌来讲解光合作用是菲普斯温室植物园沙漠项目中富于戏剧性和令人兴奋的一部分,然而购买大量仙人掌会提高费用支出。虽然大部分的项目可以向参与者收取活动费,但工作人员的薪酬及培训费以及活动(即使只是一场短期学习营)的筹备费用也可能会与收取的费用相抵消。虽然教育部门在博物馆是一个创收的部门,然而要取得收支平衡也并不容易。

一个项目的发展和筹备,仅仅是由于参与的人数不够而被取消,这在教育部门并不少见。任何想要扩大和发展的教育部门必须找到相应的解决方法。菲普斯温室植物园解决这一问题的方法就是向更广泛年龄层的人群提供更加多学科的项目,在了解人们对项目的兴趣程度后再聚焦特定的主题和年龄组。

对于这些植物园项目的成功和挑战,博物馆机构的人员可能会思考如何借鉴这些情况到自己的机构中,而这些仅仅只是植物园中众多例子里的一部分。如同博物馆及博物馆以外的各个部门,花园正不断努力发展,以新的方式与观众和社区建立联系,致力于解决社会和环境问题、结合日常生活、提高组织稳定性等。在不同程度上,追求多感官植物体验对许多博物馆而言无疑是值得的。深入探索植物世界能够给人们带来启发,建立人与自然的联系,而这仅仅只是一个开始。以下是着手开展的一些基本技巧和想法:

- 从小处着手;在现有项目的基础上添加一场触摸之旅或猜味道/气味游戏;完成这一步后再进行下一步。

- 尝试在一个非交互式展览上添加多感官元素来吸引观众;设置触摸区域或由讲解员引导进行的品尝活动相对而言比较容易实施。

- 添加一个简单的植物盆栽站,这可以让参与者体验小型花园所带来的感官喜悦,感受自然。

- 创建整个博物馆体验的关联,例如,在一个博物馆展览内的植物主题咖啡馆中进行味觉测试。

- 添加现场或场外多学科项目;利用艺术、音乐、食物或种植,创建从全新角度探索植物园的项目。

- 做决定时借鉴观众的反馈;在不成功的项目上花费经费或时间是没有意义的。

5 艺术与历史博物馆中的触摸与叙事

妮娜·莱文特　　D.琳恩·麦克雷尼

就与艺术和宗教相关的物而言,从"尼多斯的阿芙洛狄忒"雕像到中世纪的圣像和近代前期雕塑,触觉与本体感觉曾被视为合理且易于接受的方式(Cannon,2011;Johnson,2002)。虽然触觉总是与视觉对比,在大多数情况下用以解释视觉的至高无上(Jutte,2005;Johnson,2002),在近代,各种感官在公共场所受到了净化和管制(Classen,2012;Candlin,2008;Smith,2007,P.93)。人类学家和历史学家在过去十年中重新恢复了对感知的讨论,很大程度上归功于加拿大康戈迪亚大学的感知研究项目,它已经引导、促进、启发了这一领域的很多研究。这一研究项目的创始人之一康斯坦斯·克拉森曾写到,在牛津大学阿什莫林博物馆的早期,当时的参观包括拖举、摇晃、触摸物体,观众会谈论藏品的重量、气味与感觉。触摸在获得信息与审美愉悦,并与物体建立关联上都是必不可少的(Classen,2005)。

现代西方文化中对感知的"净化"以及这一现象如何影响博物馆领域已被充分阐述过了(Classen,2012,P.136)。在今天的大多数博物馆里,感知体验仅局限于博物馆商店。在那里我们触摸小件石雕,把玩珠宝,欣赏奢华纺织品的质地,触摸陶器和木器,充分感受织物和陶瓷釉料,嗅闻编织物和焚香。这或许可以解释为什么博物馆商店里总是簇拥着人群,一些观众甚至在里面花了大量"博物馆"时间。在最近的研究中,盲人观众告诉我们,在一个与克奇纳神娃娃有关的展览中,由于所有展品都放在玻璃柜中,他们对克奇纳神娃娃的绝大部分认知都是在博物馆商店中获得的[1](Reich et al.,2011)。

因此,我们应当将有意义的触摸与操作重新引入主流博物馆体验中并探

---

① 译者注:克奇纳,霍皮印第安人崇拜的祖灵

讨如何用不同的策展、教育和艺术的叙事方法与策略,让触觉和本体感觉成为一种学习工具、一种审美欣赏与探索的方法,甚或在更深层次上吸引观众的一种方式。

触摸和操作是许多艺术叙事的一部分,包括那些允许观众触摸身体和各种物体的表演艺术家,以及通过触摸或动作激活的新媒体作品。罗丹、理查德·塞拉(Richard Serra)等雕塑家们都重视触摸,也允许观看者触摸他们创作的艺术作品。菲利克斯·冈萨雷斯-托雷斯(Felix Gonzalez-Torres)的珠帘、糖果小山和纸堆或许是一种用触摸打破制度化视觉层级的方式。帕特里克·多尔蒂(Patrick Dougherty)和底波拉·巴特菲尔德(Deborah Butterfield)的雕塑通过那些激发他们艺术灵感的自然元素与触摸相关联。他们试图通过艺术作品传达与自然身体性的、诗意的联结。

为了吸引新的观众,历史博物馆正在转向另一种诠释方法,这将挑战观众对历史的既定设想。历史博物馆必须让观众接触未知的、未曾见过的东西——不再存在的地方和建筑、从未见过的人、出生之前已经发生过的事。历史教学和诠释就是使过去的某个地方、某个人、某件事有意义,并在一定程度上是可信的。为了转变观众对这一学科的看法,历史博物馆正在拓展他们对"过去"的诠释和呈现。口述史为策展人的单一话语增加了多元视角,新兴技术的加入使原本安静的展厅转变为鼓励参与性与意义建构的互动空间。尽管触摸曾局限于儿童探索馆,但现在触觉与其他感知已经寻找到走入主流展览的方式。

这些变化给历史注入了当代的声音,对过去的事件提出了新的问题和解释,并将古老的"历史学会"重新定义为历史博物馆和历史中心。正在转变中的历史博物馆不仅关注过去,同样关注现在和未来。

总的来说,本章对历史展览和项目的叙述,尝试改变观众被动地接受历史事件的事实、日期和名称,并挑战他们"到此一游"的态度,一次参观当地历史博物馆的体验也许可以终生难忘。触摸与叙事作为互补的组合,可以为观众提供与历史接触的身体的、认知的、情意的通道,使过去变得可见、可做、更加真实。

触摸、审美愉悦与艺术收藏

在中世纪和文艺复兴时期，出于宗教仪式与信仰而触摸雕塑、圣像和其他标志物是非常普遍的。虔诚的触摸和亲吻在雕像与绘画上留下了磨损的痕迹（Cannon，2011）。要在一个世俗的博物馆环境中真实地再现"虔诚的触摸"这一经验或许并不容易。但位于巴尔的摩市的沃尔特斯艺术博物馆曾在一个展览空间做过一次杰出尝试，探讨欧洲早期现代时期审美性触觉的价值。

2011年，沃尔特斯艺术馆首次举办了一场名为"触摸与雕塑的乐趣：探索文艺复兴雕像的吸引力"的展览。杰尼斯·斯派塞（Joaneath Spicer），沃尔特斯艺术馆文艺复兴与巴洛克雕塑的负责人，将展览叙事着眼于小件雕塑以及它们对收藏家和艺术鉴赏家的触觉吸引力上。作为一个文艺复兴领域的学者，她知道触摸艺术品可以感受它表面的质感和体积，而且许多雕像刚好是手掌大小。通过这个展览，沃尔特斯艺术博物馆为观众提供了类似于触摸博物馆藏品复制品的经验。随后观众被要求提供反馈给研究人员，用以研究某些特定形式的触觉吸引力。

通过触摸小件青铜雕像得到满足感是斯派塞的构建展览叙事所围绕的核心理念。触摸这些复杂的青铜器所带来的满足感和愉悦感或许也是收藏这一艺术形成的原因。16世纪拥有这些雕像的艺术赞助人可以尽情享受把玩这些艺术品的乐趣。如今博物馆的观众也有机会得到这种体验。

触摸作为一个民主平台/渠道

触摸在如今的博物馆里这么少的原因之一，或许是在当代商品驱动的消费文化中，触摸已经与所有权挂钩。马克·史密斯（Mark Smith）在总结触摸和占有的关系时说："如果你想触摸你目前没有的东西，去商店，而不是博物馆。"（Smith，2007，P. 116）菲利克斯·冈萨雷斯-托雷斯的作品，作为当代艺术收藏的热门，是艺术家从事关于触摸、所有权的关键对话以及艺术体验的例子。冈萨雷斯-托雷斯的作品常常是作为最可及的同时也是唯一可触摸的展出作品。无论是在纽约的现代艺术博物馆的一堆糖果，在旧金山现代艺术博物馆的珠帘,还是在巴尔的摩艺术博物馆的一堆纸,他的作品通常被称为民主。从这一瞬间开始,观众意识到在一堆糖果和纸张间自己是受欢迎的,漫步穿过珠帘成为博物馆体验的一部分(Chambers-Letson,2010)。

2011年,当波士顿艺术博物馆开始了它的第一个当代艺术展览——"翅膀"时,珍·梅尔格(博物馆当代艺术策展人)将冈萨雷斯-托雷斯的珠帘作品"无题(开始)"(图5.1)放在了展厅门口。这一作品是展览的第一部分,该展览经过了长达5年的调查研究,展览包括艺术家毕生创作的所有五个珠帘作品。艺术家指明要将帘幕自然地挂在门口,这样观众可以穿过它,而不仅是看着它们。

珠帘被安装在一个探讨当代艺术体验的展厅里;每一个珠帘均是关于扩大艺术定义对话的重要组成部分。虽然展厅主要展出的是大地艺术或身体艺术的照片,但冈萨雷斯-托雷斯的珠帘提供实际的身体接触,同时当观众穿过门口时,他们作为艺术作品的一部分留下了对于艺术的体验。

艺术家将自己的作品和他自己比作"一个病毒,一个骗子,一个渗透者",总是在各大艺术博物馆中重复着自己的作品(Gonzalez-Torres,1993)。冈萨雷斯-托雷斯作品设计的目的在于复制和补充;它们可以被触摸,被消耗,甚至可以被带出博物馆。冈萨雷斯-托雷斯直接涉及博物馆内的权力结构和经济问题,在那里,艺术作品需要花大代价来更换和维修。他强调,对他而言重要的是,这样民主的叙述"渗透"正发生在博物馆的权力结构中,而不是置身事外;因此,博物馆观众可以捡起作品一部分,可能是糖果或是压纹纸,在警卫的眼皮底下带着它们离开。

梅尔格说,博物馆有权利和责任来展现艺术,保持艺术作品的活态,而不是拥有它们。她有过处理作品和博物馆直接关系的经验:她看到不同年龄层次的观众穿过珠帘时愉悦的表情。在一天结束时,她将这个她喜欢的艺术品想象成一个花园。当数以万计的观众穿过珠帘时,她需要修整这些帘子。"这是一个活的角落,这种体验与物相对。与物不同的是,它不只是被放置在房间里,同时也需要观众的殷切关注。它不能以传统的方式去拥有或占有。它很民主。"(Mergel,2013)

图 5.1   菲利克斯・冈萨雷斯-托雷斯，"无题"（金色），1995；一组珠帘悬挂装置，其大小尺寸根据安装而定；通道装置的示意图菲利克斯・冈萨雷斯-托雷斯。波士顿艺术博物馆。2011 年 9 月 17 日—2015 年 1 月。策展人：珍・梅尔格（Jen Mergel），©菲利克斯・冈萨雷斯-托雷斯基金会。纽约安德烈・罗森画廊提供。

触摸作为一种自然现象

帕特里克・多尔蒂用树枝和木棍创造了许多异想天开的结构，有些是童话宫殿，有些又像是霍比特人的居所（图 5.2）。这些作品在世界各地的博物馆中随处可见。有些看起来像大号的篮子、瓶子或水罐,有些像寺庙或小屋。他所有的作品都是因地制宜的,从了解当地的材料开始,考察树林,就地取材。多尔蒂通过触摸树枝和木棍去深度理解和熟悉当地材料,并挖掘它们的潜力。无论是他的创作过程,还是观众的体验,对材料的身体感觉都非常重要。多尔蒂说,他努力重建出森林震撼人心的触觉体验,找回树林的纹理、气味、声音和掠过树枝的感觉。

图 5.2　"圈起你的希望",帕特里克·多尔蒂 2009 年作品。堪萨斯州托皮卡华盛本大学马尔文艺术博物馆。照片由华盛本大学提供。

　　他的作品结构像篮子一样分层、交织。多尔蒂通过层层的叠加创造出他口中的"华丽外观"。用树枝创作和绘画有些相似,只是最后的作品是可触摸的。锥形的树枝被排列在一个方向上可以营造出一种动感,这与绘画有异曲同工之妙。

　　多尔蒂的"树枝作品"从早期的小型物件开始,逐渐演变到大型雕塑、建筑居所、步行空间等。它们可以唤起人们关于童年游戏、儿童城堡和树屋、原住民家园、钓鱼棚的记忆。他营造的空间更具有疗愈性,而不是限制性,许多都具有鸟巢般的多孔质感。多尔蒂的作品让人联想到一种自然现象,大量鲜活的枝杈构成了建筑的外墙,突破了传统的建筑元素。

　　触摸对于艺术作品来说有利有弊。对于多尔蒂的雕塑作品来说,触摸和把玩是创作和享受这些作品的一部分。多尔蒂与他那一代的其他环境艺术家分享了他关于触摸、自然的情感，比如安迪·戈德斯沃（Andy Goldsworthy）的石雕作品在创作时注意与自然环境相融合，并在日后成为环境的一部分（Pheby,2010）。多尔蒂的树枝结构是暂时的，可维持约两年的时间。这种短暂性有助于增加体验强度。风、雨、霜、雪、人的触摸等元素都成为这些作品的一部分，并随着季节交替和触摸而变化。当这些作品崩塌乃至消失时，人们心中总会升起淡淡的忧伤。

触摸是舞蹈

以马匹雕塑闻名的狄波拉·巴特菲尔德，也是用木头、泥、木棍和树枝等材料开始她的创作生涯。后来她转而采用废金属，许多马匹雕塑都是用青铜铸件焊接起来的。在室内外展出的巴特菲尔德马匹雕塑是许多美国博物馆的藏品，包括大都会艺术博物馆、圣地亚哥艺术博物馆、耶鲁大学艺术博物馆、巴尔的摩艺术博物馆、赫希洪博物馆和雕塑园等。

巴特菲尔德创作她的雕塑作品时会戴上手套。她认为触摸不仅仅是皮肤的接触，而是一种感受体积、质量、可塑性的本体感觉，也是一种对象与自我之间的交流。她说："对我来说，触摸存在于移动、托举、堆叠等一系列动作之中……它关涉整个身体，而不仅仅是手……它跟骑马一样。它很像舞蹈。"雕塑家认为她的作品同样应该以这样的创作方式来理解，不仅通过眼睛去看，也通过双手去触摸。那些作品不易碎，同时触摸时并不存在很多锋利的边缘。"理所当然的是，那些拥有它们的私人收藏家可以触摸它们。"回溯她的灵感来源，巴特菲尔德说："当我们提到马，就想起了触摸，我们用手来测量马……我的马有六手高。"（Butterfield,2013）

新媒体艺术中物化的短暂现象

苏格兰艺术家和设计家杰弗里·曼（Geoffrey Mann）创造的物品都与无形物体比如光、声、呼吸有关，他将其制成可以通过感知进行探索的实物。他说道："无形是我作品的共通主题。我对碰不到的东西很好奇。这可能是我对世界电子化进程的一个反应……我想要触碰一切东西。"和某些人的作品涉及电子技术、3D扫描和打印一样,曼觉得他不得不解释使用技术不是用于其本身的目的,而是为了走一条"人性化道路"。

图5.3　混战茶壶,杰弗里·曼制作的自然事件系列作品,骨灰瓷制作,30×22×23（cm）。由斯图尔特·约翰斯通拍摄。

　　他的"飞翔"系列作品包含了以飞翔鸟儿长期曝光照片为基础的塑像。鸟儿翅膀的动作太快,不仅盲人,正常视力的人肉眼也无法捕捉。其中一件艺术作品在伦敦和纽约的盲人艺术（Blind Art）展上展出,在展览上它可以被盲人和视力正常的观众触摸。曼说:"这是一个常识,飞翔是看不到的。"他回忆起在伦敦的盲人艺术展览上,他观察观众们探索着他的作品:"触摸是美丽的,太敏感,同时又太具探索性。"最近他的大部分作品不是关于触摸,但因为与运动和时间有关,就经常需要进行全身探索。他的"混战"系列作品是两只形状精巧的苍蝇分别被刻在和悬停在玻璃块上（图5.3）。曼经常观察在艺术品之间漫步的人们,他们绕着这个矩形玻璃的四个面行走,想要找到观看的正确角度,有时候还会分享他们的野营体验和飞行故事。曼承认这种让观众触摸的玻璃作品经常在展出回来后就遍布指纹,清理起来就像是"噩梦"。

艺术家对于自己作品的好奇心直言不讳："我不知道飞行看上去是怎么样的。我很好奇。我想要得到一个更好的感官体验，将它做成有形。"曼说，他的基本经验法则是如果他知道某样东西长得怎么样，他就不会去做："这就没有艺术家的兴奋感了……我想和观众获得同样的兴奋感。"他没有批量生产作品是因为他很容易感觉厌倦。

"声音长什么样？"这是曼问自己的另一个问题，不是指科学表达上的声波，而是人的声音中所携带着情感的东西，可以帮我们将声音与人文联系在一起。通过电子技术手段，曼模拟了餐桌旁声音如何使诸如餐具类物体产生变化。声波在茶杯和碗上留下了印记，并让它们产生永久性变化。作品可能就是一个茶壶，被一个生气的人的声音"弄变形"，但曼说尽管在审美上讲这并不能让人愉悦，但这是"一个无形物（桌旁的争吵）的真实展示"（Mann，2013）。

曼在制作茶杯时使用了一个类似的过程，将自身印刻在最终的这个陶土品之上，这个作品因他的呼吸而变形："事实上这就是我，类似于自画像，还是一个诚实的自画像。"曼解释道，如果他去做另一种艺术媒介比如绘画，他就不得不一直改变他的自画像。"我喜欢使用我的呼吸或声音，它们能真正展示自我，声音本身就非常诚实，非常原始。"事实上，通过他 iTunes 上的 APP，可以让做 3D 打印的人随时获得这种制作自画像的方法。现在连你也可以在杯子上做一个关于你呼吸的可触摸自画像。

触觉博物馆

在 19 世纪有一种流行视觉的文化，一种叫作"视觉博物馆"的现代西方博物馆兴起（Classen and Howes，2006）。在盲人群体的极力倡导与工作下，一部分世界触觉艺术和历史博物馆兴起，其中包括意大利安科纳的欧梅洛博物馆（Museo Omero）、西班牙马德里的迪弗洛齐克博物馆（Museo Tiflologico）、希腊雅典灯塔的触觉博物馆。这些博物馆中的几乎所有眼前之物均可以触摸。大部分博物馆原来是为盲人艺术和文化客户设计，或受到当地盲人群体的拥护。类似地，诸如卢浮宫中的触碰长廊项目——在艺术博物馆中触碰艺术品的长廊——也通过努力建立起来,向盲人观众提供相同的体验。但是,尽管最初的博物馆叙事已经为盲人观众提供了触碰体验,可目前大部分观众还是视力正常的,教育性叙述反映了这一变化。

触觉博物馆展出可触摸的石膏、玻璃纤维和铜制复制品,比例建筑模型和原创艺术作品。其中一些以展出当代艺术家可触摸探索的作品为特色。欧梅洛博物馆——翻译过来叫荷马博物馆——建于 1993 年,是安科纳三家艺术历史博物馆之一,从而成为当地居民和旅游者的重要游览地。观众和游客并不仅限于那些盲人或者视力不好的人(Trasatti, 2013)。事实上,在 2012 年几乎 17000 名游客之中,只有 390 个人有一定程度的视觉受损。所以,如果一开始建立博物馆是为了通过触摸向无法看到的人述说意大利艺术历史,那对其他几千个观众来说,它又提供了什么?

在今天,欧梅洛博物馆的教育者们将他们的藏品视作所有人的"三维艺术历史手册",其遵循了在 19 世纪博物馆中流行起来的雕塑制作和收藏的广泛传统。其中一些雕塑藏品仍然在用或者被参观:在维多利亚与阿尔伯特博物馆中雕塑区的雕塑藏品是最令人难忘的。许多大学博物馆正在开设雕塑藏品课程,这些藏品是他们从艺术博物馆得来或继承来的。欧梅洛博物馆的藏品按照时间顺序排列,包括米开朗基罗的《圣殇》和《摩西像》,以及 20 世纪知名意大利雕塑家如弗朗西斯科·麦西那(Francesco Messina)和埃尔纳多·波莫罗多(Arnaldo Pomodoro)的原创作品。

这家博物馆将严肃看待自己作为地区艺术中心的角色,与当代意大利雕塑家密切合作,并进行推广,其中不少是当地雕塑家,请他们创作触摸探索类作品。教育家们通过这些广博藏品的力量开启自己的旅途和体验。当观众将手放在罗马建筑纪念碑或人工制品的比例模型上,便营造了一起讨论历史的氛围。他们奢侈地将这些艺术品放置在一起,然而在物理空间上它们永远无法被放在一起。此类体验就相当于许多早期大学和大学博物馆所用过的教学藏品探索方法。

雅典触觉博物馆的教育家们也欢迎视力正常的观众,其中的大部分是学校群体和游客。他们一开始向观众介绍五种感知,并讨论盲性。教育性陈述包括残疾认知、残疾历史、盲人的日常和盲文的历史(Karavinou, 2013)。

卢浮宫的触摸长廊在 1995 年开放。它以来自于博物馆藏品中的可触摸复制品主题展览作为卖点。展览一般包括大约 15 件铜制、陶瓦、石膏作品，每几年换一批。主题多变，在过去有动物探索，作为古希腊古罗马艺术运动和力量的标志。卢浮宫触摸藏品变得越来越流行，在 2005 年开始出国巡回展出；从那时起，以卢浮宫触摸藏品为基础的大约 30 次展览在欧洲、亚洲、拉丁美洲举办。在中国，仅一个月就吸引了 4 万名观众来参观和触摸。博物馆将此类巡回触摸展览视作向尚未到过法国或因经费不足无法来法国的国外艺术爱好者们推广卢浮宫藏品的机会(Gouyette，2013)。

卢浮宫触摸长廊经常挤满了人，它在亲子家庭和小学中变得非常盛行。毫无疑问，它的吸引点在于孩子们可以把手放在作品上却不会惹恼保安、家长，或不会触动警报。事实上，在儿童博物馆中触摸的禁忌已经取消了。这可能与人们已广泛认识到年幼儿童感知学习的好处有关。

费城有一个专为 11 岁以下儿童设立的博物馆，叫作"请触摸博物馆"。名如其实，它鼓励年轻的观众触摸。跟它在布鲁克林、波士顿和印第安纳波利斯的同行一样，"请触摸博物馆"的藏品来自于影响儿童好奇心的展览和项目。在展览中，人们发现藏品被放在意想不到的箱子中，这些箱子专为展览主题而设计。把展示盒装饰成轮胎或矮树墩更能鼓励好奇的观众上前看个究竟，而不是提出"请保持距离"的警告。在"儿童手套"(Kid Glove)项目中，作品跳出储藏盒和防护盒，在这里员工邀请孩子选取藏品并排列成主题小组。孩子们戴上白色连指手套，员工们戴上棉手套，孩子们在悉心对待艺术品的过程中发展技能，通过大小和重量的相似性和差异性对不同组的物品进行对比，参与关于藏品护理的对话。藏品主管和馆长史特西·斯威加特(Stacey Swigart)解释说："'请触摸博物馆'的'儿童手套'让孩子们真正地了解并探索自己喜欢之物（或发现喜欢的事物）的好奇心！博物馆将文学、科学、技术、工程、数学和人文方面的学习标准进行分层，在真实的游戏环境中提供丰富的教育体验。"(Swigart，2013)

它现在（过去）是怎么样的？ 触摸的故事

考纳斯是一家针对盲人的新博物馆，2005 年在考纳斯·加里森教堂黑暗地下室中成立；它的特点是展出立陶宛当代艺术家的可触碰作品。但一开始，这家博物馆另外一个作用是教导那些大部分视力正常的人体验盲人的生活。这个理念来自于1988年在汉堡成立的一个巡回展出项目，叫作"黑暗中的对话"。"黑暗中的对话"有着一个简单并有力的展出理念，里面有几个房间，配上不同的环境、船、商店、咖啡馆，观众们在盲人向导的帮助下完全在黑暗中行走。这个展览并没有为盲人或看不清的人提供太多东西，但其中一个重要的例外在于其提供了盲人向导的就业机会。尽管世界上大部分盲人多少看得清东西，并非在完全黑暗下生活，这些展览如"黑暗中的对话"和考纳斯博物馆还是点亮了盲人日常的生活。其中最具深刻性和纪念性的体验在于观众在黑暗中的自身感知与挑战以及社交互动。

黑暗中的对话为观众提供了空间和感知体验，让他们去思考"周边是什么"。当观众游览历史故地的时候也会有相同的问题："以前是什么样？"展出的物体在一定程度上成了让观众探索未见历史的向导。这个物体其实就在那个叫作过去的真实位置上。通过与物体的亲密互动，观众开始将历史空间代入到历史故事人物所做、所有、所用的东西上去。

在芝加哥历史博物馆（伊利诺伊州芝加哥）有一个学生工作室叫作"奇妙世界展"，在这里，孩子们参观1893年世界哥伦比亚故事会，讲述"以前是什么样"。历史曾在某处发生，而过去曾经是一个地方。孩子们分成小组，开发对地方的感知。他们在活动场所地图上标注出目的地，比如农业大楼、妇女大楼、制造大楼，并分析这些大楼内外部的照片，描述所见之物。这些地方陈列了来自于教育部门的教育藏品及复制品，在开放式陈述中融入了意料之外的展出体验。通过一个有技巧的引导员的讲述，孩子们拿着博览会入场券，闭上眼睛然后穿越到18世纪90年代的芝加哥，成为展览的观众。各小组收到一个博览会纪念品，包括刻着博览会大楼形状的亨氏小腌瓜和纪念勺。对博览会当天的三维物体进行触摸分析，加深了学生们对"过去是什么样"的理解。当孩子们进入展览中心，看见芝加哥"美国十字路－L车1号"时，之前积累起来的体验与物体产生了互动，这辆列车是早期搭载观众前往博览会的车辆之一。孩子们与物品的关系发生了转换，现在他们进入到了艺术品中。当孩子们大声阅读两本专为前来观展的观众写就的展览指导书时，通过与艺术品的个人联系，他们更加深入地理解了"过去是什么样"。孩子们成为历史陈述的一部分，过去再也不是一个空空如也之地了。

触摸中探索

触摸式体验一直都需要与三维物体进行互动吗？或者观众可以通过一个故事获得触摸体验吗？在明尼苏达历史中心（圣保罗）展览中，开放屋"如果这些墙能说话，（Open House：If These Walls Could Talk）"为观众"做出自己的"设计、说明和体验故事提供了空间。这个展览把从 1888 年至今居住在霍普金斯 470 号街的居民故事计入编年史。长廊变成了房间，代表这个房子的不同年代。这些房间中有客厅、餐厅、卧室、厨房和阁楼。不像许多艺术和历史博物馆中观众只能站在外围仔细看（或盯着看）以前的房间，在这里观众与历史产生了更活跃的联系。

进入展览，观众成了霍普金斯 470 号街的客人，博物馆长廊成了令人熟悉的家庭环境，邀请客人探索、互动和发现。开放屋在博物馆和观众之间开创了不同的互换。与使用标签传递博物馆声音的互动方式不同，这里还允许霍普金斯街的居民上前讲述自己的故事。克里斯·海思本德斯（Chris Husbands）强调说，对于过去的历史讲述并非是学生和教师之间、讲述者和倾听者之间的单向交流，作为讲述者的老师必须要以精确、真实、开阔的眼光讲述每一个故事；如果倾听者没有问题，无互动，不调查真实性，这个历史故事就无意义了（Husbands，1966，50-51）。

这些房间没有完全照搬霍普金斯街的装饰，也没有放置历史中心收藏的手工艺品或从前居民处的物品。相反地，适应时代的物品和家装为观众建立了令人沉浸的环境，成了居民故事的载体。资深展览策划人本杰明·费力尼（Benjamin Filene）解释说，开放屋从来都不专注手工艺品，真正的证据在居民故事中（Filene，2013）。故事沉淀在房间中，通过触摸得以释放。

观众的好奇心触发了这个转换，通过互动——坐在床上或餐厅椅子上，打开冰箱门或打开餐盒，旋转碾肉器，伸手够硬币——观众的行动引发反应。观众的反应在意料之外，能够揭开另一个故事，房间成了另一个住户的居所。通过创新技巧，比如媒体软件投影在餐板或镜子上，在火腿和牛奶瓶上印刻引语,来沟通故事。费力尼对这种观众和住户交换而产生的强大结果进行了反馈:"开放屋致力于让历史中被遗忘的人们发出声音;最终,让观众意识到他们自己也有话要说。"(Filene,2011,p.139)

手、身体、情感的触摸

当我们想到触觉,总是会联想起手的动作。但触摸与最大的感知器官有关,涵盖了整个身体(Ackerman,1992,pp.64-98)。身体从扩宽历史诠释到涵盖多模式体验,来向过去提供类似的联系。

教育理论家克耶朗·伊根(Kieran Egan)是西门·弗拉斯特大学(博纳比,不列颠哥伦比亚省,加拿大)教授,是想象教育研究小组的创始人,他利用感知(或文化)工具——这些工具可制造意义从而有效吸引儿童——探索了想象力在学习和教育中的角色。想象教育的理论是根据孩子学习语言(从学前到口头和书面)的方法将认知工具融入五种理解方式中:躯体的、虚构的、浪漫的、哲学的和讽刺的(Egan,1997)。身体是一种感知世界和经历的重要工具:"躯体理解是实质性的,身体上的理解,孩子自己的身体,在空间中身体运动的方式,在空间中与物体产生关联,和遇到的人产生关联的方式,这些都是基本工具,是感知经历的第一种方法。视觉、听觉、触觉、味觉和嗅觉告诉孩子们关于他或她身体或周边环境的信息。"(Ruitenber,2006)了解了孩子身体在探索和创造意义中所起的作用后,历史博物馆或任何博物馆就能结合孩子们运动天性,将其融入至解读性体验中,而不再贴上不适当博物馆行为的标签。

当芝加哥历史博物馆初次建立新儿童艺术长廊的展览时,他们做了一些明确的设计以确保让儿童易融入。长廊的主要地点位于大厅,为家庭和孩子们带来光亮和色彩。在感知芝加哥的展览中,每一种感知都有其自己的位置。通过测试和观察儿童,项目团队意识到全身体验必须要将儿童引导到感知上面去,不应该用冗长的规定约束他们。相反地,在触摸展览中,孩子们直觉地知道去爬高轮单车或坐到旧克米斯基公园的座位上。当他们跳上地上的彩色斑点来激活声音,或者躺在罂粟种面包上变成芝加哥风格的热狗时,全身性的挑战向孩子们带来了其他类型的感知。当孩子们全身心地投入到体验当中，这些体验将想象力和游乐融入至解读性过程中，"实践"历史为孩子们展现了新的意义。

亲密交流的触摸

康斯坦斯·克拉森将 17、18 世纪的博物馆表述为"感知馆"，没有"天鹅绒线"（译者注：即 1 米线）和"玻璃盒子"（译者注：即玻璃展柜）来提示观众与展品之间的距离。相反地，更多亲密交流被建立起来，馆长们成了"亲切的主人"，向客人们提供触摸和把玩藏品的机会（Classen，2012，pp. 137-138）。通过新的阐释方法和项目设计，简·亚当斯赫尔博物馆的工作人员拿掉了绳子和盒子，亲切地欢迎观众来到简·亚当斯（Jane Addams）的西边居所来了解她的生活和事业。她是安置工作者、改革者、作家以及诺贝尔和平奖获得者。亚当斯毕生致力于社会、经济和文化改革问题的抗争，这些问题通过展出与当代的观众产生联系，这些展出紧密贴合进步改革，而这些改革确定了亚当斯对于赫尔馆的愿景。三思汤是一个月度项目，将参加者和出席者聚在一起分享汤，并分享关于食品问题的看法。为尊重原创，艺术租赁图书馆邀请人们"借出"当代艺术原创作品最长可以放在自己家中 3 个月。这些以及其他活动一起定义了博物馆阐释的形式，即"非同一般的热情"。亚当斯的愿景变得永恒，观众拜访这个居住地除了了解现在的情况，还一同进入了过去的时光。

二选一标签项目通过质疑展览标签的传统格式和内容，询问观众们如何与历史建筑进行互动，推动了观众体验的开放。艺术家嘉宾特里·卡普萨里斯（Terri Kapsalis）将她的研究和观众体验集中在小而低调的个人物品上——简·亚当斯旅行药箱。她没有将说明写在墙上的传统标签上，而是重新写在一本小本上。药箱和小本都在简·亚当斯卧室的小柜子中并排陈列着。而药箱被放在防护盒中不得接触，本子可供观众拿来阅读。马克·史密斯（Mark Smith）认为阅读书籍的感知体验从单独的视觉体验转变到了触觉维度："过去和现在，书籍被携带、打开、翻阅、触碰和抚摸。"（Smith，2007，p. 93）

正如亚当斯欢迎数千名移民者来到赫尔馆，里面的工作人员也邀请观众与药箱进行更加亲密的体验。观众通过预约，可以坐在亚当斯卧室中药箱旁边的摇椅上，里面的工作人员会为观众献上一杯茶。观众可以随意阅读本子里的"另一种标签"。这篇散文描述了这个旅行药箱的珍贵，亚当斯一生所遭受的疾病，以及作为人道主义者的无尽事业。虽然事实上，观众从未触摸过药箱或从未见过亚当斯，这次体验中的元素融合在一起——亚当斯卧室的沉浸式环境，摇椅、日记、茶杯的触觉性投入，观众和工作人员的交流——建立了一种亲密和高级的个人时光，并不受现在或过去束缚。

引人深思：通过触摸讲故事时需要考虑之处

我们知道观众喜欢触摸体验。当我们着手触摸巡回展时，我们看到当博物馆工作人员观察盲人观众触摸雕塑时会感到嫉妒。妮娜·莱文特参观了一家达拉斯博物馆，看到一个讲解员在向一名盲人观众描述罗丹创作的一个大理石女性塑像。事实是这名盲人观众之前曾去过一次作品触摸展，进而她对一群吃惊的讲解员解释在阴影孔穴中弯曲的大理石纹理是怎么样的。一部分塑像隐藏在阴影下因此无法通过视觉看清，但通过触摸可以说明曲线形状和粗糙未加工的表面。另一家大型艺术博物馆想要将触摸延伸至盲人和正常观众的混合群体，门票立刻就脱销了——博物馆各部门的工作人员也买了票。在历史博物馆的幕后故事中，我们知道观众想和克拉森描绘的 17、18 世纪的工艺品"亲密相遇"，这反映了一种"与它们的原创者和使用者的替代式接触之兴奋感"（Classen，2012，p. 141）。

在难民营的流动"博物馆"里，物件、年代屋和触觉体验将医院病人和老年观众带回他们的记忆中。而监狱的延伸博物馆项目让观众与物件和相关主题产生互动（O'Sullivan，2008；Samuels，2008；Pye，2008）。人类学藏品的表达式探索可以促进动态情感和智能联系；这些体验通过讲故事、音乐和创作艺术表现出来（Golding，2010）。

通过触摸和把玩可以说一些什么故事？将博物馆、艺术家和历史学家当作故事讲述人需要着重考虑什么？当我们围绕可触摸、可把玩物件构建一个展览时，有几件重要的事情需要铭记：物件的真实性，将触摸体验与作品的意义连接起来，知道这些感知不仅既是文化也是自然现象。

感知历史学家存在着一个顾虑：当通过感知重建历史时，博物馆需要明白现在的人并不具备过去人们的感知工具。感知是大自然赐予我们的非中性知觉工具。它们是文化习俗和历史对比的产物。几百年前，微笑、声音、品味和质地是奇特的，现在就不是这样了（Smith，2007，p. 117-132）。

之前，爱质疑的聪明观众，无论年老年少，经常会问："这是真的吗？"物品有自己独特的能力穿越时间边界。在永恒之中，它们都是过往事件的留存，某种程度上，物品的存在将拉近观众们与这些事件和时刻的距离。在寻找物品"真实"证据的过程中，触摸是一个重要的工具，而这一点只有博物馆管理层才最清楚（Pye，2008）。历史博物馆和观众的关系中真实性是关键。研究表明物件的"真实""实际""真正"的形容对观众是很重要的。一份研究把不真实的体验描述为商业的、虚假的、迪士尼故事虚构的。任何让观众感觉在准确性方面受到欺骗的情况都会激怒他们（Wilkening and James，2009，p. 138）。

博物馆以其收藏的具有真实出处的真品而自豪。复制术的使用仍然有一些争议（Saunderson et al.，2010）。当展出一个塑像的复制品、一个比例模型、一个"有诚意"的重制品、一个修复品的时候，需要说明其真实性的问题，或者对使用其他材料、工具和过程加以解释。在历史和艺术博物馆中，我们可能不知道，很多看到过的物品是完全或部分修复过的，或是缺失原件的复制品。而这不会带走故事的丰富性。围绕故事创造的一个重要工作是将触摸和把玩的动作与故事线、历史内容或艺术，艺术品意义和艺术家意图联系在一起。

触摸和把玩是我们日常生活的一部分，但双手并非仅是感知工具的重复劳力。触摸还是与其他人交流和沟通的一个渠道：我们向朋友招手，与陌生人握手，温柔地轻拍哭泣小孩的后背，伸出手扶稳老人。所以，当我们参观历史博物馆时被物件的触觉交流所吸引也就不足为奇了。所有的物品，包括博物馆物品都留有一丝神秘感，能够翻过并穿越时间界限。用最纯粹的说法，手工艺品是被人制作、拥有和使用的。通过触摸或者靠近物品，观众感觉与过去的人靠得近了点。克里斯汀拉姆将这种观众和物件之间的高度个人交流或者"交互"描述为"神圣体验"，这是博物馆物品存在的独特的，甚至是超自然的感觉（Wood and Latham，2009，p. 24）。

当艺术家比如索尔·李威特（Sol Le Witt）首先提出博物馆仅持有概念或

证书而没有物品时,有些人争论说这是为"非物质"文化服务。但是这也为新的艺术故事开创了机会。在这里,每个观众可以把玩、使用、穿着、触摸或重塑作品,然后博物馆来选择是重建作品,还是让作品破损。丹·格拉汉姆(Dan Graham)、小野洋子(Yoko Ono)、冈萨雷斯-托雷斯(Gonzalez-Torres)、詹姆斯·特瑞尔(James Turrell)和安迪·戈德斯沃(Andy Goldsworthy)遵循了这一传统(Pheby,2010)。触摸、移动艺术品或把手放到物品上可以让艺术家们呈现与社会问题和日常生活相关的叙述、故事和疑问。陈貌仁(Mel Chin)、维克·穆尼斯(Vic Muniz)、拉斐尔·洛扎诺-亨默(Rafael Lozano-Hammer)擅长使用触摸和其他感知来阐述贫穷问题、环境灾害、社会不公、公众价值和美感。

观众在历史和艺术博物馆中的触觉感受建立了他们和藏品的高度个人对话。同时,艺术家和博物馆工作人员正在回归"亲切主人"的角色,他们让出空间给观众,成为解读和创造过程的一部分。

第二部分

博物馆与声音

6 声音展览的大脑向导

史蒂芬·R.阿诺特　　克劳德·阿兰

想象一下，一个宁静的夏夜，你坐在湖边，夕阳照耀着水面，波浪拍打着湖岸，这一刻无疑是美妙的。但如果周围所有的声音——鸟儿的歌声、沙沙作响的树叶声、有节奏的海浪声——都消失了会怎么样呢？会一样令人愉悦吗？这显然会有所不同。因为声音不仅可以凸显视觉事件，还能让我们了解视线之外的物体和事件。声音为我们的世界"着色"，丰富了我们的感知体验，而那是其他四种感官不能提供的。从根本上说，这与大脑处理听觉信息的方式有密切的关系。虽然，我们经常由于声音的切损量和周围视觉信息的突出忽视了声音的重要性，但在听觉错觉或者无法依靠视觉的情况下（如在一个多云的夜晚露营，或从黑暗的房间走到明亮的户外等），我们会敏锐地意识到这一点。

也许对声音世界最棒的洞察来自那些永久失明的人，他们几乎完全通过声音来建构对远距世界的认知。澳大利亚神学家约翰·赫尔（John Hull）在四十多岁时失明了，他在回忆录《触摸岩石：失明的经历》（*Touching the Rock：An Experience of Blindness*）中谈到了声音以及降雨的声音让他重新"看见"了世界。

> 我打开前门，雨落下来。我站了几分钟，沉浸在其中。雨可以勾勒出万物的轮廓；它给以前看不见的东西覆盖上色彩；那不是一个间歇、破碎的世界，不断坠落的雨创造出连续的声音体验……我听见雨点打在上方的屋顶上，顺着左右的墙壁，从排水管往下流，飞溅到我左边的地面上，左侧再远一点的地方，雨声渐弱，打在阔叶灌木上几乎没有声音。右边，雨落在草坪上，发出更深沉、更稳定的声音。我甚至可以想象出草坪的轮廓，爬升到右侧的一个小山

丘上……我想，在下雨的花园打开门的这段经历，一定和视力正常的人拉开窗帘，看到外面的世界一样……如果房间里可以下一场雨，它能帮助我了解房间里的东西放在哪里，让我切实地感觉到身处在房间里，而不是坐在椅子上……这是一种非常美妙的体验。

（Hull，1990，p. 22-24）

赫尔教授的能力看起来似乎不可思议，但其实每个人都拥有类似的技能。尽管不那么精确，但可以隐约地察觉与鉴别周围的物体和环境。你可能会对此感到惊讶。比如，当我们走向一面墙时，即便眼睛被蒙住，我们仍然可以检测到与墙壁的距离（Supa，Cotzin and Dallenbach，1944）；或者在往容器里加水的时候，仅仅凭借声音，我们就能知道什么时候应该停下以防止水溢出（Cabe and Pittenger，2000）。事实上，爱德华·威尔逊（Edward Wilson）的"本能"假说中，有一个分支强调自然环境中数千年的演化对我们听力和偏好的影响（Wilson，1984）。有人认为自然声音的存在有利于提升我们的健康和幸福，而缺乏声音则会产生不利影响（Depledge，Stone and Bird，2011；Lechtzin et al.，2010）。

在过去的一个世纪，特别是过去的几十年里，对声音感知和听觉系统的研究与理解已经取得了显著进步。虽然人们曾经认为听觉系统是为了处理与行为相关的声音，在进化的压力下发展出来的（Barlow，1961），但近来人们逐步认识到，负责听觉以及其他感官信息的脑区，并不像一度以为的那样具有严格的定义（Pascual-Leone and Hamilton，2001）。作为听觉神经科学家，我们写本章的意图旨在强调这些原则，并鼓励和启发艺术家和策展人支持声音这种美妙的媒介。首先，有必要对听觉系统形成一个初步的理解（图 6.1）。有兴趣的读者可以参看更详尽的论述（Cohen，Popper and Fay，2012；Moore，2012；Yost，2007）。

声觉与听觉处理/听觉机理

如果有人让你仅仅依靠毗连水湾边缘的水面波纹来判断外面的海洋上是否有船只，你会怎么想？如果还要你判断"究竟有多少只船，它们是什么类

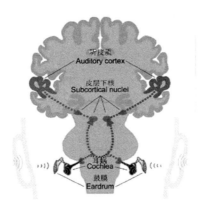

图 6.1　人脑冠状位示意图,包括上行听觉系统中不同的传送器,从声音
输入耳道和耳蜗开始,通过脑干中的各种神经核,最后到达大脑颞叶的
左右听觉皮层。

型,以及它们具体位置在哪里"呢? 这可能令人惊讶,但它在许多方面类似于我们的听觉系统面临的任务(并能成功完成),无尽序列的重叠声波会时时刻刻传入我们的耳道。

　　简单地说,声音感知是大脑中对周围空气压力扰动的记录。当分子来回振动时,当扬声器的膜片迅速前后移动时,或当你的脚跟撞到大理石地板时,空气压力的变化会从碰撞的那一点向外辐射,如同硬币扔进水里后,水面会以硬币那一点为中心泛起波纹。而声振速度是很快的(空气中每秒数百米,水或固体中则更快),但与光速相比(每秒数百万米)便相形见绌,这在远距视听事件(如闪电和雷声)的时间延迟上有所反映。与硬币扔进水里激起的水波纹一样,气压变化会随着距离的增加而减弱。如果气压变化足够强,当它们到达人耳,将进入耳道并引起耳膜振动。这些振动会转移到头部一个蜗牛壳状结构——"耳蜗"的流体中。整个卷曲的耳蜗内部,充满了薄膜,会随声音振动产生行波。由于薄膜硬度的渐变性,最大行波在薄膜上的位置变化取决于振动有多快(高频)或多慢(低频)。

　　此外,声压的变化也可以通过其他途径(非耳膜)传送到耳蜗。例如,耳蜗被包在一块与头骨相连的骨头上,头骨中的振动也可以激活薄膜,从而感知到声音(如果你需要验证,请塞上你的耳朵,轻拍头)。也正是因为这个原因,我们的说话声音在扬声器或耳机里听起来会变得很奇怪:从扬声器中听到的声音缺乏我们说话时骨传导带来的丰富性。

由于听觉系统的生理构造特点，无论振动多么强烈（大声），当振动速度太慢或太快时（通常低于每秒 20 次或超过每秒 20000 次），都不会被接收。此外，十八岁的时候，大多数人已经开始出现老年性耳聋的征兆，我们能听到的最大振动速度开始下滑。例如，大多数人三十岁以后不再能听到频率超过每秒 15000 次（即 15000 赫兹）的声音，五十岁后不再能听到 12000 赫兹以上的声音（Davis and Silverman，1960）。这种听力损失的原因是多样的（例如，长期暴露于噪音的累积效应，耳部血液供应的变化，外耳和中耳的传导障碍等），并且它们可能会沿着听觉通路的数个阶段产生影响。但在许多情况下，这样的声频损失一般不是大问题（例如，语言中包含重要信息的频率段位于 300～3400 赫兹），只有当老年性耳聋是进程性的，或声音信号非常微弱，抑或与其他背景噪音形成对抗时，它才会成为问题。有趣的是，一些商家已经充分利用这个与年龄相关的听力变化规律，设计出了用于规范青少年社会行为的声音警报器。比如，为了解决人们在店铺前面闲荡的问题，有人设计了一种声波警报器，它能发出音调为 17400 赫兹，音量为 108 分贝的响声（更多信息参见网站 www. movingsoundtech. com 上的"蚊子"警报）。虽然老年人听不到，但二十五岁以下的人觉得这个高音调的警报声令人不快。相反，这一点也可以成为青少年的一个优势（例如，创建成人听不到的手机铃声）。对博物馆语境中的声音而言，策展人应该将相关的声音信息保持在频率 8000 赫兹以下，确保大多数人可以听到。但是，专为青少年设计的展览可以使用频率在 15000～20000 赫兹之间的声音。

重要的一点是，环境中的任何声音几乎都是由两只耳朵共同接收的，因此会生成两个声音副本传递给大脑。鉴于声源的位置（即靠近左耳或右耳），这两个听觉信号在频率、强度和时间上会存在非常轻微的差异（大约毫秒级）。虽然我们意识不到双耳间非常微小的声音差异，但听觉系统会利用这种差异信息在环境中进行声音定位。

回到上述听觉系统的论述，机械振动在耳蜗内转化为大脑可以理解的化学和电信号。具体而言，每当耳蜗中的薄膜移动时，下面的听纤毛发生弯曲并发送信号，通过听觉神经进入大脑。在耳蜗中，基于薄膜上行波的位置，复杂声音中包含的个体频率信息以一种简单明了的方式得到提取，然后如实传递给下脑,最后到达大脑左右两侧名叫颞叶的区域,也被称为听觉皮层区。相比之下,大多数视觉信息会发送到大脑后部的枕叶,而触觉(体感)信息则传送到大脑顶部两侧的顶叶。

皮层听觉处理

初级听觉皮层是听觉通路中的第一个皮层区域,其主要功能是将听觉转化为声音感知。初级听觉皮层的损伤会削弱聆听、区分、定位和识别语音以及非语言声音的能力。听觉皮层除了音质分布组织,还显示出分层结构,同时神经核周围的神经元带对应着越来越复杂的声音(即从纯音到语音)(Kaas and Hackett,2000)。研究还发现,从听觉皮层向外扩展,声音对象的识别(它是什么)和定位(它在哪里)分别在腹侧和背侧脑区的两个并行信息处理通路得到优先处理(Alain,Arnott,Hevenor,Graham and Grady,2001;Rauschecker,Tian and Hauser,1995;Romanski et al.,1999)。例如,脑部颞叶(腹侧)的损伤经常导致识别声音上的缺陷,但对声源的定位能力几乎没有影响(Clarke et al.,2002)。相反,顶叶(背侧)皮层的损伤会影响声音定位,但声音识别的能力不变(Clarke et al.,2002)。右顶叶皮层的病变也可能引起听觉缺陷,使人难以察觉到左半空间中的声音(Bellmann,Meuli and Clarke,2001;Heilman and Valenstein,1972)。

近来,越来越多的证据显示,存在一个"动作"通路优先响应与身体运动有关的声音,例如手揉纸的声音(Arnott,Cant,Dutton and Goodale,2008),操作手工工具的声音(如钻、锤等)(Lewis,Brefczynski,Phinney,Janik and DeYoe,2005;Lewis,Phinney,Brefczynski-Lewis and DeYoe,2006),或发声、说话的情况(Rauschecker and Scott,2009)。此外,打哈欠(Arnott,Singhal and Goodale,2009)或哭笑声(Sander and Scheich,2001)等非语言声音会导致某些脑区皮层活动的增强,而这些脑区被认为与动作认知有关。动作声音引发的神经活动究竟是联想学习的副产品,还是指示了更高级的功能,比如学习新技能或理解他人的目标和意图,目前仍是倍受争议的话题(Gazzola,Aziz-Zadeh and Keysers,2006;Hickok,2009)。

除了帮助听者理解声音"是什么""在哪里",大脑分析听觉输入的方式也可以直接影响我们的情绪。音乐是一个典型的例子,快节奏、大和弦被视为"快乐"的音乐,而慢节奏、小和弦听上去似乎更"悲伤"(Dalla Bella,Peretz,Rousseau and Gosselin,2001;Pallesen et al.,2005;Peretz,Gagnon and Bouchard,1998)。上述听觉特征的重要性需要强调,大脑成像研究发现,当人们听到"情绪"相对"中性"的音乐时,负责处理这些声音特征的听觉皮质区活动增强(Brattico et al.,2011),而且,古老而原始的脑区——位于颞叶深部的边缘系统也处于持续活跃状态(Koelsch,2010)。边缘系统对一个人的情绪状态起着核心作用,这些脑区受损的人会表现出深刻的情绪障碍(Dalgleish,2004)。边缘系统中有一个杏仁状的结构,名叫杏仁核。它对情感的觉察、生成、启动和维护起着关键的作用,并且与事件的存留(Price,2005)和记忆有关(Markowitsch and Staniloiu,2011)。当杏仁核受损或被移除时(如癫痫或脑炎的并发症会出现这种情况),其中一个经常观察到的行为障碍是无法从音乐中识别恐惧(Gosselin,Peretz,Johnsen and Adolphs,2007)。一些研究者认为杏仁核非常重要,因为它以情绪效价来标记特定记忆事件(如肯尼迪遭暗杀或9·11恐怖袭击事件)。然而快乐的音乐会抑制杏仁核的活动性,悲伤的音乐则能有效增强其活动性(Adolphs and Tranel,2004;Mitterschiffthaler,Fu,Dalton,Andrew and Williams,2007),这可能是因为悲伤的音乐能勾起痛苦的回忆。

那些不是音乐的声音也会引起情绪反应。听到令人厌恶的声音会激活杏仁核,诸如指甲划过黑板的声音、小刀切割瓶子的声音(Kumar,von Kriegstein,Friston and Griffiths,2012),以及哭泣的声音(Sander and Scheich,2001)。不同声音类型唤起的脑部反应也有所不同。例如,人类的笑声在某些情况下是带有情绪的(例如,欢乐的笑声,嘲弄的笑声等),但在其他情况下,更多是非情绪性的(例如,挠痒痒的笑声)。相较于挠痒痒的笑声,情绪性的笑声更能唤起额叶脑区的活动(Szameitat et al.,2010),这大概反映了更多社会意识的需求。同样的,当人们听到打哈欠的录音,额叶皮质区会变得活跃(Arnott et al.,2009),随着脑部活动性的增强,哈欠变得更具"传染性"(即受试者更容易跟着打哈欠)。

综上所述,我们理解复杂的听觉场景主要取决于声压波的成功传输和解码,从听觉神经到初级听觉皮层,以及一组广泛分布的脑区,它们在声音对象的识别(是什么)和定位(在哪里)过程中共同运作。此外,其他脑区的参与取决于每个复杂声音的特性,比如一些动作声音刺激了负责执行动作的运动脑区,而其他区域则接入情感状态、记忆,以及社交与沟通的大脑处理区域。在下一节中,我们会了解到,非听觉输入也可以大大影响声音的处理,以及当感觉输入丧失时(例如,盲人丧失枕叶的视觉输入),这些感官区域也开始响应听觉输入。现在,我们将转入声音幻象的讨论。

听觉幻象

我们已经对听觉处理有了基本的理解,现在来讨论一些听觉幻象,它们可以很容易地转化为博物馆展品。这些幻象也可以被理解为"错觉",从中我们可以了解大脑如何组织和解读听觉场景。听觉幻象可以分为两大类。第一类源于听觉系统自身的限制或制约,例如我们可以"穿透"宽带噪声而听到一个纯音,即使纯音没有播放(即连续性错觉)。第二类是,在视觉刺激"捕获"声音的情况下,也会产生听觉幻象,正如下文所描述的口技效果。虽然不可能罗列得很详尽,但下文提供了一些现象的初步概览,可以成为"声音博物馆"的基础。这些听觉幻象例子的音频在网上很容易找到。

音阶错觉

作为众多听觉幻象中的一种,音阶错觉由认知心理学家戴安娜·多伊奇(Diana Deutsch)发现(1975),并为大脑如何使用音调的频率(或音高)将类似的单音组合在一起提供了一个令人信服的例子。让受试者听两个主要音阶的单音(一个频率上升,另一个下降),并在左右耳之间交替,如此,右耳先听到一个音阶的第一个单音,再听到另一个音阶的第二个单音。刺激通常通过立体声耳机呈现,但将扬声器放在受试者的左侧和右侧,并保持一定距离,也可以实现同样的效果。

受试者经常会反馈一只耳朵听到一个下降和重新上升的旋律,另一只耳朵则听到一个上升再下降的旋律。换句话说,大脑在左右耳之间重整了一些单音,以形成一段连贯的旋律。一些迹象表明,右撇子倾向于右耳听到高音,左耳听到低音,而左撇子则表现出更多不同的反应(Deutsch,1975)。

连续性错觉

正如当线条的一部分被另一个物体遮挡时，我们仍倾向于将其视为连续的（例如，即使道路或电线被高层建筑部分遮挡了，我们在感知它们的时候，仍会将其视为完整的），当一个声音事件暂时被另一个声音事件遮蔽时，也仍会被感知为连续的（例如，远处火车的汽笛声暂时被附近乌鸦的叫声掩盖了）。这种连续性错觉有一个有趣的例子，想象一种情况，先以固定的时间间隔播放一个简洁的纯音（例如"嘟、嘟、嘟"），随后在纯音之间的静默间隔中加入噪涌声。当噪涌声足够响时，纯音听起来便不再断断续续，而是一个与噪涌声同时播放的完整（即连续）音调。最近的研究表明，这种错觉与听觉皮层内一种特殊的脑节律缩减有关（Riecke et al., 2012）。在未来，这可以作为改变听觉系统对外来噪音或音调突变阻抗的一种方法。

立体声效果

使用入耳式麦克风等录音设备创建的立体声声音文件，或者通过头相关传输函数①操控立体声声音文件（即音频滤波器，可以模拟耳朵如何从空间中的特定位置接收声音），也可以通过立体声耳机的播放创造令人惊讶的、逼真的外部听觉环境错觉。其中，网上有两个头相关传输函数立体声错觉的案例十分具有说服力，它们是"火柴盒的声音"和"虚拟理发店"（QSounds Labs, Inc.）。前者非常生动地模拟了火柴盒在头边摇晃时的声音体验，后者则创造了不可思议的逼真体验，就好像你坐在理发椅上，理发师正在你的头上操作剪刀。这种错觉如此真实，以至于听者可能会起一身鸡皮疙瘩，仿佛虚拟的理发刀就在你的耳边！

假声器

当左右耳的声音输入被人为颠倒时，会发生另一种有趣的错觉。这种效果可以用假声器（图 6.2a）实现，左耳会听到正常情况下右耳应该听到的声音，反之亦然。例如，听者同时听到两个人的演讲：一个男人在左边，一个女

---

① 译者注：自由场中声源所发声波到达双耳这一通路的传输函数称为头相关传输函数。

人在右边。当听者闭上眼睛时,会察觉到仿佛那个男人站在右边,而那个女人站在左边。然而,当听者戴上假声器,并睁开眼睛,看到演讲者时,他们的位置听起来却不是颠倒的(Young,1928)。换句话说,在这个例子中,视觉推翻了耳朵听到的东西。

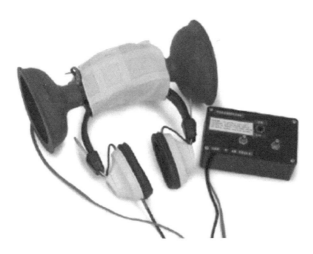

图 6.2　a)假声器。这是由雷蒙德·C. 比奇教授(Raymond C. Bice Jr.)制作的家用装置,耳机附带两个"耳朵",通过这两个"耳朵",声音可以从一端直接传到另一端的耳机中。图片由弗吉尼亚大学杂志提供。

假声器的例子提醒我们,我们对听觉环境的感知受到所见事物的高度影响。一个更著名的例子是口技效果,即我们感知到声音从某个位置发出(例如,木偶的嘴),但事实上却是从另一个位置产生(例如,木偶操纵者的嘴)(图 6.2b)。这种错觉产生的原因是,一个同时发生的视觉事件产生了压倒性的空间影响。这也是视觉"捕获"声音的另一个例子,从而导致了声源的错误定位。有趣的是,在口技效果实验中,受试者以十分钟或以上的时间为间隔,处于持续的视听空间差异下,其后观察到了一种口技后效,即黑暗房间中的声音在一段时间里被错误定位在一个方向,与先前实验中的视觉刺激导致的差异结果一致(Lewald,2002;Recanzone,1998)。此外,口技后效只产生于特定的频率。也就是说,如果口技错觉是在 1000 赫兹的音调下产生,那么随后在黑暗中,一个 4000 赫兹的音调不会像 1000 赫兹的音调那样被错误定位。虽然口技后效并不持久,但它表明,脑中的声学空间表征可以(暂时)被差异性的视觉体验重新调整。

图 6.2   b）口技大师拉姆达斯·帕迪亚（Ramadas Padhye）和他的木偶阿迪福特欧（Ardhavatrao）。图片由印度木偶提供。

麦格克效应

视觉捕获的另一个例子是麦格克效应（McGurk and MacDonald，1976），即当一个人说特定词汇的唇部动作配上此人说另一个词汇的声音时产生的现象。例如，一边播放"嘎"音，一边消音视频中一个人正在说"叭"，这种情况下，绝大部分人会听到一个新的词汇"嗒"；"tough"一词的发音，加上"hole"一词的唇形，有时会导致人听到"towel"（Dodd，1977）。有趣的是，并不是所有的人都容易受到麦格克错觉的影响。研究人员最近发现，左侧听觉皮层后下方的脑区活性预示着他们是否会经历麦格克效应（Nath and Beauchamp，2012）。

这并不是说视觉总是支配着听觉感知。例如，两个相同的动画球朝向对方移动，如果在它们接触的瞬间发出一个声音（例如，咔哒声），观察者会认为它们相互反弹了；但如果没有声音，观察者则会觉得两个球"穿越"了彼此（Sekuler，Sekuler and Lau，1997）。另一个声音影响视觉的例子是"声致发光错觉"，即如果在闪光的同时播放多频"哔哔声"，观察者会认为那不是一道闪光，而是多道闪光（Shams，Kamitani and Shimojo，2000）。

一般来说,在快速而暂时的处理过程中,听觉处理胜过视觉输入,而在处理空间信息时,视觉往往会影响听觉。这些效应的产生主要源于视觉和听觉系统的神经结构。不同于之前我们谈过的听觉系统,通过对双耳时间、频率和振幅差异的比较,获得空间感知与声源定位,视觉系统可以基于落在眼球后方视网膜的光线,直接映射出二维视觉空间。更重要的是,这种视觉信息的空间组织(即视网膜的组织)会以神经信息的方式保留下来,传送到大脑后部,因此,左侧视野中的物体会优先激活右脑视觉皮层,而右侧视野中的物体则会刺激左脑视觉皮层。目前,人类大脑中还没有发现这样的听觉空间地形图,因此,更准确的空间地图往往存在于视觉系统中。另外,考虑到我们处理、理解语音与音乐的能力,显然听觉系统非常擅于处理时间信息,这对区分即时发生的事件至关重要。听觉时间性优势的部分原因可能在于,与视觉和体感通路相比,听觉通路有更多的皮质下核,从而为传入信息早期并行处理的建立增加了机会(Camalier and Kaas,2011)。作为一般规律,在多模态事件的感知中,包含最可靠信息的模式发挥着更重要的影响(Alais and Burr,2004)。另外,当我们感知微弱的、亚阈值的视觉刺激时,比如浅灰色背景中的浅灰色物体,其外观往往在与听觉事件结合时得到强化(Bolognini,Frassinetti, Serino and Ladavas,2005)。

声音与环境

至此,我们已经讨论了声音感知,不过只是针对声音本身。然而,我们还应当注意,环境和处于其中的物体能在很大程度上塑造或改变我们听到的声音。欧塞维奥·森佩雷(Eusebio Sempere)的雕塑"Órgano"是一个很好的例子,在这个装置中,不同长度的金属管垂直安装在一个旋转的基台上(图6.3a)。装置加入了动态过滤和反射阳光的设计,实现形式则是通过金属管的周期性排列形成一种声音晶体结构,使特定频率的入射声波(即约1600赫兹)受到破坏性的干扰,大大减弱了其在装置中的传播(Martínez-Sala et al.,1995;Thomas,2009)。结果是,装置另一边发出的复杂声音(例如,一个人的嗓音)听起来与没有这个装置时截然不同。

有趣的是,声音考古学领域的研究表明,人类设计声音塑形构造的历史

图 6.3 a) 欧塞维奥·森佩雷的雕塑"Órgano"。除了过滤光波外，钢管的排列方式会选择性过滤特定的声音频率，从而改变听者听到的声音。b) "歌唱之树"位于英国兰开夏郡俯瞰伯恩利的奔宁山脉上。这个装置由建筑师麦克·托金和刘安娜设计，各种长度的镀锌钢管水平堆叠，看起来像一棵实物大小的风中之树。由于钢管朝着不同的方向，在不同时刻人们将听到多个音符的声响，音量的高低则取决于盛行风方向和强度的不断变化。

　　a) 由麦克米兰出版公司，《自然》，第 378 期，第 241 页，许可转载，1995 年版权所有。b) 丹尼尔·蔡尔兹拍摄。

可能比之前认为的还要久远。例如，一些研究人员认为，古老的库库尔坎玛雅金字塔阶梯上有着异常高耸的立管，这种设计使得鼓掌的回声听起来像是圣鸟绿咬鹃的啼鸣。同样的，有人认为，法国冯·特·高姆洞穴和拉斯科洞穴内的史前岩画之所以选择画在那些位置，可能是在某些特定的位置，拍手的回声听起来很像岩画中动物的声音（如马奔驰的声音）。这些事件是出于有意的设计还是纯粹偶然的结果，仍然是存在争议的。但另一方面，这两个例子显示出了回声信息用于交流的可能性。更重要的是，对听者来说，回声信息不需要非常明显便可加以利用。事实证明，我们的听觉系统非常善于从细微的回声中提取信息，这一点甚至我们自己也没有意识到。

回声："看见"声音

在楼梯间、大教堂或峡谷等高混响环境中，一个声音及其反射回波之间的时间延迟非常明显。除此之外，回波信息常常被忽视，这实际上是被大脑主动抑制了（Cremer，1948；Wallach，Newman and Rosenzweig，1949）。在许多情况下这是可取的，因为回声信息基本上是多余的，而且如果被误解为另一个声源，还会导致声源定位的误差。然而十分微妙的是，回声（尤其是那些由听者有意引起的回声）包含着丰富的信息，大脑可以利用这些信息去进一步收集有关环境、位置以及其间物体的信息。在下一节中，我们将详细阐述回声的功能。

回声定位与人类

在动物界，回声定位能力是众所周知的，特别是那些生存在低光环境中的动物。比如蝙蝠和穴居鸟类中的很多种类，会在低光照条件下使用回声定位，避开障碍物，追捕飞虫。海豚和其他小型齿鲸则利用回声定位在水路中巡航。蝙蝠和鸟类用声带发声，再通过耳朵检测到回声，而海豚则通过额头隆起的结构（瓜状结构）发出高频率、高声波的"咔哒"声，并通过下颌骨和头部检测反射的回声。那么人类呢？我们可以用回声来感知物体吗？从本文的开篇看，这个问题的答案显然是肯定的。这一点在视障者身上表现得最为明显，他们往往拥有非凡的回声定位能力。

人类回声定位能力的首次讨论早在几个世纪前便已出现，其源头可以追溯到"面感视觉"一词。例如法国哲学家丹尼斯·狄德罗（Denis Diderot）在1749 年发表的论文《盲人信札》中，记录了一位来自法国皮伊索县的盲人，他具有惊人的感知能力，"对微弱的气象变化极为敏感，还能区分街道和封闭的小巷"（Jourdaine，1916，p. 78）。当时，狄德罗认为，此人具有非凡感知能力的原因在于，他通过空气作用于面部和终末器官，导致神经紧张，来感知物体的存在。这种能力被称为"面感视觉"，这一概念一直延续到 20 世纪。而卡尔·达伦巴哈（Karl Dallenbach）的一系列实验表明，事实上，"面感视觉"在很大程度上依赖于声音感知。在达伦巴哈的实验中，视障者和蒙住双眼的明视者被要求走向墙壁，并在不发生碰撞的前提下尽可能靠近墙壁。有趣的是，两组受试者都能成功完成这一任务，但视障者的表现更加突出。接下来，为了试图"消除"面感视觉，实验者采取了一些措施，包括一次不成功的尝试，即用头巾罩住人的头部，盖住所有暴露的皮肤，以阻止皮肤受体检测到任何"空气波"。但受试者仍然能够感知到墙壁的存在。然而，当听觉被耳塞阻隔、脚步声和环境噪声被消除的时候，受试者的表现受到了最明显的阻碍。令人印象深刻的是，仅仅通过声音，便可以检测到墙体的存在。当一个受试者拿着麦克风走向墙体，另一个房间内的盲人可以通过耳机里传来的录音来判断应该何时止步，并告知受试者。

很大程度上得益于媒体的报道和科学的兴趣，如今，越来越多的人了解到，部分盲人或弱视人群能够自觉地使用回声定位来感知周围的环境。许多声音可以用于在环境中引发回声（例如，轻敲手杖的声音、脚步声、拍手声、响指声等），而其中最灵活、有弹性、信息量大的刺激方式似乎是弹舌，即把舌头抵在齿后或上颚，然后迅速抽回，空气涌入低压腔，产生一个爆音（Rojas，Hermosilla，Montero and Espi，2009）。人类回声定位比较著名的案例是美国青年本·安德伍德（Ben Underwood），他不仅能用弹舌音识别物体，还能借助弹舌音跑步、玩滑板、骑自行车、打篮球、玩桌上足球。其他著名的回声定位者还有汤姆·德·威特（Tom De Witte）、劳伦斯·史萨当博士（Dr. Lawrence Scadden）、卢卡斯·默瑞（Lucas Muray）、凯文·维克（Kevin Warwick）、布瑞恩·布什维（Brian Bushway）和胡安·鲁伊斯（Juan Ruiz）。但其中最著名的代表人物或许是美国的丹尼尔·基什（Daniel Kish）。在基什 1 岁时，因视网膜母细胞瘤摘除了双眼，当他还是个刚会走路的孩子时，就会回声定位了。跟安德伍德一样，基什将回声定位融入日常活动中，以增加对远近环境的了解。鉴于回声定位的能力对视障者很有帮助并具有可适性，基什创立了一个非营利组织——盲人无障碍世界组织，基什和组织中的其他导师积极地向他人推广有效的回声定位方法（即声呐），并指导他们如何操作。

但是,回声定位能力背后的神经机制到底是什么呢?考虑到这些刺激的听觉性质,一个合理的猜想是,这些回声定位者的听觉皮层已经针对回声信息进行了高度调整。研究已证明,听觉皮层对于分离在时间上重叠的声音非常重要,并生成相同特征的电波形,这在回声信号处理的过程中也可以观察到(Alain,Arnott and Picton,2001;McDonald and Alain,2005;Sanders,Zobel,Freyman and Keen,2011)。为了回答这个问题,我们在精通回声定位的盲人耳中放上麦克风,记录下他们对着环境中各种静默的物体(例如,一杆灯柱、一辆车、一棵树)弹舌时耳朵里听到的声音。这些录音不仅捕捉了弹舌的声音,还有从周围物体反弹到耳朵的微妙回声。当这些录音在盲人的耳中回放时,他们能够准确地辨别出当时存在的物体,即便他们躺在功能性磁共振成像(fMRI)机里也一样。令人惊讶的是,大脑活动功能记录表明,当他们进行上述任务时,除却听觉皮层脑区的激活,通常在明视者大脑中负责视觉处理的脑区也十分活跃(即大脑枕叶皮质)(Arnott,Thaler,Milne,Kish and Goodale,2013;Thaler,Arnott and Goodale,2011)。然而,当他们再次听到人为消除了微弱回声的相同录音,并将其与听到完整录音的反应对比时,我们发现了十分有趣的现象。在两种情况下,听觉皮层的活动相同,但枕叶皮层却在听完整录音时更加活跃。这些影像学结果表明,通常情况下明视者处理视觉信息的脑区,在有视觉障碍的回声定位专家那里,已经适应于处理回声信息。

不仅如此,我们进一步发现,枕叶激活的类型部分取决于从回声录音中提取的对象特征的特定类型(Arnott et al.,2013)。事实上,回声信息是以独特的方式,而非通用的方式被处理的。例如,当听者被要求说出物体的形状或者物体的表面覆盖物时(例如,铝箔或软毛巾),前者更能激活枕叶皮层中与视觉形状处理相关的区域。事实上,这种处理听觉回声信息的方式,与明视者处理视觉信息的方式在很大程度上是一致的。这些结果表明,听觉系统(以及人的大脑)具有高度的可塑性(即能够随着经验改变),而不像之前认为的那样在功能上是刚性而刻板的。这也表明,原本负责特定感知模式的脑区可以被另一种感知模式征用,以丰富知觉经验。

有趣的是,当回声定位者听到其他人弹舌回声定位的录音时,不仅能够"看到"静默的物体,而且能够切实体验到另一个人的独特视角。例如,我们向一位视障回声定位者播放一段户外回声定位录音，录音来自身高矮几英寸的另一位视障回声定位者。前者不仅可以检测和识别录音中静默的物体，他还说感觉似乎比听自己的回声定位录音时更靠近树冠。这表明，通过播放弹舌回声录音，与其他擅长回声定位的人分享微妙的回声经验是可能的。

那么明视者呢？他们可以进行回声定位吗？事实上，已有研究表明，仅仅通过一个或两个小时的练习，明视者便可习得回声定位技能（即通过弹舌回声信息确定一个静默物体的大小和位置）（Teng and Whitney，2011）。虽然明视者的表现没有达到视障回声定位者的水平，但在研究人员进行的特殊试验中，明视者达到的回声定位水平并不亚于视障回声定位专家（Teng and Whitney，2011）。虽然这些结果看起来可能很奇怪，但回想一下，当人们蒙住眼睛走向墙壁，他们其实很擅长只依靠听觉输入（即回声信息）在撞到墙壁之前停下（Supa et al.，1944）。在这方面，回声和感知无声物体的议题为博物馆展览提供了丰富有趣的可能性。

感觉替代装置

另一种声音替代视觉的方式是通过电子设备的运用将视觉信息转换成声音（Ciselet，Pequet，Richard，Veraart and Meulders，1982；Heyes，1984；Hughes，2001；Kay，1964）。其中有一种较为人熟知的视障者专用设备（声音（the vOICe）；Meijer，1992），包括安装在眼镜上的一副摄像头、一个传感器装置和一副耳机。该装置将摄像头每秒捕获的图像转换成（即用户面前的即时视觉场景）立体声，并通过耳机播放出来。对应于每个视觉图像的左轴到右轴，经图像转换而来的声音也会在一秒钟时间内从左耳延伸到右耳。声音的响度与视觉场景的亮度相对应（例如，黑色对应着没有声音，而白色对应着最大音量），而视觉图像中的位置由音高表示（低音代表视觉图像的底部，高音代表视觉图像的顶部）。想象一下，当一个博物馆观众戴着这样的感觉替代装置站在一个黑暗的房间里，眼前有一个被照亮的黄色色块沿着对角线从视域的左下方移动到右上方，他将会听到一个从左至右的音调，且音高渐次上升。类似地，当色块从左上方移动至右下方，则音高渐次降低；若色块的亮度从左到右增加（例如，从黑色到鲜亮的黄色），声音在每秒的延伸中音量渐次增加。与回声定位一样，大脑活动功能成像研究表明，这种类型的听觉处理同样会涉及与视觉处理有关的脑区（Amedi et al.，2007）。更多的信息和案例，以及软件的免费下载，可参见网站 http://www.seeingwithsound.com。

结　论

在前文中，我们已经讨论了听力研究的某些方面。我们的目标并不是详尽介绍听力研究的情况，而是探索在策划一个声音展厅时，我们可以从听觉神经科学那里得到怎样的启发和引导。在过去的 20 年中，神经科学家理解声音的方式已经发生了巨大的变化。研究的重点从单独的声学特征转向大脑如何处理整个音景，以及它如何通过对听觉对象的注意力分配来区分和识别环境中各种不同的声音。我们无意贬低更显著的听觉艺术概念，诸如由交响乐团甚至视觉雕塑演绎的声音（图 6.3b），我们只是希望，关于大脑中听觉处理过程的讨论能够促使读者去思考之前可能没有思考过的声音与声音感知的其他方面。

致　谢

这项研究得到了来自加拿大卫生研究院（CIHR）（MOP 106619 号拨款）以及加拿大自然科学和工程研究理事会（NSERC）对克劳德·阿兰的资助。

7 短暂性、沉浸式、渗透性：声音作为策展主题，1966—2013

赛斯·克卢特

背 景

从博物馆主张的寂静到地景艺术的情景沉浸式体验和特定空间的处理，声音（或无声）往往标志着艺术作品的创作方式与感受方式。声音，除了成为主题之外，还可以成为艺术作品（从绘画、装置艺术到网络艺术）和策展的一部分。无论艺术的媒介或表达意图是什么，艺术作品并不一定要与声音直接相关，而是可以将声音作为整体多模式中的一部分。虽然大部分情况下，作品发出声音通常是使用其他材料或服务大型理念的结果。无论是否突出感知地点的音响效果、倾听在具象实践中的地位或是概念性艺术和音乐中的听觉联想，声音都可以成为艺术的原料、媒介或是起到辅助的作用。通过研究这一领域，策展实践对多模式艺术的探索开启了对大量艺术作品的分析，并不断拓展以声音艺术为中心的话语场域。

在艺术中增加声音形式却产生了艺术变得不纯粹、艺术沦为形式、降低艺术作品历史地位、模糊艺术意图以及减弱艺术作品本身体验等的反对观点，而主张将声音作为明确艺术媒介的策展人和理论家则探寻先例来说明那些更容易被理解的多样化实践形式是合理的（Bosseur，1993；Kahn，2001；Kim-Cohen，2009；Licht，2007）。历史上主张声音是统一话语根源的先锋派——例如未来主义派、达达主义派与超现实主义派，打破传统惯例的作曲家约翰·凯奇（John Cage），以及突破原理与技术的法国具象音乐作曲家皮埃尔·舍费尔（Pierre Schaeffer）和皮埃尔·亨利（Pierre Henry）等，无意中将开放性的系统简化至线性的实证主义。在寻求"声音艺术"等形式出现的原点时，评论家没有采用那些几十年来的声音艺术作品。同样，作品类目中如声音艺术、声波艺术、*lydkunst*（丹麦语：声音艺术）、*arte sonoro*（西班牙语：声音艺术）和*klangkunst*（德语：声音艺术），除了有效提升认知与辅助研究以外，同时也限定了实践者的范围，揭露了艺术历史与理论中相关方法论的空白。将声音作品作为整体艺术中的重要部分有助于避免由于缺乏远见、局限于特定的媒介范围而达不到预期目标的现象，同时也有助于从整体来解读每件作品。

随着声音被纳入艺术作品的整体体验中，声音的主题、关注点和表达形式能否被纳入当代策展实践取决于我们解释视觉和触觉之外的信息能力的理论模型。对空间和场地在艺术作品和音乐作品中发挥的重要作用的认可起始于 20 世纪 90 年代，这为重新评估 19 世纪中期的实践提供了重要的理论工具。在很大程度上，音乐的历史及理论都关注其他感官，却没有将它们纳入现有的话语。这导致了"聋点"的产生，而适当的重新关注也许能在完成声音整合与对位的同时重新构建审美感官系统。

1996 年至 2013 年间至少举办过 350 场以声音为主题的群展（Cluett，2013）。该数字可进一步被细分为：1966—1972 年，10 场左右；1972—1979年，每年 3～5 场左右；1979 至 1982 年，约 20 场。从 1982 年起的十五年间，展览数量增至每年 10～15 场，并稳定在每年 20 场。这三个阶段，从 20 世纪60 年代末期的初步繁荣，到 1979—1982 年的展览发展期，以及最后十五年的持续发展——构成了本文的大部分内容。虽然当前的文本资料以群展的策展为主，需要注意的是，1966 年前也存在许多作品、活动、策展人以及大量的声音个展。虽然在 20 世纪 60 年代末期与 20 世纪 70 年代早期的群展较少，但这段时间却是认识作品展览和声音在艺术实践上发展的重要时期。

本文所说的短暂、沉浸、渗透是声音感知理论模式的一般特点：声音转瞬即逝的特点，倾听时身临其境的沉浸式体验，或是声音科技无处不在的渗透性。虽然这些感知模式被认为是以声音为主题的群展之一般模式，但直到最近，批判的声音才出现并鼓励各种竞争理论的出现。由于空间的限制无法对每个展览的微妙之处和每个策展人的特定意图做出彻底的分析，而我们也无法透过书面文字触摸展品本身，然而通过结合历史和当代，我们可以揭露动态的情感缩影，过去五十年间的声音可以被观察、被运用，在一些例子当中甚至可以成为策展的焦点。

本文试图定义策展实践中(以美国为主)与声音相关的策展主题和情感发展中的三种不同状态。初始阶段:1965 或 1966 年左右的策展人认为艺术世界正逐渐变得充满声音,作曲家和编舞家正慢慢意识到声音在他们作品和想法中所发挥的视觉和表演潜能。第二阶段:策展越来越关注那些以声音为主要表现方式的实践者,在 1980 年左右,艺术家们在某种程度上达成了一些共识。最后,也许是最难阐述的阶段,开始于被称为声音艺术的形式(和自称为声音艺术实践者的团体)的自觉意识——在这个阶段,策展人对声音进行越来越多的探索,同时,在许多方面,无论艺术的媒介或风格是什么,人们对声音的兴趣越来越浓厚。

短暂性的:声音作为概念和现象

1966 年,密苏里州堪萨斯城纳尔逊艺术博物馆的策展人拉尔夫·T. 科恩(Ralph T. Coe)认为"《声音、光、寂静》是 20 世纪 60 年代艺术的极性组合"。对于展览目录中相同名称的展出,科埃对 1966 年前的许多标志性风格进行了鉴定——波普艺术、欧普艺术、动态艺术、极简艺术、原生构造、系统或过程艺术、艺术与科技实验——并为一场展览制定了计划,而该展览对于"探索揭示未来十年可能发展的艺术之创造极性"具有重要意义(Coe,1966)。

该展览的出名既不是由于它恶名昭著或进行了广泛的巡展,或是将声音作为艺术的媒介,而是由于在该展览中,策展人能够及时评估公开展出的艺术作品。利用罗伯特·劳森伯格(Robert Rauschenberg)的"广播"——包括三种无线电设备的综合体,通过旋转按钮就能将信息传递给观众——作为介于抽象表现主义与波普艺术绘画实践的中心点,发展的多媒体作品将在接下来的几年开启露西·利帕德(Lucy Lippard)所说的艺术品"非物质化"时代(Lippard,1997)。科恩认识到,如同劳森伯格曾说的,要"倾听发生的事情,关注发生的事情"(Coe,1966)。正是艺术需要与时俱进、需要被体验的观点吸引了诺曼、莫里斯和达波文等艺术家对声音的研究。

《声、光、寂静》由劳森伯格、斯特拉与贾德合作完成,包括雷恩·莱(Len Lye)的动态雕塑、安迪·沃霍尔(Andy Warhol)的电影以及霍华德·琼斯

（Howard Jones）的声光装置。在科恩的理解里,声音并不是同一的主题原则,而是他那个时代艺术世界的短暂体验里众多共性中的一个。与光一样,声音是为 20 世纪 60 年代参观博物馆的观众提供的无法被书面记录、只能通过体验获得且转瞬即逝的作品。

1969—1970 年,在美国至少有三场结合声音、系统或概念的展览:在芝加哥当代艺术博物馆进行的名为"电话的艺术(Art by Telephone)"展览;由艺术家汤姆·马里奥尼(Tom Marioni)在旧金山概念艺术博物馆发起的"声音雕塑(Sound Sculpture)"首次展览;位于纽约的美国当代工艺博物馆的"声音秀(Sound Show)"展览。资料和距离、实时体验以及活动记录依然是 20 世纪 60 年代末期与 20 世纪 70 年代早期贯穿美国概念性艺术实践的发展主题。

这种情况的说明可参见 1968 年索利·莱维特(Sol Le Witt)在拿起电话拨打给芝加哥当代艺术博物馆时所说的话:

> 用硬铅笔在墙上画一个 6×6 英尺的正方形。将正方形划分为 1×1 英尺的小方格。在这些小方格中,有的画上横线;有的画上竖线;有的画上从左上角到右下角的斜线;有的画上从右上角到左下角的斜线。这些线可以叠加,而一些 1×1 的小方格则可以保留空白。(LeWitt,1969)

这段通话展示了莱维特如何将"♯26 号墙体绘画的变化"的思路应用至"电话艺术"大型展览。同时该展览也展出了马克思·纽豪斯(Max Neuhaus)、凯特·索尼耶(Keith Sonnier)与玛丽安·阿玛彻(Maryann Amacher)同时期的电话潜在科技力量探索研究成果,并开始处理概念艺术的核心主题(该主题形成于 20 世纪 70 年代的美国,之后十年传至欧洲与亚洲)。

"电话艺术"呈现了 37 位艺术家的作品,策展人通过电话接收并记录他们的指令;之后,制作人根据明确的指令在博物馆空间制作作品。博物馆制作的插页黑胶唱片附有艺术家语录,以及策展人让·凡·德马克(Jan vander Marck)的一篇文章。该展览目录展示了各艺术家打给博物馆未经编辑的电话记录。任何持有转盘和扬声器的人都可以使用该记录来自发进行作品创作。

目录的传播与能长期保存的唱片是当时概念的自然延伸。对于样本在"概念艺术的交流（与宣传）"中发挥的作用，策展人赛斯·塞劳布（Seth Seiglaub）认为，"当艺术涉及无形物时，其内在的传播价值不会因为它的呈现（印刷）媒介而改变。现在，目录可以成为展览的主要信息"（Buchloh，1990）。当电话实现双向交流时，广播、广播分机以及记录便可以实现作品的再现。索尔·莱维特的作品从电话记录到广播分机的转录中并没有遗失内容。在这两个例子中，扬声器的存在使得他的声音可以得到重现，他的作品得到传播。

以唱片为基础的艺术作品继续流行于 20 世纪 70 年代，以杰曼诺·塞兰特（Germano Celant）的标志性展览——1973 年在英国伦敦皇家学院举行的《唱片艺术品（*Record as Artwork*）》为代表。唱片成为有形物品，与视频以及小型盒式磁带一起捕捉艺术家的另类艺术作品，甚至在某些情况下，唱片本身也可以成为策展场所。

在某种程度上，拉尔夫 T. 科恩认为有必要将《声、光、寂静》所呈现的观点按照《电话的艺术》中的展览目录形式传播到其他地区。能够被快速批量生产的艺术表现媒介至少可以实现短暂性作品在展厅中的再现。

沉浸式的：声音作为艺术媒介

对于许多策展人而言，由仁尼·布洛克（Rene Block）于 1980 年在柏林康斯特学院进行的新标志性展览《眼睛与耳朵（*Für Augen und Ohren*）》是声音作品策展的里程碑。很少有人知道该展览会蔓延整个洲，或以《用眼倾听（*Ecouter par les Yeux*）》小型展览的形式在巴黎的国家现代艺术博物馆进行展出，或是成为阿姆斯特丹时基媒体艺术展览《声音：展览（*Sound Re：Visited*）》的灵感。还有一些不太知名的发生在 1980 年前美国的一系列活动，这一系列活动是美国当时对声音实践的首批探索。这些展览也证明了声音在多模式、混合媒介及装置艺术的实践（通常被视作视觉艺术）的兴起中被越来越多地应用。

故事开始于纽约艺术家空间，纽约艺术家空间自 1973 年开放起就一直是美国最具影响力的画廊空间之一。纽约艺术家空间的使命前提是艺术家可以策划其他艺术家的作品——这个现在习以为常的行为在当时当地确实是一项创举。在1980年之前这个开放式的即时策展实践跨越纽约城和洛杉矶间的3000英里,就声音在艺术中发挥的作用进行了交流对话。

1973年,在纽约艺术家空间只进行了三场展览。然而,在1974年的首个季度,纽约艺术家空间就展出了莉兹·菲利普(Liz Philips)的"声音结构(*Sound Structures*)"装置艺术,并举办了由影像与表演艺术家维托·阿孔奇(Vito Acconci)策划的劳丽·安德森(Laurie Anderson)首次个展;之后,又在1977年继续举办了加州艺术家迈克尔·布鲁斯特(Michael Brewster)在纽约的首次个展《声音雕塑与克里克绘画(*Acoustic Sculpture and a Clicker Drawing*)》。在布鲁斯特展览时,主管海伦·维纳(Helen Winer)正在策划一个名为"声音精选集:艺术家音频作品(*A Sound Selection:Audio Works by Artists*)"的大型展览(Rosen,1980)。

该展览包括一系列听音装置,通过这些听音装置可以对经过编辑的磁带和黑胶唱片进行重播。同时展出的还有4个装置——其中两个是由里斯·查塔姆(Rhys Chatham)与斯科特·约翰逊(Scott Johnson)完成,一个由贝斯·B(Beth B)完成的电话装置和由比尔·贝尔尼(Bill Beirne)完成的无声作品,以及一系列表演艺术,包括和展览同期进行的约翰·佐恩(John Zorn)的表演。同年,艺术评论家道格拉斯·克里普(Douglas Crimp)在纽约艺术家空间进行了开创性绘画展览,该展览确定了概念艺术活动和极简派艺术出现后多元化活动的发展,这种多元化活动减弱了对艺术媒介的传统概念。该展览在美国进行了全国巡展,最终站为1978年洛杉矶当代艺术中心。在纽约举办《图片》展览,筹备《声音精选集》展览时,策展人员还获知洛杉矶当代艺术中心同时还要进行另一场名为"叙事主题/音频作品(*Narrative Themes/ Audio Works*)"的艺术家磁带展览。该展览的作品很快被编辑整合成一个录音带,并被运用于纽约艺术家空间《声音精选集》展览的听音装置。

在洛杉矶当代艺术中心的《叙事主题/音频作品》展览(包括约翰·巴尔代萨里、巴巴拉·克鲁格和劳丽·安德森的作品)获得成功后,洛杉矶当代艺术中心的策展人罗伯特·史密斯邀请艺术家鲍勃·怀希特(Bob Wilhite)(作品曾在《叙事主题/音频作品》展览中展出)协助完成一项针对当代声音事件进行的浩大调查活动——《声音》。《声音精选集》专注于有限的艺术家音频作品，而《声音》则是至今以来最重要的展览，记录艺术家与音乐家的作品以及"声音雕塑、仿乐器建筑、声学调整空间"等（Smith，1979）。纽约艺术家空间的策展模式是展出固定的录音器与磁带作品，并辅助表演和少量的装置设施，而洛杉矶现代艺术中心的展览则开发了一套系统，在这套系统中，作品会被依次开启和关闭，这样一来，一个房间一次只展出一件作品。

而现在，这两个策略都成了策展人处理声音作品的常用方法——依次开启关闭法被运用于2011年在纽约现代艺术博物馆进行的《物/思：1962—1968激浪派艺术（*Thing/Thought：Fluxus Editions 1962—1968*）》展览，以及在巴黎玛德弗艺术中心（Mains D'oeuvre）举行的《2009 23'17"》展览。限制音频作品范围的策略被运用于韦伯斯特大学美术馆的《重新发声（*Relsound*）》展览以及在曼哈顿书艺中心举行的《聆听书本（*Ear to the Page*）》展览，而这两者都以耳机和听音装置为特色。

紧随着开创性"新音乐/新纽约"活动，1980年2月，洛杉矶当代艺术中心展览又来到了纽约，在纽约现代艺术博物馆PS1展馆进行了展出。从中，我们可以看到充满活力的艺术群体正在分享他们的观点，而现代有趣的场馆也积极努力地跟上这股实践潮流。丰富的图片展览、叙事主题展览、声音精选集以及最终的声音展览表明艺术家正逐渐舍弃固定的传统媒介，开始了解声音及声音的直观性，并渴望打破通用规则和特定美学实践。

正如道格拉斯·克林普（Douglas Crimp）对作品的定义"作品是由艺术家或观众，或两者一起完成的，构成情境一部分并具有一定持续时间的事物"，《声音精选集》与《声音》通过两个迥然不同的策展策略，整合与音乐、建筑、艺术和戏剧相关作品的实践——声音在这些作品中发挥了重要的作用，而声音对每位艺术家和每件作品而言都具有独特的意义（Crimp，1979）。

渗透性的：声音作为普遍主题

《电话的艺术》使用电话录音来实现概念作品的具体化。《声音精选集》与《声音》展览都试图通过多元化的声音实践让观众沉浸其中，而声音也被运用于2007年康涅狄格州里奇菲尔德市德里奇当代美术馆的"嗓音与空虚"（*Voice and Void*）展览概念中。从20世纪60年代起，声音成为许多与文本、语音和技术等相关群展的常用主题；然而，以嗓音为主题的展览在 20 世纪 80 年代末期才真正开始，并一直持续至今。

为了听清喧嚣的内容，人们很容易忘记人类的嗓音本身也是一种声音。低声呢喃的嗓音也可以吟唱、呼喊、尖叫，它可以由内而外地从身体中表达出来，也可以作为记忆或想法存在于人类大脑中。《嗓音与空虚》展览的策展人托马斯·特鲁默（Thomas Trummer）出生于奥地利，他将嗓音描绘成"有形表现的基础元素以及语言的载体，它是人类身体语言的痕迹，如同信息、手势以及声明一样"（Trummer，2008）。通过认识公共和私人讲话的复杂双重性，以及嗓音在当代艺术实践中所扮演的角色和作用（如隐喻和艺术原料），《嗓音与空虚》遵循从身体机能到一系列沟通科技及无声沉默中的声音线索，并寻求内在和外在表现中的平衡。

十五位参与《嗓音与空虚》展览的艺术家通过"外在表现和内在表现之间悬而未决的空间——从内向外又向内进行探索"精心设计的交互。与其说这是与声音相关的作品，不如说是对嗓音外向和内向表现的声音潜力之探索（Trummer，2008）。

后续：与声音相关的当代策展活动

当代策展人开始认可 20 世纪 60 年代末期转瞬即逝的声音成为艺术一部分的方式，以及它在 20 世纪七八十年代的实践中被用作特殊的媒介。21 世纪的策展人不仅旨在为艺术世界中的声音正名，同时也不断拓展与展览相关的声音研究，阐述声音在我们的文化历史中所发挥的复杂作用。这些做法正在重新评估声音（作为一种媒介和现象）的发展和多种意义。

2003—2013 年期间与声音相关的策展实践已经呈现出明显的（虽然不是意识形态或严格意义上的）两极化。第一极表现为博物馆回顾调查标志性作品的潮流；这些展览大多关注经典的声音实践，并将声音艺术家视为独立的群体。在最近的回顾调查中，最标志性的例子当属 2012 年在德国卡尔斯鲁厄的新媒体艺术中心举办的《声音艺术：声音艺术媒介（*Sound Art：Sound as a Media of Art*）》展览，展览展出了 90 多位艺术家的作品，其中三分之二的作品创作于 20 世纪。这股潮流的另一个例子是 2013 年在伦敦现代艺术博物馆进行的，由芭芭拉策展的《声音：当代评分（*Soundings：A Contemporary Score*）》。这个展览只有 16 位艺术家参展，大部分是年轻艺术家，他们运用多元、独特的方式来处理声音（作为一种艺术媒介）。

与之相反的一级则是主题、理念、概念的日益创新化。声音是表现的载体，承载着超越媒介或包含在媒介之内的内容。2012 年，索内尔·布雷斯劳（Sonel Breslav）在纽约布鲁克林美术馆举行的《当前公司的可视符号（*Render Visible at Present Company*）》展览，2010 年赛斯·金-科恩（Seth Kim-Cohen）在戴帕斯美术馆（Diapason Gallery）举办的《非螺状声音（*Non-Cochlear Sound*）》展览，以及 2009 年在芝加哥大学文艺复兴协会举办的《若干沉默（*Several Silences*）》展都是声音策展实践主题与概念潮流的表现。与 20 世纪 80 年代末期和 20 世纪 90 年代早期策展法的发展相似，声音也开始摆脱新奇的烙印。

更重要的是，声音作品正逐渐被纳入那些并不是以声音为展览主题的群展中。策展人正逐渐适应声音在艺术中的意义和作用，非声音主题的群展围绕主题、概念与理念拓展和丰富了所用的媒介、规则和创作方式，而这如果没有供策展人决策的当前历史材料和关键文本是不可能实现的（Kelly，2011）。

另一个不能被低估的因素在于被广泛运用且成本较低的音频复制、放大与传输技术，以及声音处理技术的改善和低成本开发。许多展览都曾遭遇过设施不完善所带来的不利于声音策展的情况。然而，最近出现的隔音、扩音、消音建筑材料及表面处理技术使得博物馆和美术馆观众能更好地理解当代展览。

20 世纪 60 年代的展览是新颖的实验性展览，20 世纪 80 年代则见证了首次调查项目，声音作品的策展正逐渐关注艺术世界的声音。现在也是如此，不同的是，现在更加关注作品的内容，而不是声音艺术家等策展人本身。后媒介时代表明——与 20 世纪 90 年代涉及音频的艺术作品相似——艺术家、策展人与公众更少关注作品本身是否是有声的，而是更多地关注声音所蕴含的意义、内容、概念及相关联想。

8 博物馆中的声音漫游：
穿梭在视觉展览中的声音之旅

萨洛米·沃格林

序

维也纳是一个肮脏的、喧闹的城市。这是因为公众的注意力转
向音乐厅和博物馆，忘记了与日常生活息息相关的景观与声音吗？
——布鲁姆菲尔德，雷蒙德·默里·谢弗①，1977 年

以上观点是由霍华德·布鲁姆菲尔德（Howard Broomfield）提出的，他是
世界声音场域计划的原始发起参与人之一，他为在博物馆、音乐厅内和日常
生活的感知中将看与听分离而感到遗憾。他的论述表明，为艺术和表演建立
一个纯净的空间这种做法使我们放弃日常的美学，并造成理想艺术和现实生
活之间的鸿沟，而这可能会导致一个肮脏的、嘈杂的城市环境，这种艺术与
现实的分离是与博物馆中的展览及展品或音乐厅中的表演缺乏相关性的结
果。内外脱节，无论实际上还是隐喻上，都剥夺了对等的权力，因此必然会
减弱呈现和反思自身之外世界的能力。这是一个关于建筑、城市规划、教
育、社会关系、政治决心的内部与外部问题，所有这些都进入了策展理念：
"展示艺术"。

1975 年，布鲁姆菲尔德进行了一项有影响力的调查：博物馆内一些已
经改变了很多，而其他的东西仍保持原样。至少从外观来看，维也纳博物馆

---

① 加拿大著名的作曲家、作家、音乐教育家等。

看起来大同小异；交通噪音有可能增加了，去博物馆参观的人发生了巨大的变化。博物馆变得不太令人敬畏和惊奇；同时，伴随着更为主动的探索，我们中的大多数人现在正进入博物馆的展厅。我们更加清楚地意识到——在声音的触动下，我们知道用自己的话来描述所见所闻，将艺术融入口头交流中。

最重要的是，计算机交互已经将我们的意识从固定而内外分裂的建筑界限带到更加脆弱的、流动的和透明的领域。数字墙是可渗透的、可连接的，而不是分离的空间，可以通过关联而不是对立来建造一个虚拟空间。

简　介

本文将声音漫游——游览景观时倾听一处的环境——带入博物馆中，扩大漫游的追求，从而走进展厅背后的故事，运用无限而短暂的声音来革新博物馆传统以及我们对待方式。

无形的声音连接内部和外部，说明现实与可能性、有形与无形之间看不见的关系。它创造不同的建筑及艺术品的欣赏方式和鼓励不同的策展理念和策略——从偶然的声音漫游体验出发来重建博物馆；忽视实际和想象的界限并发挥与数字无限性相似又早于它的透明、流动的声音作用。

博物馆不仅仅是个视觉之地，同时它还是一个视听环境，展现在其空间中的是跳跃的脚步、真诚的低语、孩子响亮的大笑回声、保安模糊的对讲机声、导游娓娓道来的讲座和一些视听作品，这些都提醒我们，即使是作品也不是我们想象的那样寂静无声。通过倾听来探索环境，这允许我们去体验倾听是暂时的和不断变化的隐藏声音，而不是应当出现的直观视觉感受。

声音漫游呈现了一场探索之旅，一次音符的远征，其目的是重新体验、质疑并扩展对博物馆及其策展实践和艺术思考的保守假设。本文的内容是对用声音漫游博物馆的方式是什么以及它们被想象成什么。本课题和方法出于对博物馆的一丝担忧，如建筑设计的视觉中心以及引导系统和策展方式，同时随之而来的是缺少一个更完整的感官参与式博物馆，包括视觉、声音以及多模式作品的环境。本文将邀请策展人和观众在博物馆中进行声音漫游，并对所听到的产生一些思考，比如提出其他的可能性、环境要求和策展策略；

这些思考从地方与作品自身的体验与要求出发,而不是拘泥于历史传统与惯例。

基于这一探索目的,我设计了十处声音漫游,五处在英国泰特美术馆,五处在伦敦泰特现代美术馆。将这些"音符的远征"作为案例研究,来探讨作为一个感官环境的博物馆。我认为,在未来可容纳多感官和多模式作品的博物馆之前,现阶段应积极探索超越视觉范围影响的途径。

实验用文字记录下这些"音符的远征",并由伦敦艺术大学传媒学院 2012级声音艺术硕士学生完成。他们单独或以两人一组的形式进行博物馆声音漫游,之后就倾听的问题来讨论他们的体验和想法。

倾听问题

你如何倾听博物馆?

展厅空间是否适合倾听?

听或者不听有没有影响你对于展出作品的理解?

在你在空间中观赏艺术作品时,你是否同时听到了声音?

有没有声音作品?

你的行走、你的脚步、你的谈话、你的呼吸和你自身的声音如何影响你的所见?

在展厅中,也许是有意地,也许是偶然地,其他观众的声音如何影响你观赏作品的?

你会在哪里安排声音作品?

你如何看待和处理这个博物馆中的声音?

理想的声音博物馆看起来、听起来是怎样的?

声音漫游

在此,我对十个漫游中的两个进行介绍,给大家提供信息,同时也邀请大家到离你们最近的博物馆去体验一下。

声音漫游 1：英国泰特美术馆

站在这里（在米尔班克①见图 8.1）：

站在台阶的底部，倾听大约 2 分钟＊，然后在整个环境里再听 3 分钟。

走上台阶，倾听向你走来的观众。

图 8.1

进入博物馆。

来到第二个圆形入口大厅。

在这个空间的中间闭上你的眼睛，然后倾听 5 分钟。

睁开你的眼睛。

一直沿直线走到后面的展厅，边走边在空间中倾听自己和其他观众。

走到你看的第一件作品前；倾听它。

走到下一个作品前；观赏它。

在任意楼层、任意展厅里漫游 20 分钟。

来到第一层的书店（你进来的地方）；停留在那里倾听、观察事物和观众，直到当你走下长长的楼梯，最后在博物馆左侧的小花园里汇合。

---

① 英国泰特美术馆的地址。

声音漫游 2：泰特现代美术馆

站在这里（博物馆西侧的斜坡通道，见图 8.2）。

从顶部的外部坡道，慢慢一路走下来，通过一扇扇门并通过展厅的另一端，倾听自己在不断变化空间中的声音。

图 8.2

走到楼梯口后，向上走一层。

站在博物馆大厅里用 5 分钟＊来倾听空间的声音。

用 5 分钟欣赏艺术作品。

向上走一层。

再到大厅里用 5 分钟来倾听空间的声音。

再向上走一层。

再到大厅里用 5 分钟来倾听空间的声音。

用 5 分钟欣赏艺术作品。

再向上走一层。

再到大厅里用 5 分钟来倾听空间的声音。

用 5 分钟欣赏艺术作品。

乘坐电梯到出口，倾听在电梯上的声音。

走到集合地点：博物馆的边门出口。

＊所有的时间说明都是大致估计的；不要经常看手表来使自己分心——尝试去感受时间。

衡量我耳中的博物馆

1975 年,当雷蒙德·默里·谢弗(R. Murray Schafer)和温哥华世界音景计划中的同事(上文引述的布鲁姆菲尔德,就是其中之一)进行了露营之旅,他们周游了欧洲,也同时参观了卢浮宫。他们此行的目的是撰写欧洲的声音日记,来记录、评论当时欧洲的声音景象。他们对卢浮宫的参观进行记录分为五项,包括时间、地点、声音强度水平、声音描述及其实体。整洁的手写表格提供了一个有趣的视角,它并不是多深入地去分析 20 世纪 70 年代中期卢浮宫的声音,而是给出了当时在一个大型的视觉艺术展厅中发现与记录声音的目的和原因。他们文件的重点在声音污染、噪音、活动水平、分贝、实体与声源,通过声音来测量空间,尝试表达音量和地方的体量。它让博物馆不再只是空间中的一个地方而是时间内的地方——声音的抑扬,依托于表面和材料的声音特性——而不是明确地表达声音在我们体验博物馆及展品时的影响程度。

我在他们的调查经验和结果上加上两列——体验和结果:从如此详细的声音聆听中所获得的美学知识,以及随之而来的对在博物馆内的声音鉴赏和策展方式的讨论。我所添加的项目可能会有所不同,但是它们并不是用尺子划出的整齐划一的项目,并置在明确的对应线上,如实物观察与分贝、分贝与时间和地点、时间和地点与活动等等,依托并置的数据来建立地方的声音视角。相反,我设置的项目将是代表在偶然倾听中发展而来的个人体验的弯曲线条,和产生可能根本不适合自己的偶然博物馆美学知识的个人叙事,但你可以在声音漫游中找到权威,用自己的耳朵来逛博物馆,来听听它像什么。

这样的博物馆探索是不太明显的。它不是数据的定量收集,相反,它是通过听后看、看后听的方式暂时地了解博物馆展厅。偶然的美学印象可以给我理解展览及其与时空的关联带来直接的影响,让博物馆变成一个对我而言的偶然之地。

这样的个人陈述,由于缺乏明显的描述,揭示了它脱离了一个看似透明的量化方案,而指向隐藏着的诠释:"是什么相伴声音而出现并追溯时光——耐力、记忆、充盈的空间,它们超越触摸和视觉,隐藏在视线之外。"(Toop,

2010,P. xv)

声音可以进入无论实际的还是隐喻的空间角落和缝隙去探索隐藏之地的主要目的和意义。个人倾听之旅并没有从博物馆中收集数据,但可能从我走过的带有自身意义的博物馆情境中产生个人评测。

一种看不见的声音在我穿过时创造了空间,没有留下痕迹,只在我的记忆中留下了体验的印迹。唯一证明我拥有的声音是我的身体,在身体进入下一个展厅时,会在空间中留下一个听的印迹,从而触发我所看到的。这是在不可见的短暂声音环境中探索视觉作品的策展人和观众的身体。

这种短暂性的特质对声音漫步(sound walking)至关重要,因为,即使给了通用指示,它们在应用时也具有特殊性和偶然性。它们不是地图,而是通过声音规划、构建、丢弃、重建博物馆的途径。在我耳里,博物馆是临时构建的,各种形状在其中摇摇欲坠,而声音是一种无形的、看不见的、转瞬即逝的、碎片性的片段,又因其来源和去向而成为一种复杂的表达方式。声音博物馆并非是存放文物供观众观察的稳定统一体。相反,声音博物馆不保存东西,而是凝聚各种相互构建、复合型相等的事物,如同墙壁和绘画作品、地板和雕塑、里面和外面,它们并非是相互独立,而是合在一起,一起构成复杂的实体,即我们耳中的博物馆。墙壁并不比绘画作品更稳定,楼梯也并不比视频作品更持久,而地板也并非和雕塑作品分离。

声音没有轮廓,没有可视的界限和区别,有的只是无穷尽的扩散关联。不同于将作品进行分类,然后根据博物馆的基础设施和结构进行分开存放,声音区分的是联系:时刻之间的联系——将外套递给员工的时刻,凝视一幅绘画作品的时刻;人与人之间的联系——在电梯里我听到交谈的人们,现在与我观看同一件雕塑作品的人们;空间联系——穿过门廊大厅的脚步声,楼上展厅房间地毯上的脚步声。声音打破视觉统一,并将其溶解、构建为由无形联系、体验差异、真实联系和想象联系组成的场所。这里的联系依情况和人而定,场所里的作品并不展示作品本身,而是产生与其相遇时的时空①。我

---

① 声音的时间和空间关系对一种辩证观点提出了质疑,这种辩证观点认为空间和时间具有自主性和绝对稳定性,即存在空间之外的时间和时间之外的空间。声音的时间概念既不是与空间对立的时间,也不是时间加空间。与此同时,声音的空间概念既不是与时间对立,也不是空间加时间。时间和空间彼此延伸,并在没有辩证冲突的情况下彼此成就,在临时的空间过程中创建复合型相等的场所:时空。

开始意识到策展空间的复杂性,策展空间在视觉上(至少貌似)是一个统一场所,而它在声音上是不完整的。通过倾听,消解展厅与作品内外间的分离状态,创建作品之间的声音联系,这种联系不仅仅是和话语相关的联系,还是和日常现实与美学相关的联系。我听出了"寒冷、潮湿、嘈杂"的维也纳大街和博物馆展览之间的关系,并将这种关系相互关联。

解读多模式作品博物馆

朱利安娜・雷本蒂施(Juliane Rebentisch)对装置艺术的美学(装置艺术是一种包含多模式性和多物质性、在空间上呈分散状、具有时效性的艺术)进行了文字描述,担心旨在捕捉作品时间/空间复杂性,并将其转化为材料的稳定性(纯粹视觉的,不随时间流逝的)装置的短暂影响(Rebentisch,2003,18)。将其编入目录需要借助摄影和通用描述,转而提示观众参与:根据展示和描述观察作品,并通过授权的再现进行理解。

雷本蒂施将这个问题和当代艺术感官参与的缺失联系在一起。我从批判和策展实践的"元话语"角度出发,辨别出这一种缺失,而这种缺失也拉大了观众与艺术作品之间的距离:尝试理解完整的作品,而不是将其作为一种过程进行感知。"对完整性和信息透明度,以及对地区、国家或世界史进行天衣无缝的叙述(无论是历史展示或是文物本身,或是通过人种学、艺术或自然的方式)的追求仍然是国家和地区大型博物馆的核心。"(Shelton,2006,p.481)

声音无法整体化,也无法被总计。[①] 在倾听博物馆时,我无法采用元位置,也无法合成或总结不同的元位置,以实现作品相关的一种表现和知识透明化。相反,我运用片段和不同的材料、时间和空间,创作因情况而异的作品,无需达成某种理解,而是意外获得某种美感认知,即对作品的感觉。

这种感觉在我与真实的/概念性作品的互动中产生。倾听并非只是听的

---

① 声音只能借助视觉或语言进行完整化:作为符号,或对来源进行描述。只有当我们站在音乐话语的元位置,或进行符号解读时,我们才能真正地与整个声音相遇。然而,在倾听的过程中,我们依然面临着声音的碎片式复杂性和无限可能性。这种声音的碎片式复杂性和无限可能性在我短暂的参与中以因情况而异的存在得以实现,源源不断,永不结束,并不断以新的形态出现——无定形的、看不见的。

动作,还是与各种声音材料进行接触,让我能够接触、体验多模式作品的碎片式空间性和短暂性。任何作品的碎片式复杂性和复杂短暂性都可以通过"概念性声音"进行领悟。概念性声音通过声音感受力运用材料和非物质关系,而声音感受力关注因情况而异、同时相互作用的各种无形和动态的关系,而不是将它们封锁在瞬时的外形中。

无论是概念性或是真实的声音,如果说它不存在,是指它"隐藏于视野之外",声音所具有的事物回忆和联系的无形能力,调节着人们对完整性和透明度的渴望。实际上,它会创造更多元的方式,增加更多可能性;声音如此多样化,因而策展人必须能够处理短暂性的多模式作品,也需要在将博物馆理解为多模式的环境(而非单模式陈列环境,即保存文物的中性容器)中重新审视单模式作品的复杂性。

声音漫步证明了展厅布图规划和文物之间是没有清晰界定的。作为一种材料、隐喻方式和理念,声音打破了博物馆的视觉垄断性和作品的完整性。声音感觉并非反视觉的,而是重新审视视觉的多维性、短暂性和复杂性,并让其就接纳多模式作品做好准备。

策展的声音感受力

博物馆是一个时空,是一个随着我的走动重新设定,建立于我对已知事物以及通过声音暗示,对无形事物想象基础之上的环境。在这个环境中,我们需要足够的感受力来感悟博物馆与作品之间有形和无形的联系,而不是单单感悟博物馆中的作品;我们需要拓展、质疑信息和完整性,找出潜在的美学,并坚持观众(作为听众)的参与。

无论博物馆的建筑外形如何,策展人需要设计有形和无形的感悟方式;不是为观众提供分离的静思之所,而是要将观众们融入作品环境中。当博物馆不再是庄严的大厅和静思之所,不再是保存文物、被赋予权威和透明度的场所,而是成为另一个场景、场所,如同外面的街道,那么我们将会主动探索作品,做一名开拓者(而非跟随者),倾听其中的联系,而不是通过静音来思考艺术。

博物馆的建筑也许存在,然而对建筑的体验从走过、穿过建筑的过程中产生。我的声音漫步来自于：通过聆听构建无形关联，并以此来创造和构建一个空间。策展人负责将声音漫步纳入其策展实践的一部分，并负责创建一个作品环境，而我能够运用相同的声音感受力穿过这个环境——受邀对空间的多维性、短暂性和复杂性进行探索，参与其中并与多模式作品进行互动。

用耳朵感受展厅中的众多事物，策展人以这样的方式重新审视博物馆，并最终让观众能够参与到场所的创建中。这里的场所不一定需要存放或展示多模式或声音作品，然而却一定鼓励并促进可移动的、流动性的、包罗万象的多模式参与。这里的重点在于参与，而不是"完整性和透明度"，并且，这种变化产生了动态的个人叙事，而非"对当地、国家或全球历史事无巨细的表达"（Shelton，2006，p. 481）。

策展人需要记住的是，他/她要策划时间和空间，漫步的时间、策划的环境和空间经由我的漫步激活，而策划的建筑界限要比我们所认为的模糊。

它们更像是一种电脑游戏：由隐藏代码构成的膜结构；这个结构是无形的、渗透性的，可以飞速穿过并轻松移动到临近的空间，以及存在于形成我们当前感知的"记忆领域"。

所以，重点就不在于场所的实际变化，而是在于我们在与作品的互动中可能产生的感觉，以及相关的空间和时间。真实的墙无需具有可移动的特性来创建独立空间和接纳、促进多模式作品解读的多通道，但思想、策展和话语之墙必须是灵活可动的。

任何建筑空间都可以为此类策展提供平台。倾听与理解听觉对我们的博物馆环境体验的影响才是重点。此举对传统博物馆进行了改善，因为它可以以当前的建筑结构为准（只要它倾听声音发出的形状）。与此同时，它也让尚未建成的新博物馆有了更多可能性。尚未建成的新博物馆不需要遵循传统的规则，因为无形的声音领域能够通过显著和不易察觉的视觉元素（而非物体）创建因情况而异的叙述方式和审美感受（而非文物）。

这让策展更加贴近政治和社会，但同时也以独特的方式进行教育。我们需要进行声音漫步，去倾听，以拓展我们理解作品的方式。也许我们在每一座博物馆中都需要进行声音漫步，让无形的声音进入展厅，歌颂它对作品和对我们的影响，并让它揭开作品、空间、时间和观众间的物质联系，而不是将作品摆放在装置艺术台上。拆掉门，铺上厚重的地毯，让观众穿上大羊毛袜或重木鞋,去唱歌,去大声说话,或去窃窃私语……在无形联系和有形物质所构建的环境中倾听自己的声音,相互区别,将博物馆打造成多感官环境,在这个环境中解读作品,并在我们参与的时间段中重构空间。

尾　声

泰特美术馆(Tate Britain)

声音回荡在庄严的大厅。人类的呼吸声呼应着他们的思考。每一次"嘘声"被放大并在空间中传播开来,证明着自身的权威,渲染了大厅的神圣性。我不出声,自觉地感知所处的空间;而儿童们的声音自信而大声,快乐地回荡在建筑中,伴随着响亮的脚步声、尖叫声和笑声。

9 感觉和运动系统在艺术鉴赏中的作用及对展览设计的意义

安东尼诺·卡赛尔　卢卡·F.蒂西尼

每天,全球各地的数百万人不远千里,排着长长的队伍,甚至支付大额门票费用参观博物馆和剧院。艺术不断吸引着我们,即使在经济萧条的时候,我们也愿意支付费用去欣赏展览、舞蹈表演和演唱会。为何我们会如此重视和追寻艺术呢? 这种渴望源自于哪里? 尽管这些问题看起来简单,却很难找到科学的回答,其中一个原因就在于我们缺乏客观或定量衡量"艺术内涵"的方法。一件艺术品的价值(假设我们可以定义艺术价值)有时会由于个体、文化和时间的不同发生很大的变化。在过去被认为重要的艺术品可能到了今天就没有那么重要了,反之亦然。在试图探索这些问题的过程中,一些现代神经科学家正努力深入了解隐藏在美学评价背后的神经和认知过程。

艺术与大脑:早期观点

除了难以克服的艺术和美学定义问题之外,在过去的几十年里,人们为探索审美体验的生物学基础已经付出了巨大的努力。理解审美相关神经区从研究主视觉系统的神经生理学开始。我们无法想象的是,要理解一个视觉场景其实需要付出艰辛的努力。正因如此,观察大脑在处理这些任务时的高效运作是如此不可思议。举例来说,当我们在一个美好的春日里观察一棵树,刺激冲击着我们的眼睛——从物理角度看就是简单的色彩和移动的光斑。大脑需要经过大量处理才能将这些光斑转化为树干、树枝和树叶在风中徐徐摆动的这样一个结构化和连贯性的认知。

明确视觉系统的处理步骤是现代神经科学的一大成果,而对这一成果做出贡献的科学家更是数不胜数(更多信息参见 Chalupa and Werner,2003)。

许多流行的观点将视觉感知过程比作重现所见画面的照相机。几十年的神经科学研究以令人信服的证据证明了这是个错误的类比。事实上,视觉系统的目标并非是"拍下"外在世界,而是通过捕捉"本质"对所见内容进行诠释和识别。通过一系列复杂的步骤,从低级别特征(边界、色斑、局部运动等)的提取开始,并最终将这些特征"重组"成高级别表象(复杂的形状、运动的物体和脸等)。

视觉系统的一大显著特点在于通过不同的渠道(Livingstone and Hubel, 1987)处理不同的视觉刺激(形状、颜色、空间信息等)。这种区分开始于视网膜并存在于主皮质层。视觉皮层内有多个区域,每个区域处理不同的视网膜输入信息。举例来说,V4 区域处理颜色信息(Zeki,1980),而 MT+区域主要处理与运动和立体视觉相关的信息(Born and Bradley,2005)。需要注意的是,这些不同的处理通道具有不同的特点。例如,相对于形状信息而言,颜色信息伴随着低空间分辨率,而大部分运动通道是无法区分颜色的;即,当运动刺激具有相同亮度但不同颜色时,人们对运动的感知会大大降低(Cavanagh, Tyler and Favreau,1984)。

视觉系统的特点对艺术有启发吗? 答案必然是肯定的。根据定义,视觉艺术通过视觉系统得以感知。此外,艺术家,如同我们的大脑,并非忠实地再现外在的世界,而是通过一套机制以特定方式刺激大脑,进行表象。因此,可以想象大脑视觉信息处理和艺术作品特点之间存在一定的关联。探索此关联的首批艺术家之一就是玛格丽特·利文斯通,她认为艺术家们似乎是凭经验认识大脑视觉信息处理机制的原理(Livingstone,1998,2008)。其中一个例子是点画法,点画法是"运用纯色小点来构成画面的绘画方式"("点画法", 2013)。从一定的距离进行观察,点画作品的小点混合在一起形成整体的图案(例如,一张人像)。然而近距离观察这幅作品,整幅图案会变得模糊不清,取而代之的是对一个个色点的感知。这个现象可以用视觉系统的特点来解释。如上所述,相对于形状信息,颜色信息的处理伴随着低空间分辨率。因此,在远距离时,它不能解析点画作品的单个色点。在我们走近这幅画时,颜色分辨系统会逐渐匹配色点,我们就能够看到一个个色点了(Livingstone, 1988)。

森马·泽基(Semir Zeki)进一步探索了艺术与大脑之间的关系,并创造了神经美学(*neuroaesthetics*)这个单词。与利文斯通相似，泽基研究了视觉艺术与视觉系统功能组织之间的关系。他的观点可以在其大胆的主张中反映出来："任何视觉艺术必须服从视觉系统的规则。"(Zeki and Lamb，1994；Zeki，1999a)他还特别指出颜色、形式和运动似乎在视觉中占据着优势地位，因此它们也应在视觉艺术中占据优势地位。与这种关联(即艺术与大脑结构之间的关联)相关的一个例子是动态艺术(kinetic art)："动态艺术是指运用各种媒介创造的，具有运动特质的艺术，这种运动可以被观众感知到，或取决于艺术本身的运动效果。"("动态艺术"，2013)泽基认为动态艺术的吸引力在于运动的处理和其他视觉刺激的处理是分开的(Zeki and Lamb，1994)。因此，动态艺术的感知效果和美学效果可能要归功于视觉系统的结构原理。另一个与艺术和大脑视觉系统之间相关联的例子是马列维奇(Malevich)或蒙德里安(Mondrian)等艺术家的作品，马列维奇或蒙德里安等艺术家以直线为作品的主要或唯一特征。用蒙德里安的话来说，"(直线)比曲线具有更加强烈和深刻的表达能力"(Mondrian，1986；引自 Zeki，1999b)。有趣的是，在视觉系统第一阶段(V1 区域)，特定的神经元会优先响应特定方向的直线(Hubel 和 Wiesel，1959，1968)。因此，线条可以被看作是视觉系统用来构建复杂对象的"积木"。这表明，蒙德里安杰作的美感也许和动态艺术相似，都符合视觉感知的基础结构规则。泽基从这些具体例子里提取出了一种更为普遍的观点："艺术家运用自己独特的技法，在不知不觉中探索着大脑视觉系统的结构。"(Zeki and Lamb，1994；Zeki，1999b；更多评论，见 Hyman，2010)换句话说，许多视觉艺术作品的美感也许要归功于它们的"基本块"(如动态艺术中的运动块和蒙德里安艺术的线条)与视觉感知的"基本块"的相似性。

艺术与大脑：视觉与大脑奖赏机制

从来自坊间的说法和泽基早期工作的观点着手，一些研究者开始寻求一种更好的定量方法来研究美学偏好相关神经区。要解决的具体问题有：是否存在特定的一个或一组区域，会在美学感知过程中被特别激活。

为解决这个问题，瓦塔尼安和戈埃尔(2004)通过机能性磁共振成像的方式扫描了正在欣赏具象绘画和抽象绘画的被试者的大脑活跃性。结果表明，在欣赏被试者认为令人愉快的绘画作品时,他们的早期视区会更加活跃,而这种活跃和他们对每件作品的主观评分高度相关(Vartanian and Goel, 2004)。与此类似,川端和泽基(2004)向被试者提供了一组有四种类别(肖像艺术、风景艺术、静物艺术和抽象艺术)的作品,这组作品被分成了三类:丑、一般、美。每种绘画作品激活视觉皮层的不同区域,这意味着对绘画作品的视觉细节会按照特定的种类进行。将受试者的美学评分纳入考虑,作者发现受试者在欣赏他们认为"美"的绘画作品时,大脑前部内侧框额叶皮质区的活动性增强。有趣的是,眼眶额叶皮质也与不同感官模式中(例如,触觉、味觉和听觉)感知令人愉悦的刺激有关。因此,总的来说,眼眶额叶皮质也许会对给定的刺激进行奖赏价值的编码(Francis et al.,1999;Ishizu and Zeki,2001; Small,Zatorre,Dagher,Evans and Jones-Gotman,2001)。川端和泽基发现并不存在编码"丑感"的特定大脑区域,因为在感知相对于美画的丑画期间,并没有哪一区域会变得更加活跃。相反,对丑画的感知会使大脑前部内侧框额叶皮质区的活跃性降低。这种结果表明大脑对刺激的评分可能是一种统一连续的功能,一端的刺激被感知为丑的,而另一端的刺激则被感知为美的(Kawabata and Zeki,2004)。在进一步的研究中,塞拉-康德和同事(2004)借助脑磁图评估了被试者在对以下五种艺术欣赏和打分时的大脑活跃度:抽象艺术、古典艺术、印象派艺术、后期印象派艺术和风景艺术。实验结果表明,左背侧前额皮质在欣赏被认为美的作品时更为活跃。

综上所述,本节讨论的研究表明审美评价和审美判断是一种复杂的现象,在此过程中,感知、认知和情感机制交织在一起,并一同做出关于美丑的决定(Chatterjee,2003;Jacobsen,Schubotz,Höfel and Cramon,2006; Nadal,Munar,Capó,Rosselló and Cela-Conde,2008;Zeki and Stutters, 2012)。

艺术与大脑:具身感知

审美体验并非只建立在视觉处理的基础上,通过艺术内容传递的情绪能够触发我们整个身体的生理反应。根据一些学者的观点,如果不考虑与艺术相关的"身体反应",我们对审美神经生理学的理解将是不完整的

(Freedberg and Gallese,2007)。这句话强调了对艺术作品中所呈现的动作、情绪和身体感觉的隐形(或想象)模拟的重要性。实验证据一致表明,共振机制也许有助于动作感知。事实上,运动与运动前区在观察他人动作时会被激活,即使观察者几乎没动或处在准备动的阶段(Molenberghs, Cunnington and Mattingley, 2012; Rizzolatti and Craighero, 2004; Rizzolatti and Fabbri-Destro, 2010)。猴子镜像神经元探索证明了动作观察期间视觉与运动系统之间的紧密功能性联系。镜像神经元是存在于猴子大脑中的一种神经元,会在猴子执行和观察目的性行为动作的过程中发生反应(图 9.1) (Casile, 2013; di Pellegrino, Fadiga, Fogassi, Gallese and Rizzolatti, 1992; Fogassi et al. , 2005; Gallese, Fadiga, Fogassi and Rizzolatti, 1996)。已经有人提出镜像神经元是促进动作具象感知的神经基质,可能的促进方式是将行为动作视觉表象映射至内在的运动表象中(Rizzolatti, Fadiga,Gallese and Fogassi, 1996; Rizzolatti, Fogassi and Gallese, 2001; Rizzolattiand Sinigaglia,

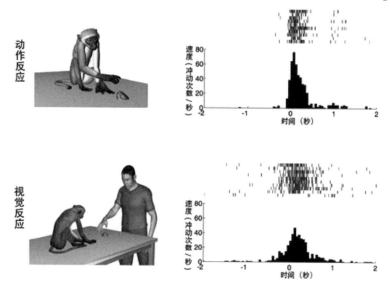

图 9.1　经典镜像神经元反应(Di Pellegrino et al. ,1992;Gallese et al. ,1996)。左栏代表实验条件,右栏代表以点阵图(上部)和刺激直方图(下部)呈现对应的神经元反应。上排右图表示抓住一个物体时镜像神经元的反应。下排右图表示猴子观察实验员进行目的性行为动作时相同镜像神经元的反应。图像 t=0 代表猴子(上排)或实验员(下排)的手和物体接触的时间。

2010)。有证据表明人类身上存在镜像神经元,不仅参与动作感知,还参与着情绪感知和情绪共情的过程(Dapretto et al. ,2006；Iacoboni and Dapretto, 2006；Iacoboni,2009)。

　　加莱塞与弗里德伯格(2007)提出一项具有影响力的观点:镜像神经元系统不仅在共情中发挥作用,也在审美评价中发挥作用。支持这种观点的人们用著名的卡拉瓦乔作品《男孩与蜥蜴(*Boy with a Lizard*)》来证明他们的观点,表明被动观察一幅艺术作品也能引起与作品主体一致的一种奇特生理体验(例如,在被蜥蜴咬后迅速地抽回自己的手)(Freedberg and Gallese,2007)。虽然是推测性的假说,但该假说启发研究人员进行了许多实验,旨在证明感觉运动区域在舞蹈(Calvo-Merino,Jola,Glaser and Haggard,2008；Cross, Kirsch,Ticini and Schütz-Bosbach,2011)、音乐(D'Ausilio,Altenmüller,Olivetti Belardinelli and Lotze,2006)和影像艺术(Leder,Bär and Topolinski,2012； Umiltà,Berchio,Sestito,Freedberg and Gallese,2012)中的参与。与弗里德伯格和加莱塞的想法一致,许多研究人员的研究已经表明大脑区域中与美学相关的活动通常和观察者动作的执行相关。例如,两项功能磁共振成像案例测量了两名观察者在观察舞蹈动作时的大脑活动(Calvo-Merino et al. ,2008； Cross et al. ,2011)。两个实验组都发现,除了早期视觉皮质,前运动区也会被观察者所偏爱的舞蹈动作激活,这表明在一定程度上,观察舞蹈动作的隐性模拟与喜好程度具有一定相关性。康尼斯希瓦与同事对节奏感知的两个实验进一步证明了审美体验与动作之间的关联性(2010；2011)。在第一个实验中,他们报道了腹侧前运动皮层的活跃性和音乐节奏欣赏之间的关联性。在第二个实验中,他们展示了瞬态干扰(通过重复经颅磁刺激)和腹侧前运动皮层活跃性对节奏偏好的影响(Kornysheva,Von Anshelm-Schiffer and Schubotz,2011)。总之,人们可能会认为,舞蹈和音乐不过是和身体动作感知相关的一种特殊的、容易进行内部模拟的特殊艺术形式。然而,这些研究无法确定对所观察动作的模拟是否在所有艺术形式中都有助于审美。事实上,大多数已知的艺术,包括史前艺术,都固定在石头或画布等静态媒介中。问题在于,面对静态艺术作品时是否会发生模拟,以及艺术家对静态媒介作品的动作模拟过程是否在一定程度上与艺术欣赏的愉悦性有关。

　　一些证据表明情况确实可能是这样的:感觉运动系统在被动观察绘画或

雕塑等静态艺术作品时也能被激活。在一项开创性的研究中,迪·戴奥和同事(2007)指出在观察古典或文艺复兴时期拥有黄金比例(西方文化中公认美的指标)的人体雕塑时,大脑感觉运动区域(腹侧运动前区和后顶叶皮层)的活跃性会增强。巴塔利亚和同事(2011)的实验进一步表明观众在欣赏米开朗基罗的壁画作品《逐出伊甸园》的复制品时皮质脊髓兴奋性(感觉运动活跃性指标)的变化。他们发现,欣赏米开朗基罗的作品比欣赏同一姿势的摄影照更能激活运动系统。与此类似,2012 年的一项脑电图仪实验的实验者指出,与用绘画方式修改的画布相比,被卢西奥·丰塔纳真实划破的画布更能激活大脑感觉运动体验相关区域(Umiltà et al. ,2012)。

以上结果表明了艺术作品美学质量和作品本身蕴含动作感知之间的紧密联系,尽管艺术家在画布上留下的痕迹是否能被观察者大脑的运动系统准确理解,以及这种具身过程是否足够进行艺术作品的情感欣赏仍然不清楚。莱德和同事(2012)进行的心理物理研究将有助于这一问题的解答。实验者通过干扰运动模拟本身,对艺术家手势留在画布上的静态画笔的隐形模拟进行了测试。参与者被要求在观察点画(例如瑟拉)或划画(凡·高)作品时用自己的惯用手(隐蔽地)进行点画或划画动作。有趣的是,当参与者执行的动作与艺术家创作作品时可能用的动作一致时,他们对艺术作品的审美欣赏会提高。当参与者执行的是不一致的动作时,则会影响动作模拟过程,从而降低对同一幅作品的审美欣赏。这项研究表明人们能够找出艺术家创作姿势相关的信息。如图 9.2 所示,该结果可通过内在运动模拟过程获得,正如研究结果表明,内在运动模拟可能是有系统地参与审美评价。

总之,本节所述研究表明人类大脑运动区域会在观察艺术刺激时被激活(Di Dio and Gallese,2009)。激活是否在产生审美中起到因果作用? 一方面,也许感觉运动激活纯粹由艺术欣赏中产生的情绪状态所导致。事实上,观察视觉刺激会引起观察者的一般唤起状态,大家都知道它可以促进运动系统的活动(Hajcak et al. ,2007)。另一方面,实验证据证明了情绪和动作行为之间具有双向关联性。例如,向面部肌肉注射肉毒杆菌会减少情绪体验的强度(Davis,Senghas,Brandt and Ochsner,2010)和大脑情绪中心的活跃度(Hennenlotter et al. ,2009)。相反,在猴子身上,刺激脑岛(情感系统的一部分)会唤起情绪性行为(Caruana,Jezzini,Sbriscia-Fioretti,Rizzolatti and

Gallese,2011)。石津和泽基(2013)在一项实验中研究了这个问题,在试验中,他们测量了正在欣赏绘画作品的受试者大脑活跃度,并收集了参与者对绘画作品的主观美感评分或亮度评分。他们发现,与之前研究(Kawabata and Zeki,2004)类似,大脑前部内侧框额叶皮质区参与了情感判断。

图9.2　审美评价和运动模拟。实验结果表明与运动相关的系统会在观察艺术作品时被激活,即使它们与人体或身体动作的表象不相关(Leder et al.,2012;Umiltà et al.,2012)。根据推测,在这种情况下,观察者的运动系统会在提取艺术家创作姿势相关的信息时被激活(Freedberg and Gallese,2007)。

这一结果与加莱塞和弗里德伯格的观点一致。确实,在 2007 年,他们认为运动皮质区的活跃度不足以进行审美欣赏或判断艺术作品。相反,运动系统在审美反应中发挥着至关重要的作用,因为它们参与着刺激具身过程,而具身过程似乎对艺术作品情绪反应的产生起着关键作用(Casati and Pignocchi,2007;Gallese and Freedberg,2007)。

综上所述,我们有理由认为具身审美是艺术情绪反应的重要一部分(Chatterjee,2003;Nadal et al.,2008)。

调整审美评价的潜在因素

在前文中,我们对几个研究进行了描述,研究表明审美评价与感知艺术作品、判断作品美学价值和奖赏价值相关的大脑区域网络具有广泛联系。在这些过程中，关键的潜在过程是与运动皮质相关，并让观众能够对艺术作品产生共情反应的具身模拟过程（Freedberg and Gallese，2007）。在本节中，我们将讨论调整艺术感知和具身过程的因素。而这些因素在设计艺术博物馆或艺术展览（例如，音乐或舞蹈）时需要被考虑在内。

第一个需要考虑的重要因素是社会背景。我们在做决定时往往需要依赖别人的意见。黄和同事（2011）的实验结果表明这一情况在艺术判断中也是如此。在这个实验中，实验者向参与者提供了伦勃朗的画作，有的画作被标为"原作"，而另一些则被标为"摹本"（无论作品本身的真实性如何）。他们发现，观众的大脑前部内侧框额叶皮质区在观察贴着"原作"的绘画作品时要比在观察贴着"摹本"绘画作品时的活跃性更高，尽管这一差别并不显著。有趣的是，泽基和同事（2011）曾经报道该区域在感知脱离感官模式（即视觉或听觉）的美时会被激活。这一结果表明关于艺术作品真实性的信息会影响主观评价，无论作品本身的真实性如何。此外，在主体观察"摹本"绘画作品时，额叶皮质的多块区域活跃性增加。这些区域的活跃性与多种评价观点相关（Koechlin and Hyafil，2007）。综上，这些结果表明艺术作品的信息会对观察者的感知产生影响，被贴上"赝品"的艺术作品会降低观众对作品的评价，并促使观众对作品进行进一步的审视，无论艺术品本身的真实性如何。

在视觉艺术的情况下，一个潜在的影响因素是视觉质量。例如，已有研究表明，与未经处理的原画相比，经过位数噪音过滤（这一操作会大大降低图像的质量）的绘画作品会显著降低低水平视觉区域的活跃性。这种结果可能是由原作的情绪或奖赏特质所导致，反映了低水平视觉区域由上至下的活跃性减少（Vartanian and Goel，2004）。不管是什么原因，它清楚地表明了降低视觉条件会改变审美评价的整体大脑活跃格局。

除了直接调整与审美评价相关的大脑区域反应的因素，还有一系列能够调整具身感知并间接影响审美评价的因素。其中一个就是观察者和观察动作之间的距离。通过神经生理记录的方式，卡吉亚诺与同事（2009）发现在调查的由105个镜像神经元组成的一组神经元中，约有一半会受到这种距离的影响。当执行动作位于猴子近体空间（非常靠近身体的空间）之内时，41％的神经元反应更为强烈；而当执行动作位于猴子近体空间之外时，51％的神经元反应更为强烈。在人类身上的实验结果表明距离身体更近的物体会自动触发潜在动作的表现，该结果进一步强调了近体空间的重要性（Costantini，Ambrosini，Tieri，Sinigaglia and Committeri，2010）。镜像神经元的反应还受到视角的影响。在一项神经生理研究中，卡吉亚诺和同事（2011）提出猴子从三个不同的视角观察相同的动作：猴子自己的视角（第一视角）、侧视（第三人称视角）和正面视角（第三人称正面视角）。他们发现，大部分视觉反应神经元（74%）表现出对视角的依赖性，只有少数反应神经元表现出与视角无关的反应（26%）。进一步分析表明，最具代表性的是第一人称视角。这些结果表明，大部分镜像神经元对动作的编码具有视角依赖性。最后，对观察动作的主观奖赏价值也会影响镜像神经元的反应（Caggiano et al.，2012）。

对艺术展览设计的潜在意义

综上，前文所述的结果表明，审美评价潜在机制之一的具身感知会受到背景信息的影响。这对艺术欣赏具有重要的潜在意义，因为它表明了艺术作品和背景信息都会成为观察者体验的一部分。在这一节，我们将讨论神经系统科学提高艺术欣赏的方式。我们的讨论无可避免地具有一定的推测性，因为上述的大部分结果都是在实验室环境中取得，而其外推环境更加复杂，例如艺术展览，可能没有那么简单。

设计艺术展览的首个潜在影响因素在于空间布局。公平地说，艺术作品的空间布局在任何艺术展览设计中都受到极大的关注——虽然神经系统科学的结果也许能解释部分原因。在上一节，我们讨论了具身过程受观察对象（Costantini et al.，2010）或观察动作（Caggiano et al.，2009）与观察者的位置有关。为了更好地理解如何运用这些信息，我们不妨看一下大脑对空间物体位置的表象方式。一项听起来似乎有悖常理的现代科学结果表明，我们的大脑中似乎并不存在一张供各种用途使用的、统一的外在世界"地图"。相反，大脑中有众多地图，每一张服务于不同的行为。大量的数据表明，大脑中不仅有多张与视觉、头部和手部动作相关的、以自我为中心的空间表象（Andersen，Snyder，Bradley and Xing，1997；Colby and Goldberg，1999），还有一张"绝对"（或非自我中心的）的外在世界地图（Bird，Bisby and

Burgess，2012；Burgess，2006；Moser，Kropff and Moser，2008）。值得注意的是，在这些不同的空间区域中，近身空间也被编码在运动区域中（Fogassi et al.，1996；Graziano，Yap and Gross，1994）。综上，这些结果表明我们大脑对空间的表象与效应器（例如，手、足、眼）的关联也会被运用到与外在物体的交互中。因此，艺术作品的空间布局可能取决于展览设计者想要达到的效果。例如，一方面，一件离我们身体近的艺术品不但会激活与手或脚相关的视觉和动作表象，还会产生更高级别的具身反应；另一方面，一件距离我们身体远的艺术作品可能会激活与眼睛、头部的动作表象，甚至会产生抽象的非自我中心的空间表象，这可能会引起低程度的具身反应和高程度的抽象表象。这些观点，虽然是推测性的，但也许会为想要达到不同审美评价效果的艺术展览设计者们提供思路。

在设计博物馆和艺术展品时需要考虑的第二个潜在影响因素是视角。如上所述，视角对镜像神经元的反应具有强烈的影响，根据推论，神经元可能是具身感知的基质（Caggiano et al.，2011）。因此，视角在具身反应中的重要性与近体空间在空间感知中的重要性类似。事实上，两者都与身体条件具有一定相关性。近体空间直接作用于外在世界，而第一人称视角是我们通常用来感知世界的视角（相反，电视节目中的人和物体是从相机视角进行观察的）。

考虑到高程度的行为相关性，第一人称视角似乎能够引起更高程度的具身反应也就不足为奇了。例如，从第一人称视角观察动作会使感觉运动区域的活跃性更强（Jackson，Meltzoff and Decety，2006；Maeda，Kleiner-Fisman and Pascual-Leone，2002），并能够让观察者获得更为精确的目标物体信息（Campanella，Sandini and Morrone，2011）。这些结果表明，在欣赏一幅作品或一座雕塑时，不单单是与观察者的距离，欣赏的视角也会影响审美评价。特别是，不难想象，用我们在日常生活中直接进行物体表象的视角更容易激活具象过程（例如以与观察者水平的方向陈列好莱坞服装）。与此相反，那些很少用或从未用过的视角（例如将相同服装升高陈列在墙上）则更容易激活抽象过程。与空间布局相似，这最终取决于展览设计者想要达到的展览效果。

第三，也许最重要的审美评价影响因素是奖赏。一件艺术作品越符合我们的个人品味，那么这件艺术作品就越能激活审美评价过程。不同于上述因素，艺术展览设计者无法自由操控奖赏因素。因为奖赏因素深深植根于观众的个性当中,并与他们的过去经历具有紧密联系。这提醒我们,艺术首先是一个"奖赏"我们感觉系统(无论是视觉、听觉、味觉、嗅觉还是触觉)的个人体验。"奖赏感觉"是纯抽象的感觉,与艺术品的任何物质组成或体验"价值"都不相关。它超越我们的智识,而正是这种美学评价固有的、无利害关系的奖赏感觉让我们成为人类,并与星球上的其他物种区分开来。

致　谢

LFT 感谢法国国家科研署(French Agence Nationale de la Recherche)的支持,参考编号:ANR-10-CREA-005(AVE Project)。

第三部分

博物馆与嗅味

10　被遗忘的感官：从神经科学的视角看博物馆语境中的气味运用

理查德·J. 史蒂文森

引　言

虽然嗅觉可能是一种被遗忘的感觉，但现在许多博物馆已经开始利用气味具有的独特心理属性。本文的开篇会介绍目前气味是如何被有效利用的，然后探讨气味不同寻常的、可利用的心理特质。接着着重介绍嗅觉与视力受损者的关系。由于博物馆是高度视觉中心化的，视觉受损者是最受限制与影响的人群（Hetherington，2000）。最后一部分，探讨如何利用气味的特点来提升所有观众的博物馆体验，以及如何在实际操作中实现。具有讽刺意味的是，用嗅闻、触摸、品尝等方式直接接触文物这一发展趋势，其实是重返前维多利亚时期的博物馆经验，在那时多感官参与是一种规范与常态（Classen，2007；Classen and Howes，2006）。

博物馆中可实现的气味运用可以分为两种主要类型。第一种主要关注鼻子直接或日常参与的活动。据我所知，至少有十个博物馆完全致力于气味。这些博物馆都集中在香水工业，其中三个在法国（巴黎香水博物馆、凡尔赛香氛馆、格拉斯国际香水博物馆）。这些博物馆里有展示香料成分和古今著名香水的展览，其中有许多是可以嗅闻的。那些主要致力于食品和饮料的博物馆也属于第一种类型。因为味觉感知的一个重要组成部分来自鼻腔嗅觉，食物或饮料中的挥发性化学物质通过喉咙的后部刺激着鼻子（Rozin，1982）。根据食品历史学会的统计（参见 foodhistorynews.com），在世界范围内，有超过 1400 个博物馆致力于展现饮食的不同方面。其中许多博物馆会有嗅闻食品和原料的机会，比如日本的面条或威斯康星州国家芥末博物馆中的调味品。还有大约二十个有关葡萄酒的博物馆也属于这一类（参见 http://www.oenologist.com），也会关注酒的历史、制造技术和产品鉴赏。最后，有一种特殊展览是为了引起人们对嗅觉感知的关注，也属于这一类，如伦敦大英博物馆的"气味的冒险"展览（2011）、纽约感官博物馆（2011）、纽约艺术与设计博物馆中的嗅觉艺术中心（见 *New York Times*，2011 年 3 月 16 日）。

第二种类型将气味作为更广泛的多感知展览的一部分来使用，这也最接近本章的重点。我找到了一些博物馆中气味应用的例子（见表 10.1），当然还有其他许多案例没有罗列其中。在这里列出的大多数例子中，气味的运用是为了创造更具亲历感、更有吸引力的感官印象。这一思路中值得注意的是那些远古社会中的气味（例如，曾经的古罗马人闻起来是什么样的？）。气味极少像其他感知模式的承载物那样被保存下来（例如，画［视觉］、乐器［声音］、衣服［触摸］），所以在许多更古老的历史例子中，总是一些措辞隐晦的描述去猜测那种气味可能闻起来像什么东西（Jenner，2011）。撇开这一点而言，在特定展览中增加气味元素显然是有益处的。气味可以作为强大的记忆回溯引擎，唤起久远的童年记忆。一般而言，气味可以营造一种身临其境的感觉，或激发起强烈的情绪，且通常是消极情绪。若在某些特定展览中使用适当，有助于加强展览的情感震慑力（例如一战战壕语境下的恐惧、厌恶情绪，见表 10.1）。更微妙的是，气味可以在潜移默化中影响人的情绪和兴奋度。在进一步探讨嗅觉这三个特性之前，我会简要概述嗅觉系统的工作原理及其固有的局限性。加入这部分内容有两方面的考虑。首先，这本书的许多读者即便熟悉主要感知模式的基本知识，也可能不太熟悉嗅觉的运作机制。其次，对于任何使用嗅觉的人来说，了解它的优势和局限显然是有用的。

表 10.1　运用气味元素的博物馆展览举例

博物馆	展览中的气味元素
美国国家历史博物馆,纽约 American Museum of Natural History, New York	"地球之外"展中月岩的火药味 Gunpowder smell of moonrock in "Beyond Planet Earth" "僧伽"自然保护区热带雨林展中热带雨林的气味 Tropical rain forest smells in "Dzanga-Sangha" rain forest exhibit
波士顿科学博物馆 Boston Museum of Science	"信息是什么"展——汽笛、闪光灯标与烟味 "What's the Message Exhibit"—siren, flashing lights, and the smell of smoke
芝加哥历史博物馆 Chicago History Museum	钢铁、牧业生产等;当地工业相关的气味 Steel, livestock production, etc., reflecting odors associated with local industry
印第安纳波利斯儿童博物馆 Children's Museum of Indianapolis	恐龙的呼吸(霸王龙) Scented dinosaur breath (T-rex)
创意博物馆,彼得斯堡,肯塔基州 Creation Museum, Petersburg, Kentucky	诺亚方舟建造遗址被砍树木的气味 scent of freshly cut timber on the "Noah's ark construction site"
德瓦罗马历史体验展,切斯特,英国 Dewa Roman Experience, Chester, UK	与罗马相关的气味 Roman-related scents, associated with each exhibit (e. g., latrines)
德累斯顿军事历史博物馆 Dresden Military History Museum	一战战壕中腐烂的肉、泥土、汗水、火药的气味 Rmell of decaying flesh, dirt, sweat, and gunpowder in a World War I trench
沃斯堡科学历史博物馆 Fort Worth Museum of Science and History	"Grossology"巡展——身体气味与身体部位的对应 "Grossology" traveling show—match body odor smells to body parts
约维克维京中心 Jorvik Viking Museum	维京人有关的气味 Viking-related scents, associated with each exhibit (e. g., blacksmith)

续表

博物馆	展览中的气味元素
自然历史博物馆,伦敦 Natural History Museum, London	恐龙的呼吸(霸王龙) Scented dinosaur breath (T-rex)
伦敦塔 Tower of London	皇家卧室,展品中蕴藏着适宜的"中世纪"气味 Royal bedchamber, with exhibits imbued with appropriate "medieval" odors
温斯顿·丘吉尔时期的英国战争体验博物馆,伦敦 Winston Churchill's Britain at War Experience, London	烟雾、发霉的管道气味——重现闪电战 Smoke, musty tube smell, etc.—recreating the "blitz" experience

嗅 觉

人们不仅用鼻子嗅闻,同时也能感知味道,这种双重刺激嗅味模式——嗅觉模式(学名为正向鼻腔嗅觉)和味觉模式(学名为反向鼻腔嗅觉)——在各种感知模式中是独一无二的(Rozin,1982)。味觉模式在很多时候难以察觉,食物的气味会通过口腔和喉咙后部(经鼻咽部),到达嗅觉刺激受体。

气味通常是由数十或数百种具有挥发性的化学物质组成的。比如咖啡有几百种化学成分,大脑在感知咖啡气味时的任务是识别这一化学成分组合(Stevenson and Wilson,2007)。这个任务是困难的,因为我们呼吸的空气中也充满了气味分子。为了识别新气味的"出现",我们会迅速适应环境中的气味。例如,回想一下,当你进入某人的房子时,气味是很明显的,但过了一段时间后就淡出意识,不再容易察觉了。当鼻腔中的嗅觉上皮细胞受体检测到一种新的化学物质组合时,大脑开启了识别这种化学混合物的过程。重要的是,这一识别过程十分依赖于记忆。大脑会努力将新传入的代表化学物质混合的神经元模式与以前存储的模式进行对比匹配。匹配度越高,你越有可能察觉到你闻到的像哪一种气味。值得注意的是,每个人积累的"气味库"是不同的,这意味着当发现同样的气味时,每个人的感觉和理解可能是不同的。这种差异在不同文化之间可能更明显,不同文化中的人群身处于不同类型的

环境气味中(食品、香水、植物等),并在遗传变异中进一步强化。人类有 300
种不同的嗅觉受体,而许多人的嗅觉受体存在或多或少的差异,使嗅觉更加
个性化(Hudson and Distel,2002)。所有这些因素都会导致我们对相同气味
的感受存在相当大的个体差异。个体差异在脱离语境的情况下是最明显的,
因为语境暗示会强烈影响我们对气味的认知。例如,当受试者嗅闻染成红色
的白葡萄酒时,他们会认为那是红葡萄酒的气味(Morrot,Brochet and
Dubourdieu,2001)。

　　嗅觉的神经解剖学特征也是不同寻常的,这在很大程度上与嗅觉的心理
学特质密切相关(Stevenson,2009)。嗅觉系统与大脑中负责个人记忆(即情
景记忆)的部分是紧密相连的,事实上阿尔茨海默症的第一个迹象就是嗅觉
功能下降(Hawkes and Doty,2009)。或者说,正如记忆一样,嗅觉也会随着
年龄增长受到影响(见图 10.1),老年人的嗅觉能力很可能会衰退(Hawkes
and Doty,2009)。从解剖学上看,嗅觉和记忆之间存在紧密联系。这使嗅觉
系统提取、检索久远记忆的能力远超其他感官系统,而且被气味唤起的记忆
通常带有明显的情感标记。边缘系统如杏仁体——包括情绪记忆——与嗅

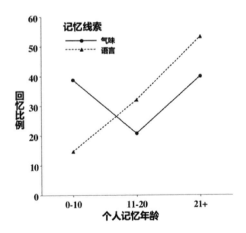

图 10.1　当分别运用气味线索和运用相同的语言线索时,老年受试者的回忆比
例在个人记忆年龄(例如,当运用气味线索时的大体记忆年龄分布:儿童[0-
10],青年[11-20]和成年[21+])中的分布图(数据来自研究的平均值,根据以
下文献绘制:Chu & Downes,2000;Willander & Larsson,2006;Willander &
Larsson,2007)

觉系统紧密相连（Herz，Eliassen，Beland and Souza，2004）。此外，相当多的嗅觉处理过程发生在大脑前额皮质，而前额皮质在情绪与动机调节中发挥重要作用（Hawkes and Doty，2009）。正是上述这些解剖学结构上的密切联结，使嗅觉可以唤起诸如恐惧、厌恶等强烈情绪，刺激我们的食欲或身体接触需求（例如香水），并让我们觉得似乎与散发气味的东西有着真实的联系。最后，不同于所有其他感官，嗅觉信息可以不通过丘脑这个"守门者"而到达大脑的最高级中枢——大脑皮层（Tham，Stevenson and Miller，2009）。这或许可以解释为什么气味可以在我们不明原因的情况下影响意识经验（如情绪、觉醒）。这些嗅觉的特殊能力，包括在无意识中引起记忆回溯、沉浸感、强烈情感以及行为变化将是下一节的重点。

记忆、情感与情绪

从图 10.1 中可以看到，和语言及其他非嗅觉型的线索相比，日常生活中的气味，如油漆、咖啡或酒的气味，能更好地唤起中老年人的童年记忆（Chu and Downes，2000；Goddard，Pring and Felmingham，2005；Willander and Larsson，2006；Willander and Larsson，2007）。事实上，关于气味唤起的记忆属于哪个年龄阶段的研究（比如嗅闻气味并描述它带来的任何记忆），都显示气味比其他感官线索更容易唤起一个人 10 岁之前的记忆。莱尔德（1935）提供了一些气味引发回忆的例子，虽然他没有对受试者的反应进行量化分析，但他的记录和描述可以很好地说明由气味引发的记忆具有哪些特质——受试者的年龄、唤起性、显著的情感内容等。

一个受试者描述道：

> 新鲜木屑的气味总是能让我想起小时候我父亲工作过的锯木厂。看到木屑并不会想起这些童年记忆，但新鲜木屑的气味总是能重建起一系列鲜活生动的画面，让我仿佛再次置身于那个场景。
> （Laird，1935，p. 126）

另一个受试者说：

> 我 10 到 13 岁的时候做了一份跟马和马厩有关的工作，之后

就不干了。20岁那年的一天,我走在一条乡村公路上,前面100码远的地方驶过一辆满载马厩饲料的车。那种熟悉的气味强烈地冲击着我,童年的记忆又涌现出来。我一下就怔住了。(Laird,1935,p. 129)

普鲁斯特的《追忆似水年华》一书敏锐地捕捉到了这种类型的反应(见查托温达斯出版社,1960,p. 58),这也似乎是很多人共有的经历(Chu and Downes,2000)。虽然这些气味引发的记忆可能带有独特的个人性,但对某一特定年龄组来说,具有集体认同感的气味,特别是与学校和童年有关的气味,能有效勾起他们那代人久远的、令人回味的记忆。

气味唤起的记忆所具有的两个特征,在上面的表述中已经十分明显,同时也得到了证明。首先,气味唤起的回忆往往特别生动,让人真切地感觉到似乎回到了记忆发生的时空。这与嗅觉系统可以引起更多情绪记忆有关。例如,赫兹(2004)在华盛顿史密森尼学会开展了一项研究,首先受试者根据语言提示(如爆米花)检索记忆,然后判断气味(如爆米花的气味)、视觉(如爆米花的图片)或声音(如爆米花的爆裂声)是否会影响记忆的性质。结果显示,气味线索更能唤起情绪化的记忆,并且使记忆特别令人回味,让人感觉身临其境。这些影响是显而易见的,无论男女,无论年龄。

相较于其他感官模式引发的记忆,气味唤起的记忆似乎承载着更多的情感因素。也有人认为,嗅觉本身就是最具有情感性的感觉。著名的嗅觉研究者恩金(1982)曾贴切地表述过这个观点,他说:"就功能性而言,嗅觉可能是情感性的,而视觉或听觉则是认知性的。"(Engen,1982,3)从语言学的角度来看,一些研究者研究过许多不同的语言,发现与嗅觉有关的词汇常常带有情感色彩,而且不愉快的字眼多过愉快的(参见 Ehrlichman and Bastone,1992)。体验气味时的主导性影响因素也已经得到充分研究与验证。一组受试者被要求评估很多种气味之间的相似性,从而建立起一张知觉空间图(即哪些气味聚集在一起或离散)。另一组受试者则用系统性的评量标准去评估每一种气味(例如,这气味有多甜),然后运用各种统计技术来确定构成气味心理空间基础的不同维度。这些研究一致表明喜好判断是第一影响要素(例如,Schiffman,1974)。也就是说,在知觉空间图上,我们喜欢的气味和不喜欢的气味分别形成一个聚集组，两个聚集组在心理空间中是离散的。

　　虽然这似乎是一个能够说明嗅觉是情感性感知模式的好案例，但可能过于简单化了。例如，如果要求受试者列出每种感知模式中首先想到的前五项，然后要求他们评估与这些项目相关的情感和愉悦度，你会发现在这些评量中，视觉与嗅觉不相上下，甚至更胜一筹，似乎与上述实验结果相矛盾（Ehrlichman and Bastone，1992）。然而，正如这些研究者和其他人注意到的那样，嗅觉的情感体验有一个更深的维度。嗅觉似乎比视觉更接近现象学意义上的真实（Ehrlichman and Bastone，1992；Rouby and Bensafi，2002）。也就是说，我们似乎感觉到在真实地接触气味，它直接作用于我们，使我们感觉不舒服、厌恶、恐惧（或幸福），而这在视觉或听觉等其他感知模式感觉中并不存在。两个"思维实验"可能有助于说明这种区别。首先，想象一下模拟的粪便气味（你知道这是模拟的），或看一张粪便的图片。这两种经历都会令人不快，但我猜测相比于图片，你对气味的本能反应会让你更迅速地躲开它。第二，想象一下，当一束亮光照到你的眼睛，或一阵刺耳的声音在耳畔响起，你会做什么？我想你会躲避，因为这两种体验都会产生类似于气味带给我们的感觉。强光和噪音往往会引发内心的反感，促使我们避开，也正是这种本能反应使嗅觉表现出情感性。这一因素使得嗅觉展现出独特的能力，正如德累斯顿军事历史博物馆中的一战战壕展览中的气味效果那样。

　　在考虑如何利用嗅觉产生本能反应时，有一个关键问题，气味的这种效果是否能在绝大多数人身上产生。在某一种气味形成特定情感反应的过程中，学习是重要的塑造因素（例如，Engen，1982），但对于令人不快的气味来说，可能没有那么重要。因为可能是显著的先天因素使某种气味让人觉得难闻（Khan et al.，2007）。正如前面提到的，闻到气味时的情境也是一个影响要素。情境会让我们确信正在嗅闻什么气味，这对情感反应有强大的影响。这一点在马克·吐温的短篇小说《一位病魔缠身者的故事》中有很好的体现（Clemens，1882），故事的主人公在一个暴风雨夜受同乡拜托，将一口棺材运回老家。途中他闻到一种难闻的气味，认为是腐烂尸体发出的，而实际上是奶酪的气味。棺材里不是尸体，而是枪支和一包比利时林堡省特产的干酪。对气味的预判会影响我们对气味的感受，这一点已经被研究证明（例如，Morrot，Brochet and Dubourdieu，2001）。更重要的是，在适当的情境中加入难闻的气味可能会产生预期的效果,成为一个特别难忘的经历(参见 Aggleton and Waskett,1999)。

到目前为止,我一直在讨论的嗅觉效果都是有局限的,即主体知道气味的存在。然而,商业界一直公认(例如,Baron and Thomley,1994),可以运用气味在潜移默化中控制人们的情绪与行为,从而达到商业目的(例如,在超市门口输送面包香气以吸引顾客进入)。请注意"潜移默化"这个词,如果人们把注意力放在他们的嗅觉感官上,他们肯定能意识到气味的存在,但通常这种场合中的气味是不明显的,不足以引起注意。以这种方式使用嗅觉刺激确实会影响人的心情和行为(Ehrlichman and Bastone,1992;Lawless,1991)。这种影响分为两种类型。一种是一般性影响,即好闻的气味引起愉快的心情,难闻的气味引起不愉快的情绪。另一种是特殊性影响,某些特定气味可以选择性地影响一个人的情绪和行为。

有研究表明,在环境中放置令人愉快的气味可以提振和改善人们的情绪(不愉快的气味则会压抑情绪)。有趣的是,无论是在偶发研究中受试者没有注意到气味的条件下,还是非偶发研究中要求受试者戴上有气味的面具,气味引发的情绪效应并没有多大不同(Lawless,1991)。这似乎表明,气味引发的一般性情绪效应与是否注意到气味无关。虽然对于某种气味是否具有特定效果仍有很大争议,如芳香疗法所主张的(例如薰衣草的镇静作用与茉莉的刺激作用),但毫无疑问,人体产生的某些甾体化合物的气味可以微妙地影响情绪和行为。而且,这些影响在气味浓度很低、人们尚未察觉的时候就显而易见,包括女性眼泪、人类汗水的气味都具有镇静效果(Gelstein et al.,2011;Sobel et al.,1999)。

气味可以轻易地勾起我们已经淡忘的记忆,当这些记忆被唤起时往往生动鲜活且满含情感。气味也可以引发强烈的情感反应,其他感知模式也可能具有这种特性,这种本能反应与情感结合在一起会产生强烈的亲历感与在场感(就像他置身于记忆中的场景)。此外,气味还可以调控情绪,不同情感基调的气味(即令人愉快的或不愉快的)能在不知不觉中起到提振或抑制情绪的作用。在下一节中,我将探讨如何运用气味来帮助一种或多种感官障碍者提升体验质量;之后,会转向更普遍性的问题,即如何在博物馆语境中充分利用与实现嗅觉的特性。

感知障碍与气味

19 世纪以来，博物馆一直是高度视觉中心的，观众直接与展品互动的机会是极少的（Classen，2007；Classen and Howes，2006；Hetherington，2000）。虽然过去三十年中，这种情况已经有所改观，博物馆变得更具互动性、体验性、多感知性，而视障者或许是最大的受益人群。鉴于此，本节讨论的重点是视障者。

视障者主要依靠触摸来体验博物馆、艺术画廊和其他文化档案馆中的展品，这并不奇怪，因为通过触摸这一媒介能够帮助他们还原可见的物体。尽管如此，气味也可以作为一种媒介来提升视障者的感知体验（Handa，Dairoku and Toriyama，2010）。有些博物馆已经开始尝试在专门为视障者设计的巡展中加入嗅觉要素（例如，梵蒂冈博物馆中用亚麻布覆盖着药和芦荟的气味；布鲁克林艺术博物馆的"感官之旅"展览中有嗅闻特殊绘画的成分等项目）。这种将气味引入展览的趋势在建筑空间中的气味运用指导手册中也有体现（Barbara and Perliss，2006），让明视者和视障者都有机会享受到独特的"气味空间"。

这些努力是一种重要进步（还有许多人本文没有提及），我认为博物馆一旦构建了一个更具体验性、囊括了所有感知模式的框架，将有可能打破视觉障碍者和正常视觉观众之间的界限，使博物馆成为一个更具包容性的空间。此外，展览的多感知转向也使博物馆体验回到它历史早期的样子。正如一些历史学家所说（Classen，2007；Classen and Howes，2006；Hetherington，2000），在前维多利亚时代，进入博物馆的观众会在展览中触摸、嗅闻甚至品尝展品。他们想要积极地操作展品，与之互动，而不仅仅是看或听。其中一部分原因是触觉、嗅觉等感知模式可以带来内在满足感，而且还会引发与珍贵古老的物件、著名的人物、历史事件亲密接触的激动感。这种现象源于味觉、触觉、嗅觉等接触性感知模式具有的神奇转移机制，物件的一些属性将会借此转移到和它接触的人身上（参见 Rozin and Nemeroff，1990）。这种转化机制在视觉或听觉等非接触性感知模式中是不存在的，而是嗅觉、味觉、触觉等接触性感知模式所特有的。

视障者可以很好地享受他们的嗅觉。长期以来,人们一直认为,当某一种感官损伤时,其他感官的代偿机制会启动,当然也有证据支持这个观点(例如,Cuevas et al.,2009;Cuevas et al.,2010;Rosenbluth,Grossman and Kaitz,2000)。在嗅觉领域,这种感官代偿的例子也非常丰富,最好的例子或许是朱丽亚·布雷斯(Julia Brace),她可以用敏锐的嗅觉区分哈特福德庇护所中囚犯清洗过的衣物(Gibson,1953)。视障者(先天性盲视者)的嗅觉能力一般而言超过明视者,这一点在实证调查中已经基本得到确认。

还有一些研究证明,良好的气味识别与描述能力,来源于更强的嗅觉注意力以及将感觉体验与词汇标签相结合的能力(例如,Rosenbluth,Grossman and Kaitz,2000)。最近的调查还表明,视障者也有更强的知觉能力。与明视者组成的对照组相比,视障者在气味辨别与捕捉上更胜一筹,而这些气味任务反映了更基本的感觉处理过程(Cuevas et al.,2009;Cuevas et al.,2010)。虽然视障者不可能人人都有像朱丽亚·布雷斯那样的鼻子,但他们的嗅觉大大优于大多数明视者,因而嗅觉便成了他们享受博物馆的重要媒介。

深入思考

本节主要讨论两个实务性问题,即在博物馆语境中如何利用嗅觉,以及如何真正实现它。如上所述,气味有一些不可忽视的特性。气味可以作为强大的童年记忆回溯引擎,可以引起强烈的负面情绪,可以巧妙地改变一个人的心情,也可以诱导成为讨论中的问题一部分。基于这些特性,博物馆语境中的气味运用至少有五种方式,也有可能更多。下面将详细讨论每一种应用方式及其适用性。

第一种用法是运用气味提升博物馆观众的在场感与沉浸感,这也是表10.1中列出的例子中使用最多的。如果气味可以被广泛识别,这将适用于所有年龄段(如果气味是常见的并符合展览语境就不成问题)。这种用法的好处是能让观众切实地感觉到自己置身在展览中,留下更完整的展览印象,以及更强有力的、情感化的参观记忆(Aggleton and Waskett,1999)。第二种用法是作为记忆回溯的工具,帮助成人观众回忆童年时代,充分发挥气味唤起久远记忆及相伴随的独特情感、感受的优势。这种用法需要谨慎地锁定特殊年龄段的人群,并选择那代人集体记忆中童年的气味或普遍适用的童年气味(例如蜡笔的气味)。与特定年代的音乐在电影中发挥的作用类似,这种气味运用方式也可以巧妙地控制观众的情绪。第三种用法是利用气味引发负面情绪,诸如厌恶与恐惧。这种方法对于加强特定展览的情感震慑力特别有效,或许会带给观众一次真正震撼的内心体验。这种方法也被用来吸引儿童和青少年观众,例如"Grossology"巡展(表10.1)。第四种用法是把气味运用到微妙的情绪调控之中,用微弱气味引起轻微的或积极或消极的情绪反应,提振参观兴趣。这特别适合一些展线较长、空间较大的展览。第五种可能的用法,其实适用于各种建筑。视障者可以利用气味线索来寻路(例如,Koutsoklenis and Papadopoulos,2011),而他们对博物馆的抱怨之一就是很难在里面找到路(Handa,Dairoku and Toriyama,2010)。由于视障者更容易注意到气味线索,或许可以在特定地标或空间留下气味标记以协助寻路。

那么,如何在博物馆中真正实现嗅觉利用? 正如上面的介绍和表10.1中列出的例子,许多博物馆已经成功实践了,这是非常切实可行的。在多数情况下,商业机构负责生产展览中需要用到的气味资源,并不断开发传送气味的技术。事实上传送气味面临着一些困难,一方面需要把气味稳定在一定范围内防止过度扩散,另一方面,还要确保在目标位置上达到足够的浓度。在互联网上简单搜索一下,就可以看到几个专门开发和传送气味资源的企业,美国与欧洲都有,它们的业务也囊括了博物馆和展览空间(请注意,作者没有商业背景,如有需要建议寻求商业援助,这方面业务需要一定专业知识)。另外,也可以从专门的供应方获得气味资源。在互联网上搜索"气味工作室(flavor [flavour] houses)"或"香水师与调香师(perfumists and flavorists [flavourists])"即可。几乎所有的气味都可以被安全仿制,但我再次强调,主要的困难是成功传送,这需要专门的技术支持。

结 论

博物馆正在逐渐意识到,除了视觉,人们还有许多其他感知方式,并且可以加以利用来有效优化观众的参观体验。这种趋势让博物馆回到了它最初的样态,观众可以充分运用所有感官去探索,并体验到由嗅觉、触觉和味觉等多种感知方式激发的存在感与联结感。虽然气味可以有效唤起早期的个人记忆,在不知不觉中激发或好或坏的强烈情绪,但营造使人身临其境的沉浸感或许是气味最具潜力的一面。许多博物馆正在尝试着利用这种"在场感"来有效提高展览的兴奋度与参与性。可以说,博物馆已经开始走出桎梏,利用气味提升观众的展览体验,但要让观众真正享受到多感知博物馆的乐趣,还有很长的路要走。

致　谢

感谢澳大利亚调研委员会的支持。

11 气味博物馆

安德里亚斯·凯勒

那些考虑在博物馆展览中融入气味的艺术家、展览设计人、建筑师、策展人和教育家们面临着比平常与视觉物体打交道更困难的挑战与机遇。为了避免在博物馆中运用气味而产生的问题，同时为了能成功地创造一个多元和多模式的体验，首先意识到视觉与嗅觉的基础性差异尤为重要。这个章节的主要目的便是列出嗅觉不同于视觉的三大基础性差异，从而帮助那些打算在展览中融入气味的人做出明智的决定。

与气味打交道面临的最明显的挑战就是它们比视觉物体更难在空间中有固定的位置。在使用气味时需要注意的第二个重要不同是气味比视觉刺激更显著，即使是它们并没有被察觉，气味仍然有很强的效果。第三个是气味对于引发人们强烈的感情和生理反应上比其他感觉更有效。所有这些嗅觉与视觉的不同指的是程度上的不同。视觉刺激也很难被控制，同时它们经常会有稳健的潜意识作用和引发强烈的感情回应。但是，意识到这三种不同将会帮助展览设计者有效地运用气味来弥补其他刺激无法达到的视觉体验。

空间与时间

令大多数与气味打交道的人感到困扰的差异是引起嗅觉体验的气味分子群是很难在时间与空间中控制的。气味云不能限制在空间中，同时当有多个气味源在同一房间中，那么气味便会重叠、模糊，从而作为一个气味混合体而被人感知。气味云的运动也十分迅速，它们并不能被固定在空间的特定点上。

因为气味分子在物体释放它们的瞬间就被湍急的气流迅速带走，与嗅觉物体——想带给观众嗅觉体验——靠近的气体浓度往往较低。为了改变这个,我们不得不增加气味分子释放量。但是,当嗅觉物体释放过多的气味分子时,气流将不再充分地带走所有的气体,同时气味分子会累积并且其强度会不断增长,从而充满整个展厅。解决这个问题的办法是创造一种动态均衡,即释放的气味分子会创造一种理想浓度下的气体平衡而不会浓度高到开始累积。在博物馆的动态变化环境中,这种想法在技术上十分具有挑战性。有专门的公司提供解决这一问题的方法。德国气味通讯公司制造了在纽约艺术与设计博物馆"气味的艺术"展览(1889—2012)中使用的美妙气味扩散机器。他们的美国竞争对手仙爱尔(Scentair)公司给印第安纳波利斯儿童博物馆中的"恐龙世界"展览添加了热带雨林和恐龙粪便的气味。

对于所有类型的气味娱乐来说,最大的问题是如何将一种特定时间下的气味传递到特定地点。在艾弗里·吉尔伯特(Avery Gilbert)的《鼻子知道什么》(Gilbert,2008)中提到了使用气味来丰富电影剧场体验的失败尝试的启发性原因。吉尔伯特采访了在1959年看过《万里长城背后》电影的人,该电影是第一部运用嗅觉的商业电影。在半个世纪以后,受访者始终能回忆起"各种气味全都混在一起,根本无法把它们分开;那是十分糟糕的情形",同时"当你摆脱了那团倾倒入空调系统内的东西时,你的衣服上还是散发着臭味。我还记起当时空气中甚至有一团烟雾"。根据《时代》杂志,那些累积的气味"太过强烈以至于让侦探犬都头痛"(Gilbert,2008,p.160)。毋庸置疑,解决累积气体的办法是使用尽量少的气体。然而,又不得不面临着像《纽约时代》对于气味的评论:"在一场秀中最无印象或最不能被发觉的",同时"是微弱和短暂的"(Gilbert,2008,p.163)。

在一个大型空间中创造一种稳定且平衡的气体聚集是十分困难的。这个问题对于嗅觉来说是独特的。处理这一问题常常面临着一个两难的危险,要么是使用气体太少,以至于许多观众不能体验到展览中的嗅觉因素,要么是气体太多,它们会累积从而让体验并不愉快,就像使用香水一样。存有疑虑时我们应该少用一些。

可感知的和潜意识的

对于那些经常与实物打交道的人来说,使用少量的气味从而导致许多博物馆观众无法体验嗅觉这一问题似乎是违反直觉的建议。画作必须要被看见,这样才能算是一场展览。但是,嗅觉和视觉刺激运用的区别反映这些感官在多感官体验中扮演的不同角色。气味在环境中是一种积极的探索,而视觉则是被动和自动的。只要我们醒着,我们的眼睛就睁开着,然而通过鼻子吸嗅来探索嗅觉环境是一个积极的过程,同时吸嗅对于有意识地感知气味是很有必要的(Mainland and Sobel,2006)。这就是为什么我们告诉人们停下脚步去闻一闻玫瑰,就如建议他们关注和欣赏身边的世界一样。玫瑰的香气不会自动引起我们的注意;我们不得不积极地、有意识地注意到它(Keller,2011)。从另一方面来说,大多数时间我们仅仅是毫不停留地看了玫瑰。我们经常注意到视觉刺激从而意识到它们的存在,而并不经常注意到嗅觉环境,因此便不会感知到它们。对于气味来说,若要与展览中的绘画竞争来吸引观众的注意力,它不得不增加浓度。但是,不管它的气味如何,不正常的浓郁气味总会令人厌恶。比加强气味的浓度来吸引观众的注意更好的嗅觉策略是鼓励观众关注他们周围的嗅觉环境,同时让他们在参观的过程中发现气味的存在。

即使察觉到的气味是十分微弱的,它们也能在观众的体验中留下深刻的印象。很多例子都表明,潜意识下的气味——即气味处于低浓度时不能被有意识地察觉到——能影响情绪和行为。这是一个值得被展览设计师注意的视觉与嗅觉间重要的不同点:气味能在低浓度甚至是观众无法注意到的情况下有效地发挥作用。

大量的研究对低浓度下的气味效果进行了调查。在一项典型的研究中,研究的被试者要求评估"任意生成的电脑线型图片"。被试者所不知道的是,实验用的房间里有薰衣草香气或是香草香气。女性被试者在有香草香气的房间中不太能有效地判断图片,虽然在实验结束后被问的93名被试者中只有3人说感受到了气味(Lorig,1992)。

这个结果并不吃惊,因为潜意识下的气味在情绪、行为和认知表现中起到了意义深远的影响(Sela and Sobel,2010)。市场策略师也已经发现了这个效果。一项抓人眼球的研究表明在拉斯维加斯希尔顿酒店的赌场地板跟踪器上释放一种特定的气味,可以增加这片区域内的赌博钱数(Classen,Howes et al.,1994,p.196)。英国智慧身体(Bodywise)公司声称17%收到带有雄甾酮气味(即男性荷尔蒙之一)账单的人会比收到没有气味账单的人更愿意买单(Classen,Howes et al.,1994,p.196)。相似地,在法国布列塔尼地区的小披萨店里散发薰衣草的香味,而不是柠檬的香味,能增加每位顾客的消费量(Guéguen and Petr,2006)。这些研究被明确指出需要更加严谨的阐释(Teller and Dennis,2012),同时媒体报道并不是这些研究质量的准确性体现。但是逐渐积累的证据清楚地表明未被察觉的气味能引起巨大的反应。

一些研究甚至还证明未被察觉的一种气味比这种气味在能被察觉的情况下更有效果。在其中一个研究中,被试者在闻到一种气味后给人脸的喜爱度排序打分。这些气味有令人愉快的柠檬醛(柠檬气味),中性的茴香醚(茴香气味),还有令人不悦的缬草酸(一种腐臭的汗味)。被试者喜爱人脸的程度受之前闻到何种气味的影响。但是,这一结果只能在被试者没有意识察觉到气味的前提下成立。当被试者有意识地闻到了气味,则不能达到任何效果。在这个研究中,气味只有在人们没有察觉到的情况下有效。这表明其实越少的气味才越有效(Li,Moallem et al.,2007)。

那些观看了《长城的背后》气味电影的人不得不因为观众席上的气味累积而在观影结束后驱散衣服上的气味。但是,我们并不需要使用高浓度的气味来充实观众的体验。

使用大部分观众无法察觉到的气味浓度能有效地营造一种深刻体验。当荧幕上播放儿童在草地上玩耍或是有食物气味暗示的餐厅场景时加入微妙的青草气息是不易被察觉的,但是却能无条件地改变人们观影的体验。

不幸的是,在电影院或是博物馆展览中使用潜意识气味面临着操作上的问题:让观众来额外支付他们并不能闻到的气味是十分困难的。付钱来观看气味电影的观影者当在观影期间并没有闻到任何气味时会觉得十分失望,即使与没有气味的电影相比,他们会更喜欢有气味的电影。相似地,当多数观众都认为自己并没有闻到任何味道时,加入气味的博物馆展览预算也是十分困难的。在气味娱乐上有效地使用气味意味着不被察觉地使用它们,但是想要强调不被注意的事物重要性是十分困难的。

出于这些考虑,如果博物馆必须宣传自己在一个多模式展览中使用了气味,那么就会有一些问题油然而生。宣传气味展览的同时会让观众们更加关注于展览的嗅觉环境。这个行为本身会是有价值的体验,因为在我们习以为常的视觉主导社会中,它填补了我们对其他感官体验的缺失。当观众积极地去寻找气味时,他们也会更愿意去有意识地体验气味。另一方面,宣传气味是展览的一部分有时会产生一定的压力,为了不使那些嗅觉不灵敏的观众失望,可能会使用高浓度的气味。然而在这种不正常的高浓度下,气味反而不会产生和使用微弱气味一样的良好效果,而仅仅会是不同于主要感官的另一种感觉罢了。

情感与语言

即使是十分弱的嗅觉刺激反应也是一种特殊的类型,同时它不同于对视觉刺激的反应。气味在引发情绪和引起生理和行为的反应上比其他刺激更强大,但是它们很少能引发可描述的复杂思考(Ehrlichman and Bastone,1992;Herz,2002)。正如进行嗅觉生理调查研究的先驱特里格·恩金所总结的:"在作用上看,气味对于情感就如视力和听力对于认知。"(Engen,1982,p.3)

气味比视觉刺激能够引发更强的反应可被简单地证明。正如观看电影实际上很难引起观众的呕吐,但是如果腐烂的尸体臭味充满电影院的话,就能达到这个效果了。重要的是,即使告诉观众这种尸臭味不是真的,而是使用了在实验室中制造的合成化学药品,也不能改变观众对这个气味的反应。这说明了我们无法用另一种气味来代表对该气味的体验。看一幅死尸的画作并不能产生和看到真正的尸体相同的反应,因为我们知道画作(不管它是多么逼真)只是表象。我们对表象的反应与对它所代表的事物的反应是不同的。这就限制了博物馆内的视觉体验。而嗅觉体验不会存在这样的限制,因为博物馆中的气味是确实存在的,而不仅仅是代表气味。

嗅觉与视觉相比更能与情感关联的原因在于,与视觉信息相比,嗅觉信息在我们大脑的不同部位运行。嗅觉信息在大脑边缘系统中运行,这一部分是大脑中最能直接影响到情感产生和情绪管理的(Gottfried,2006)。相比之下,视觉信息在大脑最显著的部分运行,与语言和抽象思维有关。在进化的历程中,我们主要使用气味感觉来估量:决定吃什么和跟谁性交(Stevenson,2009)。从这些目的看来,气味能够引起积极或消极的情绪,从而影响到行为,这点是十分重要的。

气味能够轻易地引发情绪，但是思考却更容易被视觉刺激引发。正如心理学家鲁道夫·阿恩海姆（Rudolf Arnheim）写道："人们可以沉迷于气与味，但是却很难对它们产生思考。"（Arnheim，1969，p. 18）思考与语言有紧密的联系，谈论气味和思考气味同样困难。以《纽约时代》周刊上发表的对气味展览（气味的艺术［1889—2012］）的 1500 字展评为例，它除了说在 12 种香味中有一种闻起来很像棉花糖外，就再也没有讨论嗅觉体验了（Kino，2012）。描述气味是谈论我们的嗅觉体验最基本的方法，但即使是这样，描述气味也具有相当大的挑战。在英语语言中没有单词像用"蓝"或"绿"来形容颜色那样来形容气味。因此，在谈论气味时，我们通常谈论气体源。它们有"鲜花味""水果味"或"鱼腥味"。此外，若是人们在自身的环境背景下无法体验到的气味，甚至是最熟悉的气味也是很难使他们认同。在一个实验中，大多数被试者无法定名那些十分普通的气味，如啤酒、尿、玫瑰，或是机油（Desor and Beauchamp，1974）。显然，即使是那些无法给这些气味定名的人也会喝啤酒，而不喝尿或是机油。这便是进化如何来塑造我们的大脑：我们用很多不同的方法来对气味做出正确的反应，但是我们却不擅长描述它们。

视觉刺激能比气味刺激激发大脑更多不同的区域，同时若将这两种感觉巧妙地结合起来，那么便能达到有趣的效果，比如一个由嗅觉组成的艺术装置，即展厅所有的墙面均被使用用过的 1 美元覆盖（HansPeter Feldmann，纽约古根海姆博物馆，2011）。一位展评人这样评价："多亏了旧美元的气味，使原本在名义上听起来像是概念噱头或是沃霍尔式写实主义反复的展览变成无法言语的身临其境。"（Rosenberg，2011）相似的效果还发生在将展厅用节后被人丢弃的圣诞树填满的艺术展（Klara Lidén，S. A. D①［克拉拉·利登个展：美妙的茫然，斯珀林斯美术馆］，纽约，2012）。在这两个例子中，视觉和嗅觉刺激相互弥补，视觉刺激激发思考，同时嗅觉刺激触发情感。当看到 100000 个 1 美元被钉在了展厅的墙上时，人们会产生对写实主义和金钱在艺术世界中的角色思考。但是，闻一间充满钱的房间的气味是一种超乎想象和无法言语的情感体验。相似地，当在展厅中看到满是枯死松树和冷杉的森林，观众会思考砍伐树木仅仅用来做几天的装饰而遗弃的浪费。在另一方面，闻到整

---

① S. A. D 是克拉拉·利登为圣诞树的这组装置取的名字。

个"森林"的圣诞树气息会引发积极的情绪和气味所带来的欢乐童年假期回忆（引发生动的童年回忆也是嗅觉要优于视觉的方面）（Herz and Cupchik，1995）。

充满钱与钱味的房间和充满圣诞树与圣诞气息的房间，都是通过视觉与嗅觉组合来吸引观众大脑的多感官装置。

结　论

为了成功地将气味融入博物馆展览中，不能像对待视觉物品那样处理气味。而认识到视觉与嗅觉的区别以及气味的局限性和它的表现机会是十分重要的。其中气味的局限之一是它们在空间和时间上都不能轻易地被控制。因此，人们能在何时何地体验到展览空间中的气味常常很难把握。另一个局限在于大脑似乎并没有像谈论我们看到的一样谈论我们闻到的功能。我们的文化是建立在语言的基础上的，体验很难用语言来表达，正如嗅觉体验，所以，它在我们的文化机构中仅能扮演次要的角色。

除了这些局限，在博物馆展览中添加嗅觉成分可以开辟一条全新的展览设计者与观众交流的通道，同时在以视觉为中心的社会中增添嗅觉会给我们带来缺失已久的博物馆体验（Classen，Howes et al.，1994）。气味能比视觉刺激更有效地触发情感、心理反应和记忆，因为它们激活了我们大脑的不同区域。如果我们想让观众在参观时全面地使用大脑，气味必须成为体验的一部分。此外，由于气味需要注意力的积极感知过程，在体验中加入气味会使观众的参与感变强，同时将消极体验转变为积极探索。如果在使用气味的过程中将这些目标铭记于心的话，那么，它们会为多模式博物馆展览的全方位体验做出积极的贡献。

致　谢

感谢科学学会布兰科·怀斯奖学金和美国国家精神分裂症与抑郁症研究联盟青年基金的资助。感谢尼古拉·特利和达拉·毛对论文的早期版本提出建议。

12 博物馆——嗅觉场景

吉姆·多罗拔尼克

现在,人们终于可以在博物馆里嗅到曾在礼品店里闻到过的气味。1999年,维多利亚阿伯特博物馆的《锡克帝国的艺术》展览伴随着印度香拉开了帷幕;而在奥地利美景宫美术馆,名画(1911年埃贡·席勒的《向日葵 I》与1908年古斯塔夫·克里姆特的《吻》)则伴随着绿茶和檀香熏香。费城美术馆与安大略美术馆分别在2008年的弗里达·卡罗展览与2009年的萨尔瓦多·达利展览(超现实主义与设计)中运用了香氛。至于2006年的《普罗旺斯风景》与《从古典主义到现代主义(*du classicisme a la modernite*)》展览,蒙特利尔美术馆的纪念品店里满是象征着悠闲生活与法国情调的手霜与香皂,与美体小铺(Body Shop)几乎没有区别。除了这些特别展览的搭售外,人们还可以用鼻子体验更多项目,如吸引年轻艺术家们的香味彩色铅笔,针对神经紧绷人群的治愈精油,或为成年人提供的芳香茶与芳香酒。到目前为止,与香味产品联系最多的当属印象派与后印象派。例如,文森特·凡·高的《星夜》与浸泡在清澈甘油中的洋甘菊皂和杏仁皂("温和的沐浴产品展"),保罗·塞尚的《埃斯泰克的海湾》(1882—1885)与薰衣草香囊,或克劳德·莫奈的《向日葵花束》(1881)与香薰蜡烛。在某种程度上,这些纪念品是利用著名艺术家与艺术作品声望的新奇有趣的轻奢品。而在另一方面,它们又体现了美学和多感官体验,并将视觉艺术欣赏转化为嗅觉体验。

然而,几乎没有博物馆观众会特地去参观礼品店。这些缤纷的产品旨在吸引参观完巡回展览或常展后的观众,并通过店内令人愉悦的香味进一步加深观众的印象。博物馆商店香味产品的流行绝非偶然。毫无疑问,商店经理们都精通并渴望采用广泛流行于各种零售商店的新型感官消费方式。在这些零售商店里,香味与产品和商店环境相融合,以提供品牌和营销的体验优势，提升价值（Lindstrom，2005；Hultén，Broweus and van Dijk，2009）。人们对嗅觉的态度，从边缘化和不重要的到吸引人、令人回味的转变，很大一部分是由实际的经济回报驱动的：人们喜欢购买那些闻起来令人愉悦的产品。因此，嗅觉通过礼品店的形式，即通过消费的媒介，进入了主流市场并被博物馆所接纳。

也许有人会认为这些嗅觉纪念品的存在是一种介乎于气味与艺术品之间的准等价物。如莫奈的《向日葵》，香氛蜡烛似乎试图捕捉画作绚丽的本质，通过蒸馏的方式，净化出芳香提取物（毕竟画家所用的一些调料是从植物中提取出来，而香味又是另外一回事了）。更有趣的是，香氛蜡烛又提供了从视觉转向嗅觉的双感交叉审美。通过将宝贵的、标志性的绘画转化成可携带的、可在私密个人空间体验的物品，香氛蜡烛在博物馆文物中搭建起了感官的桥梁：单一感官的艺术作品也可以成为多感官作品。与莫奈的《向日葵》等效的芳香得以充分体现，虽然是通过虚拟的方式。"呼吸"着绘画，如同生活在画作里，与画作融为一体，而这也是不同于视觉的体验。然而，关键的一点其实在于蜡烛巧妙地将自己暗示成原绘画的替代品，并主张嗅觉感官是一种令人愉悦的美学载体。既然主张已经有了，目前机构的任务就是接受与其相反的观点：艺术可以被转化成嗅觉，那么嗅觉也可以被转化成艺术。

除了这些主张外，我们应该注意不可让礼品店显得过于突出；毕竟艺术家们几十年来一直在博物馆进行嗅觉艺术品的创作，无论是从历史还是理论角度而言，这都只是这一派别的开端。礼品店将博物馆爱好者的感官习惯文化进行改变，此间，嗅觉除了是公认的体验之外还拥有了更为广泛的意义。在本文中，我将根据自己气味策展的经验和艺术家作品的例子来验证博物馆嗅觉艺术的可能性。通过表演、装置、基于物体的工作以及相关项目，我已在公共场所、临展空间和传统展厅中策划过嗅觉展览。第一场是与保罗·库勒德（Paul Couillard）共同策划的名为"怀旧（reminiSCENT）"的表演艺术系列，邀请观众来"回忆"气味，并参与到文化和身体行为中。通过芳香疗法研讨、科学实验、亲密邂逅、临时约会以及公共空间的使用，艺术家们使观众们参与到嗅觉体验中（Drobnick，2003，2009）。第二场是与詹尼弗·费希尔（Jennifer Fisher）共同策划的名为"气味极限（Odor Limits）"展览，旨在推翻气味是"有限"的感知模式，否定气味只能是好闻或难闻的观点。展览的作品创意性地采用气味来产生发人深思的对于文化差异、精神、城市空间、身份认同等的见解,在此意义上,气味意外地超越了极限(Drobnick and Fisher,2008)。

　　其他策划项目对气味进行了更为广泛的研究,如身体、表演、公共空间与多感官等。例如与詹尼弗·费希尔和科莱特·度格斯(Colette Tougas)共同策划的"生命体征(Vital Signs)"(2001)旨在关注非视觉感官对于身份认同、文化和艺术实践的重要意义,并探索改变对感官的固有理解方式。它的特点在于强调作品所拥有的六感,如用果酱制作的48英尺壁画,椅臂超大、能将坐者环绕住的椅子,可以赤脚走在上面的冰裂纹地板,以及记录电磁光环的摄影肖像等(Drobnick et al.,2001;Carter and Ovenden,2001)。同样的,与詹尼弗·费希尔共同策划的"星光(NIGHTSENSE)"(2009)以多伦多市中心的金融区城市夜景作为背景研究感官层次。在夜的狂欢中,视觉被减弱,传统的视觉经济被颠覆,而其他感官则得以凸显。作品关注于感官状态的改变,例如伏特加酒池烟气所导致的醉意,置身摩天大楼的疯狂骑行所导致的恶心感,感官剥夺所引起的奇特体验,临时厕所和与之不符的芳香,以及路易斯·卡罗尔《爱丽丝梦游仙境》所带来的退想(Drobnick and Fisher,2012)。

　　以上所举感官策展有几个共同点,而这几个共同点也都适用于嗅觉策展。

　　1. 项目大多是以委托的形式,即艺术家们受邀来根据主题和场地来创作新的作品。如果是已有作品被选中,则对其进行彻底的修改以适应展览的情况。

　　2. 环境感知型的作品,即它们是根据建筑和场地的具体情况量身定做的作品,届时将由观众来感受它们。

　　3. 感官作品往往具有短暂性和表演性的特质,它们只存在于具体的时间段,并常在展出时发生变化或转变。

　　4. 这些展览通常需要多感官作品的参与。没有人能完全置身于艺术之外,人们需要借助身体来理解作品。换句话说,借助刺激与导向,观众们能够更充分地感受艺术。

　　在我的策划实践中,我认为嗅觉艺术品与其他任何艺术品大多相似,即它们在概念上、体验上与审美层次上都是具有意义的。我不会把艺术气味划分为一类单独的文化实践(例如,科学或香水学),即使这些方面确实影响着艺术家的思考。我的策展关注知名艺术家创作的作品能否与任何其他艺术品一样体现更多东西,例如艺术史、社会政治性批评、身份认同以及其他审美思考。对于新型作品,一些人仍然会从当前艺术世界的辩论或艺术历史的轨迹出发对嗅觉艺术作品进行思考,例如对人像和风景的重新思考。如克拉拉·乌尔西蒂(Clara Ursitti)通过嗅觉的应用对自画像重新进行了定义。通过先进的化学传感器和嗅觉科学家与鼻子专家乔治·多德(George Dodd)的帮助,她拥有了自己的气味元素,并通过合成这些元素创造出捕捉其"本质"的香水。芳香自画像,《素描♯1(1994)》含的物质有丙酸、三甲胺、雄烯二烯酮与甲基吲哚(Ursitti,2006,P.357;Drobnick,2002a)。类似传统艺术的复兴,还有詹妮·马克图(Jenny Marketou)通过对气味环境积极主动的探索,使得风景画重新焕发了活力。不同于在展厅里仅仅只是看着展出作品,观众们被邀请感受其中的气味,然后在《闻一闻:DIY 气味地图》(2008)上记录他们对展出作品的总体感受(图 12.1)。

图 12.1 詹妮·马克图,《闻一闻:DIY 气味地图》(2008),交互式墙壁装置,辛特拉山墙纸,72×120 图片来源:DisplayCult, Esther M. Klein Art Gallery

气味"媒介"完全符合当今的后媒介时代需求,艺术家们不再需要在其整个生涯中都选择并维持单一的媒介。现代主义者认为传统媒介拘泥于每种感官占据一种独特自主的艺术形式(即,视觉就是绘画,听觉就是音乐),150 多年来传统媒介一直受先锋派艺术家的挑战,这些先锋派艺术家在他们的作品中混合了不同的感官和媒介。随着克莱门特·格林伯格(Clement Greenberg)现代主义于 20 世纪 50 年代在其逻辑的重压下崩溃后(毕竟,褪去一切而只剩下单一色调的绘画作品还能继续留存下来吗?),当下的后媒介时代从表演、装置、视频、声频等着手,为短暂的、体验式嗅觉作品铺平了道路。

　　嗅觉艺术作品的后媒介审美体现在以下几个方面:材料和媒介的多样化、跨学科性和综合型的艺术认同。基于香味的艺术作品通常涉及许多不同的物质,例如有机或天然物质(花、泥土)、科技装置(扩散器、暖通空调系统)、文化与商业现成物品(香薰、肥皂),而它们都不是传统意义上的艺术材料。嗅觉艺术品往往还与各种不同的媒介联系在一起,例如,雕塑(瓶)、氛围与场地(装置/建筑)的采用观众的参与(表演),以及视觉、听觉、语言和其他类型信息的直接参与。这并非说一个单一的表现需要所有这些元素的共同作用(嗅觉与其他感官信息的对比通常是相当具有启发性的)。相对于通感,所有媒介组合成一个更大的整体,嗅觉作品经常采用通感,通过不同媒介的对比度来引发思考(Drobnick,1998)。最终,如果人需要考虑气味的"媒介"是什么,那么应该是空气,它可以连同嗅觉一起,承载视觉、听觉、触觉、味觉和感觉信息。因此,试图将气味隔离成现代主义的一派"纯"介质在某种程度上是徒劳和不必要的。

　　嗅觉艺术的另外两个后媒介特点为:涉及艺术家本身、艺术身份的跨学科性与综合型。建立嗅觉艺术的做法是采用后媒介方式,在这个意义上,艺术家们往往会跨学科进行工作;他们会根据具体的项目采用各种媒介和技术。不同于用单一媒介束缚自己的现代主义艺术家,嗅觉艺术家为了关注某一特质,会采用一系列方法来开展工作,如合成气味、使用空气调节设备、集合香味雕塑材料、对观众进行拟实验或采用新的科技等。最终,嗅觉艺术家以后媒介的方式进行操作,由于他们的身份常常是多重的——除了接受艺术培训外,有一些还是训练有素的化学家、科学家、人类学家和调香师。这一多重身份往往是必要的,为了能够对气味工作有充分的理解,人们需要从各种领域来建立起充分的知识基础。合作又提供了另一种增长知识的方法。许多艺术家通过向各个学科的嗅觉专家的有效咨询而获得了专业的信息和技术。

　　促使艺术家们进行嗅觉工作有两个基本动机。一方面，气味提供了一种不同于视觉艺术的新鲜和原始的感觉。不同于呈现一个物体或经验，气味能够提供一种貌似直接和无中介的真实感。另一方面，第二动机认为气味具有个人意义与社会意义。气味是身份、地点、记忆、生活经历与文化敏感性的永久联系——换句话说，气味意义非凡（Drobnick，1998）。这两种动机都有可取之处，但我认为感觉不会超出文化的层次，因为感觉本身受社会影响。即使有"纯粹"感觉的存在，它仍然具有一定的文化背景（如搜寻激活感觉神经的方法）。尽管存在差异，这两个动机又往往会重叠。因为气味可以同时作为感觉和概念，而这两者都是表达强烈情感的策略或表达文化内容的方式。策划基于气味的艺术作品面临许多挑战。在接下来的章节中，我将就总体的多感官工作的五个方面进行大致讨论，并特别地把嗅觉工作的挑战总结为机构性、关键性、接受性、管理型与感官性挑战，通过本人文本作品和展览的案例研究，探讨基于气味的艺术作品的实际和概念性问题。

除味立方体

　　嗅觉艺术的首要挑战就是要解决其在博物馆和画廊里可用的主要空间类型：白立方。此类空间的设计主要运用白漆、几何空间及灯光等的视觉逻辑，为陈列物品创造鲁道夫·埃尔·库利（Rodolphe El-Khoury）（2006）所说的"嗅觉沉默"（olfactory silence）。为拥有创造性的或有利的嗅觉体验，此类空间由于能够消除其他气味和感官的干扰而经常被采用。净化/去味的展览空间可以为嗅觉艺术作品提供清洁的展示空间，甚至是令人愉悦的气味也能在白立方的环境中更加凸显。为了书写本文，我正在思考博物馆和画廊的空间是否是可互换的，因为它们都拥有去味的共识（Drobnick，2002b）。

　　然而任何空间都不可能做到完全无味，因为所有室内或室外的氛围都会有人类活动和自然的气味残余。博物馆也是如此，尽管它们为了纯粹的视觉体验做出了大量努力。清洁产品也会由于使用而留下痕迹，餐馆和咖啡的气味分子可能会在角落里飘荡，喷过浓郁香水的观众也会将他们身上的香味留在展厅中。对暖通空调系统的改造能为艺术家们在空气的流动和净化方面提供更多的灵活性，但作为基本的建筑功能，这也许会涉及大量的成本、工程和政府批准问题。至今,除了一些优化型的安装,我尚未对所策展的空间提出过重大改造的要求。考虑到大范围的嗅觉艺术作品,我想不会有绝对理想和奇异的空间来展示气味作品。一些作品会和空间已有的气体产生反应;其他一些作品需要一些更为纯净的环境。更关键的一点则是机构是否愿意对其室内环境做出非传统的改变。温度、湿度、气流以及房间的面积是对嗅觉作品能否达到适宜状态产生影响的基本条件因素(de Cupere,2013)。正如各种视觉作品需要灵活的照明条件,室内的空气流量也需要适应不同的嗅觉体验。尽管如此,已经有许多嗅觉艺术家在没有适宜的科技或支持性机构的条件下开始创作;并且有许多替代空间正抛开白色空间的所谓神圣性进行实验性作品的创作。

机构性挑战并非是此流派艺术的唯一挑战。其他类型的后媒介实践也需要适应展厅的空间和基础设施,如表演、声音艺术和数字媒体。在视觉饱和的时代,许多艺术家都认为有必要重视切实的体验来创作交互性的、与身体联系更密切的作品,以激起观众的感官体验。作为对视觉中心主义的科学批判,有一些作品也能很好地做到这一点,然而其他一些人则使用非可视化的感官知觉和混觉感知来替代传统视觉美学。正如博物馆的沉默、寂静已纳入了音乐元素——如 2012 年在大都会博物馆举办的《关于沃霍尔:60 位艺术家 50 年》展览中丝绒地下乐队歌曲的参与——其他后媒体的实践活动涉及更为复杂的感官参与,需要博物馆人员的更多关注。新媒体和音频设备需要运用和管理。对于气味,维修可以很简单,如每天换上一个扩散器,开启风机,或在盒子里放入一把香珠串。

嗅觉展览应将展出期间的工作人员考虑在内。人们可以带上耳塞来阻隔声音,但他们无法不呼吸。对身体健康的影响是一个重要的关注点,即使是良好的气味,在展厅布置也可能会被拒绝。我曾经写过的一位艺术家凯瑟琳·波德莫(Catherine Bodmer)想要在展览中扩散植物柔软剂的香味,然而却被博物馆工作人员阻止,博物馆担心这可能会对健康存在潜在的影响。"香味是无害的"仍无法说服工作人员,而颇具讽刺意味的一点是工作人员其实是烟不离身。当然,除此之外还有其他阻碍因素,如气味恐惧症(Drobnick,2006,2010)。另外一个例子,我称其为"气味主办方",涉及克拉拉·乌尔西蒂(Clara Ursitti)的作品。在这个例子中,被冒犯的人是博物馆主管,她单方面决定在正在发散艺术家嗅觉自画像的扩散器前放置了一个切开的洋葱(Drobnick,2002a)。这名主管认为自己有正当理由来否定这件艺术作品,因为她本人不喜欢这幅画的气味。然而洋葱,即使它以一种人们更加熟悉、辛辣的气味进行掩盖,却可能刚好融入了克拉拉·乌尔西蒂新奇的气味作品。

　　除了展陈问题,此类短暂的艺术作品的归档、收藏和保存也成了机构的一个难题。气味无法通过摄影来保存,或通过如声频等技术来进行记录。根据嗅觉作品的类型,一些形式的存档工作要更容易。对于表演作品,视频将起到作用。如果可以提供气味样品,如《气味极限》里克里苏南·斯坦科斯(Chrysanne Stathacos)的"愿望机"(1997—2008),观众在展览之后也能体验气味,付出一美元来获得克里苏南机器提供的一小瓶精油拿回家使用(图12.2)。然而,大多数的气味艺术品很难被保存成有形的物体。事实上,短暂性也是它们的概念性特质之一。它们无法被收集的特性自然就是问题所在。这些作品每次需要重新创作进行展出,根据需要进行补充。

图12.2 《气味极限》里克里苏南·斯坦科斯的"愿望机"(1997—2008),数码图像,定制自动售货机,气味倍数。图片来源 Artist, DisplayCult, the Esther M. Klein Art Gallery

　　尽管短暂性是嗅觉艺术作品的主要特点之一,然而如果有足够的创意,任何东西都是可能被收集的。例如,纽约现代艺术博物馆正在收集行为艺术。嗅觉艺术也可能被收集和存档。通过记录一名艺术家合成气味的配方,或香料清单,使得作品能够得以重新创作。最简单的收藏项目应该是艺术家们设计的香水了,因为它们已经被保存在小瓶中。艺术家往往试图在它们的嗅觉艺术作品中找到气味的内在品质。由于这些品质是体验性的,难以归档和收集的问题将持续存在。

关键挑战

气味艺术的第二个挑战是发展概念性框架。后媒介艺术形式使用非视觉感官的审美话语才刚刚得到关注,因而尚不成熟。举例来说,视觉艺术的形成已经经过了 2500 年的哲学推敲,而嗅觉艺术只是在最近的一个世纪里断断续续地发展。更严峻的挑战在于非视觉感官往往被那些视觉中心主义者认为是"内在"模式(这是一个错误的假设,因为视觉也同其他感官一样需要体现),因此无法获得更高的认可或审美追求。而大范围的嗅觉艺术的例子表明,嗅觉艺术与其他艺术形式一样是概念性的和具有审美意义的艺术形式。

与气味相关的有限词汇量给人的印象主要是一种难以用文化条件或语言概括的现象学体验。虽然有些人认为这是香味的内在效益和情绪性(嗅觉神经元和大脑边缘系统之间的联系支持这一原理),我却主张嗅觉中心话语需要进一步发展。根据我的嗅觉策展经验,艺术爱好者们对嗅觉展览更感兴趣,因为嗅觉策展超出了评论家们受训识别的传统范围,因而对评论者们的工作提出了挑战。恶搞的双关语几乎占领了任何与气味相关的新闻话题,透露出对气味意义的不安(近例包括"嗅觉艺术导致臭味""那是什么味道?纽约博物馆竟称之为艺术")。气味从本质上挑战视觉中心思维与感官层次,因此嗅觉艺术也常常受到批判和质疑。视觉中心投资人的典型伎俩是通过带有偏见的比较来轻视气味,如蒙娜·丽莎和脏袜子,好似此类不合逻辑的配对有什么意义一样。此类气味恐惧症的反映在一般的艺术观众中是非常少见的,因为那些对当代艺术感兴趣的人们显然对包括气味在内的新体验和新感知都更为开放。许多作家指出了气味术语的缺乏情况;对于策展人和嗅觉艺术家而言,嗅觉美学的词汇量和理论有必要进行扩充。

认可与变化性

嗅觉艺术作品策展的第三个挑战在于气味本身,而这涉及许多个层面。香水带有强烈的主观色彩,而这也是其特质之一。人们由于经历不同,会对气味产生个人的联想和判断,这似乎使得气味语言的"共享"成为不可能的事。任何气味都可能受到各种情绪的影响而变得不同,而这取决于人生的不可预见性。例如,臭鼬的气味对于许多人而言都是恶心的,然而对于那些曾经在夏日里驱车乡村、闻到过这刺激味道的人,这反而会令他们回想起那段令人愉悦的日子。情况也可能是相反的。在情绪不好的时候,如爱人生病了,"美好"的气味,如一束玫瑰花的香味也可能会从珍贵的芳香变得令人想要躲避。但是这些自觉参与到感官现象中的人们——无论是气味、声音、味道等——可以实现更广泛的意义,体会更为微妙的世界。每一个新的气味体验都增加气味体验的复杂性,画廊的嗅觉艺术为人们的嗅觉记忆提供了一个重新审视气味的机会。

极少的特殊变化性是人们对于赋予社会意义后的气味的积极/消极态度。每一种文化在给予一些气味特权的同时也会轻视其他气味。被一个群体接受的家用香薰或体香也许在其他地方会被排斥。每种气味在一种环境中被认可(厨房中的大蒜),也可能在另一种环境中被不接受(办公室中的大蒜)。在过去两个世纪里,气味在西方的烙印竟产生了许多有利的和创造性的可能。然而那些非西方文化的人们,也许不会对气味那么敏感,可能更容易理解气味和气味对美学的贡献。那些将气味视作文化符号的艺术家们常常需要面对认知程度不同的观众:有些熟知气味的含义,而有些则是初次接触,完全不知道气味的含义。罗伯特·霍尔(Robert Houle)将香草放置在《郝舍拉加》(1992)中,例如,展厅里充盈着温柔的干草香,香味令观众愉悦,然而对于那些了解原住民政策、土地所有权和医药传统的人们,香味则具有更加特殊的意义。一个群体熟悉和舒适的气味可能会激起另一个群体成员的强烈反应,甚至是种族主义的反应。李咄(Lee Bul)在现代艺术博物馆装置的作品《壮丽》(1997)以发酵的鱼、珠片、珠宝和乙烯袋为特点。对于艺术家而言,发酵气味在韩国料理中非常常见;但许多现代艺术博物馆赞助人并不这样认为,作品的展示也由于人们对气味的低接受程度而过早地结束(作品被放置在博物馆餐厅的过道上)。

每个人对气味的不同感知能力也必须纳入考虑,没有两个人具有相同的嗅觉能力。举例来说,每个人都对一种气味或其他气体具有嗅盲;即在某种程度上某嗅觉受体在一定程度上丧失能力,因为不能对相应的气体做出感应。嗅觉大约有 400 个受体,对某种范围和某种类型的气味分子敏感,并不是每个人所有的受体都运作。相比之下,视觉只有 3 种受体,不同于视觉只有少数变量能够改变视敏度,嗅觉提供了数十亿因人而异的方式。实际上,每个鼻子都是独一无二的,由于基因构成的内在差异,每个人的嗅觉都是不一样的。此外,有高达 15% 的人口由于年龄、疾病、受损或先天条件的原因正经历某种类型的嗅觉障碍(Herz,2012)。每个人的嗅觉也并非是全天一样。自然产生的荷尔蒙周期和呼吸节奏都会对嗅觉能力产生影响。此外还有季节影响,如冬天感冒、夏天发热及其他过敏情况也会影响嗅觉灵敏度。没有艺术家或博物馆能够预测或解决所有这些突发情况来保证每位观众都拥有同样的气味体验,所以嗅觉艺术作品可能会有各种反应,包括无法感知的情况。

在特殊情况下,艺术爱好者可能会产生多重化学物质过敏症。机构应提前告知观众气味在展览空间的存在,在此基础上发布公告,使他们能够有机会做出决定是否进入该气味氛围中。虽然并非嗅觉艺术作品的所有气味都是人工合成的,有机材料如香草和香料也常常被艺术家使用(由于浓度或强度的关系,挥发性有机物也可能会产生和合成气味一样大的危险)。基于气味的艺术多样性使得假定风险没有普遍性的规则。在另一方面,关于气味禁令的合法性,哈利法克斯等城市已经禁止在市政等公共建筑中使用香味产品或开展嗅觉展览。难道嗅觉艺术家们表达的自由要优于此类法律法规,或是被此类法律法规所限制?

除了反应的变化性,易变性可以说是嗅觉美学的本质。不同于博物馆里被框定和被定义的视觉艺术作品,观众们往往在视觉上被剥夺了自主权,而嗅觉艺术与观众的关系则更为紧密。如果气味在展厅里扩散,人们可以融入艺术作品中,并通过此方式来沉浸在其氛围中。嗅觉艺术也是更加震撼心灵的,因为空气粒子会伴随着呼吸浸入人的内心,一些气体会与人体产生化学互动,甚至可能影响他们的情绪状态、心脏速率及其他生理功能。嗅觉美学固有的特质是气味等级会随着个人在空间的走动发生变化，强度的增强与减弱，尤其是当有特定的源或空气流动扩散和更新气味时。这样一来，嗅觉作品更加具有表演性——来去消退，充满灵动又昙花一现。不同于视觉艺术的离散物体性，嗅觉作品更具有暗示性，因为观众并没有特别受训来识别气体。因而气味的变化性能促使观众们思考基本的问题，如"有没有香味""这是什么香味"。而这些问题的出现甚至在"为什么这里有香味"和"这是什么意思"之前。在这种情况下，气味的变化性增添了一丝神秘气息，挑战着基本的审美过程。

策划挑战

　　策划会涉及方方面面的问题，背景、选择、布置、安装、维修、鉴定，而嗅觉艺术品又会为这些活动带来新的变化。因为气味是通过空气流动来传达的，嗅觉艺术作品的界限可超越展厅空间的传统视觉和建筑特点。其结果是，两个或两个以上的嗅觉艺术作品可能会重叠和互相干扰。而这在群展中常常发生，画家之间的区分是非常有必要的；然而在个展中，多件气味作品也可能会彼此混合。如果要保证下一个芳香扩散的纯净和可辨，即使是短暂的气味艺术作品也需要仔细的计时。遗憾的是，多数博物馆装置的通风系统缺乏艺术家或策展人寻求的更新室内气氛或交替循环的功能。

　　事实上，有许多策略可以采用。呈现嗅觉作品最简单的方式就是将它们陈列在不同的房间。如可用空间太少，可采用技术来分布气味，包括局部扩散器，一次只能服务一位观众的独立气味站或气味箱子，或多种可被带走嗅闻的气味。嗅觉作品也可以是互动的（例如要求观众来创作出一幅气味地图），或通过摄影、声音和视频来进行想象。例如，《气味极限》中的艺术作品就采用了这些策略。策展人可以通过注意作品类型的选择以及最终的陈列和安置来防止气味的混合。若展出空间有限，策展人也可以创造性地利用展厅的非传统空间，如楼梯或走廊，将艺术作品隔离开来并保留作品的完整性。

　　策展人还需考虑观众的行程，使观众不会很容易就出现"嗅觉疲劳"。嗅觉疲劳是比一般的博物馆疲劳现象更为戏剧性的情况，因为当嗅觉疲劳发生时，几乎整个嗅觉感官都会关闭。为了避免这种情况，如在香水柜台，零售商通常会提供一碗新鲜的咖啡豆供消费者嗅闻，以此来恢复嗅觉。对于策展人而言，有选择性的嗅闻艺术作品和行程的休息过程（恢复体力，让嗅觉可以休息）可有效地防止嗅觉疲劳发生。

一些类型的作品需要通过维护来保持香味，而另外一些则不必。根据艺术家的意图，嗅觉作品可能需要每日的更新来保持香味清新。如奥斯瓦尔多·马茨亚（Oswaldo Maciá）的《气味场景》（2006）需要每天往有机玻璃箱里填充定制香珠。其他类型的作品可能不需要任何维护，因为它们的完成需要随着时间逐渐变化和消散。在安雅·盖拉西奥（Anya Gallaccio）的作品《翠绿上的嫣红》（1992）中，展厅的地板被 10000 朵玫瑰覆盖。在第一周香味怡人，然而随着花朵的枯萎和分解，作品散发出腐烂的气味，而这也是作品概念必需的部分。考虑到嗅觉艺术作品的更新频率，一些作品需要不断地回填来保持气味，一些则交给时间和自然。

作品的说明——说明牌、标签、音频解说——也应与作品的含义和艺术家的意图相联系。常常会发生这样的情况："纯"嗅觉艺术作品，包括扩散到空间的气味，更难被一般观众感知到它的艺术性。原因有两个。第一个是气味的无形性。观众们可能没有意识到嗅觉作品的存在或空间中的香味其实就是一件艺术作品（一名工作人员的香水，或从窗外飘进来的一丝汽车尾气）。另一个则是气味飘忽不定的特点为语言描述提供了开放式空间，正如许多香水营销员所熟知的。情境化元素，如标签，可以提供有关体验和观众反应的线索——即定位气味作品，识别品质，思考美学和概念特质。对于涉及各种媒介的嗅觉艺术作品，对作品的说明能够使观众明白气味是有意的和必不可少的一部分。作品中的气味可能包括芳香材料，如一包香料或一瓶香水，这两者可能似乎太过明显。但在非常规的组合和布置后，采用标准"混合媒介"可以使气味感知不会显得太过直白。

什么才是嗅觉艺术作品的最佳条件？随着越来越多的艺术家从事气味工作，这显然会成为一个问题。因为每一个空间都有某种气味，在一定程度上，每个嗅觉艺术作品都需要抵抗或与此类残余气体一起运作。艺术家可能会因一些装置现有的嗅觉特点而选择某场地，并利用覆盖或重构的方法；而其他一些艺术家则会寻求更为完美的环境来凸显作品的精妙之处。不管选择了怎样的展览场地，关键的一点是需要保护艺术作品的完整性。在某些方面，每个嗅觉艺术作品都是一个介入物，即带着特定概念和审美目的战略性地介入某地。此类气味也许能通过空间的一些方面进行描绘和评论，这可能会引起观众对建筑的矛盾和高负荷反应，或改变观众的情绪、内在以及其他意图。

策展香味作品需要考虑嗅觉的平衡：如果气味过于细微，可能会被观众完全忽视；如果太强烈，又可能会使观众疏远它们。但这又是气味感知体验的一部分——它们可以具有空气般的暗示性或产生实际的影响。在某些情况下，一个艺术家可能会通过挑衅的气味来压制观众或使观众感到不适；另外一些艺术家则会通过气味来巧妙地引诱观众或增添神秘感。策展的另一个挑战在于支持展览工作达到展览目的，包括巧妙地安置作品使其发挥最大的优势，将其与其他艺术作品一起情景化，并邀请观众来全方位地体验作品，避免一种气味或感觉完全压制另外一种的情况发生。

为展览获取新的气味科技、芳香化学和其他嗅觉产品又是另外的挑战。少数公司进行了许多气味研究，因而控制着香料和香味市场、专利经营或授权。尽管如此，在这些公司里有部分人自己具有个人创作权，并乐意与艺术家们合作，而策展人则可以与之联系来促成嗅觉艺术合作。

如果一家艺术博物馆的氛围被改变，在我看来，这应该是某位艺术家的工作或策展项目的一部分，而不是管理上的调整。观众们往往会对难以辨别的气味保持怀疑或被惹恼，尤其是当具体的气味不被得知时。同样地，当气味的目的并不明确时，可能会导致道德问题和使观众产生被操纵的感觉。环境芳香疗法是零售商、公司和机构影响行为的常用技巧，以此来增强消费者的购买欲望，规范工厂工人的生产水平，或保持囚犯的心情平静。批评家们认为这些功能是工具性的，尤其是它们以隐匿的形式在室内扩散。然而，随着"命名"的嗅觉干预（即源于艺术家和策展人的明确项目），香味的目的可被称作是艺术性的，而非工具性的，因此也可避免环境芳香的道德问题。我在这篇文章阐述的观点并不一定适用于科学或自然博物馆，科学或自然博物馆对感官相关的规划具有不同的要求。我将质疑迄今在非艺术场所中遇到的许多嗅觉介入的文字性和工具性本质，以及使用合成气味的教学价值。如果教育是目标而不仅仅是娱乐，当人造气味胜过自然气味，鼻子该如何进行分辨（Damian and Damian，1995；Drobnick，2002b）？

重新调整感官

由于西方文化普遍的嗅觉缺失，嗅觉艺术作品提供的结构化芳香体验提供了一个增强对气味的欣赏和了解的机会。与嗅觉艺术作品的每一次邂逅都是一次感官调整，促使观众探索气味的意义和其本身的美学潜质。在这种方式下，嗅觉艺术作品往往具有表演性和参与性；它们迫使观众调动感官。为了更好地邀请观众进入这些情景中，艺术家们增添了一些设计，如游戏、幻想、探索和启发等。彼得·德·库伯（Peter de Cupere）的作品具有娱乐和幽默的特点，如《气味02》（2009），以具体的加油站和汽油嘴为特点，发散出青草、泡泡糖和汽车尾气的气味（混合烧焦的肉和沥青）。诗意的旅行带给了米莉·陈（Millie Chen）和伊芙琳·文·米甲沃思吉（Evelyn Von Michalofski）创作《七种香味》（2003）的灵感，观众在安大略湖的木板路上，注视着水面，并呼吸海洋的气息。除了预期的海藻、叶子和海水香味，艺术家还颠覆性地运用了烟头、立体脆①、工业润滑剂等气味来强调现代化和旅游业对自然区域的污染和影响（Drobnick，2009）。在奥斯瓦尔多·马茨亚的作品《NW6 3PL伦敦伍德丘奇路》（1994-1995）中，探索的冲动驱使人打开并嗅闻五个充满香味的垃圾箱，感受伦敦公寓建筑的气味肖像与国家文化多样性意义。这五个香味是艺术家发现的跨越代际和文化的最具代表性的芳香：樟脑丸、橄榄油、李施德防腐液、桉树以及婴儿爽身粉。艺术家以此反映社区感可以从多样化标志物中找寻，并以此来对抗英国单一文化和精粹主义的保守言辞（Drobnick and Fisher，2008）。个人的感触启发了肖娜·邓普西（Shawna Dempsey）和洛里·米兰（Lorri Millan）的"气味吧"（2003），在那里，观众们会做一份调查问卷，描述他们的恐惧和抱负，从而得到一瓶能够引导他们自我提升的治疗性芳香。给出的气味均来自于自然，并引用了芳香疗法和当代生活元素。除了薄荷和薰衣草，还搭配有更多非传统元素，如"轻工业""汽车租赁"和"奶奶的钱包"等（Drobnick，2009）。所有这些作品都强化了观众的意识和鉴别气体的能力并阐述了气体在分析当代生

---

① Doritos：立体脆，百事公司出品的一款食品。

活方方面面的作用。

　　需要注意的是，以上提及的四个项目都包括"坏"气味。虽然"好"与"坏"气味的辨别是常识，而这种常识正是嗅觉艺术遭受不可避免的质疑和批评的所在。由于对坏气味的反感，气味通常在西方文化中被边缘化。艺术家们采用强有力的策略来故意拉开观众和所谓的负面气味的距离，以阐述这种判断的产生。举例来说，泰瑞莎·玛格勒斯（Theresa Margolles）的《蒸发》（2001）使用之前用来洗尸体的水蒸发的雾来充满展厅。标识贴在入口处用于告知观众薄雾的来源。尽管水已经经过消毒，不会对健康造成危害，但这提出了一个问题：人们愿意与死者近距离接触吗？吸入《蒸发》的雾气，与已去世的人建立起意识联系，强调每一次呼吸，无论是内部的或外在装置，都包含着死者的颗粒。这样的极端例子也可以在克拉拉·乌尔西蒂的约会服务《连接费洛蒙》（1997—2001）中发现，对搜寻伴侣感兴趣的人必须要打破嗅闻陌生人体味的禁忌，约会通过嗅闻潜在伴侣的汗味 T 恤……（Drobnick，2010，2000）。无论是玛格勒斯还是乌尔西蒂的作品，都表明了嗅觉和空气介质对抗性的一面，尤其是和厌恶相关的一面，但此类作品也反映了建设相关社会规范的必要性。

结　论

　　本文从礼品店令人愉悦的气味开始叙述，以两位艺术家对令人厌恶的气味和禁忌的处理为结尾，这条轨迹是经过深思熟虑的。气味存在于当代艺术并不仅仅因为它们是令人愉悦的；也许还因为，正如克劳德·莱维·斯特劳斯（Claude Levi-Strauss）所说，它们是"启发思考"的。嗅觉艺术作品利用空气作为媒介，并引导观众思考气味的含义。对策展人而言，对气味使用的挑战需用多个层次的媒介，正如我试图阐明的：艺术家和机构之间，艺术作品和场所之间，艺术家和观众之间，艺术作品和美学概念之间，艺术历史传统和社会规范之间。在与复杂的感官邂逅中，嗅觉艺术作品和展览将博物馆变成更为生动的、多元的、后媒介的、多元文化的和表现更充分的气味场景。

13 美味的博物馆：
感官教育 一次一盘

伊丽娜·D. 米哈拉齐

在一篇关于"博物馆举止"的文章中，康斯坦斯·克拉森(2007)描述了早期了解人类生理活动的困难性，尤其是博物馆观众的"感官期望与体验"。克拉森在对"早期博物馆的感官生活"的评论中提到，早期博物馆要比当代博物馆更加鼓励和允许多感官的参与，而这也激发了我对博物馆中味觉元素的讨论，相关内容会在本文进行探讨。如果18世纪的博物馆观众都能经常"获得嗅觉联想的启发"，诸如多伦多安大略美术馆、华盛顿国立美洲印第安人博物馆等当代博物馆则应具有将美食体验转化成教育时刻的巨大潜力。正式的味觉教育学一直是名厨与美食家的关注焦点，并植根于法国高档美食传统中(Parkhurst Ferguson，2004)，而博物馆中所进行的味觉活动则显得不正式得多。此类新型的味觉形式可以建立在美食既有意义(即日常文化中的身份传达符号)的基础上，并灵活运用芭芭拉·柯尔斯顿布拉特-吉布利特(Barbara Kirshenblatt-Gimblett)(1999)所说的"活跃的、短暂的、感觉的"味觉特质。

虽然味觉及味觉的符号——食物，长期以来一直作为各种艺术作品的主题出现在博物馆中，或作为精美的菜肴出现在餐馆与咖啡馆中，食物本身作为具有教育潜力的重要性却鲜有人探索。同样地，博物馆普遍忽视味觉所具有的教育功能和启发批判性思维的能力。本文认为作为综合"交流系统"的饮食文化(Barthes，2008)可以通过多种方式被博物馆更好地运用，以此来使整体的博物馆体验对观众而言变得更加富有参与性、多感官性和趣味性。博物馆中不同用餐空间里不断增加的食物一方面反映了食物作为文化和身份标识的普遍性。卡尔尼塔·P. 格林(Carlnita P. Greene)与珍妮特·M. 克莱(Janet M. Cramer)认为"我们见证了以饮食为焦点的消费、媒体与文化的兴起，我们可以将其称为'美食爆炸'"(2011)。与此同时，举办与食物和味觉相关的主要活动可以使博物馆的交流活动更加多样化,并可以让博物馆体验变得更加富有参与性。味觉是博物馆创新型参与式文化的一种理想感官形式,因为味觉是沟通不同个人经历的桥梁——在生物学水平上,我们每个人都品尝过或不同或熟悉的食物以及特定味道所带有的共同意义和共同价值。例如,丽莎·赫尔德科(Lisa Heldke)(2008)指出,"民族"美食消费也是一种文化殖民主义,因为"它由深层的渴望所驱动——即对拥有异国情调体验的渴望"。品尝"外国"或"异域"食物,往往会转化为对食物制造地文化的感知。通过味觉来体验博物馆可以通过认识食物在不同文化(包括我们自己的文化)中所扮演的角色,以及食物的味道在生成印象和联想中所发挥的作用来进行。

味道:博物馆内/博物馆外

学术文献中有关食物、味道、博物馆之间的关系主要从艺术与美学的角度进行分析,将食物定位成批判美学领域中(从荷兰微缩静物模型到女权主义行为装置)众多艺术表现形式中的一种,将味道重新构建为"味道本身就是一种具有特定意义的艺术形式"(柯尔斯顿布拉特-吉布利特,2006)。在《味觉:食物与哲学》中,考斯梅尔(Korsmeyer)(1999)通过探索味觉与其美学可能性来进行哲学研究。她提出了一个问题,"味觉体验是否能被合理地视为一种真正的美学体验"(Korsmeyer,1999)。考斯梅尔的提问是对一种假设(根据西方哲学范式,味觉处在感官层次结构的最底层,而视觉在此感官层次结构中则被视为是最高层次的智力感官)的批判。大卫·霍威斯也认为这样的感官排序是有疑问和不公正的;他写道,"西方优势群体……通常与所谓的'高级'的视觉和听觉联系在一起,而弱势团体(妇女、工人、非西方人)则与所谓的'低级'的嗅觉、味觉、触觉联系在一起"(2004)。为了挑战这一说法,考斯梅尔(1999)进行了思考:"视觉艺术是如何像反映食欲、饮食和食物价值的文学叙事一样赋予食物多重意义,为食物的美学内涵提供更多依据?"考斯梅尔围绕审美类型发展的论点不仅包括艺术品所代表的物体,还包括其"伦理、政治、宗教"背景(Korsmeyer,1999)。丽莎·赫尔德科(2011)支持这一观点,认为"食物的确是有意义的;它与世界上的各种事物发生联系……食物是一种普遍符号"。

长久以来，许多食物和味道通过视觉形式在博物馆得以表现。詹尼弗·费希尔（1999）认为"自从静物出现后，对食物的表现就长期存在于艺术作品中"。然而，吉姆·多罗拔尼克（1999）写道，"人们普遍认为，由于对商业、家用的妥协以及短暂的特性，食物与香水就像纺织与设计一样属于地位较低的'次要艺术'"。根据考斯梅尔（1999）的说法，"艺术对那些似乎能让味觉摆脱次要研究对象身份的特质表现出复杂的态度"。例如，假设味觉和嗅觉要比其他感官更贴近自然，这种假设表现在艺术中，却又会在表现的同时受到质疑。将食物与美学组成一对，食物作为合理的主题贯穿了整个艺术史，获得了与文化性建构的联系，即与特定食物对象和伦理价值之间的联系相关的象征意义和社会价值。因此，考斯梅尔（1999）写道，"许多绘画将食物描绘成装饰性的、令人愉悦的、诱人的；但我们也会发现，食物也可以用来表达危险的、可怕的、令人厌恶的一面"。食物表现形式的味道只能存在于观众的想象中，并包含着不同的意义；而这些味道和意义又是暂时的和具有地理局限性的。例如，布赖恩·科恩（Brian Cowan）（2007）指出，在 17 世纪的法国宫廷中，绘画作品中的球蓟心是奢华与性的标志。而对于现在的观众而言，球蓟心可能会与它在 17 世纪所象征的意义相距甚远。不同事物的表现方式与想象中它们的味道，正如考斯梅尔（1999）所认为的，展示了"味道的意义"与"启发深度思考"的作用。然而，从生物学的角度来看，食物的味道依然外在于观察者。从食物图像到对应味道的转换依然停留在人们的想象中。

如果我们考虑到安东尼和芭芭拉·史密斯的作品，以及传递明确社会信息的艺术设计临时餐厅等项目，在过去的几十年里，艺术家们已经提高了食物与味道在博物馆中的参与度。

此类作品依然从属于与观众感官（尤其是味觉）有关的艺术论述和实践——旨在表现特定类型的社会和政治不平等。在对食物与食物实践的反思中，柯尔斯顿布拉特-吉布利特（1999）写道："食物的物质性、动态性和不稳定性，使其位于生计与垃圾之间的不确定位置，它与嘴巴和身体其他部位的关系，特别是与女性身体的联系，以及它对群体的重要性，使得食物成了一种强有力的表现媒介。"此外，多罗拔尼克（1999）评论道："食物的物质性，相对于食物的角色（提供营养和维持生命的必需品），是艺术家们表现日常政治所用的颇具吸引力的媒介。"当食物的味道无需视觉化和想象就可以通过身体直接感受，一套新颖的实践就可以在博物馆进行了，它会挑战视觉的重要性地位，使诠释的过程"依赖于环境，取决于身体"(Clintberg, 2012)。回想她在 1969 年所进行的"仪式餐"实验，在这次实验中，客人们被邀请在手术室环境中享用以手术为主题的一餐；芭芭拉·史密斯指出："实验是关于人食用艺术品，并让他们由内而外地被影响……而这违反了一直以来的规则——艺术品是用来观看的。大部分的艺术都发生在观众身体之外。"(Smith, 引自 Kirschenblatt-Gimblatt, 1999)这一实验的目的是让用餐者产生不舒适的感觉，而这种不舒适则是为了引出对艺术、自我、身体关系的批判性解读。在类似的架构中，珍妮·安东尼(Janine Antoni)的作品，例如《啃咬》(1992)与《舔舐与涂抹》(1993)伴随着对愉悦和味道的叙述，旨在挑战自我的关系(本案例中指的是艺术家与艺术作品之间的关系)。劳拉·西恩(Laura Heon)(2001)对这一关系做出了评价：

> 一大块巧克力与一大块黄油，沿上棱线与边角进行啃咬，并放置在展厅的大理石底座上。1992 年，在珍妮·安东尼啃咬它们之前，每个立方体都重达六百磅。较软的黄油带有她鼻子与下巴的压印，而较硬的巧克力则带有明显的牙印。这两种显然不同的印记揭露了不同的制作过程，使得观众能够本能地了解到安东尼在制作成对立方体雕塑时所用的力度和部位。

以探索艺术品、博物馆空间和身体关系为艺术品核心的艺术家还有迪安·鲍德温(Dean Baldwin)，他将饮食区策划成批判评论社会阶层和民族主义的入口。鲍德温的"多克门廊"于 2010 年 3 月在安大略美术馆的青年展厅展出，毗邻安大略美术馆著名的弗兰克餐厅。艺术家试图让他的实验装置起到临时餐馆的作用，观众可以在这里享用从弗兰克餐厅购买的食物——"多克门廊的特点在于粗犷的木质酒吧凳，一串串塑料洒水壶做成的庭院灯，三合板木材制作的亭子，以及用来装饰的毡毛马克笔、圆珠笔和弯曲的铜管饮水喷头"(Clintberg, 2012)。根据艺术家的说法，这个项目"有一些稀奇古怪的装置，它们可能没有那么舒适协调。在显眼的地方还会放上一把锤子，这样一来，如果你把椅子弄坏了，那么你就不得不自己去修好它"(Leong,

2010)。除了固定的桌椅，观众们受邀在这个空间里用餐，从弗兰克餐厅的菜单中选择菜肴。亚当·科林伯格（Adam Clintberg）（2012）认为通过这样的装置，"安大略美术馆的观众可以在具有拖车公园式视觉美学、气味、触觉特点的家具和环境中享用高档菜肴，从而切身感受阶层的冲突"。这个通过空间和食物来营造阶层和种族冲突的装置还代表了另一种主张——验证味觉的诠释功能（包括专用维度和共享维度）——味觉是个人的，但又是通过一系列社会和文化进程构建的。

　　虽然味觉是最私人、可能也是最主观的感觉，它也仍然是社会、政治和文化的产物。借鉴康德对味觉的评价，丹妮尔·盖格思（Danielle Galeggos）与亚历克·麦克霍尔（Alec McHoul）（2006）指出："味觉作为一种感觉……建立在私人感觉上，并被限制于个人范围内。而普遍主体性，或者就被普遍认为的'好味道'而言，味道是我们交流沟通的一个想法。"在论味觉的意义上，黛安·阿克曼（Diane Ackerman）（1991）写道，"味觉是非常亲密的感觉。我们无法远距离品尝东西的味道"，然而，"当独自一人时，他仍可全方位地感受其他感官形式的美，而味觉在很大程度上是社会性的"。阿克曼主要指的是日常生活中味觉的集体体验的特质使得味觉成为了一种社会感觉。让味道变得更加社会性的还在于味道在构建身份和差异中所发挥的重要作用——围绕味道进行交流，通过味道构建区别和差异。借鉴皮埃尔·布尔迪厄对文化资本和社会习惯的研究，罗杰·哈登（Roger Haden）（2011）认为味觉"是社会分化的基本工具。无论是个人、群体或阶层，'个人'口味使人们彼此区分开来"。

　　个人欣赏特定食物的味觉品质还受人们对其个人身份和与他人差异的自我感知影响。同样，人们也会经常品尝平常不太吃到的食物和味道，并以此来获得"美食家"或"美食冒险家"的称号（Heldke，2003）。陆舜（Shun Lu）与加里·艾伦·范恩（Gary Alan Fine）描述了中国餐馆在北美地区的构建，通过融合的方式让食物的口味在更加适合美洲人的胃口的同时保留一丝异域风味。因此，"民族餐馆的成功并不取决于它再现自己故乡美食的能力……相反，它取决于餐馆在适应当地需求的同时保留民族特色的能力——这会使餐馆具有'辨识度'"（Lu and Fine，1995）。这些结论表明，味道——从食物或食材中所获得的感知——可以通过自身以及更大的政治、社会与文化背景进行教育。迪安·鲍德温就将味觉的教育潜力以及通过味觉来提高对社会与文化身份构建的认识这两点运用在"多克门廊"中。

鲍德温相信，饮食空间的转换——从无可挑剔的设计环境到故意为之的不完美空间——会影响人们对食物的品尝，也就是对食物的交流与潜在批判性功能的影响。艺术家希望通过营造与弗兰克餐厅佳肴相冲突的环境来制造社会阶层与社会品味的混乱，而这也说明了食物活动的可塑性特质。然而，鲍德温也可以通过与安大略美术馆的厨师队伍合作来打造一份与其美学相符的菜单，以此来增加另一层含义。因此，他可以试着提出另一个对寻求更富有参与性实践活动的当代博物馆具有重要意义的问题：有没有一种方法，能够真正将身份转换成一种食物和味道？皮埃尔·布尔迪厄的研究表明，食物消费与社会阶层之间具有明确的关系，他并非质疑这样的关系，而是觉得这样的关系具有合理性（Gallegos and McHoul，2006）。鲍德温将弗兰克餐厅的味道成分与其装置融合（而不是生搬硬套）在一起，而这引发了一系列关于食物味道和社会阶层的问题。

上述例子表明博物馆已经乐于接受食物与味道作为历史信息和教育相关的资源，并将食物和味道与艺术表现形式相结合，以此来通过艺术的形式赋予其合理性。食物作为艺术作品的一部分，或艺术装置的一部分，在博物馆中发挥着重要的功能，然而作为品尝对象的食物本身却很少被定义为正式的教学工具（有一些博物馆——如华盛顿国立美国历史博物馆或多伦多约克堡国家历史遗址——已经认可食物的教学潜力，然而这些博物馆只是个例）。然而，在食物被烹饪成为一件艺术品前，博物馆会运用食物本身的"自然"特质。鲍德温与安东尼的作品面向的是愿意体验艺术并配合成为艺术实验一部分的特定观众。实验装置，例如"仪式餐"或"多克门廊"也有意将观众带离他们的舒适区，让他们产生不舒适的感觉，以此来鼓励批判性思考。虽然这些是与社会问题相关的大实验，博物馆能否通过日常的饮食文化和活动来让观众进行批判思考，同时又能让观众感到舒适？日常的饮食能否被用来教育和鼓励观众进行反思，反思他们吃的东西、品尝到的味道是如何建构群体和文化的原型和观点？如果博物馆能够认识到味道在教育和批判性思考中的潜力，博物馆可以变得更加富有参与性和关联性，并且变得更为重要。

菜单上的艺术（艺术家）：文化的味道？

虽然菜单、设计和氛围不同，密斯塔姆本土美食咖啡馆与弗兰克餐厅都是博物馆文化的一部分。这两个餐馆分别位于两大博物馆：华盛顿国立美洲印第安人博物馆与多伦多安大略美术馆。餐馆提供的美食体验与博物馆整体特点保持一致。国立美洲印第安人博物馆的网站上，"密斯塔姆"是特拉华州与皮斯卡塔韦人的本土语言，意思是"让我们尽情吃吧"。密斯塔姆咖啡馆让博物馆观众有机会享用美洲的本土美食，以此来提升博物馆体验。在密斯塔姆咖啡馆菜单的序言中，国立美洲印第安人博物馆的主管凯文·高尔（Kevin Gower）（2010）对餐馆的使命进行了拓展，"划分的五个服务区代表了北美与南美的五大文化场景，密斯塔姆本土美食咖啡馆能够让观众调动所有感官，突破博物馆展览极限，充分感受当地的文化和美食"。在安大略美术馆，餐馆也发挥着相似的作用——通过味道来拓展博物馆体验。然而，弗兰克餐厅将博物馆的内容与身份转化成菜单并不像密斯塔姆咖啡馆那样明显。国立美洲印第安人博物馆是一所关于西半球本土文化的博物馆，而安大略美术馆则是拥有从公元一世纪至今的 80000 多件藏品的艺术博物馆。因此，弗兰克餐厅的菜单无法完全依赖于特定地理文化的饮食传统。不同于采用特定文化的方法，餐厅通过"艺术"与"艺术性"的方式来诠释美食。因此，"餐厅通过精致餐饮艺术来传递文化与美。温暖和活力不但能够通过美食和环境来创造，同时也能通过食客在享用美食过程中回想美术馆艺术体验时产生的能量与火花来创造"（弗兰克谈话，日期不详）。弗兰克·格里（Frank Gehry）的"空间本身就是艺术品"以弗兰克·斯特拉（Frank Stellas）的现代装置作为中心装饰。由此，两个餐馆都将自己打造成博物馆空间的延伸，制定的菜单则对展出的不同文化和艺术风格赋予了味觉色彩。

有趋势表明两个博物馆都考虑在主办机构中发挥更大的教育功能。此外，密斯塔姆咖啡馆、弗兰克餐厅的烹饪团队与博物馆的教育者、策展人合作来完成一些机构任务和内容。国立美洲印第安人博物馆的宗旨是"通过原住民和其他人民的合作，推进对西半球过去、现在和未来的本土文化的认识和理解"。这一宗旨与餐馆的基础相互共鸣——"密斯塔姆本土美食咖啡馆提供西半球的本土美食。每份菜单反映当地特色美食和烹饪技巧。菜单随时令更改,反映当地的资源变化"。餐馆强调传统的美食配方。其中有一些配方还是以口头方式代代相传,采用古老的制作工艺和特定地区的食材,因而具有特定的教育意义——可以让观众了解不同地区群体的主要食物以及传统的多样性。高尔(2010)写道:"对于土著人而言,围绕狩猎、采集、种植、丰收、烹调食物而进行的仪式在几千年以来都是这片土地必不可少的一部分,与这片土地有着千丝万缕的联系。"这体现在常设场馆的不同展厅和餐馆中,"观众可以看到玉米粉蒸肉的制作过程以及鲑鱼在开放式火炉上熏烤的场景——它们都以古老的烹饪技巧进行制作"(Gover,2010)。谈到《密斯塔姆咖啡馆食谱》时,一位丘马什印第安人——尼古拉斯·I. 桑多瓦尔(Nicolas I. Sandoval)(2010)强调了他们的群体和土地之间的联系:"我们可以从美洲印第安人的饮食传统中了解我们的身份、我们的生活以及我们未来的方向。"野牛配方的存在提醒我们这一永恒的真理……瓦萨那(*wasna*)是拉科塔族赖以为生的食物——一种用干牛肉和野樱制作、用来在狩猎时补充能量的食物。因此,餐馆的味道,在探索土著美食的过程中关注每个群体的独特性,反映在食物的配方和材料中。

在弗兰克餐厅,菜单的教育使命在其永久菜单中反映得并不明显。弗兰克餐厅作为美食烹饪与开发精致但仍然具有当地特色美食的机构,它的教育功能所面向的观众群体范围比较狭窄。弗兰克餐厅的"嬉皮士"风格反映在高档次策展空间和现代化视觉元素中,并在空间元素(从餐具到菜单)中表现得更为明显。依据网站的说法,弗兰克餐厅是一个"带有弗兰克·盖里独特设计风格的空间。餐厅休闲、时尚的装饰有丹麦现代家居和弗兰克·斯特拉设计的现代化装置"。正如安大略美术馆对自身的定位:博物馆建筑、策展活动、公共规划的先锋者,弗兰克餐厅承诺为食客提供创新的体验。新颖与创新是安大略美术馆使命的核心,其中写道:"我们将成为全市和全省富有想象力的中心,反映多元化和动态的环境。我们将提高自身的国际形象——在艺术领域中成为领先的文化目的地和创新合作伙伴,打造艺术博物馆的新典范。"

弗兰克餐厅成了这一使命的一部分,而这会转化为对消息灵通且具有社会意识,同时对味道和表现形式的和谐感兴趣的消费者之教学意义。在弗兰克餐厅：

> 行政总厨安妮·亚瑞莫奇（Anne Yarymowich）与她的烹饪团队
> 一起创造了现代化的、令人愉悦的美食：采用真材实料，精心烹制的
> 温暖人心的美味佳肴。弗兰克的菜单展示了安大略省的特色酒品
> 与时令菜品，并努力支持致力于全球可持续发展农业与慢食理念的
> 当地供应商。

根据餐厅对良知消费政策的强调，弗兰克餐厅的使命似乎主要面向美食家，施恩·鲍曼恩（Shyon Baumann）与约瑟·约翰逊（Josee Johnson）（2009）根据一系列特点对此类美食家做出了定义："热衷于当地有机食物……关注伦理消费……越来越欢迎'民族'美食……和特色优质的食材。"因此，我们可以认为，弗兰克餐厅的教育范围理想式地局限于"白种人和相对富裕人群"（Baumann and Johnon，2009）。相对于主张通过吸收西半球各群体的地域传统元素以及这些群体的共有传统元素来丰富菜品，并以此来扩大受众群体的密斯塔姆咖啡馆，弗兰克餐厅则通过限定美食术语来缩小受众群体。由此，关于味道的教育和政策也只对那些已经拥有文化资本和自我认定为美食家的人群。

密斯塔姆咖啡馆的菜品名反映了不同土著美食文化的地区差异，且这种差异通过餐馆中表现的地区口味差异得以凸显。菜单涵盖区域——北方林地、南美洲、西北海岸、中美洲和大平原——与博物馆所展示的文化一致，主张包括"几乎所有的美国部落，大部分加拿大部落，以及许多的中美洲、南美洲和加勒比海地区部落"。虽然餐馆对美食的地道性不作具体承诺，但地道性——被定义为被相信或被接受为正宗或地道的东西：忠实于自己（Tyler，引自 Lu and Fine）——通过食材与特定地区食材口味的精心搭配得以展现，并反过来和特定群体联系在一起。

菜单上的食材看起来很地道，主要是由于它们的特色，尽管如此，它们仍被转化成符合西方观众期待的熟悉中带一丝陌生的味道（Lu and Fine，1995）。例如，在北方林地 2012 年秋季菜单的特色菜描述中的"鹅肝酱板栗、红薯玉米饼、球芽甘蓝与浓稠苹果酿"（北方林地 2012 年秋季菜单，日期不详）。虽然玉米饼——一种用玉米粉、盐和牛奶制作的小糕点——是许多印

第安人群体的主食，搭配红薯、鹅肝酱和苹果酿则组成了更加美味和现代的一餐。许多菜肴用简单的食材，如米饭、番茄或玉米来做成复杂精美的菜肴，如"丝兰凉拌土豆鸡蛋、椒味辣虾"（南美洲 2012 年秋季菜单，日期不详），"柿子饼、浆果酿"（西北海岸 2012 年秋季菜单，日期不详），"田园蔬菜布丁、波布拉诺羹"（中美洲 2012 年秋季菜单，日期不详），或"牛肉汉堡、鸭肉汉堡、烤椒芥末沙拉、烟熏西红柿与雪松奶酪"（大平原 2012 年秋季菜单，日期不详）。加文对这一转变做出了解释——"基于美洲本土食材和烹饪技术的菜肴，餐馆……使传统菜肴适应了现代咖啡馆的要求……以创新的方式将传统食物进行组合，餐馆体现了本土文化的另一个基本点：不断适应"（Gover，2010）。

在密斯塔姆咖啡馆，通过味道进行的教育分为两部分：首先，菜单以各个地区的特色食材为特点，强调各土著群体的传统以及土著食材对当代全球烹饪的影响；其次，特色菜肴的变化反映了这些群体的适应性，而这也是博物馆所反映的内容。不管菜肴及其味道被诠释了多少，基本食材都承载着一个地区和群体的文化与记忆。桑多瓦尔谈及密斯塔姆咖啡馆的一道菜肴——玉米巧克力卷时写道："我知道，我的祖母一定会和密斯塔姆咖啡馆的主厨里奇·赫茨勒志趣相投。他的玉米巧克力卷可以体现他的创新精神，创新地将古老的主食、玉米和著名的巧克力相结合。"（Sandoval，2010）以新型的方式将食材组合成一道混合的菜肴也受到当代北美烹饪土著菜肴的影响——"巧克力和玉米的组合并不是第一次出现。这片土地上的人们（即墨西哥人）会用研磨的玉米来让他们的巧克力饮料变得更为浓稠……首次种植可可树的是奥尔梅克人（墨西哥的古印第安人）……而玉米最初是在几千年前的墨西哥进行种植的"（Sandoval，2010）。玉米是菜单上常见的一味食材，如"鸭肉玉米粒草莓饼、红酒草莓酿"（北方林地 2013 年春季菜单，日期不详）。玉米的味道，如"蓝玉米面包"（南美 2013 年春季菜单，日期不详）或"豆煮玉米"（北方林地 2012 年冬季菜单，日期不详），以传统与创新相结合为特色，作为土著群体的主要象征体现在餐馆和博物馆中。

在弗兰克餐厅，为了反映博物馆整体的形象，菜单还体现了创新和新颖的特质，并排除了墨守成规和规矩的元素。相比在特定区域的地理位置和文化定位带有一丝"风土"特质的密斯塔姆咖啡馆（Trubek，2008），弗兰克的地理特质表现得并不明显,后者主要关注美味舒适的美食文化。这种文化,即使脱离了特定的地理环境,依然通过良知消费与当地紧密联系在一起。在安大略美术馆的网站上:"独特前沿的博物馆用餐体验,弗兰克超越了观众对美术馆用餐的期望值。"在设计该独特餐馆的理念和菜单时,总厨安妮·亚瑞莫奇着力打造"现代舒适美食"。运用地区食材时,她将艺术体验视为灵感的主要来源。因此,弗兰克餐厅开发的味觉领域植根于本土的地理环境,它不提倡传统烹饪,而是鼓励慢食与饮食伦理相关的理念。然而,这样的理念似乎在菜单(包括菜单中的菜名)中有所丢失,例如,弗兰克餐厅的晚餐菜单中的特色菜肴:"芝士炸丸子红橙沙拉、腌甜菜、芝麻叶、香甜核桃仁、柑橘核桃油醋汁"与"迷迭香蒜香烤羊排、意式蒜香辣椒拉皮尼云吞、迷迭香调汁羊肉"(弗兰克餐厅晚餐菜单,日期不详)。这样的菜单表明菜品涉及的范围非常广,这也从尼亚加拉到西海岸地区,这也体现在餐馆的酒品单和"弗兰克的汉堡吧"的菜单中。弗兰克餐厅供应的酒不仅仅局限于安大略省生产的酒,还包括各种各样的红酒、白酒、气泡酒与餐后甜酒,这些酒支撑着地区的酒文化。例如,来自伊利湖北岸的科利奥庄园的气泡酒,来自尼亚加拉的克洛斯乔丹妮酒庄的夏敦埃酒,或来自尼亚加拉湖畔圣达士朗库尔的梅鹿汁(弗兰克餐厅酒品单,日期不详)。同样,来餐馆吃午餐的食客可以从三种手工汉堡中进行挑选,"搭配当日新鲜的松软的奶油面包和自制番茄酱"(弗兰克餐厅午餐菜单,日期不详)。另外,还有两种结合地区特色的汉堡——"安大略牛肉汉堡搭配厚培根片与红洋葱酱"与"西海岸汉堡,鲑鱼汉堡和葱姜酱"(弗兰克餐厅午餐菜单,日期不详)。良心烹饪加上地区食材,本来旨在教育消费者了解菜单中食物有关的政治,却由于太过宽泛普遍的菜品(而不是具有地区特色)而减弱了教育的意义。

而在餐馆制定的与特殊展览(例如,"芙烈达 & 狄亚哥:热情、政治与绘画")一致的临时菜单中,教育性则会较为突出。众所周知,弗兰克餐厅善于从展览中获取灵感,并制作相应的菜单,通过味道来传递文化与身份。在这样的情况下,受邀而来的观众可以通过味道和艺术家建立联系,并以更亲近的方式来理解博物馆中展出的艺术。事实上,品尝从艺术中获得灵感的美食可以将博物馆参观转化为多感官体验,并将食物转化为视觉和味觉记忆的载体。在"芙烈达 & 狄亚哥"展览中,弗兰克餐厅的烹饪团队制定了一份菜单来

"呼应这两位著名墨西哥艺术家的热情、激情与甜美"。观众们可以在餐厅里发现以下菜肴，例如"狄亚哥的猪排"，芙烈达头像或身体造型的辛辣饼干，以及一系列以芙烈达和狄亚哥为灵感的玛格丽特酒。弗兰克餐厅以及安大略省，通过应用美食符号（无论是加强或挑战墨西哥美食）对观众进行了墨西哥文化的教育。

国立美洲印第安人博物馆与安大略美术馆拥有不同的教育目标，而餐厅吸收了这一教育目标，并试图将其转化为与文化、身份、政治、历史相关的味觉体验。弗兰克餐厅与密斯塔姆咖啡馆，虽然两者在菜肴、设计与受众上不一样，但都表明了食物和味觉具有博物馆教育潜力。然而，两个餐厅将自己的菜单定位在更大的美食文化背景中，按照鲍曼与约翰斯顿的解释，以享有"民族"菜肴与道德消费理念为特点。此外，两个餐馆都依赖于食物的展示（Baumann and Johnston，2009）。在密斯塔姆咖啡馆，美食的景观通过结合当地与国家美食为一体的菜肴、食材、口味、气味的组合得以展示。弗兰克餐厅承诺提供食物的艺术呈现，将食材组合成具有艺术风格的菜肴，并在知名人士精心设计的空间中供食客享用。我认为这两个餐馆都对菜肴的政治和文化性缺乏适宜的情景化处理，而这本可以对它们的复杂历史做出解释，因为大部分的食材都经历了时间和空间维度上的发展和变迁。例如，很少有菜肴相关批判性与反思性解读，或对食材发展的相关认识，以及对美食消费的殖民主义、后殖民主义或全球维度的解析。这种情况对致力于研究历史上边缘化群体文化的国立美洲印第安人博物馆类的博物馆而言更是一个需要解决的问题。

结　论

为了提升博物馆的参与度，博物馆的专业人士想出了将博物馆空间转变为感官场域的创新方法，强调触觉、听觉甚至是嗅觉的作用。除了观众能在欣赏芙烈达与狄亚哥作品的同时品尝一杯墨西哥巧克力热饮以外，作为博物馆体验一部分的味觉很少被探索。然而，代表着其他群体和文化的特定美食的品尝，以及通过这特定美食品尝来和其他群体文化进行交流的主要相关内容还有待博物馆进行探索。有许多方法可以供博物馆进行味觉相关的重要实验。大多数博物馆已经拥有基础设施来为观众烹饪食物，还有各种形式的用餐空间——餐馆、咖啡馆、酒吧、小酒馆、美食广场、小吃摊，甚至是美食推车——这些几乎是文化机构中的必要性存在。然而，如何能将令人愉悦的品尝行为转化为教育？在本文所述例子的基础上，我将提出一些建议性的方法，将启发性的美食转化为博物馆的教育。

弗兰克餐厅为特定展览制定的专门菜单，例如芙烈达与狄亚哥展览，以及密斯塔姆咖啡馆中提供的地区特色菜肴代表了不同群体的文化邂逅。弗兰克餐厅提供西班牙小油条与墨西哥巧克力热饮作为展览的补充，在一定程度上构成了丽莎·赫尔德卡（Lisa Heldke）所称的美食殖民主义——"人们对烹饪和享用民族风味美食的强烈爱好"（2001）。同样，密斯塔姆咖啡馆通过吸收西半球各土著群体所居住地区的美食传统的方式，为美食家们提供了丰盛的"民族"美食。通过美食消费将其他和"他者化"群体的食物转化为对历史的批判性反思——主要是殖民与后殖民主义以及植根于此类历史的代表制度，餐馆可以让观众了解食材的历史和地理知识。大部分食材都在殖民主义、非殖民化、移民或全球化的进程中从一个地区转移到另一个地区。通常情况下，食物的旅程都带有权力斗争、文化帝国主义和政治压迫的印记。当人们烹饪美食时，玉米、番茄等食材的历史很少有人关注。因此，了解蔬菜是如何漂洋过海、最终摆放在我们面前的餐盘上，可以增加对那段动荡历史的了解。

此外，食物的教育潜力也可以被用来说明特定食材与味道在创造不同文化群体社会想象中所发挥的显著作用。例如，用墨西哥热巧克力搭配肉桂、肉豆蔻、辣椒、西班牙油条、油炸街头食品等许多拉丁美洲国家的常见食物来表现芙烈达与狄亚哥的特点，用辛辣的香料如辣椒或肉桂来作为墨西哥身份与异域情调的符号，但这样一来也会使观众对文化源头和文化挪用产生一定的误解。例如，西班牙油条在当今的墨西哥非常流行，但它的烹饪方式其实是在唐朝时期从中国北方地区传入葡萄牙的（Cronk，日期不详）。将饮食的愉悦性优先于味道潜在的批判性功能使得安大略美术馆错过了通过美食的味觉和视觉让观众了解社会和文化原型构建的机会。

第四部分

博物馆建筑与感官

14 博物馆导航

菲奥娜·齐西斯　　史蒂芬·盖奇　　雨果·斯皮尔

语境设定

一般而言,参观博物馆是一件令人愉悦的事情。当我们体验一个博物馆时,大脑构筑出内在的"心灵博物馆",帮助我们导航、探索,并生成我们赖以生活的记忆。从根本上说,这一过程是由空间结构及其对我们感知与预期的影响主导的。在本文中,我们将介绍大脑如何表征和记忆空间的最新发现,以此作为探索旅程的起点:建筑与神经科学的关系。

空间的神经学表征

这个世界及其基本物质形态和非物质特性,是由成分、属性和交互关系的丰富组合耦合而成的。为了能够在世界中成功穿行,人类都拥有一个无比奇妙的、经过复杂演化的工具——身体。我们的身体作为一种精微的构造体,依靠相互交织的各种感知模式,形成对世界的整体性体验。为了对"存在"形成统一的认知感,并在"外部"的单一世界中反复辨认和自我定位,大脑以一种可感知的方式整合与编排感官输入。通过视觉,我们可以立即感受到与世界的关联。也因此,我们常常忘记或忽略了这个世界不仅仅是视觉性的存在,视觉不是我们了解周围环境的唯一手段。

除了视觉、听觉、触觉、味觉与嗅觉,大脑还拥有第六种感觉。本体感觉而不是超感官知觉拥有着记录我们的肢体在空间的能力。除了本体感觉,运动神经元对在我们内耳的微小结石(耳石)做出反应,同时我们半规管中的流体将毛细胞的微小纤毛拖拽、晃动,让我们感觉到相对于地球引力的运动(例如,Jeffery,2008)。

这些信息可以让人类通过内部的运动感觉来理解环境,并提供它与视觉和听觉信息(当可用时)映射的空间探索。视觉也许在空间内部地图(认知地图)的形成中占主导的地位,但这些地图并非全部——我们自身的运动感知充满同时增强着它们(例如,Massumi,2002)。这两个大脑系统提供了融合的信息,在一定程度上相互支持。

在了解大脑如何构建空间之前,我们首先要了解大脑如何处理信息。我们的大脑由约 860 亿个神经元组成(Azevedo et al.,2009)。每个神经元发送和接收动作电位,细胞的电荷随之变化。例如,眼睛中的细胞将光转换成动作电位,并发送到大脑中处理图像的区域。事实上,所有的神经元都通过动作电位进行交流。细胞产生动作电位被视为激活。神经元激活可以由高层次、多模态的输入组合促发,对诸如空间形态、序列、边界、功能或地形等环境激励产生响应。当我们在某个环境中导航时,不仅需要从外部或内部刺激中提取即时的感官信息,还需要将这些信息与我们对世界的预期进行匹配,并作用于输出结果来指导动作(例如,O'Keefe and Nadel,1978)。大脑中负责空间导航的一个关键区域是海马结构(Spiers,2012 和图 14.1)。

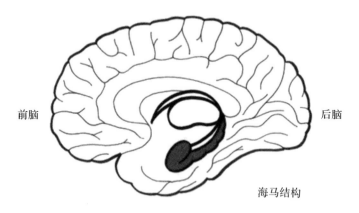

前脑　　　　　　　　　　后脑

海马结构

图 14.1　海马结构是位于哺乳动物大脑中心位置的互连结构

海马结构是一组相互关联的大脑结构,在记忆过程中必不可少,并在所有哺乳动物中存在高度同质性(Andersen et al.,2006)。神经影像学和神经心理学的观察结果表明,海马结构可谓是负责支持情景记忆、导航与想象力的核心"默认网络"(Buckner and Caroll,2007)。海马结构因形似

"海马"而被命名为"海马"的拉丁文。海马结构由海马、齿状回和下托构成(Laveneux et al.,2002)。海马可以细分为三部分：CA1、CA2 和 CA3。CA 是"Cornu Ammonis(海马角)"的缩写,来自埃及阿蒙神的象征——大角。

　　由于从单个细胞中获得记录需要使用侵入性技术,现代神经科学研究常常使用啮齿类动物的海马细胞。对大鼠实施手术后,将四极管(四个电极的装置来测量每个细胞的放电情况)植入其海马体中,便可以通过四极管与电脑的连接记录大鼠脑部的信息。也有少数研究以人类为实验对象(治疗中植入四极管的癫痫患者),但研究结果显示,啮齿类动物与人类的海马体在表现上并没有很大差异,这使表现人类的空间定位变成可能(Quiroga et al.,2005;Ekstrom et al.,2003)。

　　哺乳动物海马体中的细胞是大脑中最有趣的细胞类型之一,它们具有导航与记忆功能。这些细胞大多位于 CA1 和 CA3 区,致力于从环境中提取空间信息,以构建内部表征。海马体中的细胞因其空间特性而被命名。

　　我们将首先简要介绍这些不同的细胞,在探索它们与建筑体验的关系时,重新审视它们的一些属性。开始之前需要说明的是,神经科学与建筑学中的空间、地点、对象、边界和方向等通用术语,存在学科之间的特定区别与内涵。在此,我们简单总结了涉及空间信息处理的细胞属性,使用的术语来自神经科学。

位置细胞

　　第一种海马体中的空间细胞叫位置细胞(O'Keefe and Dostrovsky,1971)。该细胞在 1971 年就被发现和命名,只有当生物体占据了特定的空间位置时,才会产生对应的激活反应(图 14.2)。位置细胞所对应的环境中的实际区域被定义为位置区域(place field),且每个位置细胞所对应的位置区域是不同的。因此,环境中的每一个地点都有特定的位置区域组合与之对应。也就是说,我们走去上班、在家里活动、在这世界上逗留过的每个位置,在我们的大脑中都有特定的位置细胞组合与其对应,随之激活。但有个问题一直困扰着科学家们：位置细胞如何知道在哪里它应该激活呢? 最近对其他细胞的研究发现为这一问题提供了思路。

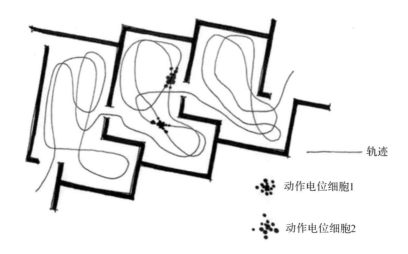

———— 轨迹

∵ 动作电位细胞1

∴ 动作电位细胞2

位置细胞激活

图 14.2　空间中的动作轨迹速写。位置细胞 1 和位置细胞 2 在路径的不同地点被激活。

网格细胞

内嗅皮层(entorhinal cortex)区域中的网格细胞会定期激活,并且每个细胞对应多个激活区域,这些特定区域组合在环境中呈现出网格状特征(Hafting et al.,2005,图 14.3)。网格细胞被认为提供了某种网格划分机制,类似于在地图上划分出度量空间。网格细胞将动作电位发送给位置细胞(Zhang et al.,2013),位置细胞得以确定生物体已经移动了多少距离。几个模型描述了位置细胞如何基于网格细胞的活动性,从而确定在哪里激活(例如,Burgess et al.,2007;Solstad et al.,2006)。

边界细胞/边界矢量细胞

边界细胞(Solstad et al.,2008)与边界矢量细胞(Lever et al.,2009)位于内嗅皮层、海马区下托,分别在紧靠或稍微偏离空间边界的地方产生激活反应。每个位置细胞会接收来自多个边界细胞的信息,综合生物体与不同边界之间的距离,从而确定位置细胞在空间中的特定激活位置(Hartley et al.,2000)。

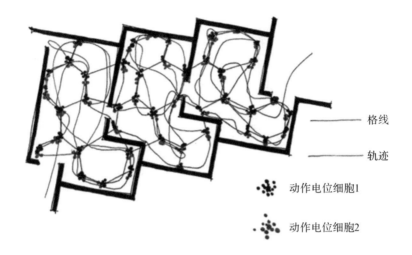

图 14.3　空间中的动作轨迹速写。

位于不同位置的网格细胞1和网格细胞2,但是呈现相同的方格斑纹图案

朝向细胞

网格细胞和位置细胞提供了移动中的位置信息,但没有提供有关方向的信息。负责方向的是朝向细胞,位于大脑边缘系统中,包括海马区前下托和内嗅皮层,它被比作体内的罗盘(Taube,1998)。朝向细胞会在生物的头部朝向特定方向时被激活,并受本体感觉与视觉信息的调节。

顶叶空间细胞

大脑不仅仅对环境中的方向与位置形成内部表征,也可以将视觉信息和躯体感觉信息联合起来进行空间定向。负责这类活动的细胞不存在于海马体中,而存在于一个与它紧密连接的区域——灵长类动物的大脑后顶叶皮层中(例如,Colby and Goldberg,1999)。有研究者指出,顶叶空间细胞可提供周遭环境的视觉表征来指导空间行为,而海马体中的空间细胞则提供地图和罗盘将这些视觉表征与长期记忆联系起来(Byrne et al.,2007)。

博物馆的参观体验

在简要概述了大脑中的空间细胞后，现在我们开始探讨这些细胞在博物馆参观体验中是如何运作的，并思考观众在博物馆中探索与享受时他们的大脑中在发生着什么。

当我们去博物馆时，目标与期待常常是混淆的。我们可能出于一个明确的目标，比如想去看某件特定的展品，抑或只是纯粹地想在里面悠闲地漫游一个下午，感受一下氛围。这种"行为"，这个词未必恰当，我们称之为空间、文化与社会"浏览"，无论从科学或建筑学的视角来看，都是十分有趣的现象。它是空间性的，但并不以此为第一目标导向；它是文化性的，但本质上依赖于多感官输入而不单基于语言和习俗；它也是社会性的，因为浏览者通常同时有一个社会活动日程。

博物馆空间经常被描述为一种叙事结构，其含义是在空间中创建一系列特定的线性经验。托尼·本尼特（Tony Bennett）认为，法国大革命后，展览机构与商业街廊式的建筑形态出现了（Sutton，2000）。虽以临时展览居多，但常设展厅空间中也有许多典型案例以这种方式建造。比如巴黎毕加索博物馆与哥本哈根的路易斯安娜现代艺术博物馆，以及纽约古根海姆博物馆与纽约大都会博物馆，将商业街廊与时代屋等其他流行形式相结合。博物馆中的线性规划可以将普遍与个人化的故事巧妙结合，使观众不再需要依靠诸如路标等符号性引导线索（Sutton，2000）。

我们认为，从建筑学、神经科学与哲学的立场看，观众会调动所有的感官构建参观之前、期间与之后的整体经验（例如，Von Glaserfeld，1996）。但是，与激进建构主义者的观点不同，我们认为，某一观众所处的外部物理现实，与其他观众在同一时间体验到的，或多或少是相似的。而成功导航的关键，是对复杂建筑环境进行错综复杂的神经与心理建构、预构与重构，同时产生感官愉悦。

过去与未来对这种惊奇感与导航能力都非常重要。现在我们来看看参观之前大脑中在发生什么。

参观之前

一次博物馆参观体验并不是在观众到达并进入博物馆时才开始的。事实上,在萌生出前往博物馆想法的那一刻,体验便开始了。观众决定进行参观后,想象与记忆占据了他的头脑,大脑开始为这次参观做准备。一次前期的博物馆体验可能是之前的参观经验、事先对展览内容的了解、曾见过的类似展厅设置,以及越来越多的博物馆数字化信息的综合。即便观众从来没有去过那个博物馆,基于媒体或他人的传闻,也会对博物馆建筑有一个预期。标志性建筑往往有一个大多数人都熟悉的核心意象。当观众体验这个地方的形象时,无论他们之前有没有去过那里,他们心中都会产生一个与记忆相关的想象。自文艺复兴以来,建筑师已经自觉意识到这一点。可以说,他们以此为基础设计建筑的关键要素。英国建筑师詹姆斯·斯特林致力于专门在他设计的建筑中开辟一个空间,此空间的核心目标是供人拍摄照片(参见Stirling and Krier,1975)。

先前经历(pre-experiences)背后的记忆外部来源,例如核心意象,当然是由许多观众共享的,但考虑到展馆、环境与内容的宽泛性,任何个人化背景的先验都可能是独一无二的。这一点不难理解,尤其是当我们考虑到,关于先验的记忆包含了每个人各自的身心状态,以及个人生命轨迹的特定时序。当穿越和浏览博物馆时,人类想象未来的能力(将过去的记忆重构为新的组合)可能提供了必要的引导机制(参见 Schacter et al.,2012)。原始想象力,甚至幻想是人类特有的禀赋。记忆的建构与控制使人类的想象力成为可能,但其神经基础在我们的哺乳动物亲属中存在着类似的表现方式。我们推测,人类较啮齿动物而言,能够跨越更大的时空尺度,并构建更为复杂的陌生情境。我们的假设是基于科学事实做出的,但现在它们仍然是猜测。撇开明显却可以理解的差异不谈,最近关于啮齿动物的研究表明,它们的神经网络有一种显著能力,在去某个地方之前,可以"预演"即将开展的行程(Pfeiffer and Foster,2013)("预演"是指代表未来旅程所到地方的一系列细胞出现连续激活的现象)。举个例子,设想现在有三个位置细胞。第一个代表房间的入口,第二个代表中心区域,第三个代表房间的远处地带。当你穿越空间时,每个细胞会在你进入它的位置区域时被激活动作电位。有趣的是，在你动身穿过房间前的四分之一秒，三个细胞会以 1－2－3 的序列逐个激活，就像读出了未来路径。对大鼠来说，如果起点与终点之间的行程路线是陌生的，大鼠海马会以一种预见未来行为的方式被激活（Pfeiffer and Foster，2013）。从大鼠的数据推断，"预演"可能是作为指导搜索和寻找的一种机制。由此可以想见，在一个未来博物馆中，这样的"心理时间旅行"（Pfeiffer and Foster，2013）可以让观众产生一个可能序列组合的数据库，在原点便可以预示之后的浏览行为。

汉斯·乌尔里希·古姆布莱希特（Hans Ulrich Gumbrecht）将未来比作"期待视域"（Gumbrecht，2004），并采用这一意象，很好地勾勒出人类的大脑可以事先准备好一套日后可能需要的运作模式。经过这样的练习，为每种特殊情况量身定制的行为就会相应出现（Foster and Knierim，2012）。研究表明，休息和睡眠（离线时段）对规划机制特别重要。海马位置细胞的记忆预演机制在离线时段最为活跃，引发了梦作为模拟系统的思考（Schacter et al.，2012）。除了在行程开始之前立即预激活的机制，熟睡大鼠脑中的位置细胞还显示，要是大鼠沿着以前熟悉的路径跑，会以相同的顺序激活动作电位（Wilson and McNaugton，1994）。毫不夸张地说，这被推测是"梦的素材"（Ji and Wilson，2008）。参观博物馆后，观众的海马似乎会非常活跃，不断重演刚刚的经历。更具争议的是，最近的研究认为，大脑可以在睡眠中"预演"日后有待游历的地方（Dragoi and Tonegawa，2011，2013）。这种类型的"预演"被认为是从海马的一组预置图表中产生的。

这如果是真的，那么，在第一次参观博物馆之前的那个晚上，观众的大脑已经开始模拟第二天的参观行程了。

参观中

在对博物馆参观进行了表征建构，以及各种有意识的和无意识的、物质的和非物质的预测后，观众可以通过想象空间以及将要发生的事件来享受即将到来的参观之旅。在这一部分中，我们将阐明对导航与空间感知都十分重要的一系列因素。

入口

无论是公共建筑还是私人建筑的入口区都会被普遍给予特殊的考虑,博物馆大厅也不例外。作为我们主观经验中的起始点,它有着独特的地位。当一段旅程的起点被确立时,海马体中有什么反应呢? 研究表明,事实上相当比例的位置区域集中在大鼠进入测试环境的起点处(Ainge et al.,2007),以及跨区域环境的"门口"(Spiers et al.,2013)。这可能与所有经验都需要一个定位点有关,但更深的理解还有待进一步研究。穿过门口似乎也会导致遗忘(Radvansky et al.,2010),这种行为可能是为新的学习经验设置"框架"。

序列与布局

现在让我们来看看一个特殊的线性结构博物馆,探索大脑是如何处理这类空间的。路易斯安娜现代艺术博物馆以其复杂的设计、精致的布局和空间的平衡性著称(图14.4)。博物馆如今的样子是由环环相扣、相互连接的透明

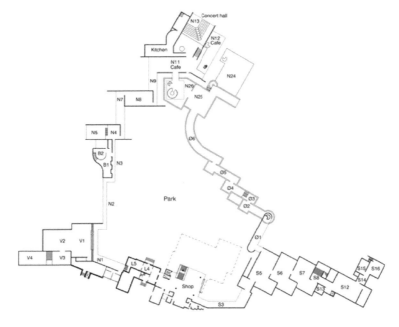

图 14.4　路易斯安娜现代艺术博物馆——主要路线(三层),由路易斯安娜现代艺术博物馆供图

亭廊组合而成的串联式构造。博物馆的结构主要考虑到增加整体展览空间中的观众流动性，引导观众从一个展厅到下一个展厅。作为突破性设计的典型例子，路易斯安娜现代艺术博物馆的布局容易使人联想起 19 世纪的展览，似乎是从购物商场、公共市集、百货公司、音乐学院等都市空间中寻找到灵感的(Bennett,1995)。其目的是营造一种让观众更轻松自在的氛围，使观众在给定的线路上漫游。亭廊设计可以让观众自由选择步速，与周边花园的衔接贯通提供了分散的视角，也增加了灵活性，观众可以随时离开主线。纽约古根海姆博物馆采用了类似的策略，允许观众绕开展厅，再返回到斜坡道的给定路线上。

　　这里有一个有趣的问题。对网格细胞的工作机制而言，在各个独立展厅空间中，其是作为一个完整网格地图(grid map)的各部分而存在，还是在一系列接续的次级地图(submap)上逐次激活呢？我们同样可以从啮齿类动物的实验数据中得到启发。在做了许多区隔的测试空间中，位置细胞和网格细胞的地图表征分裂为次级地图(Derdikman et al.，2009；Skaggs and McNaughton，1996；Spiers et al.，2013)。每进入一个新的空间，显示新的神经激活，地图表征也被重置，如此往复。而在没有做任何区隔的开放性空间中，研究者没有观察到地图分裂(Derdikman et al.，2009)，这显示了环境中物理区隔对于空间编码的重要性。在路易斯安娜现代艺术博物馆中，观众沿着一条直线轨迹穿过一系列分隔的展厅，这样的空间在脑中的"内在地图"(mental map)很有可能包含了基于其特殊建筑空间轮廓的一系列网格细胞次级地图。这或许是之前提到过的"门口"效应，通过给每个空间设置一个地图来分割路线(Radvansky et al.，2010)。到目前为止，我们还不知道大脑是如何将这些次级地图连缀成"次级地图链"("chain of sub-maps")的，但我们知道位置细胞的激活编码地点的时空序列。而且，它们的激活表明海马结构正处于编码事件与状态转换的模式中，常常利用当前情况来预测下一阶段(Alvernhe et al.，2008)。为了保证地图的必要更新，海马体必须通过整合线性自运动和角自运动来随时记录身体在空间中的位置变动，这通常是由网格细胞的激活模式实现的(例如，McNaughton et al.，2006；Jeffery，2008)。

　　在路易斯安娜现代艺术博物馆语境中，我们推测，由一个展厅到另一个展厅时位置细胞的渐次显著激活创造了独特的"预备机制",将每个网格细胞次级地图与跟它相邻的次级地图连缀起来。由此,我们可做出一个推论:被区隔的、显著的空间转换标记的线性路径有助于刺激海马区的细胞更好地编码与理解空间。其中的"理解"是指形成连贯的、分明的环境内在表征的能力。线性化的、标记分明的空间可能产生更强烈、分明的空间表征。那么,这是否有助于人类形成更好的空间感呢?以一种线性的方式表征在心理语言学中被称为"线性化"(linearization),简言之,是指空间结构经验转化为时序的过程。有学者提出,这个过程促进了空间理解与意义建构(Wenz,1997)。路易斯安娜现代艺术博物馆线性交织空间中的复杂序列,可以帮助人类建构空间的意义,并通过将空间的序列性经验分解为事件的发生时序来处理它。由此可见,这个博物馆的强烈空间感是通过其连贯的线性表征实现的。

结构

在博物馆语境中,空间感被期待成为一种愉快的体验。学者们倾向于认为在空间中建构记忆的行为本身带来了愉悦感。我们已经谈过大鼠的运动如何刺激了其脑部细胞,并引导其表征的建构。建构过程引发愉悦感这一观点是有待商榷的,到目前为止,还没有得到科学研究的支持。对于大脑中的快感反应已有相关研究进行过探讨,但其与空间处理之间的关联尚未确定(例如,Berridge et al.,2009)。前人曾对"极具美感的环境"进行过探讨,这一概念由戈登·帕斯克(Gordon Pask)提出,史蒂芬·盖奇(Stephen Gage)进行阐述。我们做出的建筑猜想正是基于此。

帕斯克简单描述过这类环境:

这样看来,思索"极具美感的环境"具有哪些特性是有价值的。这类环境的设计宗旨是鼓励令人愉快的互动方式。显然,"极具美感的环境"应该具有以下属性:

它必须具有充分的多样性,提供给人们所需潜在的、一定程度的新奇感(但是,不能让多样性淹没观众,否则这样的环境只能令人感到费解)。

它必须包含某些形式,可以让人们从不同的抽象层次进行理解，起码可以学着理解。

　　它必须提供一些线索或不言而喻的说明来指导学习和抽象理解的过程。

　　此外，它可能会回应一个人，与他对话，并使其特点适应当时的话语模式。（Pask，1968）

盖奇在《奇妙的简单机器》（*The Wonder of Trivial Machines*）一书中提出了一个假设，愉悦感是在观察者建构自己的解释时产生的（Gage，2006）。但目前，关于建构与理解一个空间时的情绪感受与标记这个空间的空间细胞反应之间是否存在关联性这个问题，我们仍然缺乏科学证据。

位置与方向

言归正传，我们面临着首先需要解决的一个问题：运动是如何融入网格地图中，从而使我们能够在一个空间中定位？我们是怎么知道自己身在何方的？也就是说，我们是如何自我定位的？

从根本上说，在环境中自我定位需要两点：知道我们处在什么环境，然后在其中确定位置和方向。为此，大脑将来自多感知模式的信息与前见联系起来（Jeffery，2008）。一个被称为路径整合的过程，将语境信息、突出的环境线索与自运动的速度、角方向、线性方向等整合在一起，以确定当前空间中的位置和方向（Jeffery，2008）。朝向细胞将自身的位置、方向与环境线索联系起来。合理的推论是，当自我定位发生在内部地图，或连续空间的次级地图序列中时，我们是用动作、方向和视角进行记录的。例如，它提示大脑可能从网格细胞和位置细胞的交互中提取方向信息。有理论提供了一种可能的解释，即划定空间范围的边界，例如墙壁，在其中发挥了作用。

边界向量模型提出，每个位置细胞接收来自几个边界细胞的信息，并据此创建向量（Hartley et al.，2000）。靠近生物体的边界可以指定边界位置区域的具体位置，而更多的距离线索为创建向量提供了额外的方向信息（Jeffery，2008）。还有研究进一步指出，在位置区域确立处，网格细胞会对各空间因子进行度量运算。当空间形状极少或不能提供足够的信息时，单纯描绘空间几何特征的导航信息常常不足以识别独立空间（Anderson and

Jeffery,2003b)。此时,情景信息与其他环境信息给位置细胞提供了感官输入,如声音、气味、颜色等。为什么情境信息没有直接通知位置细胞呢? 因为如果直接影响位置细胞而没有经过边界细胞的过滤,复杂环境中单个位置细胞所对应的多个位置区域便不能表现出独立行为,不论环境如何,总会用同样的方式运行(Anderson and Jeffery,2003a)。

多重地图

每一个空间环境不仅存在于直接体验中,也存在于记忆和想象中。由于每时每地的即时经验都不尽相同,我们认为每个空间都对应着一个多重存储的空间表征网络。此外,空间可能会发生变化,因此已有的地图表征也需要变动(我们将在本文最末探讨这一点)。这意味着每个空间都可能由一个时序分离的地图链表征,具体则取决于环境与偶然因素。观察啮齿类动物大脑如何积累并灵活运用地图表征,可以帮助我们理解。在其丰富的记忆档案中,大脑积累地图作为行动模式,有需要时可迅速调用(Jeffery,2008)。关联性联结使得原始输入的不完整片段或过去版本可以唤起存储的记忆,并与当前经验进行匹配。这个过程被称为"模式补完"。与之相对应的功能叫"模式分离",即防止记忆与存储在网络中的其他事件相混淆。在比较传入的信息与存储的表征时,可以观察到大脑的震荡活动,或是立即检索相关表征,或是在不同表征之间摇摆,直到确定下来才停止(Jeffery et al. ,2011)。在想象、回忆或体验中,表征会被唤起,如有必要,也可被实时校正与更新,以囊括新的信息或排除过时的信息(Gothard et al. ,1996)。它被认为是路径整合的更新机制,重大偏差发生时,会伴随着轻微的延迟,使内部系统重新符合外部场景。在思考博物馆参观过程时,我们也可以运用这方面的知识。设想一个观众已经在博物馆中漫游了一个下午,脑中积累了大量的地图与情绪,对空间已很熟稔。当他(她)遭遇新奇或发现出乎意料的空间信息时,可能会很惊讶。关于这一点的科学研究还很少,但这种惊奇感有没有可能与脑中"内在地图"的更新与延迟有关呢?

当我们考虑以下发现时,多重或多样地图理论提供了进一步支持:空间几何形态、内容语境或两者若发生变化,将改变对空间环境的神经反应(Jeffery,2008)。这个过程称为重排(remapping)。速率重排(rate remapping)改变激活速率，我们认为这可以产生地图的强度变化。另一方面，全局重排（global remapping）是由重大变化引起的，会改变位置区域的定位，以及大小、形状与激活强度等。如前所述，最后一节探讨重访博物馆时会发生什么，我们将在那里重点论述重排现象。在此之前，我们将思考博物馆参观意图与参观体验的关系。

参观意图

博物馆参观可以有许多意图。通常，当观众从一个知觉域去往下一个时，会显示出浏览行为。观众在浏览展览空间及其内容时所抱持的意图，是四处搜寻经验。当大鼠搜寻奖赏时，一旦行程的意向发生变化，神经激活速率也会显著变化（Wood et al. ，2000；Ainge et al. ，2007；Ferbinteanu and Shapiro，2003）。根据大鼠搜寻目标或奖赏的不同类型，激活速率显示出重排。区域位置依然保持固定，一般认为速率代表特定目标指向编码的变化，由此，意图被写入了位置区域（Ainge et al. ，2007）。从建筑学的角度来看，感知与意图是紧密相关的。设计师将意向嵌入建筑中，观众则吸收它（Holl et al. ，1994）。建筑空间中的非凡体验往往将纯粹美妙的感知与人类的概念化倾向融为一体。史蒂芬·霍尔（Steven Holl）写道：

> 布伦塔诺认为，物理现象与我们的"外在感知"相关，而心理现象则关乎我们的"内在感知"。心理现象具有真实性与意图性的双重性质。就经验层面而言，我们可能会满足于一个纯粹的物理空间实体结构，但就智性与精神层面而言，我们还需要了解它背后的动机。这种意向与现象的双重性，就像客观性与主观性的相互作用，或更简单地说，如同思想与情感的相互作用。建筑面临的挑战在于激发内外感知，在提升现象性体验的同时兼顾意义传达，并使之与建筑所处场域与环境的个性相呼应。（Holl et al. ，1994）

在意义的语境下，尤其是嵌入建筑中的意义，作为一种智性刺激而言，意图是人类独有的、最棒的知识。对人类来说，意图并不总是出于寻找或接受某个特定的奖励，还意味着在不断发现的过程中提取意义。当然，我们不能把自己完全等同于喜欢寻求奖励的啮齿类动物，但在其中可以观察到一个重要方面,即目标之间的定性区分。激活速率的不同可以反映出奖励之间的特征区别(Ainge et al.,2007)。当迷宫中目标位置上放的奖励不同时(例如,一个是巧克力牛奶,另一个是香草),目标奖品的味道会引起不同的激活速率模式。一旦奖励被取回,差异便不再明显,但从行程的开始到结束,这种差异一直存在。这表明驱动大鼠追寻奖励的意图,引起了激活状态的变化,而不单单是成功找到奖励的结果(Ainge et al.,2007)。

仍然需要解决的问题是,如果一个博物馆观众所遵循或发现的意图显示出相同的特征模式,那么,这可能基于什么脑功能呢?

参观结束

观众现在即将结束参观,我们将对此进行一个简短的总结,这与起点、入口区正好呼应。与旅程起点的情况十分相似,位置区域也倾向于集聚在终点周围(例如,Gothard et al.,1996)。离开博物馆之前,人们往往会在脑中回顾和总结参观过程,空间神经元也随之效仿。当生物体到达行程终点时,位置细胞会即时反向激活,并在终点处生成大量位置区域(Foster and Wilson,2006;Diba and Buzsaki,2007)。当我们回想时,大脑会对空间进行记忆存档。回顾甘布莱希特(Gumbrecht)将未来比作"期待视域",我们现在已经到达了一个临界点,博物馆参观将成为我们过去的一部分、我们的"经验空间"(Gumbrecht,2004)。

参观之后

当观众离开博物馆后,参观经验仍然萦绕在脑海中。大脑开始逐渐巩固获得的印象。这个巩固过程是指神经网络中记忆痕迹(即构建记忆的激活模式)的存储和固定。当代神经科学将记忆信息的积累解释为,负责记忆存储的脑区细胞之间突触效能的加强或减弱。这被称为长时程增强(Bliss and Lømo,1973),即两个神经元同步活动引起的两者之间信号传输持久增强的现象。稳固的记忆深深嵌入脑海中,并可在很长的时空内被唤起或重建。睡眠与充分休息使大脑得以高效地巩固感知和体验,并将它们安全地存储起来。随着时间的推移,回溯记忆时,海马体参与得越来越少,即便没有重新体验,经历也可以被清晰描述出来(Moscovitch et al.,2005)。睡眠和休息时,海马将其活动模式广泛散布到大脑的其他区块(例如,Diekelmann and Born, 2010)。因此,对博物馆观众而言,在参观行程结束之后,其海马体可能会持续更新"内在建构博物馆",并向脑部其他区块扩散,以达到延续几十年的长期记忆效果。多年以后,观众仍可凭借其他脑区回忆、重建起这段经历。

这使我们回到本文的起点,即参观之前大脑准备与计划这趟行程的时候。

重 访

最后,我们来看看观众重访博物馆、开启又一次体验的情况。由于之前已经去过博物馆,观众对空间比较熟悉,获得了良好的空间感,这使其可对重访的情景进行生动的、细节性的预想(Schacter et al.,2012)。自我定位以及通过自运动感知空间的过程,为重构或改构的发生创造了坚实基础。但是,如果空间已经发生变化,我们可以识别出针对不同变化的不同反应吗?

在展厅情境中,变动是不可避免的。各种各样的场景是可以想见的。艺术作品可能已经被重新排列,在这种情况下,变动对空间细胞的影响可以忽略不计。但是,改动空间本身的确会产生影响。空间中的表面纹理可能已经改变。为了适应临时展览,空间形态可能进行微调,抑或由于艺术品的增减而对空间做必要的修改。最根本的是,为了新意,空间可能已经被重新设计,彻底变化了。

前文中我们曾介绍过重排现象,并简单阐述过速率重排与全局重排之间的差异。当环境转换时空间细胞如何进行全局重排,以及当某个环境发生变化时,空间细胞如何进行速率重排? 为探索这些问题,涌现出许多科学实验。速率重排研究中,研究者常常检测颜色、形状或气味的影响,并取得了一些初步成果(Anderson and Jeffery,2003)。我们来看看作为重访已知空间的兴趣点,当同一环境的空间发生轻微的背景或几何构形变化时,会发生什么从而激活速率重排。最近,一个概念模型提出了合理的假设(Anderson and Jeffery,2003):速率重排受背景与几何构形的联合影响。当背景改变,例如墙体颜色改变时(Burgess and Hartley,2002),会发生什么? 首先,墙体围成的几何构形不仅界定了一个空间,而且划定了激活区域位置的范围(O'Keefe and Burgess,1996）。它们主要负责为激活区域的定位奠定基础。细胞进入激活区域时的激活速率由背景决定，一旦背景变动了，速率也随之改变。在博物馆里，观众会发现自己处在一个熟悉的空间中，但墙壁已经重新粉刷了。他们的位置细胞会相应激活，通过几何形状认出这个空间，并立即建构出先前获得的关于位置区域的地形结构。然而，在了解观众处于熟悉环境的情况下，颜色的变化会促发新的激活速率，引发新的体验。这使得海马区的空间表征既是相同的又是不同的（Fenton,2007）。如果你非常熟悉纽约古根海姆博物馆，并在 2001 年或 2002 年参观过由让·努维尔（Jean Nouvel）设计的"巴西：身体与灵魂"展览，看到过整个室内被涂成黑色的情景，就可以清晰地回忆起当时的独特体验，即虽然身处与往常不同的古根海姆博物馆中，但能准确辨认那个空间，并立即确定方向。

那么，如果是空间几何构形而不是背景发生了微小变化，例如为适应新的展览移动了一面隔断墙，又会发生什么呢？虽然整体空间没有变，但定位激活区域的边界输入信息将发生改变。在这种情况下，研究表明，那些起初由墙体界定的位置区域，在墙体移动后，确实发生了移动或拉伸，以适应改变后的几何形状（O'Keefe and Burgess,1996）。那些维持原样的墙体继续为各自位置区域输入信息，这些仍然不变。有时变动非常巨大，但如果与导航、方向有关的基本空间布局保持固定，观众便可以在一个熟悉的空间中产生截然不同的体验。

最后，如果空间已经变得面目全非，先前获得的导航策略变得彻底无用，大脑会把它视为一个新的环境，且需要一个全新的地图。旧的表征被丢弃了，建筑空间与大脑之间的游戏又将重新开始。

前景展望

在本文中，我们从神经科学的角度，对大脑如何建构内在空间表征进行了简要的概述与总结。神经科学与建筑学之间的对话已经跨出了尝试性的第一步，我们希望今后能得到进一步延续和发展。从各个层面来说，这两个学科之间的跨学科研究之旅才刚刚开始，但仍存在许多问题，并需要确立一些共识。关于技术方法的局限与功能，尽管我们有许多想法，但还需要进一步研究。还有一个限制是收集人类的数据存在困难。其中核心难点是,当观察者体验真实或虚拟的建筑空间时,我们可以在何种程度上观察海马体中不同细胞激活时的状态。毫无疑问,研究人类会存在一系列独特的复杂性,比如社会文化之间的差异性,再比如引导人类感知的不仅仅是即时感官,还有对经验进行概念化、归纳、抽象的人类需求。探索与建筑刺激相关的神经兴奋是这趟研究旅程的出发点。然而,如果可以克服技术上的困难,就可以开辟出许多对建筑学与神经科学都十分有价值的新尝试。一个重大挑战是,我们还不够了解大脑是如何处理诸如喜悦和惊奇感等情绪的,以及这些情绪跟记忆、导航所需要的空间表征之间是如何进行互动的。

15 作为具身体验的博物馆

尤哈尼·帕拉斯马

今天，我们身处技术化的消费文化之中，这是一个绝对的视觉世界。古希腊哲学家们确立了眼睛在人体感官中的地位，在西方思想传统中，视觉也被认为与知识、真理密切相关。赫拉克利特曾说："眼睛是比耳朵更准确的见证。"视觉的确被视为真理的衡量标准（Levin,1993,p.1）。今天，在日常生活和科技世界中，视觉的霸权地位通过无数技术发明得到了进一步加强。建筑本应满足人类的不同需求，提供各种适应多感知模式的设施，如今却被视为一种诉诸视觉的艺术形式。正如柯布西耶（Le Corbusier）秉持的著名信条，"建筑是光线下形状正确、绝妙、神奇的游戏"（Le Corbusier,1959,p.31）。

理解了视觉霸权的形成历史，也就不难理解视觉为何同样主宰了当代的博物馆与展览设计领域。艺术作品被视为拥有特殊"光环"的独立审美对象，在视觉上保持"中性"有助于呈现最佳的效果。"中性"通常被认为是高白度，具有流畅感，甚至在表面打光。显然，对白色的现代主义偏好是一种隐含着道德论调的审美选择，而且经常偏离感知的客观中立性。柯布西耶就曾经发表过这种惊人的道德论调："白是极其道德的。假设有一个法令，要求所有巴黎的房间都刷成白色。我认为这份工作是真正有地位和高道德的表现，一个伟人的标志。"（Le Corbusier,1925,p.192）任何博物馆空间都会以特定的方式来组织和陈列展品，而且我们通常意识不到这种空间排布的特点与性质。

在过去的三四年中，均匀的照明和无形的"白立方"已成为艺术博物馆的设计典范了。但是，这种设计理念不能生搬硬套到其他类型的博物馆中，诸如历史、人类学和考古学博物馆。在这些博物馆中，物件和展品通常处在一个带有语境的叙述结构中，而不再强调知觉的自主性。在非艺术博物馆中，材料、纹理、颜色、对比照明以及非视觉性交流模式的使用，通常是为了引入多感官体验，营造一种独特的现实感，而不是做作、抽离、隔绝的氛围。值得注意的是，即便是历史上最出色的艺术博物馆，也很少是全白的空间，在空间、表面或构造上也不会排斥接触性的材料或明暗分明的阴影。就现代艺术而言，艺术圈的优越感是依托强烈的盲目崇拜架构起来的，这让艺术作品脱离了俗世生活，被供上神坛。

崇尚白色，抹杀个性的展览空间理念显然是一个现代主义概念和审美偏见。同时，这个理念也从心理学和社会学的角度，反映出对艺术机构及其与日常生活关系的独特理解。艺术品诞生在艺术家的工作室中，那是一个生活化的空间。而当它们身处博物馆时，脱离了重力感、方向感、物质性、自然光以及其他感知模式，显得令人惊讶和困惑。弗兰西斯·培根的工作室非常混乱，油漆、抹布、纸张、书刊等物品随意散落在地板上，可见，艺术作品的制作空间与展示空间在感知上存在巨大的差异。

在我看来，博物馆空间需要平衡、协调观众展品之间的心理和感知状况，与之相应，还要营造一种亲近感与真实感。理想的博物馆空间应当吸引、强化观众的感知，激活、敏化其感官，便于观众与展品之间展开活跃的对话。博物馆与展览设计，有助于呈现出展品的特性，通过激活观众所有的感知模式，可以极大地满足观众的存在感。博物馆空间中最重要的一点就是光照，它引导着人们的注意力，并影响着空间的节奏感、尺度感与层次感。当我们欣赏艺术作品时，并不仅仅依靠视觉，我们也在感受和理解它的质地、感知与符号系统。用毛里斯·梅洛-庞蒂的概念来说，我们处在"世界之肉身"（the flesh of the world）之中。正如他所描述的："我的身体由世界之肉构成……我的身体之肉与世界共有"，"肉（世界的或自己的）是……一个回返自身、符合自身的结构"（Merleau-Ponty，1992，p. 248，146）。正如伯纳德·贝伦森（Bernard Berenson）所说，当我们在看画的时候，也是一次多感知体验，我们在视觉现象之中还会同时感受到声音、触感、气味、温度等"想象的感觉"（Montagu，1986，p. 308）。

事实上，每一件伟大的艺术作品都是一个完整的世界，而不是一个孤立的对象。它开启了与世界的多感知联结通道。梅洛-庞蒂认为，"我们想看的不是艺术作品本身，而是它所蕴含的世界"（McGilchrist，2010，p. 409）。

诉诸感知的博物馆展览设计将采用各种前概念的、具身性的非言语交流方式，让观众似乎身处一个寂静的剧场，空间、展品和观众在无意识中进行着持续的互动与对话。正如哲学家杜威在《艺术即经验》一书中所说的,艺术空间是观众本身投射或再创造的一种体验和想象。优秀的博物馆和展览,同样关注观众的情绪与情感,而不仅仅关注智性。一次难忘的博物馆参观体验,是综合调动观众的身体动作、感官体验、联想、回忆、想象的探索与发现之旅,远远超越了展览中精准传达的知识与信息。展览通过具身化的感知变成了一种个人体验,而不再仅仅提供智性信息或视觉刺激。由于这种个人体验具有存在性、多感知性与具身性,展品将成为我们的一部分,直到永远。

展览设计的初衷是创造一个合适的氛围与场域,让观众在其中与作品、主题或信息进行感知碰撞,并产生疑问与探索欲。在我看来,展览设计需要平衡给定的空间、展品和观众之间的关系,并且通过营造一种与展览的特点和本质相呼应的氛围,来"放大"或提升展品的存在感。下面,我将展示自己的一些展览设计案例,并一一解释设计意图和各方面的心理逻辑。

1977 年,我在赫尔辛基艺术馆(Helsinki City Art Hall)为芬兰图像艺术家彭迪·卢米康格斯(Pentti Lumikangas)设计了一个展览(图 15.1)。我认为,在展览空间的大面积白墙上挂上白色图形作品,会让它们消失或淹没在背景中。由于大部分作品的主题是从历史建筑中获得灵感的奇幻结构,我决

图 15.1　彭迪·卢米康格斯展

定在展览空间中远离白墙的地方,放置一些有厚度的块状墙体,并涂成暗灰色、褐色等大地色,再将所有作品挂在上面。这些墙体对称摆放,以增加与建筑遗迹的关联度。这些"墙体"衬托出作品高度的存在感,并"放大"了它们的建筑主题、时代性与历史感。在与作品相距 50 毫米的位置上,安装有玻璃片,并用特殊金属构件加以固定,起到保护作用。如此,我没有使用传统框架,而是为艺术作品量身打造了一个恰到好处的私密空间。

1991 年,在图尔库的瓦尔德马博物馆(Wäinö Aaltonen Museum),我设计了一个文艺复兴艺术展(图 15.2),同样面临着类似的问题。这些文艺复兴时期的艺术作品是从佛罗伦萨租借的,而且非常小,在巨大的博物馆空间中容易显得微不足道。我在突出墙面几公分的地方设置了背景板,并涂上具有文艺复兴特征的颜色,再将艺术作品挂在上面。这些小件作品在背景的衬托下,感觉被"放大"了一些。灯光安置在作品旁边,为每件作品创造了一个私密空间,并且有助于进一步集中观众的注意力。由此,博物馆空间的相对虚空转变成为积极的知觉和情绪放大器,虚空感也转变成一种价值感和权威感。

图 15.2　文艺复兴艺术展

1987 年,有一个展览是关于芬兰建筑、设计与艺术中的木头,名叫"木头的语言(*The Language of Wood*)"(图 15.3)。展览将各个时代、各种用途的木制物件排列在一起,从遥远的过去到当代,从日用品、装饰品到高级艺术品等,包罗万象。展品也没有年代、功能或作者等任何直接标识。农具、生活用

图 15.3　木头的语言

具等实用物件，就摆放在前沿的设计与抽象艺术展品旁边。各种展品按照其形式、审美和材料的品质排列，而不是依据类型（例如，艺术或非艺术，实用或装饰）或年代。标识系统的隐去激活了观众的审美判断，并且在展品之间营造了一种悄然无声的、情感性的对话气氛，这种神秘的气氛可以引起观众强烈的回忆与联想。展品的具体信息只出现在展览目录当中。简单的心理调控提升了审美和情感体验，观众们需要调动自己的记忆和想象去体会展品的本质，而不是简单地阅读标签。隐去信息主要是为了唤起观众的个人情感。

　　1990 年，芬兰建筑博物馆举办了一个展览，名为"面具背后（*Behind the Mask*）"（图 15.4）。展览的主角是居住在非洲马里邦贾加拉峡谷中的多贡人，展览展出了他们的生活环境、建筑、日常生活用品、祭祀物品等。

图 15.4　面具背后

展览空间的墙体向外或向内倾斜,并被涂成大地色,让人联想起遥远的非洲沙漠峡谷景观,那里正是多贡人生活的地方。为了更加贴近热带沙漠的感觉,展览空间的地面上铺了十厘米厚的沙子。展览也引入了声音,例如观众的动作可以激活小鸡在假想的泥棚之间奔跑的声音,这是另一种感知错觉。但是,所有这些体验和联结都是高度抽象的,这不是粗糙的舞台布景,而是为了营造一种情绪化的和无意识的背景气氛,让观众充分融入至非洲语境中,获得个性化的展览体验。

1995 年,赫尔辛基芬兰建筑博物馆的"动物建筑"展览(图 15.5)展出了鱼类、昆虫类、鸟类、灵长类等许多动物的巢穴。为了将观众的注意力集中在展品、图文上,我整体调暗了空间的照度,并调亮了展品的照度。最小的标本(昆虫和它们的巢)只有一厘米左右。除了动物的巢穴标本,展览还引入了十六个活体动物群落,它们会在展览期的四个月内持续筑巢。在照片和图像旁边,还设置了一些小屏幕,实时播放不同动物筑巢活动的影像,以此来增加真实感。这是一种不易察觉的心理效果,活态元素也会将生命感投射到无生命的展品上。

展览空间的地板上覆盖着十厘米厚的沙子,意在营造出一种行走在柔软沙滩上的户外感,而不是身处一座城市博物馆的二楼。在柔软的、不平衡的表面上行走会带来轻微的不适感,这有助于将观众的现实感融入展览主题的想象世界中。展览空间中还会间断性地播放一些自然和动物的声音,虽然音量非常低,但能够激活观众的听觉,唤起想象力。

芬兰伊纳里的萨米博物馆(Sámi Lapp museum)与北拉普兰游客中心(Northern Lapland Visitor Centre)于 1998 年开馆(图 15.6)。这个项目是由室内建筑师萨米·维尔卡拉(Sami Wirkkala)与我合作设计的,并幸运地得到了欧盟与芬兰教育部的联合资助。在博物馆的总体设计开展之前,常设展的设计已经基本完成。

图 15.5　动物建筑

图 15.6　萨米博物馆

　　常设展的主题是展现地球北缘的生命应对自然的生存策略,以及萨米文化的面貌。由于北欧世界最显著的一点是季节的剧烈变动,我们将年度循环周期定为展览的基本思路。我们将展览空间划分为十二个部分,分别对应一年中的十二个月(正方空间的四面墙上各三个月),以此来表现年度循环周期。

　　展览在纵向上展现了自然、传统文化与当代生活之间的因果联系和相互作用。周围对应每个月份的墙体上,有巨大的背光式景观照片,背光墙上还安装着很多小件展品,包括植物、昆虫、啮齿类动物、鸟以及熊的冬巢等。这种设计需要摄影师在拉普兰寻找恰当的自然景观,来勾勒出每个月份的特征。巨大的照片连缀起一条变化的地平线,在空间周围营造出一组奇异的景观。观众转过 180°,仿佛经历了完整的一年时光。

　　展览大厅的中央区域,主要展现萨米文化。这个区域的地面被整体架高,而周围墙体上的一圈自然图像可以看作是中央区域的情绪性背景或情境。当观众在外围通道观看时,墙体上展示了自然生存策略方面的内容,在内部的中央区域,则展示了传统的萨米文化策略。两块内容之间的共享型展品被放置在凹槽处。从不同的角度看,这些展品传达着不同的信息。抬高的地面区域中间,也展示了当代文化。当代文化通常与自然或传统生活方式相去甚远。地面上也设置了巨大的背光式照片,这些照片作为前置展品的背景,是在户外环境中从起重机顶部进行悬吊拍摄的。前置展品(包括一辆履带式雪上汽车和一只驯鹿)在雪地上留下了轨迹。在最后的展览情境中,展品被还原放置在高虚度的大幅照片背景中。高度错觉与极端抽象的组合效应给观众在心理上造成巨大的惊讶。

年度循环周期是通过照明和配色方案的变化在观众心理上进行强化的。从夏季明亮的光照和绿意,秋季的斑斓色彩,到冬季的黑白,再到春季充满生机的光与色。

观众的动作可以激活一些配乐,这些配乐或是给展品加入一些生活气息,或是一些整合场景的引导性声音(如风、雷电或大鸟飞过的声音),使观众注意空间整体而不是细节。

从某种意义上说,这个展览的核心概念是纯空间性的。像空间化的填字游戏一样,展览空间中的每一个位置与方向都具有特定的意义与地位。本设计的主要心理策略是避免教育展览的线性化,将参观体验转变成不可预知的自然漫游之旅,在每一次观展中探索和发现无数隐藏着的不同方面。事实证明,这种策略是成功的。这个展览持续了十五年,每年许多游客都会从四十公里以外的滑雪胜地赶来重温展览。

16 为活态技艺服务的建筑设计

乔伊·莫妮卡·马尔纳　弗兰克·沃德瓦尔卡

在西方传统中,博物馆的建筑设计会遇到的挑战,与一般的建筑设计并没有显著不同,无外乎是美学、组织与结构上的问题。在这种范式中,建筑师决定了博物馆所希望的审美呈现(形式和背景),容纳展品与展览相关方面的内部空间开发,以及使这一切得以最佳表达的结构系统。虽然建筑有着不同的功能,正如我们可以很容易区分出医院和博物馆,但这些因素却相当稳定。上述罗列内容说明这些方面的组合有着程序性的顺序,但通常来说,可以视为相对独立的方面来考虑。因此,一旦将结构大部分交由工程公司负责,内部空间的精确规划交由专业的展览策划公司负责,只将审美意向留给建筑师,变动便常常发生。这种不够稳定的组合,可能会增加客户对自我认同和预算的额外关注。但随着形势的发展,建筑本身往往被视为固定的对象,其位置和陈列将被局限于固定观众的视觉需求。如果使用封闭的展示单元、动线规划,保安人员又无处不在,这种模式会得到进一步强化。

芭芭拉·基尔希布拉特-吉布利特(Barbara Kirshenblatt-Gimblett)(1998,57)在她的《目的地文化:旅游、博物馆与遗产》(*Destination Culture: Tourism, Museums, and Heritage*)一书中指出:"对于民族志对象必不可少的碎片化偏好,也表现在传统博物馆展览中感官欣赏与理解的碎片化。"她说:

> 欧洲的倾向是将各种感知模式割裂开来,将它们分为一个个相应的艺术形式。一种感知模式,对应一种艺术形式。我们聆听音乐、观赏绘画。舞者不说话,音乐家不跳舞。感官萎缩与精确聚焦和持续专注有关。所有干扰必须消除——不能有说话声、纸的沙沙声、吃东西的声音、相机的快门声。交响乐大厅与博物馆礼仪要求绝对的静默。这种模式下的视听理解需要一个纯粹的环境,被关照

的客体是为了吸引注意力。博物馆中的传统展览倾向于尽量削减感知模式的复杂性，并提供单纯的视觉愉悦。与之相反的是，通常的展览试图削弱感官的复杂性，同时仅向观众展示单一视觉，成为本土的展示模式，尤其是展示节日时的重要选择。

很大程度上，这种范式来源于西方社会对历史和文化器物所持的静态视角，以及对物件与观众之间只需要有限互动的预设。即使在某些少见的情况下，人们与物件的感知互动考虑到了纯粹视觉之外的模式，通常的做法也只是设置一个与特定感知模式相关的应用程序，例如博物馆中的触摸或声音。在"原往民土地上的新建筑"这一项目的研究过程中（Malnar and Vodvarka，2013），我们发现了一种不同的范式，它在很大程度上是器物与个人之间有意义的、甚至因果性关联的产物。我们发现，加拿大和美国的原住民很不喜欢"博物馆"这个词，因为它意味着一个固化的、视觉中心的场所，没有视觉之外的感知互动体验，最重要的是，它意味着器物所属的文化已经不存在了。

在电影《百宝箱》（Box of Treasures）（1983）中，乌米斯塔文化中心的前馆长格洛里亚·克兰默·韦伯斯特（Gloria Cranmer Webster［Namgis］）曾说："很多人读过有关我们的书，以为我们都死了，早期白人说我们是消亡的种族，于是我们就消失了。你在很多地方看相关的博物馆展览，就好像我们已经不存在了。没有任何我们还在这里、还活着的提示，但事实上我们还在。"后来在影片中，埃尔德·艾格尼丝·艾尔弗雷德（Elder Agnes Alfred［ˈNamgis］）说："这个海滩上被称之为'博物馆'的地方，在我们的族群中并不存在。它就像一个储物盒，像老人们曾有的藏宝箱。"在与南希·玛丽·蜜斯洛（Nancy Marie Mithlo）的一次电子邮件通信中（Chiricahua Apache，2004，p.754），格洛里亚·克兰默·韦伯斯特指出了这个关键的区别："乌米斯塔文化中心从来就不是一个博物馆。如果它终将变成博物馆，我们一开始就会这样命名它。但在我们注册成立的时候，董事会就说过，我们不是在建一个博物馆。博物馆是白人的，里面全是死的东西。"（Mithlo，2004，p.754）

因此，虽然并不完全恰当，"文化中心"或"研究中心"仍是首选的用语，它们表明这些是专门场所,可以让人体验外面寻找不到的文化面向。这里讨论的是不同于欧美传统的后裔,他们与自己的祖先有着持久的联系,因此会在葬礼上自由地放置器物——原住民可以强烈地感受到与先人的联结。在他们看来,西方的博物馆无法将人们联结在一起。

的确,在欧美文化中,对于通过设计来促进社会认同感和凝聚力的观念是否已经衰落的问题,存在着长期争议,结果导致疏离与隔阂本身已经上升到审美价值的地位。在理解建筑世界的方式上,西方人和原往民之间存在巨大差异。美国印第安研究与原住民研究中心在提出的评价标准中,曾明确表达过这种差异:"我们认为,对服务于原往民社区的项目进行评价时,应当包括以下四个维度的考量——空间、社会、精神与经验,这也是定义传统原住民社区的要素。"这与西方模型中的主要设计非常不同,这不是偶然发生的,并且最能反映家庭手工艺品及其相应文化的结构。

当然,这也是乌米斯塔文化中心背后的指导理念。乌米斯塔文化中心坐落在不列颠哥伦比亚省阿勒特贝,这里是夸夸嘉夸族(kwakwaka'wakw)冬节藏品的故土。阿勒特贝是鸬鹚岛(位于温哥华岛与陆地之间)上的一个村落,尼布克什(Nimpkish)部落居往于此,19 世纪 70 年代起,他们便来到这里的渔盐场工作。乌米斯塔文化中心是由来自霍索恩·曼斯菲尔德·托尔斯建筑师事务所(Hawthorn Mansfield Towers Architects)的亨利·霍索恩(Henry Hawthorn)设计的,由马歇尔·费舍尔建筑师事务所(Marshall Fisher Architects)扩建,并得到了夸夸嘉夸族理事会成员的指导。文化中心的营建主要是为了放置夸夸嘉夸族冬节庆典中沿用至今的精美面具和礼服,同时,也可以作为一个仪式空间使用。

举办冬节的人们把各种有用的物品,如食物、毯子、铜等(装饰性交换媒介)捐献出来。作为回馈,举办者的声誉和社会地位得以提升,冬节的纯粹与慷慨会增加他们的声望。1885 年,加拿大禁止了冬节仪式,随后在美国也被禁止。这都是由当时传教士和政府官员的煽动导致的。他们认为这是一种浪费的、不文明的习俗,并使当地人的同化变得困难(Fisher,1977,p. 207)。在加拿大,反对冬节仪式的法律条例后来又得到了扩展,涉及出席仪式的宾客以及支持此类节庆活动的任何人。1921 年,加拿大政府对村岛(Village Island)上的一次大规模冬节仪式进行了突击检查,逮捕了四十五人,并没收了各种仪式用品,后来许多其中的用品陆续被卖。

1967 年,夸夸嘉夸族人开始努力寻回这些物品。加拿大文明博物馆同意,如果有适当的设施与场所可以容纳,便归还其收藏的相关物品。因此,对于乌米斯塔文化中心的建筑空间,建筑师不得不在标准博物馆实践和当地人的需求之间寻求平衡,找到一种兼顾两方的方式。实际上,陈列礼服的空间(同时也是举行仪式的空间)是在一个瓦卡什(Wakashan)结构形式中,其西墙装饰着传统意象,可以从远处逐渐靠岸的船上看到(图 16.1)。

有观察指出:"在西北文化中,有两种财富:物质与继承关系。冬节礼物、面具、独木舟、房屋等物质财富是可替代的,因此可以放弃。而家族关系与地位这一财富,体现在歌曲、神话、舞蹈和徽标中,依托于继承权,不能赠送或出售。"(Carr,1993)因此,后者构成社会的真正财富,而前者是可以转让的。然而,从表面上看,大量赠礼是一种不可思议的慷慨行为,是对欧美文化价值观的冒犯。在后者看来,如果不是重大收购便没有意义。

图 16.1　乌米斯塔文化中心,1980 年。由弗兰克·沃德瓦尔卡拍摄。

此外,西方价值标准中最有价值的东西正是那些被捐赠的对象。通常认为,物体是那些我们可以感知到的东西,它们也是行动、思想或感觉指向之处,抑或是可以被感知从而激发某种情绪的东西。因此,物体是有形的、感觉化的经验库,包括自我确证和社会交往两个方面。罗素·W.贝尔克(Russell W. Belk)指出,以笛卡尔式的视角去理解人们和财产之间的关系,将无法解释这些关系中固有的力量和神秘。他说,笛卡尔式的理性试图让财产在生活中扮演的角色变得不再神秘,促使我们相信,财产不具有神奇的力量,从而忽视它们的“神秘、美与力量”(Belk,1991,p.17)。在他的观点中,相较于物质的神奇功能,其理性的、可度量的方面是次要的。作为西方文化基础中的核心,合理占有的神话失效了,因为“它否定了我们存在中不可避免的、必不可少的神秘性”(Belk,1991,p.18)。在夸夸嘉夸族中,这些财产作为传承介质参与运作,其意义在思想和功能上被族人共享,这使它们成为强大的社会仲裁者。

从远处的渡轮上看,1980年设计的乌米斯塔文化中心只提供了零星的线索,那些让人印象深刻的外观和图腾,标志着整个村庄过去的样子。正式入口位于一面朝向水域的无窗外立面上。在大门上方,靠近山墙的顶端,有一个居中放置的乌鸦头雕刻件。其三维立体的直喙向外凸出,与平壁木板上风格化的雷鸟和鲸鱼图案形成鲜明的对比。这些图案是由艺术家道格·克兰麦(Doug Cranmer)(国世袭酋长)绘制的。风化的灰杉木板为雷鸟羽毛和鲸鱼骨骼的黑色粗体线描画提供了一个巨大平面,从远处看时与令人自豪的族群遗产相呼应。如果从外部看,我们完全看不出这个简单的低双坡顶单层建筑,是由一个巨大的柱梁系统支撑起来的。显然,柱梁系统的规模已经远远超出必要的结构需要。无论梁体是短距的还是横跨整个空间,构件的直径依然保持不变。最初,这或许是出于省力的目的,但考虑到目前欧美传统的继承者一向从数学效率的视角看待工程师设计的微小结构,而它创造了一种陌生的比例关系。

今天,这座建筑里有许多归家族所有的仪式用品,如面具、篮子和铜币等。它们曾被当局没收,如今已用来庆祝重大的家庭活动,或为孩子提供文化培训。展览经过巧妙的构思。夸夸嘉夸族人努力了很久才收回了这些文物,他们决定,就像冬节上所见的那样,把文物展示在乌米斯塔文化中心的核心位置,而不是玻璃罩后面。在奥林(Olin)的纪录片中,克兰默·韦伯斯特(Cranmer Webster)解释说:“我们觉得,这些东西在归还之前已经在一个陌生的地方封存了很久,现在再把它们锁起来似乎不太对。”

这种设计可以让观众更亲密地接触面具,尤其是,可以调动观众的多种感知方式充分感受动物皮毛、雪松树皮装饰、天然染料等天然材料。对人们来说，这些面具是如此鲜活而又触手可及。陈列室成了舞台，面具和服饰在仪式中展示了它们的意义。鉴于这是私密性的族群活动，关于面具如何变得生动，如何与鼓、摇铃、人声等节奏声互动，可以在一些影片中找到很好的解释，包括夸夸嘉夸族自制的影片《百宝箱》、由卑诗省原住民旅游协会制作拍摄的影片，以及在乌米斯塔文化中心拍摄的影片，后两者在 YouTube 上就可以观看。

南乌特部落博物馆与文化中心坐落在科罗拉多州伊格纳西奥，由约翰保罗·琼斯（Johnpaul Jones）（乔克托/切诺基）设计。他试图用一种既能与部落本身产生共鸣，又能教育观众的方式，在建筑中讲述南乌特部落的历史。博物馆位于洛斯皮诺斯河畔（Los Piños river），意在突出南乌特部落与神圣象征"鹰"及"生命轮回"信仰的关联。筹备博物馆的七年间，琼斯和项目经理布鲁斯·阿诺德与部落成员会谈了数十次。琼斯（2010）说，他花了一年才得到博物馆董事会长老的信任："有一天，他们给我们这个小册子，说根据这个设计建筑。小册子讲的是他们的生命轮回哲学观。他们说：我们希望这是设计这个建筑的基点。那也成为我们努力的方向。"这个占地 52000 平方英尺的顶级新建筑收藏了部落现有的 1500 多件文物，同时作为部落集会的空间。中央锥形空间的两侧，一侧是教育空间，包括艺术与手工艺教室、多媒体教室、图书馆，一侧是博物馆空间，包括永久性和临时性展览。南侧还有一个舞蹈室，可以举行身着礼服的传统仪式，而入口处的半封闭空间则是为更大规模的群体性舞蹈准备的。

南乌特部落非常重视的是，通过现代而永恒的神圣象征"鹰"，将他们的文化和传统完整地表现出来："大楼的两翼象征着鹰飞行时展开的翅膀。鹰图腾与生命轮回的思想都是影响建筑设计与布局的关键。"（南乌特文化中心与博物馆，无日期）这一点在建筑的主要组成部分上表现得十分明显（图 16.2）。

建筑的两翼向外大幅伸展，呈现一个欢迎姿态，引导南乌特人和观众来到东边树荫下的圆形公共聚会空间。外立面的中央部分是一个 52 英尺高、类似枝编的截锥形中庭，呈现欢迎的姿态。同时，这也融入了南乌特文化元素，诸如圆锥形帐篷、编织、披肩、鼓等。具体来说，建筑的外形设计希望唤起观众对南乌特的印象，包括传统的尖顶茅屋、后来低海拔地区典型的圆锥形帐

图 16.2　南乌特文化中心与博物馆,2011 年。由弗兰克·沃德瓦尔卡拍摄。

篷,而格架象征着编织工艺,室内设计看起来像一个被拉紧的鼓(Gamache,2008)。层叠的格架犹如编织披肩,其分叉处指示着东面主入口的位置。高耸的中庭由一组垂直的沥青松木支撑着,顶部则由钢带固定。在一个复杂的工程中,中央的支撑元素也象征着将部落凝聚在一起的社会力量,用琼斯的话来说,"一捆棍子比一根更有力量"(Jones,2012)。

琼斯(2010)这样描述其设计的象征意义:"中央部分周围的十二根木柱,象征着一年中的十二个月。接着展示基本方位,以及对春分、秋分、夏至、冬至的重视,因为这与部落的许多重要事件有关……因此,这些重要事件与方位会在形式中得到突出表现。"建筑的两翼、格架与中庭的多曲线造型,象征着南乌特部落的"生命轮回"信仰与生活方式。这一点在接待大厅上方的中央天窗的一个玻璃圆圈上也得到了体现。天窗划分为四个部分,分别涂成南乌特部落具有代表性的四种颜色:黄色(代表东方、春季与幼年期)、红色(代表南方、夏季与青年期)、黑色(代表西方、秋季与成年期)和白色(代表北方、冬季与老年期)。人们可以在天窗下面看到反射的色彩。南乌特文化中心的媒体协调员,玛丽·诺沃特尼(Mary Nowotny)(2011,p. 45)进一步解释道:"这象征着南乌特人的生活构成,同时也是许多原住民的四个世界:自然世界,包括大地、植物和季节循环;动物世界,它们与人类同在;精神世界,在那里所有事物都是鲜活的;人类世界,知识在其中传递。"而中庭的中柱将所有元素统合在一起,天窗"作为一个焦点,可以辐射到建筑的每个区域"(南乌特文化中心与博物馆,无日期)。

为了传达出部落尊重土地的传统和对环境的关注,设计师设计了一个半圆形的单层草皮屋顶:"上面种着特殊的草,在冬季和夏季起到隔绝作用,冬季的被动式太阳能使室内保持自然温暖。"同时，它也成为"博物馆生命演变的一部分"（南乌特文化中心与博物馆，无日期）。在视觉上与编织工艺相似的格架，对减弱玻璃中庭的热量积聚也起到了必要作用。就像裹住身体的编织披肩一样，包上铝条板的保护性措施遮挡了夏天强烈的紫外线（Jones，2012）。

周边景观与建筑一样重要。入口的景观设计类似于落基山脉中南乌特部落的原生地。所有植物都是该地区各种海拔高度上原生的物种。而且，庭院边缘的设计灵感来源于水。因为在与南乌特部落的多次讨论中，一个高中生曾说："我们是山里人，所以应该有一条小溪，一条穿过草甸的小溪来欢迎和问候大家。"（南乌特文化中心与博物馆，无日期）

景观中设置了蜿蜒曲折的步道，观众可以了解南乌特部落起源的历史与体质分化。阿诺德认为其中的主要理念是，人们需要意识到，这里是南乌特部落的家，这个古老的民族在这里延续至今，并将继续在这里繁衍生息。阿诺德（Gamache，2008）认为，最重要的主题是客户的响应与共鸣："他们可以从中看到自己，可以将他们的生活方式和信仰置入到博物馆中。"最终我们看到的建筑使南乌特部落的理念具体化、有形化，并设置了合理的空间来容纳他们珍贵的家族文物、照片与故事，同时，还安排了一个同等规模、庆祝活态文化的专门区域。

新墨西哥州波瓦基普韦布洛的波耶文化中心（Poeh Center）是博物馆作为保藏、利用与创造文化物品中心的一个有趣范例。

波瓦基普韦布洛（Pueblo of Pojoaque）——"Pojoaque"一词在特瓦语中即"Po-suwae-geh"，意为饮水的地方——一直被视为特瓦人的文化中心。普韦布洛是众多游客的驻足之地，以其丰富的文化艺术传统闻名于世，如彩绘陶器、石雕、编篮工艺等等。1987年，州长乔治·里维拉（George Rivera）首次提出建造文化中心与博物馆的规划构想，他认为这是文化保护与复兴的一种手段。1993年，资金已筹措到位，可行性计划也已制定，这个永久性建筑被命名为"波耶文化中心"（Poeh Center）。在特瓦语中，"Poeh"一词意为"传统路径"。

不同寻常的是，部落委员会成立了自己的建筑公司，即波瓦基普韦布洛建设服务公司（PPCSC）。公司被特许承接新墨西哥州的各种商业建筑项目，其利润用于波耶文化中心(Poeh Center)的建设和维护(国家荣誉奖,2000)。南修·莱亚·赞德门(Nycha Leia Zenderman)说,最终的设计成果融合了专业设计知识与普韦布洛人的想法,并且,"灵感直接来自普韦布洛人的先祖阿纳萨齐人的建筑设计原则,以及北普韦布洛人现存的建筑……","但这不代表要排除当代结构技术和机械系统的使用,因为普韦布洛文化一直倡导切合实际的可能性。四层塔的结构,象征着特瓦人的四个世界。这是一个惊人的土坯建筑,可能只有在当地建筑法规并不适用的部落属地上才能建造。因为这样高度的建筑通常不被允许用土坯建造,尽管历史上甚至存在更高的"(图 16.3)。

图 16.3　波耶文化中心与博物馆,2002 年。由弗兰克·沃德瓦尔卡拍摄。

文化中心的场地由波瓦基普韦布洛捐赠,占地三英亩。该项目的第一阶段完成于 1996 年,包括分布于 7560 平方英尺空间中的教室、陶器、珠宝和雕塑工作室和工场。第二阶段于 2002 年完成,18966 平方英尺的结构中容纳了行政办公室和博物馆。该项目目标宏大:建成时,该中心将包括波耶博物馆、艺术销售画廊、博物馆藏品研究空间和教室,还包括儿童博物馆、图书馆和档案研究中心和剧院,甚至还有一个致力于传统食品文化的咖啡馆(George Rivera,私人通信)。通过将各功能分散在不同的建筑中,最终的呈现将类似于传统的普韦布洛村落。文化中心的建设使用土坯砖和当地木材等传统建筑材料,传统的施工方法也被纳入培训计划。以传统村落的建筑形式来建造文化中心实际上是一个值得设计者骄傲的地方,因为他们觉得普韦布洛建筑设计和建筑技术与其他传统艺术一样重要(波耶文化中心简介,2000)。

波耶文化中心内部极具视觉震撼力。天花板横梁的用材是云杉、松树和道格拉斯冷杉,以直径粗细不同的原木交替排布的形式,确保均匀的效果。里韦拉指出,每个房间的天花板上是不同的,本是出于资金方面的考虑,结果同样具有艺术美感。实际上,使用粗细不同的木材这一做法可以在马车的木材承载力上找到历史依据。麦克霍尔(Rivera et al.,2010)指出,地板的用料是当地的石材、粪便、泥浆、木材。但他也说:"我们努力保持我们的传统建筑风格,同时,文化中心的功能对气候控制和安全性的敏感度有着很高的要求,所以我们不得不在保持基本结构不变的基础上,兼顾后者。"

波耶文化中心采用了一些非常规的方式,比如,关于展览内容及展品的具体参考资料很少。取而代之的是,展览中引入了许多部落长者的理解与诠释。里维拉(2010)说:

> 当我们参观展览时,你会发现它有点不同寻常。这里根本没有标签牌。工作人员会给你一个耳机,你会听到一些老者在讲述普韦布洛的生活方式。但那不是具体的,比如解释这座雕塑代表了什么,更多的是,让观众身处在我们创造的这些小环境中,自由理解与感受……我们不想要一个给每个展品贴上标签的博物馆。

波耶文化中心的另一个特色是,永久展览中央根据季节变换的活水。里维拉(2010)解释道:"每个人都说展览中不能有水,我们只能做虚拟水流。但我们不会放弃。我们必须有这个元素。在我们的展览中,水流是至关重要的。所有的普韦布洛人都在河流和小溪边成长起来。"

波耶文化中心由许多部分组成,而"博物馆"展示区不一定是最重要的;事实上,在文化保护与传承方面,工作室或许更重要。其中有几个工作室设计精心且遵循完整性原则(图16.4),着实让人印象深刻。珠宝工作室中的巨型石柱是从附近的山上切割、搬运过来的,一根巨型木梁被谨慎地安装在石柱上。州长里维拉是一个著名的雕塑家,他在石柱上凿出一个凹槽来安放木梁（在华盛顿的史密森尼博物馆，可以见到里维拉的作品——英雄青铜雕塑；在普韦布洛文化中，艺术家成为政治人物是不多见的，但新墨西哥州州长还是珠宝设计师）。正如坚持水流在展览中的重要性一样，石柱的完整性也得到了保留。不同于我们今天常用的典型结构，石柱非常坚固，而且不使用单薄的切片。虽然在特瓦语中，没有代表"艺术"这个意思的文字，但波耶文化中心和博物馆努力使大部分建筑成为激发人们创新动力的场所，这种"创新的动力，可以唤起实验精神和永恒感，定义了普韦布洛人之间的知识传承方式，无论在过去还是未来"。

图 16.4　波耶文化中心珠宝工作室，1996 年。由弗兰克·沃德瓦尔卡拍摄。

位于亚利桑那州钱德勒的呼呼刚文化遗产中心（Huhugam Heritage Center），陈列吉拉河印第安社区的历史文化，它是由来自斯塔斯特尼布龙建筑事务所（StastnyBrun Architects）的唐纳德·J. 斯塔斯尼（Donald J. Stastny）和来自大卫斯隆建筑师事务所（D. Sloan Architects）的大卫·N. 斯隆（David N. Sloan [Navajo]）联合设计的。这是一个独特的建筑，与周围的五条山脉融为一体。作为设计的一部分，其土筑护道形如西南文化中水罐或甑的口沿，但同时也像美国北部当地司空见惯的土筑工事。护道内部的走势犹如呼呼刚人的梯田。呼呼刚遗产文化中心具备两方面的功能：一方面作为一个收藏场所,保管着垦务局负责的中央亚利桑那水利工程中出土的部分藏品;另一方面,则作为社区的文化中心。具体来说,建筑中囊括了吉拉河印第安社区的考古学、人种学藏品和部落档案,图书馆和阅览区,以及一个具有展览支持功能的博物馆。建筑师与吉拉河印第安社区密切合作,创建了一个占地 68 英亩的建筑区,这是一个结构与景观的完美结合,表达了当地社区对土地和水的敬仰(图 16.5)。

图 16.5　呼呼刚文化遗产中心,2004 年。由弗兰克·沃德瓦尔卡拍摄。

斯隆(2010)这样形容整个过程:

> 我们(斯塔斯特尼和斯隆)开始便与和部落存在合作关系的垦务局一起工作。接着我们同吉拉河印第安社区开展了很多会谈与交流。我们需要了解皮马人和马里科帕人这两个部落的历史。我们在黑板上提供许多视觉信息,然后一起讨论景观的设计。部落长老们会参与进来,确认属于他们的历史与图像,并讲述相关的故事。

斯隆(2010)认为,视觉效果是至关重要的:"如果你要为这个社区创作大量的视觉形象,需要大家聚在一起讨论,特别是长者与青年之间的讨论,以及与部落领袖的讨论。很多时候,他们缺少一个合适的语境和氛围,让彼此流畅地表达和交换想法,而那才是共识开始建立的时候……"唐纳德·斯塔斯尼在谈及与客户互动的重要性时说:"在呼呼刚遗产文化中心这个项目中,我们在了解社区上花了大量时间……我们对理解与尊重其他本土文化的信仰具有高度的敏感性,我们都非常谨慎,尽量不去触及他们可能不想对外分享的领域。"

遗产中心的功能区分散在许多相对独立的建筑中,这些建筑分布在中央庭院的四周。中央室外区域的灵感来自呼呼刚人的"舞池"。据推测,这种现象在墨西哥与中美洲十分常见,可能在美国北部地区也有所反映。无论如何,呼呼刚遗产文化中心的"舞池"用于定期举行音乐会和舞会。基于呼呼刚人与沙漠植物的关系,麦克马克景观设计事务所(McCormack Landscape Architects)设计了带格架的民族植物学花园。布瑞恩·麦克马克(Brian McCormack)是这个项目的景观设计主顾问。他是美国一位经认证的执业原住民景观建筑师,在美国总共只有三人拥有这个头衔。景观的解说板上,呼呼刚人用自己的话语讲述着关于植物利用的故事。

视觉/计划/概念设计在逐步深入中,用呼呼刚人的语汇清晰地描绘出了他们,并使人了然于人、土地与天空之间的传统关系。"讨论围绕着建筑该有的感觉、气味、纹理、光线,以及建筑的形状与用料展开。大家分享了对编织、陶器、卡萨格兰德、日历棍、形式和纹理的历史及象征性的看法。"(StastnyBrun et al.,1998,p.8)其他灵感的来源包括神圣的数字"四",涉及四个方位、四个阶段的生命转换、四个季节与四种颜色,以及动物、传说、文物、图案等符号。这些要素最引人注目之处在于它们的感官面向以及对符号性的重视,这在西方设计的早期比较常见。

据建筑师所说,项目的组织与布局分析,正是从上述两点出发的,当然还考虑了朝东的入口、方位基点等基本要素。整个环境,特别是活水的引入,需要综合位置、外观、气味等方面(StastnyBrun et al.,1998,p.8)。无论设计多么巧妙、规划多么高效,一旦这些方面出现失误,建筑仍然会显得怪异而疏离。"在景观设计中,土地、水、动植物的重要性毋庸置疑。呼呼刚人的后裔都强调水和植物的重要性……对他们来说,这代表了很多东西,如舒适、安全等等。"(StastnyBrun et al.,1998,p.16)该设计中还必须考虑建筑结构和景观在直线和曲线形状之间的差异。

遗产文化中心内部的功能区包括呼呼刚文物的永久收藏区(为当代皮马和马里科帕人藏品设置的一个专门空间),以及一个临时展览空间,可定期更换与主题相关的作品。永久收藏的一部分是吉拉河印第安社区出资购买的"布雷齐尔编织篮"(Breazeale Basket)藏品,由84个皮马编织篮组成。这个藏品的独特之处在于,我们可以知道编织这些篮子的究竟是哪些人,因为他们在一些作品上署了名。所有的空间都非常重视光线的控制与材料的选择。

该设计还体现了美国西南部原住民建筑设计上一个极好的方向,并再次提出了突出独特性这一方法的问题。斯塔斯尼简洁地回应了我们的问题:

> 有任何新的部落建筑出现吗?我希望如此,但如果它真的会出现,也将非常缓慢。也许美国原住民建筑师和景观设计师的数量太少与其也有很大关系。认为原住民建筑只要设置一个娱乐场或在墙壁上画上部落符号就可以实现,是一种危险的想法。真正的原住民建筑应该是一个讲故事的空间,一个集会和教导的空间,包括仪式和游行,而最重要的是,表达当地人的心声。(Stastny,私人通信)

在这些地方,文物保存的方式,要么是日常仍在使用,要么是在特定的空间与藏品直接相关的仪式中使用。

新方法:给建筑师与策展人的建议

具有讽刺意味的是,作为从各机构单位收回文物的一个条件,美国原住民往往不得不称自己的文化中心为"博物馆",并使之符合博物馆的标准。然而,手工艺活态演示与仪式表演的空间超过为文物展览预留的空间是很普遍的现象。建筑设计的难度在于必须使用技术化的声音材料(从象征性上来看是正确的),符合某种特定世界观的现代审美,以及实现一个复杂的空间交互系统,既可以提供对展品的多感官认知途径,又能够满足举行仪式与典礼的实际功用。最终呈现的建筑必须是真实环境中的一部分,它可以经常用于日常或特殊的仪式,而不是作为更宽泛、无趣的文化中一个特殊部分而存在。在原住民地区,建筑师需要对设计过程有一个更全面的视角,并参与到建筑建设的每一个步骤中去,最终,依托遗址和文化,构建起一座可全方位感知的建筑,这与通常的西方博物馆体验完全不同。

西方设计能从原住民的经验中得到什么启发呢?这取决于我们在何种程度上接纳与了解自己的历史、思想理念与文化遗物。当然,建筑的在地观对于当代的欧美建筑师来说,具有巨大的启发与价值。西方设计中已经保留无几的文化意义是值得重拾的。肖恩·罗宾(Sean Robin)谈到这一点时说:"我们也希望,非原住民居民可以从原住民的做法和文化中不断汲取经验。"

　　另外,在讨论中提到了更严重的问题——西方文化自我观中已根深蒂固的精神——身体二分倾向。加里·威瑟斯庞(Gary Witherspoon)在论述纳瓦霍人的宇宙观时评论道,鉴于从二元性出发看待世界的西方偏好,"这毫不奇怪,艺术会与企业、政府等更实际的事务以及科学、哲学、神学等更严肃的议题脱离开来。然而在纳瓦霍人的世界,艺术不能脱离日常生活,因为创造美、与美融合代表着人类最高的造诣与最终的命运"。因此,他指出,"纳瓦霍人主要通过表达和创造体验美,而不是通过感知和保存"。虽然不能认为纳瓦霍人的观点适用于全部的美国原住民,但其观点无疑是很常见的。威瑟斯庞指出,纳瓦霍人难以理解的是,我们的艺术评论家和消费者远比艺术创作者多,并且将艺术视为边缘的而不是整体的。无怪乎西方博物馆的概念也被认为有所偏差。

　　南希·玛丽·蜜斯洛在《原住民的负担:博物馆语境中的政治》(Red Man's Burden: The Politics of Inclusion in Museum Settings)一文中讨论了"博物馆中印第安人与非印第安人之间关系的复杂性"。根据她对西方博物馆语境中引入原住民文物的研究与经验:"原住民的知识体系和西方人的知识体系都可以被理解为受到制约与规范的主观性系统。博物馆应当收集和保存的不是普遍的标准,而是与特定社会历史有关的具体规范。"在蜜斯洛另一篇颇有见地的文章《我们的语言中没有"艺术"这个词吗?:旧的问题,新的范式》(No Word for Art in Our Language? Old Questions, New Paradigms)中,她解释道:

　　　　从某个角度讲,"没有艺术词汇"揭示了原住民排斥博物馆、文化中心、画廊以及学术文献等非本土语境对原住民艺术的理解与解读。在这些语境中,美术浸染了个人主义、拜金主义、客观主义、竞争性等西方价值观,并被套上了精英标准的框架。对于"艺术"这个词汇的排斥,意味着对资本主义的、父权的、肤浅的西方文化的排斥。西方文化并不尊重与认同原住民的核心原则,如土地、语言、家庭和精神。对于一个本质上更全面的系统来说,拒绝被纳入到一个更狭隘的定义中,同时也是拒绝被指定与命名。这是一种对自决权的争取与努力。

因此,西方博物馆标准的应用涉及意识形态,以及对实用陈设的实际考虑。这似乎是一个不可逾越的设计障碍。

尽管如此,建筑师仍然可以在原住民的土地上创作出成功的设计。真正的问题是:当设计师(原住民或非原住民)与客户的文化背景存在显著差异时,设计师如何做好充分的准备? 创造出一个新的设计范式,其中的关键因素究竟是什么呢? 我们认为有四点:第一,设计师的态度;第二,他们所受教育的性质;第三,项目的融资来源;第四,客户对项目的控制程度(忽略资金来源)。虽然后面两点超出了本章的范围,但剩下的都是至关重要的。第一点是指设计师愿意倾听并敏锐地回应客户独特的要求和期待,虽然非常消耗时间,但对于最后的效果至关重要。第二点建筑师的教育背景是指,由于他们的学术训练和证书几乎完全是西方的,最好的情况便是产生相互结合的结果。

每一种文化都发展出了自己的感知符号系统,因此建立具有灵活性的、兼顾特殊性和一般性的设计准则是十分必要的。这样的准则可能包括以下内容:第一,要有充分的决心,通过具有包容性与针对性的研究,以及对感知价值的相对重视,设计出能与特定文化产生感知共鸣的建筑;第二,有必要寻找与确认当地文化中恰当且重要的符号、精神与神话要素,以及它们的空间表现方式;第三,发展出一种新的方式来思考文化空间的相应功能,从仪式性的到感召性的;第四,就谁是建筑的主要使用者这一问题,在前期达成共识很重要;第五,要创作出能够代表部族气质的设计,因为它将囊括整个部族的综合活动和物件。

当然,实际层面的问题总是需要被考虑。在原住民文化的情况下,往往需要选用当地常见、廉价且容易获得的材料。无论建筑是何种类型,都必须考虑维护的问题,偏远地区应当尽量避免选用需要专门维修技术的高科技设备。任何聪明的设计师都应该听取当地居民关于气候、地形条件及传统改善方法的长期经验。

建筑师丹尼尔·格伦(Daniel Glenn)为我们概括了目前为原住民设计的方法,基本上有三类:图像的、自然的和宇宙论的。一是尝试通过建立象征性的图标系统来传达文化特质;二是采用设计表达自然精神的方法;三是追求一种灵性的设计,运用部落的宇宙观来构思建筑的构造和选址。在这里,部落的宇宙观是确定建筑形式的主要工具。至于建筑的最终形式,格伦的结论是:"首先,在确定设计的性质时,让部落成员直接参与到设计过程中是至关重要的。其次,决定形式的关键要素可以来自传统的部落建筑和文物,而不一定是这些文物形式的衍生。"然而,最重要的是认识到,原住民对于自身的文化性质有着截然不同的理解方式。对他们来说,一个成功的文化中心(如果坚持要叫作博物馆)意味着它必须致力于社会凝聚力的强化。

第五部分

未来的博物馆

17 多感知记忆：
体验如何更好地促进记忆

杰米·沃德

通过对不同感官信息的应用,本文主要探究记忆构造和恢复是如何进行的这一问题。这里涉及一个关键概念,那就是记忆是由分布在大脑不同区位且通过代表不同对象、概念和事件的不同枢纽整体结合在一起运作的一系列不同属性(感觉、情绪、口头表达等)所组成的。记忆恢复包含对这一模式的复原(即创建一个整体构成部分)。使用不同感官来对事件进行编码可使得大脑中的记忆模式更加分散。尽管这本身并不能确保该记忆过程能更加高效。后者取决于那些组成部分被有意义地结合在一起(即基于先前经验和知识)和被随意关联在一起的程度,以及学习的初始条件在记忆中得以恢复的程度。本文还考虑到了心理意象和不寻常的知觉经验(共感)方面的个体差异性,及其与更好或者更糟的记忆之间的联系程度。最后,本文讨论了其对现实中博物馆设置带来的启示。

通过特征捆绑来形成记忆

学习和记忆的实现需要整个大脑的参与。我们的现实经历可改变神经元之间的相互联系方式,从而改变我们对未来事件的响应能力。这样一来,当我们最近受到过的刺激(如一种声音或一个对象)再次发生时,我们能够更快速地对其做出响应(一种叫作"重复启动"的现象)。这是由于大脑对该刺激物的编码已经以某种方式发生了改变(例如,通过更有选择性或者更同步的响应改变)(Gotts,Chow et al.,2012)。当两个方面被同时呈现时(例如,一种声音和一个对象),我们对两者的响应将会发生改变,但是,这两者之间的相互响应也将发生改变(Albright,2012)。也就是说,两者之间形成了某种联系。就神经系统而言,刺激是"同时发生并且联系在一起的"。因此,当再次遇到该种声音的时候,我们脑中会有意识地唤起记忆,对该对象或者对该声音的响应速度会更快,从而提升该对象的可用性(一种叫作"联想启动"的现象)。

我们的记忆包含一系列结合在一起的不同类别信息(McClelland,McNaughton et al.,1995;Rissman and Wagner,2012)。对于某个熟悉对象的记忆,如一根香蕉,包含了不同类别的关联信息:视觉特征(它的颜色),非视觉特征(气味、味道),以及由多个感官所共享的特征(尺寸和形状)。其他类别的信息也与此相关,例如事实信息(如他们生长在哪里)、其名称("香蕉")、其功能(吃)。这些共同组成了我们对一根香蕉的语义记忆。语义记忆可被作为是针对世界万物所产生的稳定、不变且脱离语境的记忆。然而,所谓的"记忆"还有针对各个事件,特别是时间和地方的更特定的一层意思。这些情境化的记忆在心理学上被称作情景记忆(可与"自传体记忆"这一术语有效替换)。由于情景记忆基于经验产生的特性,其在心理研究以及记忆概念研究领域具有特殊的地位。要想产生情景记忆,就得在事件发生时对初次呈现的感知、概念、情绪和情境模式细节进行部分重现(可参考 Rissman and Wagner 的相关研究,2012)。考虑到这一点,重新采集情景记忆有时候被描述为一种"心理时间旅行"的形式(Wheeler,Stuss et al.,1997)。有趣的是,一种记忆情况与特定学习情况越类似,则其越容易被记住,也就是说,我们能够越容易地对这些感知、概念、情绪和情境模式细节进行重组。这种强大的心理规律被称为"适当迁移加工"(transfer appropriate processing),简称TAP 效应(Morris,Bransford et al.,1977)。

图 17.1 表明目前为止所描述的一般原则,即记忆是通过结合不同类别信息来构成的。对物体的知觉表征(如它们的基本形状)、语义知识和情景记忆都属于记忆类别的一种,但其内容本质不尽相同。支持它们的大脑区域亦有所不同。大脑内侧颞叶区,如海马体,对处理复杂记忆(情景记忆和语义记忆)起到了尤其重要的作用,因为它们接收来自整个大脑区域的信息输入,特别是不同类别的信息(例如,不同感官输入的信息[Quiroga, Kraskov et al.,2009])。它们也可能用于支持这类记忆,因其能够将一个新事件与已有的类似记忆分离开来。这些内侧颞叶结构通常被认为可形成一个"指数",该指数

可将某个事件的不同特征联结起来(McClelland，McNaughton et al.，1995)。
这一指数是在创建记忆(记忆巩固)之初就需要还是可另外用于支持以后的
记忆还有待探究(Frankland and Bontempi，2005；Moscovitch，Rosenbaum et
al.，2005)。相比之下，大脑的其他部位没有这么丰富的信息输入模式，但仍
可将特定类别的信息联结在一起。例如，下颞叶中某些特定区域具有形状感
知功能，可将触觉和视觉信息结合在一起，以形成一种有关物体形状的感知
记忆(Amedi，von Kriegstein et al.，2005)。其他区域可将嗅觉和味觉结合在
一起，以产生事物气味记忆(Small，Voss et al.，2004)。总之，大脑不同区域
中的记忆类别取决于其信息输入模式(除了其所执行的计算类别之外)。

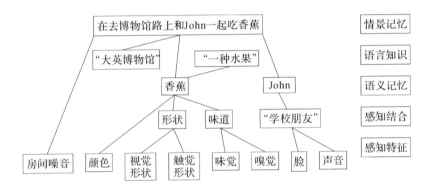

图17.1　不同感官信息可通过合理的分层技术在不同程度上结合起来。
例如，一种味道和一种气味在记忆中的结合可能需要依赖大脑的不同区域
(关联"枢纽")来完成，而一种声音和一种颜色的结合却不需要如此。

卢克和沃格(1997)对大脑如何在不同系统中储存部分和全部信息进行
了具体举例以及有影响力的研究。该研究将一系列简单的视觉信息呈现在
参与者面前，并要求他们通过所谓的工作记忆区记住这些信息。该工作记忆
区可对相关事物进行积极存储(阵列的大小从二至六不等)。在另一项实验
中，他们展示了不同线条定位的阵列。在这两个例子中，当参与者的记忆中
保留超过四个特征时，他们的记忆开始变差。一个有趣的对比研究是，当所
有特征联结需要被记住时(如一根定向的有色线条)，即使该联结要求参与者
记住两倍的特征，但结果表明记忆表现不但没有减半反而保持恒定；也就是
说，参与者大约能够记住四个联结特征。他们甚至将这一结果拓展到四倍特
征条件中应用：对于四个物体所分布的十六个特征的记忆准确性等同于对四

个物体所分布的四个特征的记忆准确性。这是由来自不同类别的记忆表现（特征和物体）的容量极限导致的。我们对于物体的记忆不仅仅包括对构成该物体特征的记忆，还包括对该物体作为一个整体的记忆。

从部分记忆恢复到全部记忆

上述观点认为，构成复杂记忆的特征被分布在大脑的特定不同系统中并结合成"枢纽"，从而使得特定类别的信息能够联合在一起，其中一些结构，如海马体，是一个接收来自所有感官信息的中心枢纽。在这一框架中，记忆恢复包括对这些特征模式的重新激活。一般来说，记忆恢复可通过两种不同方式来实现。第一，通过唤起构成这一事件的其中一个元素（如看某个物体，闻某种味道）来触发记忆。这被认为是一种从细节到总体的记忆联想恢复方式。第二，基于自上而下的要求来唤起记忆。例如，回答某个问题，如"我最后一次访问博物馆是在什么时候"，以此来触发各种情境联想（如我最近假期所去过的地方），进而恢复对事件特定特征的回想（如看到了什么）。在这两个例子中，通过恢复记忆整体的某个构成部分，可实现全部的记忆恢复；但是，这两种情形在记忆提示方式上是有所区别的。

神经科学证据对这一记忆恢复的基本模型进行了证实。戈特弗里德等（2004）使用脑成像技术（fMRI，功能性磁共振成像）对气味（如玫瑰的气味）和物体（如一个头盔或橱柜的图像）之间的联想记忆进行了研究。在编码阶段，参与者被要求在气味和物体之间建立一种叙述性连接。在测试过程中，参与者可看到视觉对象并被要求确定此前见过该对象（旧对象）还是没有见过该对象（新对象）。这两个条件之间的对比表明，连接嗅觉感知的大脑部位通过此前已经关联过的视觉对象已经被激活了。在一个类似研究中，尼贝里等（2000）呈现给参与者多感知刺激物（视觉单词和与其配对的环境声音，如狗吠声）或者单感知刺激物（仅视觉单词）来记忆。在测试过程中，只呈现了视觉单词，然而，那些此前与听觉刺激相关联过的单词在大脑某些致力于听觉处理的区域（如听觉皮质）被激活了。多感知记忆恢复（相对于单感知）同样与大脑海马体区的活跃度相关联，这可有助于将这些部件连接在一起。

就此前所产生过的整体记忆的激活而言，当给出一个部分暗示后，动物大脑所记录的个体神经元认知可对该记忆进行恢复,该动物之前需受过相关训练,即某感官(如视觉)的任意刺激是另一个感官(如听觉、触觉)刺激的前兆。布罗施、施莱茨尼瓦和沙姆沙伊赫(2005)对学过将视觉刺激与随后的声音进行配对的猴子的神经活性进行了记录。视觉皮质中的神经元对与声音相关联的视觉刺激而非其他类别的视觉刺激做出响应。大脑中涉及触觉感知的部位(主要体觉皮质区)的神经元同样能产生类似的结果:这些可对视觉刺激做出响应的神经元此前均与触觉刺激进行过配对(Zhou and Fuster,2000)。这些结果在本文所述框架中非常适用,也就是说,当不同刺激物同时呈现的时候,其未来的相互响应将会产生改变。然而,我们对于该大脑活性模型应当如何被解读仍存疑惑。对于这些研究结果的一种解读是,传统意义上被认为具有"视觉""听觉"或者"触觉"功能的大脑区域不应再被如此理解,反之,其应被认为是一种本质上的多感知(虽然针对某个特定感官可能存在偏见)。还有一种观点认为,"听觉"皮质中对相关视觉刺激做出响应的一个神经元在本质上仍然属于"听觉"方面,只不过现在它不仅仅对真实的声音做出回应,还对暗指的声音(即通过与此前视觉刺激相关联而产生的暗指声音)做出回应。换句话说,神经元的回应既包含听觉感知又包含(视觉引出的)听觉意象(Albright,2012)。总之,我们目前还没有对如何将这些有趣的神经科学观察现象与意象和记忆的主观内容相连接并加以充分的理解。

语义一致性在多感知记忆中的作用

尼贝里等(2000)以及戈特弗里德等(2004)对形式不同且任意配对的刺激进行了研究(如玫瑰气味加上视觉所见的一个头盔;视觉所见的单词"桌子"加上听觉感知到的狗吠声)。他们发现,特定类型的配对可能尤其倾向于在自然环境中共同发生(如:味觉和嗅觉总是一起出现,正如脸部和声音),并且进行早就存在或者通过学习获得的语义多感知关联(如我们知道狗叫的声音是什么,其听起来像什么)。物体声音和外表之间早已存在的这些关联可促进随后的情景记忆。默里等(2004)呈现了一个连续的视觉图像并要求参与者将其按照新旧进行分类(如根据它们是否此前被呈现在图像流中)。起初的展示要么是仅视觉可见(如一把枪的图片),要么是视听和语义一致的(如一把枪的图片和一个"嘣"的声响）。结果表明，当某图像此前曾与其语义关联的声音配对过时，图像记忆的效果更佳。这一效果取决于大脑中涉及物体识别的一个多感知区域（侧枕骨复合体），而非海马体的快速运作。这表明，当听觉和视觉特征在语义上一致时，两者能够在一个多感知处理的对象层上被绑定在一起。当两者不一致时（Nyberg et al.，2000），它们可能在一个多感知处理的事件层上被绑定在一起（如在海马体上）。根据尼贝里等（2000）的研究，任意关联的多感知事件并不比单感知事件好记（相关趋势表明前者表现更糟）；然而，默里等（2004）针对意义上相关联的多感知事件的研究结果表明其更易被记住。随后一些研究证实多感知事件编码只有当该事件的特征能够被有意义地结合在一起时才能导致记忆表现更佳（因为它们对同一个物体做出回应），而当多感知特征被错误地配对或者任意配对的时候，记忆表现则不会提升（Lehmann and Murray，2005；Thelen，Cappe et al.，2012）。有意义地结合被认为是一种"深层次的处理"，其遵循另一个基本的心理规律，即更深层次的编码记忆通常更容易被记住。在心理学上，这一概念被称作是处理层次，简称 LOP（Craik and Lockhart，1972）。

同样的研究结果在脸部和声音关联记忆方面也得到了验证。冯·克里斯坦和吉劳（2006）让一群参与者将声音与脸部或者姓名关联在一起。一个人的声音与其视觉外表并不是任意配对的；反之，两者与一些中介因素如形体大小、年龄和性别是有关系的。然而，一个人的声音与其名字之间的关联是更加随意的（除性别限制外）。参与者发现识别此前与脸部配对过的单向声音比识别此前与姓名配对过的单向声音更容易（O'Mahony 和 Newell 2012年同样对此进行了研究）。这一脸部和声音识别的好处在设计任意物体关联而非人物关联的极限测量上同样适用，特别是对于手机铃声和手机姓名之间或者手机铃声和手机图片之间。这一脸部和声音识别的好处与脸部识别区和声音识别区之间更大程度的神经耦合活动相关联。类似地，适用已知声音进行的研究表明，说话者的相关识别（如只有声音）可促进大脑脸部处理区域的活动（von Kriegstein，Kleinschmidt et al.，2005），也就是说，可实现从部分记忆恢复到全部记忆。脸部和声音之间的关联可能是我们最早学会的具体视听关联。母亲的声音是在产前就已识别的，而在生产时，这种熟悉的声音可促使婴儿将该声音与母亲的脸部产生快速关联（Sai，2005）。

这些一致性效应不仅仅体现在复杂刺激如脸部和对象上,还体现在基本的知觉学习任务上。夏姆斯和他的同事(Seitz,Kim et al.,2006;Kim,Seitz et al.,2008)训练参与者进行一项较难的视觉运动任务。在该任务中,参与者需要从往不同方向运动的不同圆点中看出大部分圆点是往左边运动的还是往右边运动的。在训练过程中,他们仅能受到视觉刺激,或者一致的视听刺激(声音和视觉景象一起朝同样方向运动),或者不一致的视听刺激(声音朝着视觉景象的反方向运动)。主要的测试条件只包括移动的视觉刺激物(即无声音)。结果发现,一致性视听训练相比其他两个训练(两者并未有不同之处)效果更显著。我们可以想象,最好的学习就是只在视觉条件下进行,因为测试本身就是仅在视觉条件下进行的。但这并非如此:训练过程中有意义的听觉存在可在单纯的视觉测试中提升参与者的表现。

心理意象、共同感觉和记忆

采用包含视觉意象使用的策略可有助于记忆。例如,当语言材料被另外编码为一种心理图像时,针对该语言材料的记忆表现就能够得到提升(Paivio,1969)。维奥的双重编码理论曾对此进行了解释,也就是说,以多重编码形式储存的信息(视觉和语言)对记忆是有帮助的。单词刺激的具体性和意象性(如该单词的意思与感官经验相联系的程度如何)对于记忆表现是有促进作用的,且其进一步对该理论进行了验证(详见 Paivio 的研究,1995)。这些观察结果与此前所描述的内容是紧密联系的,例如,如果我们看到一把枪并且听到了它的枪声,就更容易记住它。然而,那些研究需要对两个感官部件进行感知,而在该研究中,只需要想象一个(或者多个)感官部件。类似的大脑处理既可进行感知活动也可进行想象活动(Kosslyn,Ganis et al.,2001),因此,或许这结果并不令人震惊。

更多复杂的心理图像可用于支持更令人印象深刻的记忆。例如,由古希腊人首先提出来的"轨迹法"包含了通过将每个元素沿着一个熟悉路线的标志进行排序来进行任意序列记忆(如从家里到工作场所)。通过该方法,有着"正常"记忆水平的人就能够通过打乱牌的顺序来训练自己的记忆能力(O'Brien,2001)。

　　尽管心理意象的使用能够有助于记忆（至少对某些类别的刺激而言），但个人心理意象生动性的差异并非与其记忆能力的差异相关联。有着较高视觉意象表现力的人对于任意单词配对学习的测试能表现得更好（Rossi nd Fingeret，1977），他们也能更多地回想起此前所看过的图像细节（Hänggi，1989）。然而，其他人认为，诸如此类测试中增加了的记忆可通过一般的关联编码得到提升，而非通过意象本身（Marschark and Surian，1989）。此外，他们还认为，个人在意象方面的差异性更多取决于其是否有策略地利用意象而不是专注意象的生动性（Ernest and Paivio，1971；Cohen and Saslona，1990）。最后，更生动的意象（以及更惯于使用的意象）有时候可能导致更差的记忆。霍伊尔、费奇曼等（1986）在长期经验（如纽约警车的颜色）或者短期所见（将一种颜色铭记于心，然而将其与一组可能颜色进行匹配）的基础上对颜色记忆进行了探究。拥有更好的视觉意象的人在回想确切颜色的时候，其准确性更低，因为其良好的想象力使得他们能够接受更大范围内的答案，而这些答案都是似是而非的。

　　除了将个人意象的差异性纳入考虑外，本部分内容还将个人知觉，即共同感觉的差异性纳入考虑。对拥有共同感觉的人而言，刺激物（如词语或者音乐）是与其知觉经历，如颜色和气味相关联的（Ward，2013）。例如，"星期二"可能是粉色的，而数字"7"可能代表冰冻果子露的味道。然而，这些关联并非是习得的，因为它们是在环境中任意配对的（如有颜色的字母表书本[Rich，Bradshaw et al.，2005]），但是，它们是拥有共同感觉的人们大脑的微妙功能和结构差异产生的结果（Rouw，Scholte et al.，2011）。在许多方面，它们类似于心理意象；例如，它们是由大脑而非感官器官所创建的，并且我们不会把它们与现实相混淆。不像外表所见的大多数心理图像，这些意象总是通过定义被引出。但是，大多数心理意象是可控制的（如关掉，交换颜色），这不是真正的共同感觉认知（如果"星期二"是粉色的，则它总是不可避免地为粉色）。在本文框架中，我们可以这样说，"星期二"这一刺激物/概念有着与其相联结的额外特征（粉色），无论什么时候，当碰到该刺激物/概念时，人们就能恢复并体验该特征了。

　　拥有共感可优化许多记忆测试的表现（Rothen，Meier et al.，2012）。如果词汇被感知时是有色的，那么这些共感在人们回顾单词列表的时候就更容易被想起来(Radvansky，Gibson et al.，2011)。如果时间(如天、月)被认为是空间可见的,那么这些共同感觉在回顾某个事件线索、某个事件细节的时候就更容易表现出来(Simner，Mayo et al.，2009)。然而,这些记忆好处并不只是针对引起额外知觉的刺激,它们还可能在特定的其他领域被找到。例如,有着颜色相关经历的共感者能够对颜色进行更好的记忆(Yaro and Ward，2007)。对于有着较高意象水平的人来说,这一结果是相反的(Heuer，Fischman et al.，1986)。这表明,共感不等同于较高意象的标准形式,即使拥有共感的人倾向于被认为是视觉思考者(Barnett and Newell，2007)。

从实验室到博物馆

我们应该为想要创建一个多感知博物馆的人提供什么具体指导呢? 根据上述论据,我们提出了如下建议:

1. 来自不同感官信息之间有意义的结合程度对于此后的记忆是至关重要的。

2. 实际的信息量并不十分重要,并且若感官收到的信息并不相互冲突,则大脑完全有能力避免"感官超负荷"。

3. 意象和想象力有助于促进记忆,尽管这取决于学习的内容是什么以及个人的想象能力。

18 美学的秘密在于感官共轭：重塑感官博物馆

大卫·霍威斯

西方哲学家与心理学家一直在争论盲人是否拥有审美体验的能力。18世纪的哲学家德尼·狄德罗认为盲人不能对美学产生直接的理解："当盲人说'真美'时，并不是做了一次美的判断，而只是简单地重复着明视者的判断……对于盲人而言，美仅仅只是一个单词。"（Diderot，引自《摩根》1977，p.33）20世纪早期心理学家格察·里夫斯同样认为盲人缺乏审美感觉。他发现，盲人既不能准确识别，也不能准确判断雕塑半身像的美学价值；他从中得出结论："我们不得不承认盲人没有欣赏创意作品美学的能力。"（Révész，1950，p.219）

本文探讨的问题在于这些结论是归因于盲人的缺失或缺陷，还是西方对美学传统定义的不足，并且机构制定的规则是否也加强了这样的传统美学定义。文章的第一部分将指出定义和机构中（尤其是在现代背景下）存在的问题。美学和博物馆机构的本源意义远不是现在这样完全依赖于视觉。接下来，文章将通过两个案例研究表明非西方文化（具体而言，就是西皮波科尼宝族与纳瓦霍族）中美学体验的产生方式。之所以关注这些文化的艺术形式，是因为它们没有受制于"视觉审美"，因而能够帮助我们理解美学除了"单一视觉"以外的意义（Jones，2008）。在结论部分，文章提出在之前的交叉文化与交叉知觉模式研究基础上建立先进的美学秘密理论——美学的秘密在于感官共轭，关键在于多种感觉模式的结合（而非彼此孤立）；之后，引出新型的、联合的美学定义，并将其最初应用于艺术史，之后应用于盲人的艺术教育。

本文表明畅想未来博物馆最好的方式是探讨博物馆的起源，探索审美体验在各文化中的构建。

美学的产生与征服

　　"美学"概念由 18 世纪中叶哲学家亚历山大·文·鲍姆加腾（Alexander von Baumgarten）提出，来源于希腊的感性（aisthesis）一词，原义为感性知觉。对于鲍姆加腾（1750）而言，美学研究的是感知的完善，其次是对完美的感知，换句话说，就是对美的感知。他认为审美植根于人的身体，而非审美的对象，并将研究转向了感官的敏锐性。在某种意义上，感性同样也植根于身体，并与理性保持独立：鲍姆加腾视美学为与"高层次认知力的科学"（理性）相对的"低层次认知力的科学"（感性知觉）。其研究旨在抓住"可感知的多样性中统一"，但又不能将这种统一性简化成无趣的理性公式（Gregor，1983，p. 364-65；Howes，2010）。

　　没过多久，鲍姆加腾令人称奇的美学定义就失去了"感知的丰富性"这块内容，而他的美学定义也退居其次。在《判断力批判》（1790）中，哲学家康德对鲍姆加腾的观点重新做了定义，主张"公正"的思考与判断。康德学派的理论框架至今仍主宰着美学的话语权。美学领域局限于对一件艺术作品的固有形式的鉴赏，并与作品的内容分离开来。罗伯特·雷德菲尔德（Robert Redfield）对此进行了恰当的类比：

　　　　艺术……就像是面向花园打开的一扇窗口。人们或专注于花园，或专注于窗口。康斯特布尔的风景画或圣·高登斯的雕塑对于普通观众来说，他们关注的是花园。没有多少人……"有能力对窗玻璃或透明度，即对艺术作品调整他们的感知机制。"（Redfield，1971，p. 46，引自 Ortega y Gasset）

　　这个类比指的是：只有非常少数的观众，或艺术鉴赏家，有能力锻炼自己关注窗玻璃本身的能力，了解窗玻璃本身的形式构造与颜色，享有纯粹的美学体验，进行正确的判断。

　　我们需要注意该观点是如何将注意力从鲍姆加腾的美学观念（"可感知的多样性中的统一"）转移到对多感官的关系上。窗玻璃观点有效地消除了其他非视觉感官的输入信息，而后者被认为是干扰注意力的项目（除非涉及的是一场音乐会，听觉成为关注对象。在这种情况下，需要消除的反而是视觉）。以下内容是摘自哈罗德·奥斯本（Harold Osborne）的文章《艺术教育中的感性培养》：

> 当鉴赏艺术品时，我们的注意力完全集中于作品呈现的特定领域。听音乐时，我们会尽可能地摈弃邻居的咳嗽声，程序的沙沙声，甚至是我们自己的身体感觉。读一首诗时，观看一部电影或一场舞台剧时，我们倾向于忽略外界的感觉。但在自身关注的领域，我们对给予印象（而非实际的意义）的内在特质非常敏感，并对这些相互关联的内在特质所构成的图案非常敏感……这就是感知本身，而它也印证了康德所述的"无关利益的兴趣"的传统准则。（Osborne，1984，p. 32；更多信息参见 Elkins，2000，p. xi）

还应注意的是，奥斯本所述的美感灵敏度不仅仅在于观众的内在培养，同时也在于外界的灌输。博物馆制度，或是音乐厅对观众或听众的感觉加以种种强制限制，而这导致的结果是这些机构的功能被局限为"单一感官领悟"的空间（Kirshenblatt-Gimblett，1998）——这里指的是单一的视觉或听觉空间，而不是共同作用的视觉和听觉，自然也不是嗅觉、味觉、触觉或动觉空间。但事情并不总是如此，至少在一开始的时候不是。

博物馆作为感官场域

芭芭拉·基尔希布拉特-吉布利特发现博物馆是"一所感官学校……而这所学校的感官课程都有一段历史"。她的发现已得到了康斯坦斯·克拉森（2005，2012）、菲奥纳·坎德林（Fiona Candlin）（2010）与海伦·里斯·莱希的充分证明。正如克拉森基于其对 17、18 世纪旅游者的研究基础所陈述的，早期博物馆，如牛津阿什莫林博物馆与伦敦塔，保留了它们建立时作为私人收藏馆时的许多特质。策展人组织的博物馆之旅如同主人提供的住宅参观。策展人如同友好的东道主，被期待能够提供藏品相关的信息，并允许客人触摸物品……博物馆观众作为有礼貌的客人，被期待能够通过提问和触摸展出对象来表达他们对展出对象的兴趣与好感。

触摸时，他们拧转旋钮，抚摸雕塑，轻柔地托起、挥舞、拨弄，从而确定物品的重量、质地、温度，并以此来验证他们通过单一视觉所获得的印象。观众们或把东西放到耳边，如贝壳；或摇晃它们，如化石蛋，以感受其中的蛋黄。还会有观众嗅闻甚至是品尝一些展品，尤其是中国的燕窝以及埃及木乃伊。这样的嗅觉和味觉探索的依据在于气味及味道属于化学感觉，在实验室测试出现之前，嗅觉和味觉探索是确定一件物品的化学物质（或"本质"）的唯一方式。

因而，博物馆展览的多模式交互在早期博物馆中是很常见的情况，而这也是当代科学实践所主张的。用经验主义哲学家罗伯特·胡克（Robert Hooke）的话来说，"肉眼观察"需要伴随着"对……事物本身的触摸"进行（引自 Classen，2012，p. 141）。除此之外，它也受到其他概念的影响，如"时间与空间的消失"概念，通过触摸某些珍宝与创作人建立起直接的联系，或与一直流传的观点有关——与非凡物体（如"独角兽的角"）的接触，可以让人得到"超自然的力量"（如同几个世纪以前与宗教意象和文物的接触）。

然而这一切随着 19 世纪被托尼·班内特称为"展览复合体"（exhibitionary complex）的出现而改变了。随着资本主义价值的传播，物品变得比人更为重要，非视觉感官的应用也被认为是粗俗的、不文明的，甚至是对展品具有潜在破坏性的（在触摸案例中）。更严重的是，这个观点植根于"触摸没有任何认知或审美价值，因此在只寻求认知和审美利益的博物馆中不具价值"（Classen，2012，p. 145）。日积月累，现在所有的博物馆观众只能期待"能够拥有清楚和良好的视角来观察展品"。（Classen，2007，p. 907）

通过逐步的灌输，接近性感官的重要性下降，并逐渐被"走、看、讲、坐"的新方式所取代。正如海伦·里斯·莱希在关于博物馆的文章中指出，学习如何与艺术品保持"适宜"的距离，走路不徐不疾，学会"感受"（当然，是在不触摸的前提下）是博物馆观众体现自身文化素养所必须掌握的技巧——没有人想让自己看起来像个粗野的人。细心观察和自我约束成为规范是"艺术品被当作注视和思考的对象成为惯例"的必然结果（Rees Leahy，2012），而这导致了博物馆中观众与艺术品或异域文物之间的距离被越拉越大，无论他们之间是否真实存在实际的屏障（玻璃柜橱，隔离护栏等）。

然而，贯穿整个现代时期，仍有一群精英阶层能够触碰艺术品，即鉴赏家、策展人与私人收藏家。这些人通常为男性，是不工作也可以生活的有产者，享有触摸艺术的垄断权，并凭借其在社会上的地位获得并行使识别和认证的独特优势（Candlin，2010，p. 101）。然而随着私人所有制的发展，博物馆与他们的藏品被认为是属于公众的财产，鉴赏家与策展人所享有的特权在 20世纪受到了抨击。在一次特别的大转变中，有关触摸的争辩在 20世纪七八十年代激烈进行，专家的触摸被废止，而新的"触摸规定"首先服务于盲人或患有视觉障碍的观众，之后被越来越多地应用于"少数观众群体"（囚犯、患者以及其他弱势群体）。事实上，许多博物馆已推出触摸之旅、触摸研讨会、触摸区域，并将其视为理所当然的事。

　　藏品的保护仍然是个问题，甚至比之前显得更为重要，而博物馆的保护部门和教育部门之间就有关触摸的规定所进行的协商也可能是相当漫长的过程。此外，随着对藏品实际触摸的增加，一系列新的问题开始出现，这些问题与藏品的社会与文化意义相关——这些意义无法仅通过触摸获得（Candlin，2010，p. 120）。如何才能感知事物的意义呢？让我们来了解一下人类学领域。

跨文化美学

　　在许多非西方文化中，美学并不是一个独立的领域，而是日常生活和（或）仪式活动的一部分，为了达到特定的目的（如治疗），各个感觉并非彼此孤立，而是互相结合（Howes and Classen，2014）。关于跨文化美学的两个案例研究如下，每一个案例都展示了略微不同的感官共轭方式。

西皮波科尼宝族的治疗艺术

　　秘鲁印第安人西皮波科尼宝族有着高度复杂的几何图案，以及精致的花纹（有关说明详见 Gebhart-Sayer，1985，p. 158；Howes，1991，p. 7）。据说这些图案源自于宇宙之蛇（当地语言：罗南）的标识——被编入纺织品，刻于水壶与柱子上，绘在脸上，甚至是记录在手卷上（详见 Illius，2002）。然而，其最重要的作用体现在西皮波科尼宝族的治疗仪式中。

　　西皮波科尼宝族将医学理解为一门艺术，这听起来有点令人惊讶，但确实是真的；相对于当代西方医学实践（更倾向于对患者实施麻醉，使其失去知觉），西皮波科尼宝族的治疗实践更加重视通感的作用。

> 西皮波科尼宝族疗法的一个重要条件是由萨满与病人家属将病人安置在一个美观舒适（当地语言：基奎）的环境中。精心设计的环境可以安抚病人的感觉与情绪。看得见与看不见的几何图案、悦耳的歌声，以及空气中弥漫着的草药与烟草的香味，病人的食物以及与病人接触的人都带有纯粹宗教仪式的色彩。在病人承受病痛的关键时刻，病人决不会被孤零零地留在蚊帐中，而这样做也是为了向病人提供恢复健康所需要的情感因素。但是该如何对这样的印第安人式美学概念（基奎）进行理解呢？（Gebhart-Sayer，1985，p.161）

西皮波科尼宝族语"基奎"意为美学的、适宜的，用来指令人愉悦的听觉、嗅觉与视觉。我们跟随萨满了解建立在这三个感官层次（视觉、听觉与嗅觉）上的基奎，看它们是如何通过通感作用来形成美学治疗、文化关联与复杂巧妙的联系的（Gebhart-Sayer，1985，p.162）。

在治疗仪式开始时（治疗总计会有五次仪式），在致幻死藤水的作用下，萨满"如同透过 X 光一样"看着病人的身体。病人的身体图案看起来"非常混乱"，或如同一堆杂乱的垃圾，病人身上会有一个病态的气场，散发着邪恶的臭气，而那就是恶灵的标识（本地语言：泥胡），正是它带来了疾病。治愈仪式旨在恢复健康的身体图案，并通过提高生命能量的香味来中和病态的气场。

萨满会用绘有图案的衣服刷去患者身上的"混乱"，并用草药香包扇去恶灵所引起的瘴气，在此期间，还会一直喷出烟草的烟雾。之后，他会拿起自己的摇铃，击出嗅觉节奏：空气中"充满了烟草烟雾的芳香与草药好闻的味道"。接着，仍然处于幻觉之中的萨满感知到蜂鸟精灵画了一大堆发光的几何图案，这些几何图案在空中盘旋，并逐渐下落至他的嘴唇。当图案下降至他的嘴唇，萨满便将图案吟唱成歌曲。当曲子与病人接触的瞬间，会再一次变成图案并与病人的身体融合。理想情况下，图案会"永远留在病人的体内"。然而，在治疗图案随着歌曲融入病人体内的过程中，恶灵仍然会"试图通过吟唱邪恶之曲，伴随着类似汽油、鱼毒、狗、化妆特定产品、经血、不洁净的人身上所发出的臭气来毁坏图案"（Gebhart-Sayer,1985,p. 171），以弄脏或污染几何图形。这也是为什么需要进行五次仪式来获得"干净、整洁与完整"的图案，从而达到治愈效果（如果图案不能永久融入患者身体中，患者就不大可能恢复）。

邪恶的泥胡用来阻止治疗的另一个惯用伎俩就是找出萨满的医药容器。医药容器中存放着萨满所有的图案歌曲，泥胡找到它后，会撬动盖子打开它。这样的话，歌曲的治愈力量就会逃逸。这股治愈的力量如同图案歌曲的芳香，或是丝兰啤酒发酵过程中溢出的芳香（Gebhart-Sayer,1985,p. 172）。因此，除了视觉维度，图案歌曲同时也拥有了嗅觉维度，而图案的力量也寓于其芳香之中。

西皮波科尼宝族治疗仪式中所使用的这些图案、歌曲、芳香之间的通感在萨满的治疗歌曲中得到很好的体现：

> 恶灵盘旋于你的身体，
> 我现在就用充满芳香的颂唱驱赶它。
> ……
> 我看见了绚丽的图案，它们弯曲着、充满着芳香……
> （Gebhart-Sayer, 1985, p.172）

这里需要注意一点的是，我们将这些图案视为可视化抽象对象，而西皮波科尼宝族人则视它们为多感官知觉模型。因为这些几何图案同时也是乐谱和香水配方。它们一起产生了感官共鸣，而不仅仅只是视觉图案。

纳瓦霍人的绘画感受

纳瓦霍人的沙画一直被西方推崇为独特的、原始的视觉艺术形式。然而，如同西皮波科尼宝族的图案歌曲，纳瓦霍人创作沙画是为了治疗，而不是美学展示。"沙画（sand painting）"一词是用来形容纳瓦霍人图案创作的一个英语术语。纳瓦霍人所创作的图案指的是用洒落在纳瓦霍礼堂（或泥盖木屋）的沙地上的有色干颜料创作的纳瓦霍"圣人"的标志性图像。萨满唱着颂歌，召唤圣人进入他们的沙画象征图像中。

纳瓦霍人创作沙画来治愈群体中患病、受伤的成员。当沙画完成并依旧保持着神圣的力量时,它的作用还没有完全发挥完。病人必须进入礼堂,坐在图画上,或者换句话说,将自己与图案所表现出的神圣秩序相融合。萨满会从图案不同部分刮下沙子,然后涂抹到病人的身体,以此来转移图案的正能量与神圣秩序。当仪式完成,沙画会被清扫(Gill,1982,p.63)。

虽然沙画对于纳瓦霍人的意义在于传递治愈力量并确认纳瓦霍族人的宇宙信仰,沙画在西方却被理解成与西方绘画所不同的一种具有异域情调的绘画形式(Witherspoon,1977,p.152)。从这个角度,沙画就成了一种视觉形式,而非感受形式。依据沙画创作的初衷,这种感官优先级的改变极大侵犯了纳瓦霍人的仪式规则(当然,纳瓦霍人在绘画上的理念也极大地侵犯了西方规则)。为了让沙画成为西方人的视觉对象,它需要被更清楚、更直观地看见。而在纳瓦霍的泥盖木屋里,人们只能看到绘画朦胧的一面,并且也没有办法从上面看到绘画的全貌。为了"纠正"这一点,西方人尝试了许多方法。其中有一种方法是透过泥盖木屋屋顶的小孔拍摄沙画的俯视图——而纳瓦霍人是绝对不会允许这样做的,他们坚信屋顶上的孔是灵魂的入口。另一种方法是让纳瓦霍人在附着有胶水的画布上创作沙画。当胶水干了之后,纳瓦霍人可以将画竖立挂在墙上,如同一幅"真正"的绘画作品(Parezco,1983,p.31-39)。

这种做法不仅让纳瓦霍族的沙画偏离它们最初的感官与文化背景,同时也违反了纳瓦霍的传统——沙画必须在它们被创作的那一天的日落时分被清扫。沙画创作的目的是为了感受,并将力量融入人的身体,之后需要将它扬到风中,而不是将它作为视觉作品进行保留。事实上,如果长时间注视这些神圣的符号将会遭受失明的惩罚(Parezco,1983,p.38-48)。

西方艺术发展的感官选择

西方的艺术家们偶然从他们所接触到的非西方文化中的艺术作品中获得灵感。在此类文化采借(以及从原始的工艺到精美艺术的转换)中,最著名的一个例子就是巴勃罗·毕加索的《亚维农的少女》(1907)。这件作品,从毕加索的立体派时期起,成了西方艺术演化的关键节点,因为它打破了几个世纪以来主宰西方绘画的直线透视法。正如约翰·伯格的评论:"对于立体派而言，视觉已不再仅关乎正面视角，而是涉及所绘人物（或事物）所有一切可能的角度。"(Berger，1972，p. 39)很明显，从《亚维农的少女》的两个面具般的面孔可以看出，毕加索多视角视图的实验性作品的创作源泉来自于他在创作《亚维农的少女》关键时期参观特罗卡德罗博物馆时所遇见的非洲部落面具与雕塑作品所展现的多视角图案（或称"原始立体形态"）(Rubin，1984)。问题在于，由于这些非洲部落面具成了跨文化消费的对象，要不是毕加索在接触它们的过程中产生了视觉体系的震撼，毕加索是否能将多视角视图发展到我们所熟知的程度呢？

　　跨境文化同样也是杰克逊·波洛克创造"彩色场"或"行动绘画"的动力。无论是年轻的时候，还是从纽约出发前往美国西南地区的多次旅行中与纳瓦霍族艺术品的邂逅，都对波洛克产生了深刻的影响。借鉴纳瓦霍人的文化，他在地板上未展开的画布（而不是在画架）上进行绘画，"在地板上进行绘画让我感到非常自在，它拉近了我与作品之间的距离，我感觉自己更像是绘画本身的一部分，因为我可以绕着它走，在绘画的四面走动或真正地'融于'绘画作品中。这有点类似西方印第安人的沙画创作方式"（引自 Witherspoon，1977，pp. 175-176）。"像一名纳瓦霍艺术家"，威瑟斯彭(1977，p. 177)写道，"波洛克试图表达有序的、平衡的、有控的力量感与能量感"，他的画布因此"充满能量"，并与沙画一样具有短暂性的特质（例如，它们不能长久保存，因而也给负责保存它们的策展人带来很多困难）。

　　在西方艺术发展过程中的这些重大变化会被当作非西方表现技术选择性挪用的产物进行分析——即文化采借（虽然"采借"一词也许显得太过温和）。这里的挪用在一定程度上具有选择性，波洛克在将其转换为自己独特的风格时删去了纳瓦霍沙画的触感与动态对称性，而毕加索捕捉到了非洲部落艺术的可塑性，却抹掉了它的韵律性（在非洲文化中，面具是舞蹈道具，而不是艺术展品。面具明显的"扭曲"形态植根于非洲的节奏韵律中，而不是仅仅为了看起来如此［参见 Howes，1991，p. 20，n. 6］）。因此，虽然非西方元素与西方艺术的融合对新艺术形式的发展做出了重大的贡献，但它并没有对西方艺术作品的感官形式做出多少拓展，或是对博物馆中它们的陈列模式做出多少改变。

感受一幅画

西方艺术史学家不可能从聆听毕加索的绘画,或感受波洛克的画作中获得真知灼见,虽然一名非洲雕刻者也许有能力从毕加索的绘画中听出节奏韵律,而纳瓦霍沙画家也许能感受波洛克的画作。这与他们各自的原始文化所呈现的感官倾向相符。更重要的是,西方艺术史很少涉及绘画的交叉感官分析,因为艺术历史家们所受的培训并没有教他们采用多模式综合法进行画作鉴赏。毕竟,绘画是"视觉文化"的分支,而不是"听觉文化"或"触觉文化"的分支——或假设如此。然而,这种假设的不正确性在我们本章所探讨的跨文化美学角度中应该已经表现得很明显了。纳瓦霍人将沙画颗粒刮到病人身上,或是西皮波科尼宝族充满芳香的图案和歌曲都是跨感官艺术的典型例子。欣赏这些艺术形式的关键在于学习以一种符合文化的适宜方式进行感官结合——或更恰当地说——感官共轭。

传统西方艺术以外还有更多这样的例子,当然传统西方艺术中也有这样的例子。正如康斯坦斯·克拉森在《天使的颜色》(1998)中所表明的,理解象征派艺术、超现实主义艺术与未来主义艺术的关键在于留意工作感官的相互作用。人们不必止步于未来主义艺术,因为抽象主义趋势逐渐奠定了20世纪艺术的基调,而这也是从多模式角度进行理解的最佳方式。例如,正是对创造"视觉音乐"的渴望为许多最早(也是最精美)的非具象艺术表达提供了动力,如瓦西里·康定斯基(Wassily Kandinsky)的《赋格》(1914)或乔治亚·奥基弗(Georgia O'Keefe)的《蓝色与绿色音乐》(1921)(Brougher et al.,2005)。因此,艺术鉴赏时,如同生活中的大多情况一样,两个感官总比单一感官要好。为了抓住康定斯基或奥基弗的内在意义,有必要像培养历史学家们的火眼金睛一样培养他们敏锐的听觉。

当然了,最抽象的艺术包含了窗玻璃上众多纹饰与图案,没有音乐,更没有花园(参考雷德菲尔德的类比)。然而,我认为前面提及的多模态方法,要比"仅观察画作"的传统单一模态方法(或者更糟,用看画的方式来看世界)更加值得推荐。想想《如何运用你的眼睛》,这本书由芝加哥艺术学院的教授詹姆斯·艾金斯(James Elkins)所著,用三十二个章节教我们"如何去观察"人造与自然事物，从邮票到日落，涵盖内容丰富。艾金斯的方法具有深刻的揭示意义，但与此同时，当谈及非视觉艺术时，这样的方法又显得单调乏味。艾金斯写道：

> 观察的过程是一种纯粹的快乐——它让我跳出自己本身，让我只思考我所看到的东西。另外，事物的探索过程也非常有趣。得知视觉世界并非只有电视、电影或艺术博物馆是件让人高兴的事，尤其是当你有空闲的时间，并且独自一人，没有其他事情让你分心，你会发现这个世界充满了迷人的事物。毕竟，观看是一件无声的活动。它不是讲述，不是倾听，不是嗅闻，也不是触摸。它最好发生在你孤独的时刻，整个世界除了你，就只有你关注的对象。（Elkins，2000，p. xi）

鉴于本文所讨论的案例研究，我们不得不承认艾金斯没有欣赏创意作品美学的能力。

最后一句话与本文开头格察·里夫斯（Géza Révész）认为的盲人缺乏审美感觉的看法相互呼应。现在，我们可以看出里夫斯的判断（像艾金斯所说的"纯粹的快乐"）建立在狭隘的、视觉主义的美学定义上。而这样的观点在跨文化视野里是站不住脚的。审美不应被定义为一次一种感官的概念（如绘画、音乐、建筑等）。相反，审美发生在感官的交叉点上。通过对鲍姆加腾概念本义的深入探索以及对各文化审美体验多样性的简单调查，我们已经认识到这一点。大体上，审美体验适用于每一个人，无论他们运用哪种感官。即使一个没有视力的盲人，也能欣赏西皮波科尼宝族的几何图案，因为图案的内在意义可以通过歌曲和香味来获得。类似的观点存在于神经心理学家奥立佛·沙克斯（Oliver Sacks）的《心灵之眼：盲人看见了什么》（2004）中。在这篇文章里，奥立佛·沙克斯对渐渐失明的约翰·赫尔（John Hull）的案例进行了讨论，沙克斯从"他的注意力、重心组件转移到其他感官"变成"运用全身感官的观察家"；在盲人生物学家海拉特·韦梅耶（Geerat Vermeij）的案例中，韦梅耶能够"根据软体动物贝壳形状和轮廓的细微不同，描述出许多新品种的软体动物"；萨布利亚·坦贝肯（Sabriye Tenberken），即使已经过了 20 年的盲人生活，却能够"继续使用她的其他感官，借助其他文字说明、视觉记忆以及强大的图像和联觉能力，来构建风景、房间、环境、场景的'画面'，栩栩如生和详细的描述震惊了她的听众"（Sacks，2004，p. 26，28-32）。在所有这些例子中，失明都没有成为他们拥有审美体验的障碍。

盲人艺术教育中的多模式观点

这里所倡导的多模式艺术鉴赏方法符合盲人艺术教育哲学——其使命是使视障人士能够接触西方经典艺术。

想想如下的场景。一名当代艺术博物馆的观众，站在一幅抽象绘画作品前，面临着许多窘况。无论是视觉障碍或失明的人，都无法通过绘画的窗口感知到任何东西。然而，即使视觉障碍或失明的人都无法感知到超出绘画表面的部分，他们也许能通过绘画前面的空间装置来获取更多。例如，绘画作品的触觉模型可以供观众进行触摸，这样他们也许能够感受到人物或作品结构的关系。口头描述和（或）一个音乐片段可以供观众进行倾听。另一种为观众提供的可能性——让观众们想象绘画中人物（或其他元素）的姿势——并让绘画作品依据其所绘人物的舞蹈姿势进行运动。以这种形式，观众将以动觉的方式来进行感受。在盲人观众的案例中，可以让一名讲解员帮助他们调整姿势，引导他们进行运动。

所有上述策略（以及更多）在我所参与的"超视觉艺术"会议中皆有涉及，反映出那些参与盲人艺术教育人员的非凡创造力。有趣的是，在 2008 年的会议上，一名代表指出，当有视力的观众们发现他们在触觉模型的辅助下进行绘画的观察和探索时，他们对绘画作品的体验将会变得更为丰富，这个策略有助于将他们的注意力集中在作品的各个方面，并让他们在作品前逗留更长的时间，并更好地欣赏作品。这里的观点在于表明，体验一幅绘画作品不必仅通过视觉，即使视觉是作品唯一重要的感官维度。绘画本身可以将听觉或触觉体验转换成视觉体验（如康定斯基的绘画作品或纳瓦霍族的沙画例子），即使不是，我们也没有理由不在绘画与感知者之间构建多感官模型来帮助人们进行多感官感知。

盲人艺术教育产生了各种工具（窗口形式或网络形式），使得视障人士可以通过非视觉渠道来感受接触西方艺术作品。想想马塞尔·杜尚的作品《下楼的裸女二号》(1912)。《触摸与声音艺术史,欧洲现代主义:1900—1940》所述的这幅作品的触觉图中(*Art Education for the Blind*,1999),杜尚的作品被分割成不同厚度、具有不同大小凸点以及交叉影线等的区域,以此来传达绘画作品环环相扣的平面性与指向性。在录影带的指导下,感知者用自己的指尖划过绘画作品的表面,把握绘画作品的构造与动态。音乐旋律断断续续,适宜的停顿恰如其分地传达出绘画作品人物的机械式运动。不难理解这种表达方式里的触觉维度和声波维度将吸引纳瓦霍族萨满与非洲雕刻者,因为它符合他们各自文化中的感官倾向:观看前先感受与聆听,并确认他们从绘画中所感知到的东西。在感知这幅作品的盲人或视力健全者的案例中,触觉和声音将作为作品组成的另一种替代模式。然而西皮波科尼宝族萨满将会要求更多,因为这种方式缺乏嗅觉成分。增添嗅觉元素不会非常困难,因为众所周知,杜尚对气味非常着迷(Drobnick,2005)。人们可以研究他为发展对其嗅觉风格鉴赏而创作的气味作品,以及基于此分析为《下楼的裸女》二号所创作的气味轨道。

接下来,就我个人而言,希望看到盲人艺术教育对西班牙超现实主义画家雷米迪斯·瓦罗的绘画作品《小鸟的创造》(1958)进行"多模式视觉"(假设这样的说法被通过)呈现。据我所知,瓦罗的绘画作品是感官共轭或跨感官艺术的最佳例子(我有幸获得瓦罗丈夫的许可,使用《小鸟的创造》作为《感官关系》一书的封面[Howes,2003])。在《小鸟的创造》这幅作品中,一个似猫头鹰的人坐在一张桌子前,桌上放一张展开的画布。她左手拿棱镜凝聚月光(月光通过窗户从她的左肩方向洒落)至画布上,右手握着一支画笔,画笔系在悬挂于她脖子处小提琴的一根琴弦上。一条管道(通过窗户从她的右肩方向进入房间)连接着一个炼丹样容器,看起来这个容器通过管道吸收夜晚空气的芳香,并将其转化成调色盘上的颜料。她所绘画的小鸟正从画布中飞出;而已经有两只鸟飞出画布,并通过窗口逃离(回到)到夜色中(更多信息参见 Kaplan,1988;Classen,1998,p.133-137)。

瓦罗的绘画表现方式的重点在于调动所有与绘画内容相符的感官——画中的小鸟创作给予了小鸟生命——而不仅仅只是如约翰·奥杜邦一样进行简单的标本绘制(事实上,奥杜邦从事的就是标本研究)。《小鸟的创造》是一幅像音乐作品一样的画作,应该延伸出来,而不是停留在玻璃窗内。为了实现这一使命，它不该只被悬挂于展厅中。展厅需要被配置成一个感官馆，取代传统的"白立方"或冰冷的大厦。具体而言，展厅需要配备有气味轨道以及鸟类羽毛的配色方案，并结合小鸟的鸣叫与小提琴的旋律，并用空调系统来模拟小鸟扑动翅膀的声音。这就是瓦罗的绘画作品，也是盲人艺术教育想要我们所有人——无论视力正常还是视力欠缺——都能够获得的体验。

致　谢

本文部分内容是在加拿大社会科学与人文研究委员会资助的"感官博物馆"项目（项目号：410-2007-2038）的研究基础上完成的。本文的部分内容已在由布鲁姆斯伯里出版公司旗下的伯格出版社出版的《气味帝国：感官文化读物》（David Howes，2004）中发表并已获得出版社的使用同意。西皮波科尼宝族的治疗艺术这一节是源于我的文章《混合感官的美学》，该文是感官研究中心的研究文章，可以参看 http://www.centreforsensorystudies.org/occasional-papers/。

19　多感官心理模拟与美学感知

塞尔瓦托·玛丽亚·阿里洛蒂　　伊拉里亚·巴夫拉里

马泰奥·坎迪迪

我们对世界的感知取决于我们不同的感官系统视觉、听觉、触觉、味觉、嗅觉对信息的整合处理(Fetsch et al.,2013)。然而,感知远非是由外在世界所全然决定的(自下而上的变量),在很大程度上受到我们已有知识、理解和内在预测/期望的影响(自上而下的变量:Vartanian and Kaufman,2013)。例如,我们对吃苹果的"感知"不单单是由苹果独特的硬度、红度与吃苹果的动作所决定的。在回忆(勾勒已不存在的事物:心理意象)或内心模拟时,以及在理解其他个体的生理和心理状态时,自上而下的变量对单一感官体验与多感官整合的影响起着根本性的作用(Gallese,2007)。

自上而下的调节对审美感知的影响更为重要,即人类对世界物体的感知以及赋予它们美丑价值的能力。换言之,美丑的评价可能依赖于人们对物体的实际判断过程以及基于人们生活经历的内部认知/情绪反应。类似的心理过程可适用于对艺术品的鉴赏。

具身认知理论认为感知、心理意象、审美评价与身体具有内在的关联。因此,审美评价与鉴赏可能会依赖于我们的身体感觉以及我们的身体和物体/他人之间的互动方式(Aglioti et al.,2012)。根据这些理论,审美与人体、由事物本身引起的生理感觉以及内在记忆(由曾经有过的相似感觉)紧密联系。例如,感受一座雕塑可能会让人们感受到他们曾经在另一个不相关情境中所能感受到的特定生理感觉,如在温暖的火炉旁蜷缩在柔软的毯子里的感觉,或是冷饮饮用速度过快所引发的感觉。虽然是由不同的物体或情境所引起,这些相似的生理感觉却可能会触发相似的神经网络并相应地集中在同一级的神经层面上。因此,对艺术品不可言喻的感知体验可能会引起身体感受的变化,而这些变化则是物体属性或身体感觉的反映。

模拟与具身

根据标准认知理论,高阶心理过程(如阅读能力,理解另一个个体行为和/或意图的能力)的激活依赖于具体的感官系统的激活(称为"非模态"激活),并受到与感觉和运动神经网络基本不相关的神经系统的驱动(Pylyshyn,1984;Fodor,1983)。然而,越来越多的证据表明这些高阶心理过程实际上可能依赖于、并(部分)受生理感觉和感觉网络的驱动(Barsalou,2008)。身体的认知操作反应被称为"具身",对他人心理和情绪状态的内部再现则被称作"模拟"(Gallese,2007)。

哲学家和认知神经科学家借用具身认知理论断定认知和高阶心理过程的许多功能是由身体的经历和主体的行为所构成的。甚至抽象操作,如语义和语法,也可能由身体感觉构成,由身体表征的变化反映,并由此得以呈现(Lakoff and Johnson,1999)。个体间对独特生理感觉的相似心理表征可增强语言和感觉运动过程。对上述语言过程模拟的理论依据来自于对动作模拟的研究,该理论认为对一个动作的感觉运动的复制所带来的自动、快速的激活对理解其含意具有至关重要的作用。换句话说,为了理解"向上"这个单词,我们需要(通过跳跃、借助电梯、向上的热气球等)激活负责处理身体向上移动感觉的神经网络。

一个惊人的发现为具身理论,尤其是与运动、运动认知相关的具身理论提供了生理学依据:当猴子执行某一特定动作(动作执行)时,猴子大脑的神经元会放电,同时,此种神经元在猴子看见别的猴子做出相似动作时(动作观察:Rizzolatti and Craighero,2004)也会被激活。一些研究表明此种模式同样也存在于人类身上、相似的神经区域会在个体执行或观察另一个个体执行相似动作时被激活(Mukamel et al.,2010;Rizzolatti and Craighero,2004)。此外,脑功能磁共振成像等功能性神经影像学方法(Kilner et al.,2009)以及重复经颅磁刺激仪技术等无创脑刺激术(Avenanti et al.,2013)也表明了动作观察所带来的神经共振现象。除了观看另一个个体执行动作外,当人们听到与特定动作相关的声音时,或人们只是单纯地想象执行一个特定的动作时(Fourkas et al.,2006;2008;Bufalari et al.,2010)也会产生类似的大脑激活现象(Aglioti and Pazzaglia,2011)。这些结果表明,在性质上,模拟是利用图像、声音和其他可能的感官形式的多感官模拟。

模拟与和其他个体之间的互动(动作共振)有关联,并与美学密切相关。想想移情作用的概念,或西奥多·立普斯(1903)提出的审美移情(阐述个体在欣赏一件艺术品时的体验以及与内在模拟过程具有内在联系的主体间性)(Di Dio and Gallese,2009;Freedberg and Gallese,2007)。这种观点的一个关键成果在于表明艺术鉴赏是一种内在的、感觉运动的过程。换句话说,艺术体验可能依赖于独特的生理、运动感觉以及负责这些生理和运动感觉的神经网络的内在激活。

总而言之,最新的认知神经科学研究成果为具身认知理论提供了依据,并表明:几乎任何类型的经验知识都植根于大脑的认知、动作与情感系统(Barsalou,2008)。虽然基础认知可能不能解决复杂的问题,如认知是否必然体现,或它是如何通过感觉运动激活来反映的(Mahon and Caramazza,2008),但研究表明高阶认知过程,如通过观察他人的举动、情绪和感觉来理解他人的意图,可能会触发对他人状态的自动模拟,并通过观察者大脑里的感官、动作、情绪回路的神经活动得以体现(Barsalou,2008;Keysers et al.,2010)。

多感官模式和模拟中的多感官感知与心理想象

传统观点认为,一个给定模式下的感觉输入(视觉,听觉,本体感觉——触觉,味觉和嗅觉)是通过彼此孤立的、特定的感官通道来进行处理的,而这种观点在现在看来已经有点过时了(Spence and Parise,2012)。这是非常合情合理的,因为在我们的日常生活中,我们的感官系统不断地交互处理物体、人物与地点信息。举一个生活中常见的例子:人们的嗅觉由于寒冷发生了变化,人们的味觉也会随之发生变化。我们依据内在的多感官规则来分析世界的观点同样也适用于看似不相关的多个感觉。著名的例子有视听幻象,如麦格克效应就涉及一系列多种感觉的相互作用和整合。研究表明,之前被认为专门用于处理各种视觉信息的区域在处理被动或主动触觉任务时也会被激活(Sathian et al.,1997;Costantini et al.,2011)。虽然每个感官通道可能通过独特的大脑区域来进行刺激的初步分析,但对所述刺激的最终评估则要求独立的感官大脑区域活动相互联系来进行价值和奖励确定。因此,多感官整合是实现对给定刺激充分理解的基础(Jacobsen,2010;Freedberg and Gallese,2007;Lacey et al.,2011)。

人类不单单只是感知外在世界,同时也通过心理想象(使准感知体验发生在缺少外部刺激情况下的功能,如创新和创造性思维)来反映世界。心理意象从根本上受情绪的影响,而思维和图像是艺术认知的核心(Arnheim,1969)。研究表明,描绘心理意象的能力与艺术训练具有密切的联系:在艺术工作室受过训练的学生要优于未经培训的新手(Pérez-Fabello et al.,2007)。

感知和想象的根本区别在于,感知离不开感觉输入,而后者则可不必。重要的是,心理意象也并非仅仅只是对从前感知过的物体、人或事件的回忆。心理意象可通过新颖的方式,组合并更改已储存的感知信息,让个体能够实现"用心来观察"或"用心来倾听"(Moulton and Kosslyn,2009)。不同于感知副作用(例如受到长时间的听觉刺激后的听力失真)或幻觉,心理意象可由个人自主在心中描绘,或至少部分地由个人有意识地加以控制。例如,专业音乐家可以自主回忆起一首音乐。虽然想象本身是一件私人的事,内容也是完全主观的,因而难以进行客观的研究,但功能成像的出现使得研究人员们能够研究不同形式的感觉和运动想象的神经活动(Albright,2012)。当人们的"意象"在人脑中直接展示时,特定的神经元就会出现放电现象(Kreiman et al.,2000)。

虽然多数心理想象的著名研究都是在视觉或听觉领域进行,但有证据表明人们可以形成嗅觉、味觉、体感意象,由此实现"通过心灵的鼻子、舌头与皮肤来进行闻、尝、触"(Kreiman,2012)。值得一提的是,人们可以对其他个体的动作形成特定的心理想象。功能成像研究表明感知过程和想象过程在感觉和运动领域具有一定程度的重叠(Kreiman,2012)。然而重叠并非是完整的。例如,通过对脑部受损患者的研究表明,视觉想象的缺乏可能与视觉感知缺乏无关(Moro et al.,2008)。此外,视觉想象缺乏通常发生在任何相关听觉、触觉、味觉、嗅觉和/或运动想象完好无缺的情况下(Moro et al.,2008)。总之,多感官整合对感知和想象都非常重要。需要注意的是,虽然视觉想象是多数个体所共有的能力,但与其他感官有关的心理想象只能通过付出努力来获得和加强(例如,网球选手的本体感受想象能力要强于普通人:Fourkas et al.,2008)。

具身与"具脑"的美与艺术

结合哲学和心理学概念,实验美学试图减少该主题所固有的词法歧义性。尽管"审美偏好"常用来指人们对特定刺激的喜欢或不喜欢的程度(相比另一个刺激的喜欢程度)或他们对美的程度评分,而"审美判断"则用来表示人们对特定刺激的美学价值评估(McWhinnie,1968)。因此,人们可以将审美偏好放在一边,而对一件艺术品持有积极的审美判断。

美学的实验方法也需要考虑艺术感知和鉴赏的主观性与客观性的影响。康德的普遍审美主义方法表明不变量的存在可以被科学地探索(Conway and Rehding,2013),并为美的客观理论提供依据。这些理论认为审美体验依赖于刺激的综合素质,如:对称性、平衡性、复杂性与有序性(Jacobsen et al.,2004)。受客观主义理论启发的研究企图找到一个能够描述一个美学刺激的特定属性与个体对其评量性反应之间潜在关系的预测性数学公式。虽然简单,但这种方法却忽略了艺术的情感、感官或任何其他主观性的因素(Conway and Rehding,2013)。与之相反,审美偏好的个体差异概念是主观主义理论的基础,主张美"存在于观察者的眼中",在很大程度上受到个体品味、喜好、经验和文化因素的影响(Zajonc,1968)。学者们很早就认识到审美体验是一种复杂的人类体验,几乎存在于所有的文化中,受历史、进化与适应性变量(例如,寻找合适伴侣的需求)的影响(Jacobsen,2010)。

人类不同的审美偏好和审美的普遍性似乎表明,除了基本的个人作用,审美还受到社会文化的影响。虽然集体力量在塑造我们对美丑的认知上发挥着一定的作用,但个体差异、神经解剖学与心理学在近年来受到了越来越多的关注。审美体验表明观察一个有价值物体时会引起人们感官、智力、情感上的喜悦或排斥。因此,当研究人们体验(具有积极或消极审美评价)物体的感受时,我们必须考虑社会因素、文化因素以及个体差异的影响。所有这些影响的组合不单塑造了人们对于一件艺术品的心理反应(个人品位),同时也塑造人们对艺术品的生理(身体的变化)和神经反应。

探索各种(对艺术的)反应背后的机制是神经美学的核心(Ishizu and Zeki,2011;2013)。近年来,研究者们对此类新开发的认知神经科学领域的兴趣集中于对人在与各种物体(在此可称为"艺术品")的交互中(无论是认知或感知交互)所产生愉悦感和不愉悦感相关的身体和神经活动的分析上。这门学科的理论框架源于一个概念:美学是可以被探索的,并最终可被理解为组织原理和大脑功能。该领域的开拓者从艺术家的关注点和技巧以及大脑视觉组织着手(Zeki,1999;Ramachandran and Hirstein,1999)。此外,对视觉艺术的重要见解源自于对既定艺术家在视觉系统(Chatterjie,2004;Blanke and Pasqualini,2011)或大脑(Cantagallo and Della Sala,1998)受损前后的作品对比。

虽然大多数的神经影像研究都集中在通过视觉感官系统进行的美学鉴赏所引起的大脑活动上,但有越来越多的研究旨在研究通过非视觉感官进行的美学鉴赏所引起的大脑活动(Brown et al.,2011)。布朗等(2011)考察了大量探索跨4个不同感官(视觉、嗅觉、味觉与听觉)刺激的、与美学鉴赏相关的大脑活动的研究,发现:虽然每个感官激活特定的大脑区域,但不管身体正在探索哪种感官模式,右前脑岛——评估个体自身内脏及内部状态的重要大脑区域——通常都会被激活。这一点表明,无论感知刺激的是哪种感官,脑岛都会通过确定既定审美物体是否能满足或对抗我们自我平衡的需要来参与客观审美活动(Di Dio et al.,2007)。此外,石津和是木(2001)发现眼眶额叶皮质——涉及处理情感与奖励的大脑区域——在视觉与听觉刺激的美学鉴赏中都发挥着作用。这个区域的活动与美的强度的主观体验相关(一个人感受美的刺激越是强烈,此大脑区域就越为活跃)。因为至少有两个复杂和分离的大脑区域都负责审美体验的本质,美学鉴赏由单一神经点位控制的说法似乎并不成立。

与具身和具脑美学相关概念的研究则集中在将人体作为美学体验对象的研究上。因为身体在社会交往中发挥着基础性的作用,其美学鉴赏的特点包括人际/沟通维度。不可否认的是,从舞蹈到文身,身体是许多艺术形式表达的媒介。对人体的具身和隐形的认知与欣赏伴随着喜欢/厌恶的审美维度是一个调适的过程:从吸引力到美/丑感知再到感知—情感维度(Thornhill and Gangestad,1999)。

人体的感知对人类的重要性也通过皮层网络的存在得以凸显（Berlucchi and Aglioti，2010）。该网络包括通过特定身体或面部特征视觉激活的大脑区域，例如纹外体区（该区域会在观看或视觉想象人体时被激活）（Urgesi et al.，2007a；Urgesi et al.，2007b；Downing et al.，2001）或梭状回面孔区（该区域会在观看或视觉想象人脸时被激活）。与我们对世界的感知和呈现是固有的、多感官的概念（Pascual-Leone and Hamilton，2001）一致的是，当通过触觉探索感知身体时，纹外体区也会被激活（Costantini et al.，2011）。一个直观有趣的观点是：触觉感知时大脑视觉区域的激活反映了视觉想象（Sathian et al.，1997）——当感知一个物体时，人们会自然而然地"视觉"想象它的样子。因此，当考虑将多感官整合作为提高美学鉴赏能力的工具时，必须考虑触觉感知与视觉想象之间的关系。已有证据表明，纹外体区在欣赏最美的、舞动的身体时会更为活跃（Calvo-Merino et al.，2008），而这种体验也是最难被实际模拟重现的（Cross et al.，2011）。此外，对纹外体区活动的抑制也会减少感知到的人体美。另外，对腹侧前运动皮层活动的抑制则得到了相反的结果，这表明对人体美的欣赏在性质上是固有的、感觉运动的（Calvo-Merino et al.，2010）。还值得一提的是，人体特定的、内在的方面，例如人体刺激所隐含的动作由不同的感觉运动区域负责（例如，躯体感觉皮质与腹前运动皮层），而我们都已知道它们是涉及替代性体验（观察他人）的区域（具身模仿：Gallese，2007；Avenanti et al.，2007；Keysers et al.，2010）。

有观点认为，刺激引起的大脑奖励是其审美评价的一部分，而这也是审美感知具身模仿理论的框架内容（Freedberg and Gallese，2007）。狄迪欧与加莱希（2009）将感知、情绪、奖励与审美评价间的关系概念化，表明艺术品可能会激活不同的具身模拟模式（观察他人所带来的内部呈现与体验），而这反过来也可能会触发审美愉悦感与审美评价。这两种反映形式可以将审美体验的情感和认知方面联系起来。

在审美感知的具身模仿理论中，感知艺术品不同的两个方面可能会在感觉运动系统中有所体现：刺激的内在内容（如在特定绘画中主体的动作）和艺术家创作姿势的可见痕迹（如描绘所述主体的笔画）。在观察艺术作品的同时，这些方面最终会引起移情作用。弗里德伯格与加莱希（2007）推断，观赏艺术作品可能会激活与艺术作品创作方式相关的神经运动项目（内部模仿笔触或雕刻动作)和相应的审美移情,从而产生源自于观察者身体和观察者所想象的("模拟的")艺术家间身体共振的审美享受(Calvo-Merino et al.,2010)。这种推断来自于:艺术家的动作可从其绘画风格中体现出来,如波拉克的大幅泼墨或莫奈的颜色块(Dutton,2009)。最新的研究探索了艺术家可能执行的手部动作和观察者在对绘画作品进行审美评价时所执行的手部动作之间的关系的潜在影响。绘画的两种风格分别为划描(如凡·高)和点描(如修拉);在提供对划描和点描绘画作品的审美评价时,参与者被要求实际执行与这两种绘画手部动作相似或不同的手部动作(Leder et al.,2012)。结果表明,与绘画方式一致的实际肢体动作可以增强美学欣赏,而这也支持了感觉运动的概念,即旁观者和模范(此案例中指艺术家)的动作匹配度可增强对艺术作品的欣赏倾向。

与此类似,观察传达出艺术家动作信息的抽象绘画激活了观察者相应的神经认知呈现,并可能在艺术审美欣赏中发挥重要的作用(Umiltà et al.,2012)。有趣的是,已知的参与动作活动模拟的部分大脑区域也在美学鉴赏中发挥着作用,正如最新的大脑想象研究表明:当被试者倾听音乐节奏时,若优先选择他们不偏爱的音乐节奏,他们的大脑区域活跃性反而会增强(Kornysheva et al.,2010)。更令人惊奇的是,对这些大脑区域活跃性的实验性变更(通过无创脑刺激)会改变人们对音乐节奏的审美评价(Kornysheva et al.,2011)。

学会感知与欣赏艺术;美学教育的未来

神经可塑性指的是为应对环境变化而表现出的生理和病理反应中大脑和行为的改变。三十年前,神经科学家认为大脑在很大程度上是不可改变的——神经可塑性只在特定的时间窗口(关键期)发生。如今,神经科学家认为大脑是持续改变、重组的,且这种改变和重组是贯穿整个生命周期的。本文所述的神经可塑性不仅仅发生在较简单的系统中(运动或躯体感觉皮质:Pernigo et al.,2012;Lenggenhagger et al.,2012),同时也发生在更为复杂的、高阶的认知和情感系统中(Klimecki et al.,2012)。同样的,已有证据证实,情绪、感觉和运动系统可通过高阶认知变量,如对一个社团的归属感进行调节（例如，政治和民族变量：Avenanti et al.，2010；Azevedo et al.，2013；Liuzza et al.，2011）。

　　个体在一生当中的美学鉴赏变化及社会品味（时尚）的变化表明了美学感觉经历了相似的可塑性改变——然而很少有研究探索美学感觉在心理学和神经科学领域的变化以及变化的方式。艺术偏好是如何随着时间发生变化的问题是任何想要提供基于大脑信息的美学教育的根本问题。针对该主题的研究与日俱增，而这也凸显了它的重要性。例如，在人体及其动作可产生强大的审美体验的概念基础上，研究者（2013）最近实验表明了让参与者处于刺激物的姿势和动态动作可增强他们与刺激物之间的联系。

　　至于与审美感知和欣赏相关的多感官模拟的重要性，乔治·德·基里科（Giorgio de Chirico）（一名受超现实主义形而上学运动影响的意大利画家）的案例可能具有一定参考意义。基里科强调可怕的场景要设置在如意大利广场一般的空旷空间里。基里科的许多作品唤起了人们对时间和空间的错位感。虽然有人认为他是一名偏头痛患者，布兰科和兰迪斯（2003）则探讨了这样一种可能性：基里科的艺术创作可能已经受到了颞叶癫痫病态表现的影响，而颞叶癫痫病态表现可能影响了颞顶联合区（人体感知匹配空间和时间的关键综合区域）的功能。根据这一假设，基里科的作品在本质上是其自身身体感觉以及身体活动的反映。

　　从视觉是真正感知艺术的唯一方式到多感官整合是美学鉴赏必不可少的部分概念转变，不仅适用于最先进的艺术和博物馆体验（Lacey and Sathian，2013；Candlin，2010），同样也适用于神经系统科学与技术研究领域。最有前景和最有力的工具之一是沉浸式虚拟实境的创造。心理学和神经科学在过去二十年里的研究已经表明人们倾向于对沉浸式虚拟实境的事件和情境做出真实的反应（Sanchez-Vives and Slater，2005）。由于沉浸式虚拟实境技术使模拟那些难以或不可能在现实世界创造的社会情境得以实现，尤其是心理学、神经科学和沉浸式虚拟实境方法的结合能够让人们在现实中与在虚拟世界中的反应的比较得以实现（Slater et al.，2013），因而对世界、自我及感知方式的变化可以通过简单的实验操作来实现（Maselli and Slater，2013）。例如，它可以使白人参与者产生拥有黑皮肤的感觉，而这种体验被证实能够减少一定的种族偏见（Peck et al.，2013）。沉浸式虚拟实境还可让人们仿佛亲临另一个遥远的地方，并创造一种比现实更为真实的超现实感觉。此工具对教育的意义是显而易见的（正如 2013 年 4 月 13 日的《科学》杂志上该专题的几篇文章所强调的）。有证据表明，通过沉浸式虚拟实境学习科学概念相比"现实世界"中的学习具有众多优势，因此，建议将两种模式相结合来进行学习（de Jong et al. ，2013）。

　　在考虑艺术和审美时，此类虚拟和实际的结合可能会显得更为重要。一旦承认多感官感知对于一件艺术作品的自我映射的必要性后，个体就可以想象一系列场景，由此来提高美学理解和美学欣赏，例如抚摸米开朗基罗的《大卫》轮廓。尽管这些方案可能在现实生活中无法实现，沉浸式虚拟实境却可以让个体同时拥有观看和触摸杰作的组合体验（图 19.1）。

图 19.1　虚拟美学。情境美学鉴赏允许每个个体从感知、运动到情感层面来体验艺术品。图片源于 Gaetano Tieri。

　　致力于运用博物馆沉浸式虚拟实境的重要项目已在过去 10 年中得以开发（Roussou，2010）。研究人员正试图采用最先进的艺术科技实现虚拟现实显示器与计算机交互式体验，让观众能够在博物馆内体验穿越时空的感觉。虚拟现实的优势，即超越建筑环境的实际物理位置，实现环游世界的幻想，以及被图像和声音所包围的可能性。此外，模拟交互（例如，在一个古老城市中驱车前行，敲门或进入建筑物的感觉）也得以实施。

　　与之相应的是纯形式的博物馆项目，源于触觉感知和沉浸式虚拟实境的结合能够让观众们（无论是有视力的、盲的或视力受损的）都能拥有触摸雕塑的体验，而出于安全原因，在传统博物馆中，雕塑是不能被触摸的（Carrozzino and Bergamasco，2010）。大部分的工作仍处于起步阶段，预计在不久的将来会取得更多进展。

博物馆之脑

本文所涉及的具身美学及具脑美学表明了人体活动的感知和想象会触发多感官整合和与行动相关的大脑区域的神经活动。当试图理解艺术欣赏的情感与神经反应时，此类影响将变得非常重要。由一件艺术品引起的对感觉运动状态的模拟可将观察者和艺术家以及艺术作品直接联系起来。这种类型的移情是驱动我们感受艺术作品的基础。

从这个角度看，大脑研究可以通过阐述审美模拟的重要性给教育带来启发。尤其是：（1）当被动接触一个物体时，会触发一定程度的刺激与激活过程（如底层的心理意象），该过程对艺术审美至关重要；（2）沉浸式虚拟实境使得模拟体验得以丰富和补充；（3）心理意象的模拟指的是所有感官，而非仅仅只是视觉感官，且肢体动作也参与了艺术理解与美学鉴赏活动。因此，潜藏在审美体验背后的与物体间的互动将会受益于多感官整合与运动想象。

致　谢

研究得到 VERE 计划（FP7-ICT-2009-5，Prot. No. 257695）的资助。

20 启迪之岛：
博物馆体验的当下与未来

丽贝卡·麦金尼斯

博物馆对我们真的重要吗？当徜徉网络之中浏览与欣赏艺术品成为可能时，我们还需要博物馆吗？其空间的重要性意味着什么？作为纽约大都会博物馆（The Metropolitan Museum of Art in New York）的博物馆教育工作者，我每天都能看到展厅非比寻常的力量，这是一个不同于报告厅或教室的多层次、全方位的学习与娱乐之地。在我看来，视觉只是体验博物馆的众多模式之一，这一观点贯穿在本文始终。对于常常被艺术博物馆所排除在外或边缘化的盲人和视障观众而言，提供视觉之外的其他体验方式对博物馆来说是极为重要的。在本文的第一部分，我将对盲人和视障观众进行访谈，在此基础上论述他们是如何描述置身展厅空间和面对艺术品原作时的感受与价值的。

在第二部分，我将简要论及当前展厅体验的几种路径，以期这些研究与思考对未来规划和策展有所启发。在传统的博物馆教育范式中，专家负责向被动接受的观众分享艺术品知识，然而这种教育路径早已失去效力。当前的新路径遵循观众的个人兴趣和能力，而且比传统教育实践更具包容性（inclusive）。前文述及，艺术品的多感官体验（multisensory experience）能丰富观众的理解：触摸、嗅闻、倾听对于理解一个实物而言同样重要。多重感官体验还能以相互促进的方式加深对事物的理解与感受。得益于认知心理学和神经科学的最新进展，我们对多感官体验的概念性理解得到了很大的提升，而这也为博物教育工作者长期以来凭借直觉所获得的观点提供了理论依据。同时，博物馆观众体验背后所蕴含的生理学观点有助于将多感官体验更加有效地融入教学实践中。这些科学的视角超越了传统"五感（five senses）"的概念，有助于我们思考诸如情境认知（situated cognition）——所处的空间和环境位置如何塑造我们的思考方式——等一系列问题。我们之所以会有不同的想法,是因为我们处在一个特定的空间,与特定的人在一起,面对特定的事情,看到特定的对象。现在,博物馆观众告别了一味听从专家观点的时代,他们被鼓励在展厅中积极参与知识的建构。因此,为了更好地满足观众的需求与兴趣,博物馆体验的诸多可能性正在生成。也就是说,博物馆体验对我们而言并非仅仅是智慧的或美学的,相反,它是一个人们可以沉思、冷静、反思,并且理解自我情感与动机的地方。需要注意的是,生成中的博物馆新观念超越了传统"五感"的效力,它所孕育的巨大潜力将深刻影响 21 世纪的博物馆图景。

第一部分

大都会博物馆之旅:感官体验

我将以 2011 年在大都会博物馆开展的针对盲人或视障观众的两个研究项目为例,从建筑环境内部的博物馆独特品质谈起。这些研究的初衷在于探索博物馆物理空间的体验对观众来说究竟有何重要意义(Hayhoe,2012)。为什么盲人或视障观众会排除种种困难,不顾一切地来博物馆呢?为什么他们不借助辅助技术登陆博物馆的网站,或通过书本的描述来体验艺术呢?是什么力量驱使人们一次又一次地来到博物馆,他们又从中体验到了什么?他们的反馈信息能否帮助我们理解相同的文化环境体验对其他人来说意味着什么?

人类学家丹尼尔·米勒(Daniel Miller)仅用一个词——物质,作为他的一本关于物质文化著作的书名(Miller,2010)。大都会艺术博物馆保存藏品之多超乎想象:两百万平方英尺的建筑,面积跨越 4 个街区,加上合并的建于 1880 年的原始建筑,储藏了两百多万藏品,其中包括对外展示的数以万计的藏品。从最早的人工制品到当代艺术,博物馆的藏品来自世界各地和历史不同时期:这是一座收藏全球的博物馆(a universal survey museum)(Duncan and Wallach,1980)。藏品的尺寸各不相同,材质包罗万象,大到巨石、木头雕塑、毛利独木舟,甚至是 19 世纪银行的门面,小到硬币、珠宝,甚至是虚拟的数字艺术。2013 年,超过六百万的观众拜访了这座宏伟的建筑。

大都会博物馆之所以会成为纽约最著名的旅游地之一,原因是多方面的,但是从某种意义上来说,最主要可能要归功于这些藏品。洛伊斯·西尔弗曼(Lois Silverman)在《博物馆的社会服务》中描述了满载藏品的博物馆展厅所扮演的多重角色。她指出:"随着人与物、人与人之间的互动发展,博物馆将成为个人发展、关系确立、社会变革和治愈伤痛的载体和催化剂。"(Silverman,2010,xi)博物馆是一个神奇之地,在这里,人们可以学习、参与,看到陌生的藏品,接触到新鲜的知识。然而,无论健全与否,观众的有价值体验随时都可能受到实际困难或其他情况的影响和干扰,尤其是像大都会博物馆这样受欢迎的大型博物馆。首次参观大都会博物馆的观众占博物馆总观众的 50%,因而无论健全与否,他们都将面对不熟悉博物馆所带来的障碍。拥挤、排队、糟糕的音效、疲惫的双脚、缺乏座位、困难的定位和导航等都会影响博物馆体验的理想效果。除此之外,艺术理解的不确定性导致了近距离观看或触摸艺术品现象的出现,工作人员瞪视或呵斥会随之而来。这时候,困惑与不解出现在你的脑海:既然如此,盲人或视障者为什么还想到博物馆这样的公共空间来感受艺术呢?

在参观大都会博物馆的过程中,人们的感官被五花八门的图像、声音、气味、质地、温度甚至是味道所包围。观众们由繁华的第五大道进入博物馆,设计宏伟的门前台阶旨在给人们留下深刻的、令人敬畏的印象——它们构成了人们生理上、心理上的,以及社会上的壁垒。拾阶而上,你会被博物馆前广场上食物车里飘出的热狗和脆饼混杂的香味所包裹。进入大厅后,大厅侧边壁龛里和大厅中央圆形服务台上摆放的鲜花所散发出的甜美芳香再度占据了你的嗅觉器官。高大的圆顶天花板、大理石地面与石墙形成的大型开放空间放大了操持不同语言的观众声音,并形成持久不断的回音。

超越视觉之旅

现在,撇开这些杂音,让我们来看一下较之于在家、在图书馆或在网络上,置身于博物馆空间和各种艺术品中究竟对于患有不同程度视觉障碍的观众们有何重要意义,以及他们究竟能够获得何种愉悦感。盲人或视障观众们描述了他们与博物馆空间的深厚联系,以及接触博物馆内艺术品的重要性;

他们常常用术语"看（looking）"来描述一种实际上涉及更多感官的体验。

一名先天基本失明、热衷于去博物馆的观众说道：

> 我发现通过网络或书本感受艺术很有趣，但无法令人兴奋，置身于充满艺术作品的博物馆则令人非常愉悦。我就像是在玩具店里的孩子，这种感觉让我激动和兴奋！在博物馆空间里，你会发现真实存在的艺术品色彩是那么充满活力。这种体验是不可比拟的！

她接着说：

> 我喜欢听身边的人谈论艺术品……喜欢听讲解员描述艺术品……这可以让艺术变得更为鲜活。这能够帮助我更好地理解眼睛所无法辨别的艺术品形状和色彩……当我置身博物馆时，我会非常兴奋。身边环绕的著名艺术品让我的内心为之颤栗！这种感觉在我离开博物馆后还会持续好几个小时——这难道不是一种神奇和美妙的体验吗？！

她会定期参与以触摸和描述的方法接触艺术品的博物馆活动和进行艺术创造的博物馆活动，她还参与了博物馆为盲人或低视力成年人开设的"画中看（Seeing through Drawing）"的绘画课程。她说："这两项活动（画和看）对我而言非常重要，在展厅进行绘画对我而言是一项相对较新的体验，在公共场合大家看着我绘画会让我感到害羞。但是，看着雕塑进行绘画则会让我感到放松。"（接受作者采访的匿名观众，大都会艺术博物馆，2012 年 1 月 14 日）

她还回忆起了一场缺乏真实性体验的博物馆之旅："很多年前，（另一个博物馆）曾经将盲人观众安排在一间会议室里欣赏艺术作品的复制品。我告诉工作人员这会让我们感到无聊，因为海报上的色彩与真实画作的色彩是无法相比的。值得庆幸的是，博物馆取消了这种方式。"1936 年，瓦尔特·本雅明（Walter Benjamin）发表了著名文章《机械复制时代的艺术品》，该文章讨论了个人艺术品的"灵光"现象，以及照相工艺的复制对其带来的威胁（Benjamin，1969）。显然，从电影、电视、DVD 到谷歌图像，或是大都会博物馆的网站，无论视觉图像的替代方式有多么多样和成熟，艺术品原作并没有失去它的魅力。事实上，博物馆空间似乎增加了附着在艺术品"原作"上的神秘灵晕。或许是寺庙般的建筑空间和博物馆保安人员的精心保卫在博物馆观众间创造了一种仪式感———一种世俗时代的神圣感。

另一名 80 岁高龄的观众已有长达十年的严重视力障碍,在过去 50 年里经常参观大都会博物馆。从孩童时代起,视力正常的她就来过博物馆并记得欣赏过许多绘画作品。在失去视力后,她依然参与博物馆的电影和讲座活动,以及博物馆为盲人和视障者所提供的课程,包括热门展览的"口头想象之旅(a Verbal Imaging Tour)"①。在由教育工作者辅助的描述之旅中,观众可以对博物馆的任何部分请求讲解。她说自己可以在得到帮助的情况下参观博物馆的任何角落,即使无法看清身边的事物,她也尽自己所能来到博物馆,乘坐地铁出行。"我一直喜欢欧洲绘画……"她解释说,"我最喜欢人物肖像,但我也热爱所有的绘画作品。"(接受西蒙·海霍采访的匿名观众,大都会艺术博物馆,2011 年 8 月)

2011 年夏季,轰动一时的时装设计师亚历山大·麦昆(Alexander McQueen)纪念展《野性之美》(Savage Beauty)登录大都会博物馆,该展览在为期 4 个月的展期内迎来了 66 万参观观众。尽管对人群拥挤、展厅里昏暗的光线以及响亮的声音场景做了提前预警,但是这位老人仍然请求参与了这次展览的"口头想象之旅"。她想要体验此次展览,了解麦昆的职业生涯和作品。她后来谈道:"我喜欢将情感联系在一起,尤其是与音乐……我热爱舒缓的音乐……即使需要忍受展厅里演奏的展览配乐———吵闹的朋克或其他摇滚乐。"

虽然是艺术爱好者,但是由于视觉障碍的原因,她无法使用网络进行艺术浏览或普通浏览。她更喜欢克服有形障碍,来到博物馆欣赏真实存在的作品。不同于精美的复制品,真实存在的作品所具备的价值值得人们克服重重障碍,来到博物馆欣赏它们。

有一对夫妇双双患有先天性、几乎全盲的视觉障碍,但是他们是大都会博物馆"口头想象之旅"的常客,而且是忠实的博物馆爱好者(其中一位说,他年轻的时候"几乎整天都待在博物馆里";他在大学时学习美术)。虽然他们

---

① 译者注:指的是经过特殊培训的监护人员用洪亮的声音准确而生动地为视障者描述展品的视觉形态

与艺术和博物馆保持着长久的联系，但是他们基于对特定国家和历史时期的兴趣而非审美偏好而请求描述性游览。事实上，其中一位承认他并没有完全理解自己面前的艺术品，他还说："（我年轻时）常常来这里。在那些日子里，我会来博物馆看一幅画，但我不能真正地理解（我面前的）那幅画，因为并没有（讲解员向我解释它）。"2010 年夏天，这对夫妇出于对西班牙历史的兴趣而非对画作本身的偏好，请求参与了 4 次"口头想象之旅"，这 4 次"口头想象之旅"重点介绍格列柯（El Greco）和戈雅（Goya）的作品，这也让他们得以与博物馆教育工作者围绕画作对西班牙的历史进行详细讨论。其中一位在一次游览后回想起《托列多风景》："很奇怪，在博物馆教育工作者描述（绘画作品）期间——描述得很棒——我想的更多的是画家本人。"（接受西蒙·海霍采访的匿名观众，大都会艺术博物馆，2011）

尽管更加关注历史而不是艺术品本身，夫妇俩仍然选择抛开更舒适的方式（在家通过书本或网络学习西班牙历史）而来到博物馆，在展厅里欣赏艺术品并与博物馆教育工作者讨论绘画作品。博物馆环境中的绘画作品所附着的文化价值超越了艺术本身的价值，置身于博物馆空间的历史类作品充当了时空的窗口，智慧之美而非审美鉴赏得以窥探，博物馆空间对这一体验极为重要。进入博物馆，站在格列柯的作品《托列多风景》（*View of Toledo*）之前讨论视觉质量与创作时的文化和历史背景，共同建构了一次完整的博物馆体验。

这些例子清楚地表明是博物馆环境而非陈列展览的藏品本身是吸引那些盲人或视障观众一次次参观博物馆的重要因素之一。这些观众告诉我说，参观博物馆所获得的感官、社会、智慧、审美等效益要远远超过来博物馆路上所遭遇的重重困难。

第二部分

多感知博物馆空间和观众体验：博物馆教育视角

你可能会认为一些特定的人群被剥夺了参观博物馆的权利，然而不同程度视力缺陷的观众对大都会博物馆的评价证明他们受到了博物馆参观的影响。现在我们拓宽了探索范围并考虑博物馆是如何看待当下的观众体验的，以及它们如何在新目标的支持下，通过制定新的空间和体验实现自我发明与革新的。这些观众体验的重建为现在和将来的空间设计者提供了精神食粮。

在着眼于博物馆将去往何处之前，让我们先看看它们来自何处。最早的博物馆是为少数精英建造的，具有高度排他性和私密性。这些文艺复兴时期的私人珍宝柜（cabinets of curiosities）通过挑选、组织、分类和呈现的方式揭示了收藏家对自然的控制。19世纪末期，博物馆的统一定义得以拓宽，并将教育与公共服务作为主要职能。博物馆被看作是一个不仅具有教育功能，而且还包括社会化和文明开化功能的机构。虽然教育是19世纪博物馆的主要功能，但是在20世纪，博物馆赋予了保护、阐释和学术研究以优先权，观众体验甚至有时被贬低为体制下的副产物。

那么，在如今科技驱动的快节奏社会中，博物馆究竟扮演着什么角色呢？既然我们可以通过互联网获得艺术信息，去博物馆空间亲眼见证又有什么特别之处呢？在21世纪的博物馆中，体验是最重要的。赫胥鸿博物馆（Hirshhorn Museum）（华盛顿）的资深副总监史蒂芬·威尔（Stephen Weil）认为，博物馆的最终目标在于改善人们的生活。在其2002年的论文集《让博物馆发挥作用》中，他描述了博物馆地位从以收藏为主导到以教育为主导的演变历程，并且总结了博物馆变革特点——"从关于某事到为了某人"（Weil，2002，p.28）。记者肯尼斯·哈德森（Henneth Hudson）在联合国教科文组织的杂志《国际博物馆》中总结道："在过去的半个世纪，对博物馆最有影响的根本变化……是其普遍存在的服务大众的信念。"（Hudson，2003，p.43）

在21世纪，博物馆不再仅仅是提供公众服务的机构，它还是社会互动和艺术参与的平台；同时还是发现自我与发现其他文化和时空的地带。强调共享的、甚至是共同建构的文化体验不仅能够让博物馆在博物馆共同体中发挥作用，而且还将能动性从馆长下放至观众。博物馆敞开怀抱，与博物馆共同体形成了新的对话关系并积极开展多样化活动。我们从中看出包容的第一步绝不是单纯的无障碍性（accessibility），为了适应和改善这种新设想，博物馆设计还有很长的路要走。

博物馆的当代理论及其未来发展方向

在这本书中的许多文章中，我们探讨了如何通过所有感官去体验博物馆环境以及理解博物馆藏品。这不仅包括传统"五感"，而且还涉及其他感官，比如动觉及本体感觉（与人体的运动和位置相关的感官），以及掌控平衡、时间和方向的感官。认知心理学和神经科学领域持续为多感官体验的理解提供理论，并挑战了我们的先入之见。比方说，认知科学的最新发现向我们揭示了认知不仅仅是思维过程，而是我们的大脑、人体与环境之间交互作用的结果。我们正在学习的认知体现，意味着其不仅发生在我们的大脑和思维中，还发生在我们整个人体中（Anderson，2003；Lakoff and Johnson，1999）。思维理解方式的革命性转变也表明，环境不再是简单的学习背景或学习过程的潜在因素，而是一个不可缺少的组成部分。也就是说，认知是情境性的（Robbins and Aydede，2008）。我们的思想和知识建构是"与其相关的活动、环境以及文化的部分产物"（Brown，Collins and Duguid，1989，p. 32）。我们切身体会到一个地方对情感和记忆的影响存在于我们的感官和身体知觉中，在此基础上，我们再加入认知和学习。新的思维理解方式可能有助于解释为什么本节中先前提到的盲人和有视障观众什么都看不见，但是还是会离开家庭的舒适环境而选择反复去博物馆欣赏艺术：原因在于环境对他们思考和学习过程来说是不可或缺的。这也开拓了博物馆向所有观众提供教育的潜在途径。相较于报告厅或教室，在艺术品围绕的博物馆空间内开展活动是极为重要的。

从某种程度上说，知识是由环境建构的，同时，人也是博物馆环境和知识建构的重要一环。21 世纪的博物馆是分享体验，寻找艺术，与他人探讨艺术、创作艺术以及开展其他社交活动的地方。体验学习和社交学习正在取代单一的博物馆教化，博物馆不再是知识的传授，而是与观众共享其建构和创造的意义。"教育项目（education program）"与去往咖啡厅、商店甚至是网站之间的界限越来越模糊，观众的能动性成为衡量博物馆体验是否成功的重要组成部分。妮娜·西蒙（Nina Simon）在其《参与式博物馆》（*The Participatory Museum*）中描述了博物馆之所以选择与其观众共同开展创造活动的三个关键原因：

1. 为当地社区成员的需求和利益发声并做出响应。

2. 为社区参与和对话提供平台。

3.为帮助参与者培养技能以支持其个人和社区目标。(Simon，2010,p.263)

在这里,社区的概念是极其重要的。除了传统意义上参观博物馆的群体外,它还可以包括那些未被提供服务的人群。迄今为止,这些人的种族、社会经济、教育以及地理位置情况依然让他们被博物馆排除在外。

随着时代的进步,博物馆逐渐自称为健康和幸福之地。我们清楚地知道医院环境是如何影响病人的(Dijkstra et al.，2006),同理,博物馆环境对观众健康也有所裨益。我们似乎已经达成共识,博物馆是一个提供社会、心理和生理启迪之地,这些启迪对认知功能很有帮助,同时还可以促进更好的记忆以及大脑的健康。大都会博物馆针对痴呆症患者及其照料者开展了名为"逃离大都会"(Met Escapes)的活动项目,该项目旨在促进三种形式的锻炼:参与者与他人欣赏、讨论以及创作艺术,并且在参观展厅时亲自走出一段可观的距离。

一些博物馆通过将佛教传统中的"正念"技术(Mindfulness techniques)融合到博物馆项目计划中的方式来提升观众的幸福和健康指数。"正念"有助于人们集中精神、全神贯注。1979 年,约翰·卡巴特-津恩博士(Dr. John Kabat-Zinn)在曼彻斯特大学(麻省大学医学院的医药、医疗保健以及社会正念中心,2013)建立以"正念"为基础的减压项目活动,其迅速走红证实了"正念"实践的疗效,比如压力减少、疼痛管理以及意境和幸福指数的整体提升(Hölzel et al.，2011；Marchand,2012；Shapiro，Oman,Thoresen，Plante and Flinders,2008)。

随之,针对观众和工作人员的正念和冥想课程开始出现在美国各地的博物馆,从西雅图的弗莱艺术博物馆(the Frye Art Museum)到西海岸洛杉矶的汉莫博物馆(the Hammer Museum)再到纽约的鲁宾博物馆(the Rubin Museum)。博物馆是一个积极参与的空间,同时也可以在其中开展富有内向性、反思性以及有见地的活动。空间与时间的在场是体验艺术、欣赏艺术、减轻压力、保持清醒的关键所在。正念和其他实践活动将有助于博物馆与老龄化日益严重且节奏日益加快的社会保持纽带关系,并持续满足社会公众的需求。

　　针对痴呆症患者及其家庭或照料者而制定的"脱离大都会"项目无疑是成功的。在此，我将引用项目参与者的一段话作为结语来总结博物馆空间对参与者及其家人所造成的永久影响。该参与者与父亲一起参加这项活动，在父亲去世一年后，他给我们写信讨论了博物馆体验对他们两人意味着什么：

　　　参与博物馆犹如登上了启迪之岛，各类艺术品丰富了我们的生活，这是你在室内的几个小时所无法比拟的，父亲对它们充满期待。尽管我很想念它们，但是我还有父亲的艺术作品、我的记忆以及我们在课程结束在博物馆空间中拍下的照片。罗伯特·弗兰克（Robert Frank）的照片或沃克·埃文斯（Walker Evans）的明信片，无论哪一样都是一个意外惊喜。这才是艺术的意义所在。

21　3D 技术在博物馆中的运用前景

萨曼莎·斯宝顿

藏品的 3D 数字化技术开辟了博物馆和文化场所的新世界。一些技术已经在尝试和测试中,而另一些我们甚至还未想象到。这些 3D 技术确实或即将出现在虚拟空间、展厅和文化场所中,向人们提供全新的接触和参与形式。

通常我们不被鼓励在博物馆中触摸实物,因为这样有可能会损伤实物,但是我们仍然希望与实物产生互动。众所周知,通过物品触摸活动(Pye,2007)、触摸展览和触感技术等科技手段来触摸藏品(真实地或是虚拟地)可使观众受益,因为触感将观众与物品及其故事相连(Candlin,2010)。这些发展也让视障者和其他残障人士有机会接触藏品(详见网页 http://www.euroblind. org/workingareas/access-to-culture/nr/205)。

博物馆开始发展可供触摸的展品收藏,同时将一些能够承受长期触摸并足够稳定的藏品登记入册;那些易碎的、有潜在危险的或是极其稀有的物品不会被使用。因此,这些物品仍然保持着无法与观众接触的状态,同时根本无法与视障者接触,即使它们有声音的描述或是复制品。

数字技术给与我们息息相关的物质文化提供了转变的可能。这推动了数字化藏品信息和档案的发展——手写、图片、影音等——因为这可以使文化组织和公众更加广泛地分享藏品,从而产生巨大的影响。

3D 扫描和 3D 电子数据库及归档

3D 数字模型能通过使用 CAD(计算机辅助设计)软件来进行创建;同时 3D 扫描(使用激光或结构光)能产生一件物品最准确的记录(图 21.1)。这一技术的优点在于它能不接触物品,所以能够被用来记录绝大部分的易碎或极大的藏品。

图 21.1　普罗伯斯™触觉一体机正在被英国盲障退伍军人组织的成
员使用中。古埃及时期河马碗的扫描输入并与其他扫描一起在三维
房间中展示。所有固体特质包括墙和地板都能被感受到。球形测头
被安装在指间。由自由工作室提供。

　　根据工程的大小，有不同的对应型号的扫描设备：一些被用来扫描建筑
和地景，还有为电子工业制造的拥有次微米扫描功能的设备。扫描和 3D 打
印/快速成型的商业用途以指数型增长，促进技术更加高效和划算。结合日
益扩展的计算机技术，3D 数字技术在博物馆中的运用变成更加现实的议题。

　　一旦博物馆藏品被捕捉，3D 数字扫描是实现不同形式展示的开端。在使
用智能软件的基础上，经扫描的物品能够被全方位地探索；改变参数（如照明
条件）能够揭示一些肉眼无法察觉的细节（图 21.2）。物件的碎片或集合物能
被重新组合，大型物件能并排比较，来自不同物件的工具标记能够重叠比较。
如果物件能用诸如磁共振成像的技术进行 X 光扫描，那么和调查外部表面一
样，调查物件的内部也成为可能（Metallo and Rossi，2011）。这种可能性是无
限的，同时能给藏品带来前所未有的联系，特别是信息能够从博物馆内远程
获取。

　　通过操作软件所展现的 3D 数据变得越来越直观，同时不再仅仅被软件
开发者存储。作为数字记录，其优势在于它能低廉又高效地被全世界分享，

图21.2　在生锈前古埃及时期河马碗的尼龙材质复制品实际尺寸。由自由工作室提供。

同时能够直接在网络上分享该信息，这能让更多的个体与同一套数据关联。

文化部门在一段时间内已经意识到了高分辨率电子扫描的重要性。扫描能够被用作监测由忽视、故意毁坏文物和环境因素所造成的恶化。如果一件物品在扫描之后开始恶化，那损伤的部分可以以电子形式和复制品的形式重新创造。对博物馆而言，让公众关爱藏品十分重要，这种形式的有形展示能增进人们对国家物质文化面临挑战的理解。如果这些能够在公众项目中用条形图、三维重建和复制品来达成的话，将会产生极大的社会影响。

举例来说，如果一件物品正在快速恶化，那准确的复制品能够取代原本。其中一个早期案例可追溯至2000年，在默西塞德郡的因斯布伦德尔大厅花园正面有两块罗马时期的大理石浮雕被扫描并被大理石复制品替代（Fowles，2000）。用复制品来代替原本的做法虽然存在争议；但是，在这个案例中，由于原始浮雕处于危险状态，这样能够使它们在转移后被存放在博物馆可控环境中，在未来仍处于稳定状态。从这些早期的技术呈现开始，许多高级别项目应运而生，如扫描和重建图坦卡门墓（http://www.factum-arte.com/eng/conservacion/tutankhamun/tutankhamun_en.asp）和著名的西班牙史前阿尔塔米拉洞窟，但它们由于旅游所带来的消极影响而暂时关闭。阿尔塔米拉洞窟的复制品在专门建立的博物馆中向观众展出（Donelan，2002），同时保证其原本被很好地保藏。不同于上述大型规模的运用，现在很多博物馆将扫描重造的物件运用到触觉展览、外展或教育活动项目中。

为了让公众能够获取信息，3D 扫描必须依托直观的数据库，同时渲染出的扫描质量必须足够迷人以激起观众的想象。数字信息正在逐步被添加至博物馆数据库中，但是目前绝大多数的博物馆数据库并没有建立能支持大量三维数据的数据库。对那些希望在文档工具中嵌入 3D 扫描的博物馆和美术馆来说，这会在实践上产生影响，包括费用、数据维护、训练和诸如在物体扫描过程中提供安全的存取之类的组织问题。三维扫描物体同样面临着物质上的和后勤上的挑战。2008 年，伦敦大学学院研究如何使用 3D 扫描数据库在他们的数字策展（ECurator）计划（http://www. ariadne. ac. uk/issue60/hess-et-al）中起到作用。研发可与博物馆中现存藏品数据库配合使用的直观可搜索程序和可分享数字数据库仍然任重而道远，但是它有着令人兴奋的前景，会成为最有价值的工具之一。

最理想的方案是扫描藏品中的所有物件，而史密森尼已经着手开启了创造前所未有的数字资源之征程（http://blogs. smithsonianmag. com/aroundthemall/2013/02/from-pyenson-lab-when-is-a-museum-specimen-the-real-deal/）。但是，不得不承认的是，很多机构仍然还有很多积压的藏品数据需要数字化，这可能是缘于人员、专业技术或预算的缺乏。尽管如此，其中的益处已经被诸如 JISC（联合信息系统委员会是一个政府资助在教育和调查中的数字化创新慈善组织；http://www. jisc. ac. uk/♯）等组织大加赞扬了。

全球大量的博物馆和美术馆正开始积累 3D 扫描的资源。有一些分享和展览的 3D 数据实验，纯形式博物馆就是其中之一（http://www. pureform. org/）。2004 年，该博物馆对现有的和最近委托的雕塑藏品均进行了扫描。美术作品装置应运而生，同时让观众身体力行地与 3D 数字形式（如立体视觉、虚拟洞穴技术和触感技术）进行互动。

触感技术

触感是一种利用计算机来体验触摸的感受，它是许多数字设备中重要的元素之一。它最常见的形式便是用户在玩电子游戏时所体验到的物理振动。触感技术最早在 20 世纪 50 年代末 60 年代初出现，代表科学家有拉尔夫·莫舍(Ralph Mosher)(1962-1964 年间,他在自己的机器人系统和外部骨骼(通用电气步行机)上使用该技术(http://cyberneticzoo.com/? p＝2108)。直到现在,该技术的价格成本才得以降低,同时尺寸实用性变强,感官反馈更为可信。该技术应用于远程操作和机器人学领域中,最近也应用于外科手术练习和为艺术家和设计师打造的 3D 黏土模型。

传统意义上的人机互动主要是视觉上的,在屏幕上使用文字、数据或图像。使用键盘或鼠标在二维平面上输入和操作,并没有物理响应反馈给用户。触感技术能提供触摸(触觉的)和动作(动觉的)反馈,能够模拟诸如物品的重量等物理性质。用户可以感受摩擦、材质或阻力,同时触感硬件能将这些物理性质传送回用户,使他们能够感知屏幕上发生了什么。触感交互有很多形式,如触摸鼠标、手套、触笔和操纵杆。通常的做法是使用将人的手指和电脑界面相连接的触笔。由麻省理工学院 J. 肯尼斯·索尔兹伯里(J. Kenneth Salisbury)和托马斯·梅西(Thomas Massie)发明的幻影触感设备使用触笔或指尖顶针作为接口。

2012 年曼彻斯特博物馆开发了一套触感系统,这是技术提供者(触摸和发现系统)克里斯多夫·迪恩(Christopher Dean)在接受视碍组织(亨肖斯,盲人协会)咨询时开发的。这个组织挑选那些一旦展出后无法被接触的和那些过于脆弱以至于无法被长期触摸的藏品,将其特征详细明确地加入界面中来帮助视障者定位物品,并了解附加的情境信息。通过触摸来自主探索物品已不再需要博物馆公共设施,即可以实现远程体验。建立一系列的三维“检测”房间来让用户体验物品的历史、生产工艺和使用。在 3D 空间中使用空间声场是另一个重要的特征,它不仅给出了物品的材质信息(轻敲时会产生共振),而且让视障用户能够在三维空间中定位物品。触感交互能让对感官反馈感兴趣的所有类型的博物馆观众为之神往,同时孩子们会自然而然地被计算机设备吸引,从而快速地适应在空间中自由地移动触笔,探索和仔细观察他们平时不一定会关注的物品。虽然营造一种真正直观与有益的体验任重而道远,但提供一种娱乐化的学习体验具有巨大的潜力(http://www.museumsandheritage.com/advisornewsitem/2804)。

触控艺术复制品

曼彻斯特博物馆中与数字触摸相关的另一个项目为亥西稣奈卜耶夫（Hesysunebef）石碑，揭秘其隐藏的故事。该项目通过扫描石碑（这块石碑蕴含着复杂的家庭关系、权位与宗教信仰故事）制作了石碑的尼龙复制品。除了一小部分拥有专业知识的人外，大部分的观众都不知道这些故事。被镶嵌在复制品里面的智能传感器能够通过触摸被触发。传感器被精心安置在复制品中，供观众自行进行主题、符号与故事的探索。观众可以感受石碑的表面（采用手工上色的方式从而更加接近原作），感受雕刻的弧度，并触发与雕刻细节信息（如象形文字、物体或字符）相关的声音与图画文件。这些图片和声音文件通过浮雕复制品旁的屏幕和扬声器进行播放。这只是一个模型。然而，该技术可以通过复制品所呈现的具体线索来讲述隐藏在文物中的历史和故事。

文物复制品已经存在了几千年，最优秀的艺术和设计一直被复制、铸造与模仿，并被用作教学辅助材料；博物馆中大量的石膏模型藏品就是证明。扫描的数据可以用于制作有形复制品。目前，从综合建筑、恐龙、乌龟到希腊头盔，各种物品都可以被精确地复制，并可按照一定的比例进行复制，使复制品能够在桌子上进行组装。反之，那些小到只能通过扫描式电子显微镜才能看到的微生物或细节也能按照合适的比例进行放大复制。一旦物体被扫描后，就可以进行复制品比例及材料（从巧克力到石料等各种材料）的确定和制作，有时还会用到传统的铸造工艺。在仿制原作的光泽时，从类型到制作过程的精加工通常都需要匠人或艺术家来完成。

3D 复制品

复制品的制作通常采用两种不同的方法。快速成型是一种叠加式工艺，通过结合一层层的材料或粉末来创造出立体物。另一种方法是数控铣床（计算机数控），通过驱动机床对实心砌块进行选择性的材料去除。3D 打印的性质使得它能够创建那些具有复杂内部特征的物体，通常这样的物体很难通过其他方法来进行制作。扫描仪可以精确地捕捉颜色和纹理，并将出色的方案提供给数字扫描仪；然而，打印的实物仍然具有一定的变量。3D打印设备的价格有所下降，这为教育机构和国内市场的实验性打印提供了更多的可能。

这项技术对整个博物馆和美术馆都是有意义的，因为这使得博物馆与美术馆中最优秀的作品能够源源不断地被复制和分享。耐磨的替代品可以被放置在触摸桌、外展服务区或用于永久触摸展览，使展品能够服务于那些患有视觉障碍或由于经济或地理局限而不能到达博物馆的人群。围绕藏品用途发展的活动以及新兴活动也会随着稀有或珍藏文物的3D印刷品的增多而丰富（http://www.wired.com/design/2012/10/scanathon/）。教学课程中所需的物品可以在课堂里进行下载和打印，或通过类似于曼彻斯特博物馆的触摸设备（目前是外展服务中采用的可移动式系统版本，可在学校和医院中使用）进行探索。随着时间的推移，3D扫描可以进行远程下载，正如我们现在下载图书一样，并被用于交流和探索。

3D数字资料的黑客入侵

一直以来，藏品启发着一代代的艺术家、设计师和学生们；通过数据库建立起的网上海量信息让大众和开发人员有了访问原始数据的机会，却也为"黑客"或"聚合应用"现象的发展提供了机会。聚合技术会重用、重设并吸收现有的数据和艺术，或是乐衷于创造新的作品（详见http://www.3Dprinter.net/mashing-up-museum-art-at-the-met）。

藏品业余爱好者与专业人士们使用开源软件和免费数据来创建真实或虚拟的激动人心的故事、设计和艺术品。免费提供数据具有一定的风险，因为这可能会被利用来制作赝品，有一些方法能够降低此类风险，而这些方法需要得到我们的关注。

增强现实

增强现实是另一块令人兴奋的科技领域，该科技通过使用扫描数据。进入真实或虚拟环境。将它们放置在一定历史背景下，可以通过讲述文物的用途和意义来增强博物馆的展览效果(Wojciechowski et al.,2004)。三维立体形态如同幽灵般悬浮在展厅的真实环境中,或与其他相关虚拟数据形式一同存在。直至目前,该科技在很大程度上仍局限于平板电脑与手机;然而随着谷歌发布的备受关注的智能眼镜问世,该科技将跳出手持设备的局限,而这也预示着拥有更多自发性和交互性的三维虚拟形式和通过手势来控制和移动的功能(http://www.kinecthacks.com/ top-10-best-kinect-hacks/)。

这些新技术并不能取代观看或持有真实物品的独特体验,但却能够大大提高我们对文物的理解,使我们更好地感受文物的故事。它们能够让更多的人感受文物,并创造更多的互动形式。

最后,在我们还未理解新型 3D 技术的意义或可能性时,麻省理工学院的斯凯勒·蒂比斯(Skylar Tibbits)已经宣告了 4D 打印的来临:

这一伟大的想法在于物体能够在打印后发生变化,并具有自主适应的特点。打印不再是创作过程的最后一环,而仅仅只是其中的一个环节……即设计、打印、发展。(http://www.wired.co.uk/news/archive/2013-02/27/4d-printing)。

22　信息、感知和博物馆的未来

妮娜·莱文特、海瑟·奈特、塞巴斯蒂安·陈
和拉斐尔·洛扎诺·哈默的对话

　　本文是以超越视觉艺术组织的妮娜·莱文特、策展人塞巴斯蒂安·陈、艺术家拉斐尔·洛扎诺·哈默和机器人专家海瑟·奈特间对话形式展开的关于增进感官博物馆体验潜在技术利用的探讨。塞巴斯蒂安·陈是史密森学会库珀·休伊特国家设计博物馆的数字和再现媒体的主任。塞巴斯蒂安在将尖端科技运用到文化机构的策略方面十分著名。拉斐尔·洛扎诺·哈默是电子艺术家,他利用大型科技手段,如投光灯、机器人传感器和监控网络来设计牵动全身、增进人们感官存在的表演和互动,同时创造富有诗意的、唤起回忆的和有批判精神的展出。他的主要兴趣点是创造公众参与的平台。他被委托在大型活动中设计大型互动装置,如墨西哥城的千禧年纪念活动、鹿特丹的欧洲文化首都和里昂的联合国世界城市首脑会议(2003)。海瑟·奈特主持玛丽莲·梦露机器人实验室,创造有社交智能的机器人表演和基于传感器的电子艺术。她是机器人电影节和半机械人歌舞表演的创始人和负责人,同时还是卡内基·梅隆机器人学院博士研究生。

　　科技正在改变我们对博物馆的想象。我们甚至可以在去博物馆之前就能在网上看到许多博物馆的内容。我们将自己的个人科技产品带入博物馆空间中并使用我们的移动设备来进行空间导航和博物馆内容查询。机器人设施、传感器和实时数据让博物馆能够带来不同的个性化、多感官体验和学习机会。机器、机器人和增强现实体验在增进我们的身体和感官现实上具有巨大潜力。作为值得信任的公共空间和信息资源,博物馆有将经常运用于商业和监测的技术进行转化的潜力。科学技术,在另一个方面来说,也许可以在重新定义作为在大众生活中独特角色的博物馆方面大有裨益。

20 年后的未来博物馆会是什么样？

妮娜·莱文特：如今越来越多的技术出现在博物馆中，增强现实技术、游戏、3D 打印和机器人装置等。其中一些被艺术家和设计师运用的技术十分有创新性和实验性，同时有一些技术随着消费技术趋势进入了展厅。技术将在转变博物馆未来中充当什么角色呢？

塞巴斯蒂安·陈：一方面，从人口统计上说，博物馆观众范围在扩大；另一方面，我们也逐渐看到了更加可观的娱乐场所，如主题公园和电影院。如此可观的沉浸式体验越来越常态化，因此其他休闲活动也不得不增加数量以抗衡。我们发现这样的沉浸技术也被运用在酒店大堂。甚至在时装店购物也变得更加有体验感：投影墙面和基于触摸的购物体验。于是，博物馆开始思考如何运用这些技术来营造博物馆互动体验。近段时间以来，在轰动一时的大规模展览中，有越来越多的多感官手段被运用至设计中；同时，许多有经验的设计师加入到博物馆团队中，展览设计越来越趋于戏剧风格。

较高端的博物馆沉浸式体验非澳大利亚塔斯马尼亚新旧艺术博物馆（MONA）莫属。这是目前为止我认为的全世界最精彩的艺术博物馆。MONA在它的建筑中进行了完整的体验设计，从观众坐上渡船来到大厅到下降至漆黑的展厅。同时，这是一个令人兴奋的选择，观众可以往上达至白立方状的展厅。

相似地，泰特美术馆的最新地下展厅（被称作是"大箱子"，由三个巨大的地下混凝土缸构成，过去是油箱）成功地将博物馆经验与剧场结合起来，并更加注重表述性和表演形式的博物馆体验，而技术（甚至有些技术是不可见的）则支持了这些体验的设计——从灯光设计到基于计算机的体验，更重要的是，观众跟踪调查。

妮娜·莱文特：技术如何改变我们与博物馆物品互动或探索艺术作品的体验？有新的技术来促进一种新的博物馆类型诞生的空间吗？机器人和其他交互技术能改变我们对博物馆应该提供什么的看法吗？

拉斐尔·洛扎诺·哈默：未来的博物馆，特别是艺术博物馆，最重要的是要克服家长作风和对公众的傲慢态度。但可悲的是，在许多博物馆（不只是博物馆)中,持有这种态度的策展人、董事和媒体及艺术家本身认为公众只能用来计数,仅有利于指标和统计数据:有多少人参观了展览,多少去了礼品店?

但聪明的博物馆正在采取更多表现艺术作品的试验性方法。泰特美术馆就是一个很好的例子,那里的策展人已经超越年代或种族和地域分配的划分。他们以创造性的张力将艺术作品混合起来,这样做是非常有意义和重要的。我想多看到这样的策展。我想博物馆需要理解的是,视觉艺术是表演艺术(Performing arts),而绘画和雕塑更接近于剧场,不同于目前被设计的样子,它们更接近于行为艺术(performance arts)和音乐。所以如果你开始思考视觉艺术具有这些表演特质,你就会用不同的方法表现出来。你将学习来自戏剧表演的复杂词汇;然后,你将给公众带来一个更全面、更具参与性的体验。

海瑟·奈特:通常博物馆展出作品并将观众想象成拜访寺庙的信徒。我们可以用各种方式来打乱这种传统的层次结构,但在未来的博物馆里,最有影响力的策划者之一将是机器人。人们前来激发灵感、体验、社交、学习、享受,甚至创造。科技作品可以移动、感知并回应与其互动的伙伴。观众不再被压制,他们被取悦、被鼓励,或被激怒。装置自身可以有个性地参与或是可以播放当天天气数据。举例来说,我们可以将半人形机器人放在博物馆空间中:它们可以漫游展厅,改变观众的社交模式,比如一群在电梯上走错路的观众。一个机器人雕塑可以从反射观众的行动中获得灵感,像一个爵士乐钢琴家一样在起伏的观众人群中即兴表演。由机器人构成的既熟悉又不可识别的奇特组合会影响我们社交模式。博物馆自身变成更具趣味性的场所,也不再有崇拜或被崇拜的意味。

观众数据和个性化博物馆体验

妮娜·莱文特:和以往相比,研究观众行为、观众喜好、博物馆动线和参观速度等涉及更多的方面。我们调查出来的结果经常不是我们所期待的。我们知道了更多关于不同的博物馆观众群体的多样化和独特需求。博物馆已很难全方面地满足从小学生到大学教授、从老人到那些失明的青少年观众的学习、娱乐和社会需求。技术能否从提供兼顾学习和娱乐的高度个性化的体验出发来解决其中一些问题?

塞巴斯蒂安·陈:如今的趋势和愿景是通过一对一或者团队形式根据观众的行为反应来设计展厅与信息体验。只有当观众在展厅里漫游穿梭时,博物馆才能更多地了解观众。我们已经从观众调查中得知观众并不以线性方式详细研究我们的展厅。如今,技术让我们在娱乐中更多和更好地理解知识。获取实时观众数据的另一个益处是你可以得到一个机会来向观众展示她或他从没想过的事情。这无关反馈与否,正如"你真正地喜欢这个,但你却忽视了"。

在达拉斯艺术博物馆的同事刚刚推出了新的虚拟会员系统,通过数据收集,他们发现有一个观众每天都来参观。他们以为这个家伙肯定在耍我们的系统。但事实证明,这个观众是一位教师,他每天回家都会经过博物馆,然后通过参观博物馆为他明天的课程做准备。博物馆使他的教学备受启发。这一直没被发现,直到达拉斯艺术博物馆推出了这一技术平台。人们怀着不同的目的参观博物馆,我认为这很棒。而问题就变成了如何重新设计你的展厅和博物馆的整体体验来满足更多的观众类型。

机器人和未来博物馆

妮娜·莱文特:你能思考现在机器人发展的趋势和在未来的十到二十年内机器人在博物馆环境中的利用情况吗?你是否看到机器人正在变成博物馆设施中的一部分?机器人和机器人技术如何与博物馆展厅相结合来增进体验,从而有助于观众发现新意义和促进发现和学习?或是否可以帮助在展厅中参观的观众?

海瑟·奈特:要将博物馆中的机器人所产生的影响从社会日常中机器人技术的潜在影响中孤立出来探讨是不可能的。正如此时大多数人口袋里都装着智能手机,有一天为老年人或孩童提供帮助的机器人会陪护他们进入我们的公共空间。具身机器会出现在娱乐活动、自闭症治疗以及语言教育中,自动驾驶汽车甚至可能将观众带到博物馆门口。艺术家能够创作新的艺术装置来增加它们的存在感。

在博物馆内,机器人可以改变整体环境或是自行充当装置艺术。我预想机器人在博物馆中可能有数种用途。一种想法是帮助创造博物馆故事,积极充当不折不扣的导游,让人们探索,或是间接担当社交行为的催化剂。想象一下,机器人一点一点向观众介绍,通过文字、声音和物品讲述故事。博物馆可以放置好玩又令人好奇的机器人箱子,用亮色调的仿毛皮遮盖,吸引观众注意力,勾起其好奇心。它们可以带着观众漫步或是紧随其后,抑或是在寻宝游戏中提供协助。

每件艺术品或博物馆物品可能和一个机器人标签相配合,当它感觉自己被忽视或知道观众对某一主题特别感兴趣时便会向他们示意。这些自动化的招牌会通过动作而变得富有生气,吸引你的注意力,突出博物馆物品的信息。研究表明,机器人对我们的现实空间产生了深刻的影响;我们对移动的物体会产生心理反馈。只要我们看见事物带有目的地穿过空间,我们便认为这是社会特性。这些机器人会吸引儿童或成年观众的注意力。我想人们会将这样的机器人带到博物馆中,并巧妙地将它们融合到公共空间中,例如将人们所熟知的社会心理学原理融入其中。

另一个想法是创造一种本身就是观众的机器人,这种机器人具有鲜明的观点,做出自然的动作。我想未来会出现人形机器人,它能够绕着展厅行走,观察艺术品,在一些作品前细细端详,而在其他作品前则是一带而过。这种机器的形象可能是艺术专家或艺术史学家。我们都具有社会属性,对机器人会产生内心反应,将它们置于我们现有的友善、支配、利益以及名望的社会模式中。由于被人审视、陪伴、评价,我们将会产生自我责任感。人们对机器人扮演艺术批评家的反应明显不同于手机上艺术史应用程序(App)给人带来的反应。人们可能对它的选择感到好奇或是对它的品位有所批评,但它却不易被忽视。

技术、艺术与感官互动

妮娜·莱文特:艺术家将技术带入博物馆,有时是为了娱乐,有时则为了取乐或提出严肃的问题。有时人们"改造"技术是为了用于监视、商业或军事领域。博物馆能够和其他如娱乐中心一样的场所竞争吗?未来十年到二十年里,博物馆能提供什么样的技术使人们觉得穿越城镇来参观比通过屏幕观看要更值得?

　　拉斐尔·洛扎诺·哈默:艺术博物馆能够提供两种简单的东西。第一种来自美国作曲家弗雷德里克·列夫斯基(Frederic Rzewski)1971 年的作品《相聚在一起》(*Coming Together*),该作品强调了从不同的现实生活中聚集在一起的人们所表现出的欢乐、力量和团结。正如作品中简单而强烈的想法,这就是我们总要聚集在一起、和他人一同体验的原因。

　　博物馆能够提供的第二种东西是娱乐业所称的"实景娱乐"(location-based entertainment)。出于规模、费用和观念的原因,人们无法在家获得这种体验。我的大量作品都是沉浸式的,例如"脉动屋"(Pulse Roomph)是一件由 300 个闪光灯泡组成的艺术品,它将观众的心跳真实地体现了出来(图 22.1)。当参与的人很多,心跳就会循环不停。像这样的体验是基于被放大的生理信息以展现更鲜明的建筑关怀:观众自身的心跳几乎没有美学趣味,但是你和

图 22.1　拉斐尔·洛扎诺—亨默"脉动屋",2006。加拿大魁北克省魁北克市魁北克国家美术博物馆,2008。由"反模块研究"(Antimodular Research)拍摄。

其他人的心跳合在一起时会创造十分有趣的图案。

沿着戴瑞克·德科柯夫(Derrick de Kerckhove)"互联智能"概念的路线，我愿从博物馆空间方面来考虑"连通性"，而非"连通性"的民粹主义和问题观念。连通性是让不同的地点和体验能够实实在在地相互接触。所以在"脉动屋"这样的项目中，通过测量你的生物统计信息(通常与医学或监视控制相关)，我们可以创造连通的空间，并且我们希望这种空间既富有诗意，又具有批判性。人们绕着灯泡转的时候会有一种体验，这种体验在规模上与在家中获得的体验有着天壤之别。但是就象征意义而言，它也极为不同，因为发出的光是数百名参与其中的人产生的。

这一聚集在一起的想法通过这样的作品被具体化了。

海瑟·奈特：艺术的一个永恒动力是了解我们自己，探究意义、智慧、爱以及虚无主义。我一直在思考舞台和电影背景中的机器人，特别是利用机器人来讲故事。多数情况下我们是用机器人来讲述与机器人不相关的关于人类的故事。他们是人类经历的机械陪衬物，我认为机器人艺术品可以为我们自身提供意料之外的视角，突出我们存在的某个部分。我们可以通过机器人认识自己。

日本漫画《铁臂阿童木》讲述的是一个没有人类缺点的机器人，他教育人类如何变得更好。但是作为机器人创造者而言，我承认创造提醒我们机器人是项艰巨的任务。在机器人身上最难再现的特征就是我们身上所具有的一些大大小小的缺点。幽默是可能实现也可能失败的。创造力具有局限性，友谊和爱情则很难达到。每次技术人员声称已经解决了这样的问题，我们就会向前迈进一步。

塞巴斯蒂安·陈：博物馆中技术讨论一方面由艺术家们领导，另一方面应由科学博物馆结合具体情况处理。科学博物馆确实有权利争取举办有关互联网或监控方面的展览。艺术博物馆不应是提出技术问题并展开讨论的唯一场所。

电子时代博物馆的宗旨和收藏

妮娜·莱文特：没有实际藏品的展览概念，或收藏电子艺术品，引发了诸多问题。从历史角度来说,博物馆通常拥有藏品,毕竟藏品是博物馆存在的原因。博物馆因往往以其提供真实体验而自豪。你是如何看待技术对公众和博物馆藏品之间关系的改变的?

塞巴斯蒂安·陈:我认为物品和展示之间存在一种有趣的紧张关系。悉尼动力博物馆的海伦·惠蒂(Helen Whitty)和儿童书籍作家共同举办了绝妙的系列展览。儿童书籍作家从藏品中拿出一些奇特的物品,并为这些物品写下虚构的标签,之后博物馆也会提供真实的物品。但这关乎让儿童和观众专注于可能性("如果这是其他物品会如何""如果这是神奇的设备会如何")的探讨。这会使你以新的方式看待物品,并将物品看作讲述故事的道具,事实上也确实如此。因此,有了多重解释、多种现场,我们便对物品有了了解。技术能够揭示多种现场。尤其是视频设计人员,他们处理着故事,这些叙述的故事发生在这一时空中,但时间并非线性的。随着创造非线性叙事技术的日趋完善,博物馆成为讲述故事的公认场所。

拉斐尔·洛扎诺·哈默:我和博物馆及其收藏观念的关系更近了一步。我的作品以前只是干预,通过奇特的参与平台来转变公共空间,并且持续了数周时间。我逐渐将博物馆想成是陵墓,因为道格拉斯·林普(Douglas Crimp)的文章太具影响力了。但之后我意识到当代的情况并不像道格拉斯·林普所写的那样,实际却恰恰相反。如今,博物馆并非让艺术品光荣地沉寂;而是以人工方式修复、保护和投资来使艺术品变得活跃。我之前认为对文化进行特别的教学、指导以及时间先后展示的收藏方式是相当有害的。但当我开始从事商业博物馆的工作时,我改变了态度,并判定只要我的作品对艺术持有活跃和开放的态度,就能被博物馆收藏。当今多数博物馆都明白(除非十分保守)艺术并非只是物品,也是过程和事件,是一种表演。总体而言,我的作品被收录到伦敦泰特现代艺术馆或纽约现代艺术博物馆中,我的解释是不要过多谈论保护,而是讨论文化行为的准备。艺术品本身具有意识并活生生地存在,它需要做的是在未来再现。

未来博物馆的观众和感官体验

妮娜·莱文特:随着电子和网络体验的拓展,博物馆关注的是培养新的观众群体,并提供多种体验将观众一次次地吸引回博物馆……常有人问我:"我能在电脑上看见博物馆的藏品,学习很多相关的知识,可为什么要花费精力到博物馆参观呢?"博物馆如何吸引观众到现场并促使他们经常来参观?技术可以提供什么既有意义又与博物馆的网络内容不同的现场体验?

塞巴斯蒂安·陈:在未来的20年里,许多博物馆将主要依靠旅游业生存。但除此之外,优秀的博物馆能让人产生重游的需求。博物馆可能成为消遣的场所。这完全是关乎体验设计、服务设计以及吸引人们停留而非吸引人们前来之后再离开的建筑。我在英国认识一些设计师,我觉得看着他们工作十分有趣。他们会去博物馆待上一天,在那里处理他们的工作,因为他们希望受到周围物品的启发,并非是特定物品,而是感受整体环境与氛围。

说到技术,博物馆通常落后于流行文化的趋势变化,在技术领域无法有效地发挥作用。但是有博物馆运用技术推动整个领域继续向前迈进的例子。伦敦海洋博物馆的气候变化展就是此类了不起的设计案例。此次展览是一场没有展品的互动展览。海洋博物馆为藏品开设的没有展品的新艺术馆十分有趣。联合视觉艺术家协会(以向"大举进攻"乐队和"化学兄弟"乐团提供舞台视觉效果而闻名)被请来设计盛大的展出,给观众如临北极的感觉。他们营造了一种神奇的体验,观众拿着紫外线手电筒四处行走,产生了互动体验。艺术馆光线昏暗,观众穿梭在投影形成的景观间,体验极地冰冠萎缩的特效。通过声音,确实实现了展览的互动性。这完全是声音的空间布局,就像是委托英国诗人通过科学报告、数据以及航行日志创作出多层面的诗篇,从而以给观众带来穿越北极、感受极地冰冠萎缩的体验。这便是高科技,表现方式也很巧妙。

海瑟·奈特:我认为产生内心体验才是了不起的博物馆体验。增强自我的体验仍是具身体验、内心体验。我知道在现在的增强现实项目中,研究人员致力于再现中国的古建筑。通过使用手机摄像头和相关程序,你可以从任意角度将所有建筑重叠到废墟的图像上,获得的体验便是穿过整个古城走上一趟。火星漫游者常被谈作我们自身的延展。我们遨游太空和通过这些延展部分参与太空遨游有区别吗?在机器人技术领域来看,十分激动人心的是,我们利用机器来拓展我们的感官。

机器人在博物馆中能起到相似的作用。与屏幕式的交互界面相比,它们拥有其他具身化的优势，能够融入我们的心理特点。尽管它们的动作和行为不灵活，但机器人艺术装置能够促进反应、视觉以及参与式体验。技术可以操纵人的行为，引导陌生人见面或朋友敞开心扉。它们很像了不起的东道主或成功的晚会筹划人。机器人具有非人的优势，因而人们会举止失礼，感觉不到受人评判而放松嬉闹。让我们来想象这样一个能给观众超能力感觉的装置吧。

23　多感官艺术博物馆和体验的交互联结

伊丽莎白·阿克塞尔和凯雯·费尔德曼
与艺术家及策展人的对话

　　艺术品多感官体验能够以当今博物馆时常忘却的方式，使人产生震撼心灵的亲密之感。思考多感官博物馆的关联性普遍存在，这延伸到艺术机构能够为残障人士提供参观机会的必然性以及为所有观众创造沉浸式体验的可能性。我们要真正地引导需求，利用自己的各种感官以及文化工具与世界彼此联系，这与左邻右舍的联系完全不同。我们以特有的方式学习和互动，或多或少地以积极、沉思的方式，从视觉、听觉或触觉方面感受我们的优势和互动挑战。参观博物馆是一种重要的社会体验，为人们提供绝佳机会，不仅与他人联系且同时与自身的感官进行互动。本文记录伊丽莎白·阿克塞尔和凯雯·费尔德曼与多位艺术家和策展人的对话，他们历经实践，思考可能会增加人们与艺术品的联系并通过艺术品进行联系的机会。他们一起为博物馆设想全新的未来。

　　伊丽莎白·阿克塞尔（Elisabeth Axel）是"超越视觉的艺术"（Art Beyond Sight）和盲人艺术教育的创始人，专注于让各类残障人士（包括盲人或视力低下人群）能够接触艺术和文化。她也是"项目访问"（Project Access）的联合主席，这是一项旨在让所有人了解文化机构的全国性举措。凯雯·费尔德曼（Kaywin Feldman）是明尼阿波里斯艺术学院的主任兼院长，艺术博物馆理事协会的前任会长以及美国博物馆联盟的副会长。她是研究 17 世纪荷兰和佛兰德艺术的学者，凭借均衡发展流行和实验艺术展览而闻名。纪夫·利佩特（Yukio Lippit）是哈佛大学艺术和建筑历史学教授，并担任学者和馆长，主要专注于日本近代绘画。他在国家美术馆策划了一场题为"五彩缤纷的世界：伊藤若冲的日本花鸟图"的画展，成为这家博物馆最受欢迎的展览之一。安·哈密尔顿（Ann Hamilton）是享誉世界的艺术家，她的沉浸式、特定场地装置融入许多感官体验模式。她安装在公园大道军械库的"一线之事"作品结合波浪起伏的织物、读物、声音、活动的鸽子以及飘向天空的大秋千,达成了作品与观众的互动。彼得·塞勒斯(Peter Sellars)是闻名世界的戏剧、歌剧、电视和电影导演,以及加利福尼亚大学洛杉矶分校的世界艺术和文化学教授,并在大学教授社会行为艺术以及道德行为艺术。胡利安·朱古扎高迪亚(Julián Zugazagoitia)是堪萨斯城纳尔逊·阿特金斯艺术博物馆的总监,他的"艺术品位"系列向公众展示观众与策展人就葡萄酒以及博物馆藏品中的物品展开的随意交谈。弗雷德里克·约翰·兰普(Frederick John Lamp)是耶鲁大学艺术馆弗朗西斯和本杰明·班奈森基金会非洲艺术馆长。他通过对舞蹈和表演的兴趣获得艺术历史奖金资助以发展非洲艺术展览。劳伦斯·林德尔(Lawrence Rinder)是伯克利艺术博物馆和加利福尼亚大学伯克利分校太平洋电影资料馆的总监。2007年,林德尔在伯克利为犹大·L. 马尼内斯博物馆策划了一场题为"沙哈鲁·亚得加里:音乐之旅"的展览,展现将希伯来语、波斯语和英语演唱与古典波斯语和电子音乐相结合的声乐作品,为马尼内斯藏品带来全新的展览形式。简·洛德韦克·格鲁特斯(Jan-Lodewijk Grootaers)是非洲艺术馆长和明尼阿波里斯艺术学院非洲和美洲艺术系主任。她在明尼阿波里斯艺术学院举办了一场题为"南非:与撒哈拉以南艺术相连"的展览,设立了一个玻璃橱窗,让观众能自行打开音乐电台,体验虚拟拇指琴,并有机会闻到艺术品的气息。该展览测试了情境感官和书面信息在丰富观众对非洲艺术理解方面的有效性。

多感官艺术博物馆

伊丽莎白·阿克塞尔和凯雯·费尔德曼:你如何设想用超越视觉外的所有感官来帮助改善艺术和博物馆?

纪夫·利佩特:感官体验从根本上而言是一种通感,即人能够同时体会多种感受。可以说传统博物馆展览/体验甚至不会将视觉与其他任何有意义的感官相连。真正融入感官的事物将融入人的心灵,从而使人对不同的文化背景中的艺术品/手工艺品产生全新形式的共鸣和理解。许多艺术品预示着非常具体的特殊经历:洞穴、寺庙或仪式。有些是思想体系的产物,充分表达我们如何通过探索的感官（例如某些佛教哲学）将世界体验达到尽可能最集中的程度，我们的感官如何领会被构建的虚幻世界。

安·哈密尔顿：我们通过所有感官思考和感受，将所有体验具体化，甚至在眼睛优先于双脚时。我们如何关注所有体验的品质，将影响我们逗留的时长。逗留的时间越长，将越影响我们的思考方式，而思考方式将增强我们的反馈能力。对空间、声音、灯光、温度和气味的感受体验与我们的思考内容和方式息息相关。

伊丽莎白·阿克塞尔和凯雯·费尔德曼：你认为多感官博物馆在改变我们对关系联结及社群的定义中发挥了什么作用？

彼得·塞勒斯：艺术证明我们的完整性实际上是需要他人参与到我们生活中的方方面面。事实上，我们无法独自完成任何事情。在与他人分享并在他人完善我们的理解、思想和观点之前，我们的认知还不够深刻。

艺术为我们提供了遇见差异的机会。事实上，正是艺术鼓励我们说出："我看到了与这里不同的东西。"实际上，这是确定我们差异的一个地方，而不是我们要去隐藏的缺点和负面的东西。

纪夫·利佩特：对过去文化产物进行有益探索能够对体验和世界观产生共鸣并加深了解，而不是只看到我们自己。这是博物馆和文化知识的最大价值——将我们脱离自我主观意识。

艺术家在创造多感官艺术体验中的作用

伊丽莎白·阿克塞尔和凯雯·费尔德曼：在视觉之外的感官转向上，艺术家在博物馆空间和体验中扮演着什么角色？

弗雷德里克·约翰·兰普：艺术博物馆向历史的最终产物发展，而艺术家的角色和博物馆的角色之间的论述并不总是显而易见的。事实上，"活动"的想法似乎无法和安静的展厅相协调，在那里观众通过视觉来了解艺术。触觉是被禁止的。听觉也不被赞成并很少被运用到展览设施中。气味是要受到强烈谴责的。而味道是实在令人无法想象的，尽管如今有很多艺术家强调五感。显而易见的是，艺术博物馆中的展品具有很高价值——本质上来说是无价的——同时不能被亵渎。传统意义上，艺术家有时会被邀请到博物馆做讲座——通常是在与艺术空间分开的大讲堂，但有时会在艺术展厅中。邀请艺术家与展品互动的想法如何？这已经被马里兰历史学会的弗雷德·威尔逊成功践行了，实质上他创作了一件装置作品，传递了物品自身及其意义，理智地改变了每个组成部分而没有破坏它们。

安·哈密尔顿：一些极其成功的展览空间并不是特意建造的，它们以前是工业空间，而艺术家们花了大量的时间和精力来设计和改造它们。从前的社会历史和具体建筑隐性地发挥作用，并不被注意。也许它们对观众也是同样的态度。对于很多和我同时代的人而言，艺术基础是最重要的能力之一。他们的空间和历史设计和与艺术家合作的独特方式紧密相关。

纪米·利佩特：从 20 世纪 60 年代开始，艺术家在改变展厅空间上扮演了重要的角色，同时这一角色必定会在未来逐渐延伸至更加传统的博物馆展览空间中。围绕声音艺术、环境艺术和空间制作的艺术实践的开展是特别正确的。重要的是一开始就作为空间策展人的艺术家与展览内容策展人之间密切配合，共同探讨如何更好地平衡时空条件和艺术品的文化价值，同时也不把博物馆作为创作淹没独特性的分离式艺术品的场所。

弗雷德里克·约翰·兰普：在耶鲁大学，我们邀请了艺术家进入艺术画廊创作作品，以某种方式对材料艺术做出回应，有时直接反映艺术，有时独立，但让观众以不同的方式看艺术。编舞家雷吉·威尔逊在特定的展厅中进行舞台布景，结合动作与声音，改变了在不同的语境中艺术和舞蹈呈现的方式。戏剧学校的学生把声音作品放在特定的雕塑作品中，并在另一个实例中，把光和声音的作品放在整个雕塑群中。这些放在现有雕塑中展示的作品有时能探索雕塑的含义，有些则简单地将现有艺术作为一个独立艺术形式的核心，并通过多感官刺激以一种不同的方式来让观众欣赏原始的艺术形式。

显而易见的是，在艺术博物馆中的表演艺术与装置艺术是消除过程与物品鸿沟的一种方法。艺术家的雕塑、绘画和其他材料艺术应该更多地被邀请至充满艺术气息的展厅里，以减轻观众在已经完成的艺术作品和复杂的策略、思考能力、材料制造、技术、分辨率、故障间的隔离。

劳伦斯·林德尔：伯克利艺术博物馆/太平洋电影档案馆的"L@TE 星期五"晚间表演系列将多感官体验引入音乐、舞蹈、电影和其他表演形式至博物馆中。根本的因素之一，是它位于呈螺旋上升形博物馆空间的中央大厅，这是建筑独特设计的性质。因此,参观展览的观众听到在中庭播放的音乐后可以选择从向外突出的楼厅上向下看到表演。不仅如此,表演还鼓励观众移动观看,故意颠覆表演观看的形式和其不变的公约……在表演过程中,我们不强制沉默,所以一般会呈现一定程度的环境声音,传递一种非正式的、动态的氛围……当博物馆充满了数以百计的观众,他们同时欣赏艺术、聆听音乐和四处闲逛,这是对我们极大的激励和鼓舞。

传统和当代艺术的感官方式和体验

伊丽莎白·阿克塞尔和凯雯·费尔德曼:展览上的多元感官方式如何影响我们对艺术的体验?

彼得·塞勒斯:我们谈论的是视觉和洞察力。这里的艺术并非是在描述事物的样子,而是在叙述从事物中得到的感受;这里的艺术并非要把你引入一个可见的世界,而是要把你带入一个看不见的世界,且在这个看不见的世界里你会感到舒服自在。当我们谈论到"听"时,我们所谈及的是"深度倾听"。深度倾听就是要倾听未言语的一切。慢慢沉静下来,为自己开拓一方值得关注的天地。深度倾听,这就是一件艺术品能够给予我们的全部。沉静下来,去深层次地聆听,去深层次地观赏。开始学会带着更多的意识去感动,开始学会真正地去品鉴。于我而言,这就是艺术的意义所在——学会越来越娴熟地去深层次地看、听、回应和感动,带着慈悲与理解来感动。事实上,欣赏这个世界——这种欣赏能真真切切地为你的每一部分注入生命。

安·哈密尔顿:而挑战是可能有什么样的体验——不是你如何填充,而是你如何打开。

弗雷德里克·约翰·兰普:许多领域的策展人聚在一起来体会"白盒(white box)",因为他们对这件物品的理解不足,尤其对于第三世界的仪式艺术而言。而且西方艺术(特别是古代和中世纪的西方艺术)也是如此,即使在当代也同样如此……艺术的原始情境通常对艺术形式有很大的影响,而博物馆的物品只是这种艺术形式的一部分,而更为广泛的表现包括令人沉浸的多感官因素。通常这个原始情境包括声音、动作、观众与物品的互动等方面,有时涉及操纵和触觉、空间或戏剧表演、时机、能够带来适度感官体验的策略性照明效果和有利于理解作品的重要嗅觉元素。

后现代和后殖民主义思想认为通过身体体验、躯体（身体内与大脑中相反的意识）和本体感受（通过身体反应感知）得到的理解在过去的一个世纪随着对分类学的怀疑而逐渐完善。

胡利安·朱古扎高迪亚：博物馆通常会融合所有的感觉，因为我们作为观众是参与者；我们任何体验都与视线、气味、声音等无法分离。我想到了在马利布的盖蒂别庄（Getty Villa）博物馆，通过使用植物园的方法，它那充盈在空气中的芬芳香气令人难忘。还有，当你穿过卢浮宫的走廊和斑驳的地板时，走廊里展现的帝国辉煌让你不得不注意到这栋建筑最初是座宫殿，所有的感觉均融入了如此的体验之中。

然而，从来没有一个博物馆能够全身心地关注所有的感官体验。我认为艺术家们现在应该，同样博物馆学家也应该，设计出一种能强调大脑意识的环境；一种能帮助观众理解、欣赏、赞美艺术作品的环境。

伊丽莎白·阿克塞尔和凯雯·费尔德曼：你可以思考下博物馆中展品和体验之间的关系吗？

安·哈密尔顿：我们伸出双手触摸了我们之前不知道的事物，然后我们就知道了。展品和体验之间的关系也是相互的，但博物馆为了保护展品而禁止我们用手触碰，所以我们必须找到能够用眼睛实现触碰体验的方法。如何将触感和触觉体验以一种综合而非说教式的方法融入至博物馆中是个问题，但是如果解决了这一问题将能够让这些展品——抛开它们的社会背景——在我们的体验中鲜活起来。

展览设计的氛围和景观对人们感知展品的作用正如展品本身一样重要。我们会匆匆走过，也会突然停住脚步……好的展览设计能让我们与展品独处，还能帮我们挖掘背景、信息，让我们获得一些惊人的相关发现，并让我们博闻广识（这或许也是最重要的一点）。好的展览设计能改变我们的时间知觉，让我们从容，仿佛触碰了展品一样，我们会因这一次的体验受到鼓舞而改变。

弗雷德里克·约翰·兰普：艺术博物馆中展品的情境化能够使艺术展现出本身的整体形式，也能够反映特定展品从概念到事实的历史，甚至是展品的所有权和受众。如何在博物馆展厅中进行转化是最重要的问题。比如说，非洲艺术的表现可能需要一个村庄的空间，才能将建筑、广场、人行道和街道合为一体，此外还要融入中午炎热的太阳、昏暗的黄昏、成百的参与者、嘈杂成群的舞者、多音域歌手、成排的鼓手、从脚下溅起的尘土以及持续五六个小时的场景。很显然，为了避免使深层意义变得奇怪和琐细，所有的一切不能被一一原样地展现在博物馆展厅中（也不可能被一一展现）。但是，博物馆对展品的阐释应该得到公众认可，博物馆应采纳公众的建议，从多个方面来展现，至少应该有几件展品能够体现完整艺术形式和博物馆片段的不同。

简·洛德韦克·格鲁特斯：艺术博物馆是一个安静观赏的地方。部分原因是艺术博物馆就是 19 世纪末和 20 世纪初的世俗寺庙。人们在这个神圣的地方表现出紧张、尊贵的面貌，而没有其他的感官体验。在某种程度上，与寺庙相反的是市场：拥挤、吵闹、难闻。回溯之前的陈列，阿姆斯特丹热带展的非洲陈列部分被改为西非市场，有大量的塑料水果和蔬菜，成堆的锅和色彩斑斓的纺织品以及喇叭里传出的外国方言噪音。对我来说，这并没有产生预期的效果，感觉完全与实际收藏无关。

所以如何澄清非洲艺术的多感官性质而不落入市场陷阱，不再含蓄地强化非洲艺术是文明程度较低而感性过高的文明的刻板印象，故需要将其区别开来特殊对待。潜在的问题是应该如何处理情境问题。我们想摆脱语境的引用性陈述而进入体验性陈述——从典型年代屋（period room），或在非洲艺术语境下更适当地说，情景再现（diorama）（小屋、热带草原、日落画面）跳出。任何展览都是一幅拼贴画，由几个不同碎片构成一个新的整体，从其原来语境中脱离的任何对象都已经成为碎片。交互式技术可以将一个非洲雕塑残件（比如说一个面具）置于其他非洲残件的环境中，这些残件来自他处并吸引其他感官元素：声音、气味、光，以及开始时提到的动作。这将创建一个多感官体验。然而，一个可能存在的缺陷是，我们或许根本不会更深入了解非洲和非洲艺术，而是会增加对美国科技的体验。

彼塞·塞勒斯：我们所有的行为都是献祭，而这在博物馆里是缺失的。在印度，印度教雕像会每隔一天进行一次装饰、着色、熏香、更衣、供食和点蜡烛。我们所面对的不是一个铜像，而是一个活物。我们看到最神圣的自我。当然，印度的传统是沾光，即让雕像注视着我们。这不是我们看着雕像，而是神灵注视着我们。这是一种互惠的美丽形象，在这种共享空间，我们可以看到神圣的自我，我们神圣的自我也注视着我们。我们将自己看作整体的、辉煌的、灿烂的，被火焰和快乐包围，有着难以置信的平和、平静、平衡，精通秘密并有深刻的同情。为了给雕像开光，我们需要进行一次供奉，以活化艺术。因为艺术就坐在那里，艺术是一个物体，直到我们将其活化，直到我们进行祷告，直到我们供香，供奉酪乳，直到我们将其用鲜花覆盖，直到我们今天再对其进行一次更衣，直到我们已经付出我们所能给的一切，这时它才会接收、开光、看到我们，并开始庇佑我们。这种对艺术品进行开光而后艺术品对我们进行庇佑的想法就是能量和互惠。

所有这些艺术作品都不是物体，它们是身临其境的体验。博物馆中的每件物品都是一个仪式对象，都要参加仪式。那块木头并不是要被陈列在展示柜里，那块木头是为了邀请神灵，那块木头是要成为火的一部分，那块木头是为了漂浮在海洋上，那块木头是有灵性的。这些物品都是为了创造体验，而这些体验是通向自我无穷的钥匙。

未来的可能性

伊丽莎白·阿克塞尔和凯雯·费尔德曼：当今艺术博物馆中缺少的是什么类型的体验和互动？

劳伦斯·林德尔：缺少的是艺术创作类的体验。一些博物馆确实为儿童提供了一些艺术创作的体验机会，但适合所有年龄层观众的艺术创作的体验机会却很少，且这些体验很少可以随到随做。我们相信艺术创作对观众的艺术体验及对新艺术品的理解能力有积极的影响，因此我们计划在伯克利大楼的中心位置开设一块适合所有年龄层观众、同时随到随看式的艺术创作体验空间。我们现在也正在着手进行一场实验展览，这次展览会涵盖几个艺术创作室（涉及陶器制作、纺织印染、书籍印刷制作以及声音采录），这些也将会出现在博物馆展厅里。在创作室内创作的这些作品，不管是艺术家所作还是一般大众所作，都将作为展览的一部分被陆续展出。我们希望通过这些方法来欢迎和鼓励人们进行艺术创作、艺术参与和艺术合作，逐渐培养一种更深层次的艺术欣赏。

未来博物馆建筑的基本设计应能够反映观众参与和互动的趋势，方法是为音乐、舞蹈和其他表演设立非正式的空间，为参与性艺术创作设立空间，设立舒适的读书角，设立可移动的组合设施，以鼓励人们进行社交和互动。

彼得·塞勒斯：我们需要解放博物馆，让博物馆不再是艺术的监狱，让艺术品不再悲伤，不再像犯人一样被关押。或者说让博物馆不再是艺术的医院，正如我们所知，医院不容许带进任何植物，因为医院消毒极其严苛，当然艺术品也并不是在无菌的条件下被创作出来的，而事实恰好相反。我们必须要做的就是再一次"污染"这些地方，让这些地方一团糟，然后重定礼典，让我们自身活跃起来，让艺术活跃起来。

我们在艺术博物馆所需要的体验或互动感是一种能让我们深入艺术内部的体验。

伊丽莎白·阿克塞尔和凯雯·费尔德曼：你期望在 2020 年之前建成的艺术博物馆或美术馆是什么样的？

弗雷德里克·约翰·兰普：在策展人和馆长愿意关注物品搜集时那些被遗忘的内容之前，艺术博物馆还有很长的路要走。但是如今，技术能让我们将声音和气味分开，同时展品通过可触摸展示可以近似于触觉。这些不能被分开视为"教育"体验，而是更实质的艺术体验……比如在艺术的原生语境下，有时运用感官体验是融合的，是促进统一的，但是这种情况很少发生，在博物馆展览中它们并不需要感官体验。

简·洛德丰克·格鲁特斯：我设想一个关于非洲面具的展览，每一件艺术品都被复制成两份，一份提供给观众并可供观众戴在脸上或者头顶上。观众被邀请躺在凳子上，同时戴紧面具，他们与瞬时创造可改变现实的微处理器相连：他或她被带入面具的表演舞台，既是舞者又是观众的他们可以体验所有的伴随他们的感官刺激，理解文字与歌曲的含义，进行互助等等。在体验期间，观众留在原处并保持安静。

我也十分喜欢这种在其他博物馆展览中的潜在体验。

胡利安·朱古扎高迪亚：在信息时代中，我们可以获取世界各地的信息和数字化作品，博物馆却是独一无二的。拥有完整的沉浸状态和地点特殊性的潜力可以使观众增强体验，这是博物馆最伟大的成就。

参考文献

前言

Ackerman, Diane. (1991). *A Natural History of the Senses*. New York: Vintage.

Al-Hroub, Anies. (2010). Programming for mathematically gifted children with learning difficulties. *Roeper Review*, 32(4), pp. 259-271.

Amedi A., Merabet, L. B., Camprodon, J., Bermpohl, F., Fox, S., Ronen, I., Kim, D. S., and Pascual-Leone, A. (2008). Neural and behavioral correlates of drawing in an early blind painter: A case study. *Brain Res*, 252-262.

Axel, Elisabeth, and Levent, Nina. (2003). *Art Beyond Sight: A Resource on Art, Creativity and Visual Impairment*. New York: AFB Press.

Bacci, Francesca, and Melcher, David (eds.). (2011). *Art and the Senses*. Oxford: Oxford University Press.

Birsch, Judith. (2005). *Multisensory Teaching of Basic Language Skills*. Baltimore: Paul H. Brookes Publishing Co.

Bull, Michael, and Back, Les, (eds.) (2003). *The Auditory Culture Reader*. Oxford: Berg.

Bynum, W. F., and Porter, Roy, (eds.) (1993). *Medicine and the Five Senses*. Cambridge: Cambridge University Press.

Campbell, Monica, Shawmla Helf, and Nancy Cooke. (2008). Effects of adding multisensory components to a supplemental reading program on the decoding skills of treatment resisters. *Education & Treatment of Children*, pp. 267-295.

Candlin, F. (2010). *Art, Museums and Touch*. Manchester: Manchester University Press.

Chatterjee, Helen J., (ed.) (2008). *Touch in Museums: Policy and Practice in Object Handling*. Oxford: BERG.

Classen, C. (1998). *The Color of Angels: Cosmology, Gender and the Aesthetic Imagination*. London: Routledge.

Classen, Constance, (ed.) (2005). *The Book of Touch*. Oxford and New York: Berg.

Classen, Constance. (2012). *The Deepest Sense: A Cultural History of Touch*. Urbana: University of Illinois Press.

Classen, Constance, Howes, David, and Synnott, Anthony. (1994). *Aroma: The Cultural History of Smell*. London: Routledge.

Drobnick, Jim, (ed.) (2004). *Aural Cultures*. Toronto: YYZ Books.

Drobnick, Jim, (ed.) (2006). *The Smell Culture Reader*. Oxford: Berg.

Dudley, S., (ed.) (2012). *Museum Objects: Experiencing the Properties of Things*. London: Routledge.

Dudley, Sandra H., (ed.) (2010). *Museum Materialities. Objects, Engagements, Interpretations*. Routledge.

Edwards, Elizabeth, and Bhaumik, Kaushik, eds. (2008). *Visual Sense: A Cultural Reader*. Oxford: Berg.

Falk, John H. (2009). *Identity and the Museum Visitor Experience*. Walnut Creek, CA: Left Coast Press.

Howes, David, (ed.) (1991). *The Varieties of Sensory Experience*. Toronto: University of Toronto Press.

——. (2005). *Empire of the Senses: The Sensual Culture Reader*. Oxford: Berg Publishers.

Jones, Caroline A., (ed.) (2006). *Sensorium: Embodied Experience, Technology, and Contemporary Art*. Cambridge, MA: The MIT Press.

Jutte, Robert. (2005). *A History of the Senses. From Antiquity to Cyberspace*. Cambridge: Polity Press.

Kelly, Caleb, (ed.) (2011). *Sound*. Whitechapel: Documents of Contemporary Art. MIT Press.

Kerry, Jordan, and Baker, Joseph. (2011). Multisensory information boosts numerical matching abilities in young children. *Developmental Science*, 14(2), pp. 205-213.

Korsmeyer, Carolyn, (ed.) (2005). *The Taste Culture Reader: Experiencing Food and Drink*. Oxford: Berg.

Leahy, Helen Rees. (2012). *Museum Bodies: The Politics and Practices of Visiting and Viewing*. Farnham, Surrey: Ashgate.

Malatesha Joshi，R.，Dahlgren，Mary and Boulware-Gooden，Regina.（2002）. Teaching reading in an inner city school through a multisensory teaching approach. *Annals of Dyslexia*，52，pp. 229-242.

Mark，Jan.（2007）. *The Museum Book：A Guide to Strange and Wonderful Collections*. Candlewick.

Pallasmaa，Juhani.（1996）. *The Eyes of the Skin*. London：Academy Press.

Pascual-Leone，A.，and Hamilton，R.（2001）. The metamodal organization of the brain. *Progress in Brain Research*，134，pp. 1-19.

Pascual-Leone，A.，Amedi，A.，Fregni，F.，and Merabet，L. B.（2005）. The plastic human brain cortex. *Annual Review of Neuroscience*，28，pp. 377-401.

Pye，Elizabeth，（ed.）（2008）. *The Power of Touch：Handling Objects in Museum and Heritage Context*. Left Coast Press.

Reich，Christine，Lindgren-Streicher，Anna，Beyer，Marta，Levent，Nina，Pursley，Joan，and Mesiti，Leigh Ann.（April 2011）. Speaking Out on Art and Museums：Study on the Needs and Preferences of Adults who Are Blind or Have Low Vision. Report. http://www.artbeyondsight. org/new/speaking-out-on-art-and-museums. shtml.

Scheffel，Debora，Shaw，Jack，and Shaw，Rose.（2008）. The efficacy of a supplemental multisensory reading program for first-grade students. *Reading Improvement*，45（3），pp. 139-152.

Schwartzman，Madeline.（2011）. *See Yourself Sensing. Redefining Human Perception*. London：Black Dog Publishing.

Serres，M.（2009）. *The Five Senses：A Philosophy of Mingled Bodies*. London；New York：Bloomsbury Academic Press.

Shams，Ladan，and Seitz，Aaron.（2008）. Benefits of multisensory learning. *Trends in Cognitive Sciences*，12（11），pp. 411-417.

Smith，Bruce.（1999）. *The Acoustic World of Early Modern England*. Chicago：University of Chicago Press.

Smith，Mark M.（2007）. *Sensing the Past. Seeing，Hearing，Smelling，and Touching in History*. Berkeley and Los Angeles：University of California Press.

Stein，B. E.，and Meredith M. A.（1993）. *The Merging of the Sense*. Cambridge，MA：MIT Press.

Voegelin，Salome.（2010）. Listeni*ng to Noise and Silence：Towards a Philosophy* *of Sound Art*. Continuum.

1. 请务必触摸展品：视觉意象与触觉感知的相互作用

Alivisatos，B.，and Petrides，M.（1997）. Functional activation of the human brain during mental rotation. *Neuropsychologia*，35，111-118.

Amedi，A.，Jacobson，G.，Hendler，T.，Malach，R. and Zohary，E.（2002）. Convergence of visual and tactile shape processing in the human lateral occipital complex. *Cerebral Cortex*，12，1202-1212.

Amedi，A.，Malach，R.，Hendler，T.，Peled，S. and Zohary，E.（2001）. Visuo-haptic object-related activation in the ventral visual pathway. *Nature Neuroscience*，4，324-330.

Amedi，A.，Stern，W. M.，Camprodon，J. A.，Bermpohl，F.，Merabet，L. et al.（2007）. Shape conveyed by visual-to-auditory sensory substitution activates the lateral occipital complex. *Nature Neuroscience*，10，687-689.

Blajenkova，O.，Kozhevnikov，M. and Motes，M. A.（2006）. Object-spatial imagery： a new self-report imagery questionnaire. *Applied Cognitive Psychology*，20，239-263.

Buelte，D.，Meister，I. G.，Staedtgen，M.，Dambeck，N.，Sparing，R. et al.（2008）. The role of the anterior intraparietal sulcus in crossmodal processing of object features in humans： An rTMS study. *Brain Research*，1217，110-118.

Candlin，F.（2008）. Museums，modernity，and the class politics of touching objects. In H. J. Chatterjee（ed.），*Touch in Museums：Policy and Practice in Object Handling*， pp. 9-20. Oxford，UK：Berg.

Carpenter，P. A. and Eisenberg，P.（1978）. Mental rotation and the frame of reference in blind and sighted individuals. *Perception & Psychophysics*，23，1171-24.

Dellantonio，A. and Spagnolo，F.（1990）. Mental rotation of tactual stimuli. *Acta Psychologica*，73，245-257.

Deshpande，G.，Hu，X.，Lacey，S.，Stilla，R. and Sathian，K.（2010）. Object familiarity modulates effective connectivity during haptic shape perception. *NeuroImage*， 49，1991-2000.

Deshpande，G.，Hu，X.，Stilla，R. and Sathian，K.（2008）. Effective connectivity during haptic perception：A study using Granger causality analysis of functional magnetic resonance imaging data. *NeuroImage*，40，1807-1814.

De Volder，A. G.，Toyama，H.，Kimura，Y.，Kiyosawa，M.，Nakano，H. et al.

(2001). Auditory triggered mental imagery of shape involves visual association areas in early blind humans. *NeuroImage*, 14, 129-139.

Feinberg, T. E., Rothi, L. J. and Heilman, K. M. (1986). Multimodal agnosia after unilateral left hemisphere lesion. *Neurology*, 36, 864-867.

Grefkes, C., Weiss, P. H., Zilles, K. and Fink, G. R. (2002). Crossmodal processing of object features in human anterior intraparietal cortex: An fMRI study implies equivalencies between humans and monkeys. *Neuron*, 35, 173-184.

Hagen, M. C., Franzen, O., McGlone, F., Essick, G., Dancer, C. et al. (2002). Tactile motion activates the human middle temporal/V5 (MT/V5) complex. *European Journal of Neuroscience*, 16, 957-964.

Heller, M. A. (2006). Picture perception and spatial cognition in visually impaired people. In M. A. Heller and S. Ballesteros (eds.), *Touch and Blindness: Psychology and Neuroscience*. Mahwah, NJ: Lawrence Erlbaum Associates.

Iwamura, Y. (1998). Hierarchical somatosensory processing. *Current Opinion in Neurobiology*, 8, 522-528.

James, T. W., James, K. H., Humphrey, G. K. and Goodale, M. A. (2006). Do visual and tactile object representations share the same neural substrate? In M. A. Heller and S. Ballesteros (eds.), *Touch and Blindness: Psychology and Neuroscience*, 139-55. Mahwah, NJ: Lawrence Erlbaum Associates.

James, T. W., VanDerKlok, R. M., Stevenson, R. A. and James, K. H. (2011). Multisensory perception of action in posterior temporal and parietal cortices. *Neuropsychologia*, 49, 108-114.

Kosslyn, S. M. (1980). *Image and Mind*. Cambridge, MA: Harvard University Press.

Kosslyn S. M. (1994). *Image and Brain: The Resolution of the Imagery Debate*. Cambridge, MA: MIT Press.

Kozhevnikov, M., Hegarty, M. and Mayer, R. E. (2002). Revising the visualiserverbaliser dimension: evidence for two types of visualisers. *Cognition & Instruction*, 20, 47-77.

Kozhevnikov, M., Kosslyn, S. M. and Shephard, J. (2005). Spatial versus object visualisers: A new characterisation of cognitive style. *Memory & Cognition*, 33, 710-726.

Lacey, S. and Campbell, C. (2006). Mental representation in visual/haptic crossmodal memory: Evidence from interference effects. *Quarterly Journal of Experimental*

Psychology, 59, 361-376.

Lacey, S., Campbell, C. and Sathian, K. (2007b). Vision and touch: Multiple or multisensory representations of objects? *Perception*, 36, 1513-1521.

Lacey, S., Flueckiger, P., Stilla, R., Lava, M. and Sathian, K. (2010). Object familiarity modulates the relationship between visual object imagery and haptic shape perception. *NeuroImage*, 49, 1977-1990.

Lacey, S., Lin, J. B. and Sathian, K. (2011). Object and spatial imagery dimensions in visuo-haptic representations. *Experimental Brain Research*, 213, 267-273.

Lacey, S., Pappas, M., Kreps, A., Lee, K. and Sathian, K. (2009b). Perceptual learning of view-independence in visuo-haptic object representations. *Experimental Brain Research*, 198, 329-337.

Lacey, S., Peters, A. and Sathian, K. (2007a). Cross-modal object representation is viewpoint-independent. *PLoS ONE*, 2, e890. doi: 10.1371/journal.pone0000890.

Lacey, S. and Sathian, K. (2011). Multisensory object representation: insights from studies of vision and touch. *Progress in Brain Research*, 191, 165-176.

Lacey, S., Stilla, R., Porath, M., Tipler, C. and Sathian, K. (2012). *Spatial imagery in haptic shape perception*. Abstract, Society for Neuroscience, New Orleans, October 13-17, 2012.

Lacey, S., Tal, N., Amedi, A. and Sathian, K. (2009a). A putative model of multisensory object representation. *Brain Topography*, 21, 269-274.

Lawson, R. (2009). A comparison of the effects of depth rotation on visual and haptic three-dimensional object recognition. *Journal of Experimental Psychology: Human Perception and Performance*, 35, 911-930.

Lucan, J. N., Foxe, J. J., Gomez-Ramirez, M., Sathian, K. and Molholm, S. (2010). Tactile shape discrimination recruits human lateral occipital complex during early perceptual processing. *Human Brain Mapping*, 31, 1813-1821.

Malach, R., Reppas, J. B., Benson, R. R., Kwong, K. K., Jiang, H. et al. (1995). Object-related activity revealed by functional magnetic resonance imaging in human occipital cortex. *Proceedings of the National Academy of Sciences USA*, 92, 8135-8139.

Marmor, G. S. and Zaback, L. A. (1976). Mental rotation by the blind: does mental rotation depend on visual imagery? *Journal of Experimental Psychology: Human Perception & Performance*, 2, 515-521.

Mechelli, A., Price, C. J., Friston, K. J. and Ishai, A. (2004). Where bottom-up meets top-down: neuronal interactions during perception and imagery. *Cerebral Cortex*, 14, 1256-1265.

Mullin, C. R. and Steeves, J. K. E. (2011). TMS to the lateral occipital cortex disrupts object processing but facilitates scene processing. Journal of Cognitive Neuroscience, 23, 4174-4184.

Newman, S. D., Klatzky, R. L., Lederman, S. J. and Just, M. A. (2005). Imagining material versus geometric properties of objects: An fMRI study. *Cognitive Brain Research*, 23, 235-246.

Pascual-Leone, A. and Hamilton, R. H. (2001). The metamodal organization of the brain. *Progress in Brain Research*, 134, 427-445.

Peissig, J. J. and Tarr, M. J. (2007). Visual object recognition: Do we know more now than we did 20 years ago? *Annual Review of Psychology*, 58, 75-96.

Peltier, S., Stilla, R., Mariola, E., LaConte, S., Hu, X. et al. (2007). Activity and effective connectivity of parietal and occipital cortical regions during haptic shape perception. *Neuropsychologia*, 45, 476-483.

Pietrini, P., Furey, M. L., Ricciardi, E., Gobbini, M. I., Wu, W.-H. C. et al. (2004). Beyond sensory images: Object-based representation in the human ventral pathway. *Proceedings of the National Academy of Sciences USA*, 101, 5658-5663.

Prather, S. C., Votaw, J. R. and Sathian, K. (2004). Task-specific recruitment of dorsal and ventral visual areas during tactile perception. *Neuropsychologia*, 42, 1079-1087.

Reed, C. L., Shoham, S. and Halgren, E. (2004). Neural substrates of tactile object recognition: An fMRI study. *Human Brain Mapping*, 21, 236-246.

Röder, B. and Rösler, F. (1998). Visual input does not facilitate the scanning of spatial images. *Journal of Mental Imagery*, 22, 165-181.

Saito, D. N., Okada, T., Morita, Y., Yonekura, Y. and Sadato, N. (2003). Tactilevisual cross-modal shape matching: A functional MRI study. *Cognitive Brain Research*, 17, 14-25.

Sathian, K. (2004). Modality, quo vadis?: Comment. *Behavioral & Brain Sciences*, 27, 413-414.

Sathian, K. (2005). Visual cortical activity during tactile perception in the sighted and the visually deprived. *Developmental Psychobiology*, 46, 279-286.

Sathian, K., Lacey, S., Stilla, R., Gibson, G. O., Deshpande, G. et al. (2011). Dual pathways for haptic and visual perception of spatial and texture information. *NeuroImage*, 57, 462-475.

Sathian, K. and Stilla, R. (2010). Cross-modal plasticity of tactile perception in blindness. *Restorative Neurology and Neuroscience*, 28, 271-281.

Sathian, K., Zangaladze, A., Hoffman, J. M. and Grafton, S. T. (1997). Feeling with the mind's eye. *NeuroReport*, 8, 3877-3881.

Shepard, R. N. and Metzler, J. (1971). Mental rotation of three-dimensional objects. *Science*, 171, 701-703.

Stilla, R. and Sathian, K. (2008). Selective visuo-haptic processing of shape and texture. *Human Brain Mapping*, 29, 1123-1138.

Stoesz, M., Zhang, M., Weisser, V. D., Prather, S. C., Mao, H. et al. (2003). Neural networks active during tactile form perception: Common and differential activity during macrospatial and microspatial tasks. *International Journal of Psychophysiology*, 50, 41-49.

Summers, I. R., Francis, S. T., Bowtell, R. W., McGlone, F. P. and Clemence, M. (2009). A functional magnetic resonance imaging investigation of cortical activation from moving vibrotactile stimuli on the fingertip. *Journal of the Acoustical Society of America*, 125, 1033-1039.

University of Leicester. (2013). *University of Leicester announces discovery of King Richard III*. Press release retrieved February 4, 2013, from http://www2. le. ac. uk/offices/press/press-releases/2013/february/university-of-leicester-announces-discovery-of-king-richard-iii.

Zangaladze. A., Epstein, C. M., Grafton, S. T. and Sathian, K. (1999). Involvement of visual cortex in tactile discrimination of orientation. *Nature*, 401, 587-590.

Zhang, M., Weisser, V. D., Stilla, R., Prather, S. C. and Sathian, K. (2004). Multisensory cortical processing of object shape and its relation to mental imagery. *Cognitive, Affective, & Behavioral Neuroscience*, 4, 251-259.

Zhou, Y.-D. and Fuster, J. M. (1997). Neuronal activity of somatosensory cortex in a cross-modal (visuo-haptic) memory task. *Experimental Brain Research*, 116, 551-555.

2. "第一手",而非"第一眼"知识:博物馆中的身体体验

Alais, D., and Burr D. (2004). The ventriloquist effect results from near-optimal bimodal integration. *Curr*. Biol. , 14, 257-262.

Avenanti, A. , Bueti, D. , Galati, G. , and Aglioti S. M. (2005). Transcranial magnetic stimulation highlights the sensorimotor side of empathy for pain. *Nature Neuroscience*, 8, 955-960.

Classen C, ed. (2005). *The Book of Touch*. Oxford and New York: Berg, 274.

Craig, A. D. (2002). How do you feel? Interoception: The sense of the physiological condition of the body. Nat. Rev. *Neuroscience*, 3(8): 655-666.

Ernst, M. O. , and Banks, M. S. (2002). Humans integrate visual and haptic information in a statistically optimal fashion. *Nature*, 415, 429-433.

FMGB Guggenheim Bilbao Museoa. (2013). http://www. guggenheim-bilbao. es/en/exhibitions/richard-serra-2/.

Gallese, V. (2011). Mirror neurons and art. In Bacci, F. and Melcher, D. , *Art and the Senses*. Oxford: Oxford University Press, 455-463.

Gibson, J. J. (1966). *The Senses Considered as Perceptual Systems*. Boston, MA: Houghton Mifflin.

Graziano, M. S. , Reiss, L. A. and Gross, C. G. (1999). A neuronal representation of the location of nearby sounds. *Nature*, 397, 428-430.

Graziano, M. S. , Yap, G. S. and Gross, C. G. (1994). Coding of visual space by premotor neurons. *Science*, 266, 1054-1057.

Hyvärinen, J. and Poranen, A. (1974). Function of the parietal associative area 7 as revealed from cellular discharges in alert monkeys. *Brain*, 97, 673-692.

Làdavas, E. , Pavani, F. and Farnè A. (2001). Auditory peripersonal space in humans: A case of auditory-tactile extinction. *Neurocase*, 7, 97-103.

Lang, S. , Yu, T. , Markl, A. , Müller, F. and Kotchoubey, B. (2011). Hearing others' pain: Neural activity related to empathy. *Cognitive Affective Behavioral Neuroscience*, 11, 386-395.

Longo, M. R. , Kammers, M. P. M. , Gomi, H. , Tsakiris, M. , and Haggard, P. (2009). Contraction of body representation induced by proprioceptive conflict. *Current Biology*, 19, R727-R728.

Lourenco, S. F. , Longo, M. R. and Pathman, T. (2011). Near space and its relation to claustrophobic fear. *Cognition*, 119, 448-453.

Makin, T. R. , Holmes, N. P. and Zohary, E. (2007). Is that near my hand?

Multisensory representation of peripersonal space in human intraparietal sulcus. *Journal of Neuroscience*, 27, 731-740.

Montgomery, S. M. (2012). http://produceconsumerobot. com/emergence/ (accessed December 2012), where photos of the piece are also available.

Piéron, H. (1953). *La Sensation*. Paris: Presses Universitaries de France.

Rizzolatti, G. and Craighero, L. (2004). The mirror-neuron system. *Annual Review of Neuroscience*, 27, 169-192.

Rizzolatti, G. , Scandolara, C. , Matelli, M. and Gentilucci, M. (1981). Afferent properties of periarcuate neurons in macaque monkeys. II. Visual responses. *Behavioral Brain Research*, 2, 147-163.

Seth, A. K. , Suzuki, K. , and Critchley, H. D. (2012). An interoceptive predictive coding model of conscious presence. *Front Psychol*. 2, 395.

Singer, T. and Lamm, C. (2009). The social neuroscience of empathy. *Annals of the New York Academy of Science*, 1156, 81-96.

Singer, T. , Seymour, B. , O'Doherty, J. , Kaube, H. , Dolan, R. J. and Frith, C. D. (2004). Empathy for pain involves the affective but not sensory components of pain. *Science*, 303, 1157-1162.

Umiltà, M. A. , Berchio, C. , Sestito, M. , Freedberg, D. , and Gallese, V. (2011). Abstract art and cortical motor activation: An EEG study. Front Hum. *Neuroscience*, 6, 311.

Urban, P. P. , Solinski, M. , Best, C. , Rolke, R. , Hopf, H. C. and Dieterich, M. (2004). Different short-term modulation of cortical motor output to distal and proximal upper-limb muscles during painful sensory nerve stimulation. *Muscle Nerve*, 29, 663-69.

Volk, G. (2012). A Walk in the Park. Documentary. *Art in America*, June 15, 2012.

4. 运用真实生命体创建真实自然环境的多感官参与

Chawla, L. (2009). Growing up green: Becoming an agent of care for the natural world. *Journal of Developmental Processes* (4)1, 6-20.

Louv, Richard. (2005). *Last Child in the Woods: Saving our Children from Nature Deficit Disorder*. Chapel Hill, NC: Algonquin Books.

Pretty, J. , Angus, C. , Bain, M. , Barton, J. Gladwell, V. , Hines, R. and Sellens, M. (2009). *Nature, Childhood, Health and Life Pathways*. University of Essex: Interdisciplinary

Center for Environment and Society.

Shibata，Seiji and Suzuki，Naoto. (2002). Effects of the foliage plant on task performance and mood. *Journal of Environmental Psychology*，22，255-272.

Townsend，M. and Weerasuriya，R. (2010). *Beyond Blue to Green：The Benefits of Contact with Nature for Mental Health and Well-Being*. Melbourne，Australia：Beyond Blue Limited.

5. 艺术与历史博物馆中的触摸与叙事

Ackerman，Diane. (1991). *A Natural History of the Senses*. New York：Vintage.

Butterfield，Deborah. (2013). Interview with author.

Candlin，Fiona. (2008). Museums，modernity and the class politics of touching objects. In Chatterjee，Helen（ed.），*Touch in Museums：Policy and Practice in Object Handling*. Oxford：Berg，9-20.

Cannon，Joanna. (2011). Duccio and devotion to the Virgin's foot in early Sienese painting. *A Wider Trecento：Studies in 13th-and 14th-Century European Art*. Leiden and Boston：Brill.

Chambers-Letson，Josh Takano. (2010). Contracting justice：the viral strategy of Felix Gonzalez-Torres. *Criticism*，(51)4，559-587.

Chatterjee，Helen J.，ed. (2008). *Touch in museums：Policy and Practice in Object Handling*. Oxford：Berg.

Classen，Constance，ed. (2005). *The Book of Touch*. Oxford and New York：Berg.

Classen，Constance. (2012). *The Deepest Sense：A Cultural History of Touch*. Urbana：University of Illinois Press.

Classen，Constance. (Summer 2007). *Museum manners：the sensory life of the early museum*. Journal of Social History，(40)4，895-914.

Classen，Constance，and Howes，David. (2006). The museum as sensescape：western sensibilities and indigenous artefacts. *In Sensible Objects：Colonialism，Museums and Material Culture*，Elizabeth Edwards，Chris Gosden and Ruth Phillips，eds. Oxford：Berg Publishers.

Egan，Kieran. (1997). *The Educated Mind：How Cognitive Tools Shape Our Understanding*. Chicago：The University of Chicago Press.

Filene，Benjamin. (2011). Make yourself at home—welcoming voices in Open House：If These Walls Could Talk. In Bill Adair，Benjamin Filene and Laura Koloski (eds.)，*Letting*

Go? Sharing Historical Authority in a User-Centered World, pp. 138-155. Philadelphia: The Pew Center for Arts & Heritage.

Filene, Benjamin. (2013). Director of public history/associate professor, University of North Carolina-Greensboro, conversation and personal communication with co-author.

Golding, Viv. (2010). Dreams and wishes. The multisensory museum space. In Sandra H. Dudley (ed.), *Museum Materialities. Objects, Engagements, Interpretations*, pp. 224-240. New York: Routledge.

Gonzalez-Torres, Felix. (1993). Interview with Joseph Kosuth.

Gouyette, Cyrille. (2013). Chef de l'unité education artistique, Musée du Louvre. Interview with author.

Howes, David, ed. (1991). *The Varieties of Sensory Experience: A Sourcebook in the Anthropology of the Senses*. Toronto: University of Toronto Press.

Husbands, Chris. (1996). *What Is History Teaching?: Language, Ideas and Meaning in Learning about the Past*. Buckingham, PA: Open University Press.

Johnson, Geraldine. (2002). Touch, tactility, and the reception of sculpture in early modern Italy. In P. Smith and C. Wilde (eds.), *A Companion to Art Theory*, pp. 61-74. Blackwell.

Juette, Robert. (2005). *A History of the Senses. From Antiquity to Cyberspace*. Cambridge, UK: Polity Press.

Junkins, Lisa. (2013). Interim director, Jane Addams Hull-House, Chicago, IL. Personal communication with co-author.

Kapsalis, Terri. (2012). "Jane Addams' Medicine Kit" for the Alternative Labeling Project, Jane Addams Hull-House Museum, http://www. uic. edu/jaddams/hull/_museum/_ exhibits/Alternative%20Labeling/alternativelabeling. html.

Karavinou, Argyro. (2013). Tactual Museum of the Lighthouse for the Blind of Greece. Interview with author.

Mann, Geoffrey. (2013). Interview with author.

Mergel, Jen. (2013). Interview with author.

O'Sullivan, Jackie. (2008). See, touch, and enjoy: Newham University Hospital's Nostalgia Room. In Helen Chatterjee (ed.), *Touch in Museums: Policy and Practice in Object Handling*. Oxford: Berg.

Pheby, Helen. (2010). Contemporary art. An immaterial practice? In Sandra H.

Dudley (ed.), *Museum Materialities. Objects, Engagements, Interpretations*, pp. 224-40. New York: Routledge.

Pye, Elizabeth, ed. (2008). *The Power of Touch: Handling Objects in Museum and Heritage Context*. Walnut Creek, CA: Left Coast Press.

Reich, Christine, Lindgren-Streicher, Anna, Beyer, Marta, Levent, Nina, Pursley, Joan and Mesiti, Leigh Ann. (2011). SPEAKING OUT ON ART AND MUSEUMS: Study on the Needs and Preferences of Adults Who Are Blind or Have Low Vision. Report, April 2011.

Romanek, Devorah and Lynch, Bernadette. (2008). Touch and the value of object handling. In Helen Chatterjee (ed.), *Touch in Museums: Policy and Practice in Object Handling*, pp. 275-286. Oxford: Berg.

Ruitenber, Claudia. (2006). What Is Imaginative Education? http://ierg.net/about/whatis.html (last modified November 5, 2006).

Ruitenber, Claudia and Mark Fettes, ed. (2006). Imaginative education: an introductory expotition. Imaginative Education Research Group portal: What Is Imaginative Education? http://ierg.net/about/whatis.html#intro (last modified November 5, 2006).

Samuels, Jane. (2008). The British Museum in Pentonville Prison: dismantling barriers through touch and handling. In Helen Chatterjee (ed.), *Touch in Museums: Policy and Practice in Object Handling*. Oxford: Berg.

Saunderson, Helen et al. (2010). The eyes have it. Eye movements and the debatable differences between original objects and reproductions. In Sandra H. Dudley (ed.), *Museum Materialities. Objects, Engagements, Interpretations*. New York: Routledge.

Smith, Mark M. (2007). *Sensing the Past. Seeing, Hearing, Smelling, and Touching in History*. University of California Press.

Swigart, Stacey A. (2013). Director of collections and content/curator, Please Touch Museum. Personal communication with author.

Trasatti, Annalisa. (2013). Museo Omero. Interview with author. Wilkening, Sussie and Chung, James, eds. (2009). *Life Stages of the Museum Visitor: Building Engagement over a Lifetime*. Washington DC: AAM Press.

Wood, Elizabeth and Latham, Kiersten F. (2009). Object knowledge: researching objects in the museum experience. *Reconstruction*, (9)1.

6. 声音展览的大脑向导

Adolphs, R., and Tranel, D. (2004). Impaired judgments of sadness but not happiness following bilateral amygdala damage. *Journal of Cognitive Neuroscience*, 16 (3), 453-462.

Alain, C., Arnott, S. R., Hevenor, S. J., Graham, S., and Grady, C. L. (2001). "What" and "where" in the human auditory system. *Proceedings of the National Academy of Sciences of the United States of America*, 98(21), 12301-12306.

Alain, C., Arnott, S. R., and Picton, T. W. (2001). Bottom-up and top-down influences on auditory scene analysis: evidence from event-related brain potentials. *Journal of Experimental Psychology: Human Perception and Performance*, 27(5), 1072-1089.

Alais, D., and Burr, D. (2004). The ventriloquist effect results from near-optimal bimodal integration. *Current Biology*, 14(3), 257-262.

Amedi, A., Stern, W. M., Camprodon, J. A., Bermpohl, F., Merabet, L., Rotman, S., Pascual-Leone, A. (2007). Shape conveyed by visual-to-auditory sensory substitution activates the lateral occipital complex. [Research Support, N. I. H., Extramural Research Support, Non-U. S. Gov't]. *Nature Neuroscience*, 10(6), 687-89. doi:10.1038/nn1912.

Arnott, S. R., Cant, J. S., Dutton, G. N., and Goodale, M. A. (2008). Crinkling and crumpling: an auditory fMRI study of material properties. *Neurolmage*, 43 (2), 368-378.

Arnott, S. R., Singhal, A., and Goodale, M. A. (2009). An investigation of auditory contagious yawning. *Cognitive, Affective and Behavioral Neuroscience*, 9(3), 335-342.

Arnott, S. R., Thaler, L., Milne, J. L., Kish, D., and Goodale, M. A. (2013). Shape-specific activation of occipital cortex in an early blind echolocation expert. *Neuropsychologia*, 51(5), 938-949.

Barlow, H. (1961). Possible principles underlying the transformation of sensory messages. In W. Rosenblith (Ed.), *Sensory Communication*, pp. 217-234. Cambridge: MIT Press.

Bellmann, A., Meuli, R., and Clarke, S. (2001). Two types of auditory neglect. *Brain*, 124(Pt 4), 676-687.

Bolognini, N., Frassinetti, F., Serino, A., and Ladavas, E. (2005). "Acoustical vision" of below threshold stimuli: interaction among spatially converging audiovisual inputs. *Experimental Brain Research*, 160(3), 273-282.

Brattico, E., Alluri, V., Bogert, B., Jacobsen, T., Vartiainen, N., Nieminen,

S. , and Tervaniemi, M. (2011). A functional MRI study of happy and sad emotions in music with and without lyrics. *Frontiers in Psychology*, 2, 308.

Cabe, P. A. , and Pittenger, J. B. (2000). Human sensitivity to acoustic information from vessel filling. *Journal of Experiment Psychology: Human Perception and Performance*, 26(1), 313-324.

Camalier, C. R. , and Kaas, J. H. (2011). Sound. In J. A. Gottfried (Ed.), *Neurbiology of Sensation and Reward*. Boca Raton: CRC Press.

Ciselet, V. , Pequet, E. , Richard, I. , Veraart, C. , and Meulders, M. (1982). Substitution sensorielle de la vision par l'audition au moyen de capteurs d'information spatial. *Archives Internationales de Physiologie et de Biochimie*, 90, 47.

Clarke, S. , Bellmann Thiran, A. , Maeder, P. , Adriani, M. , Vernet, O. , Regli, L. , Thiran, J. P. (2002). What and where in human audition: selective deficits following focal hemispheric lesions. *Experimental Brain Research*, 147(1), 8-15.

Cohen, Y. E. , Popper, A. N. , and Fay, R. R. , eds. (2012). *Neural Correlates of Auditory Cognition*. New York: Springer.

Cremer, L. (1948). Die wissenschaftlichen Grundlagen der Raumakustik (1 ed.). Stuttgart: Hirzel-Verlag.

Dalgleish, T. (2004). The emotional brain. *Nature Reviews Neuroscience*, 5(7), 583-589.

Dalla Bella, S. , Peretz, I. , Rousseau, L. , and Gosselin, N. (2001). A developmental study of the affective value of tempo and mode in music. *Cognition*, 80(3), B1-10.

Davis, H. , and Silverman, S. R. (1960). *Hearing and Deafness*. New York: Hold, Rinehart & Winston.

Depledge, M. H. , Stone, R. J. , and Bird, W. J. (2011). Can natural and virtual environments be used to promote improved human health and wellbeing? *Environmental Science & Technology*, 45(11), 4660-4665.

Deutsch, D. (1975). Two-channel listening to musical scales. *The Journal of the Acoustical Society of America*, 57(5), 1156-1160.

Dodd, B. (1977). The role of vision in the perception of speech. *Perception*, 6(1), 31-40.

Gazzola, V. , Aziz-Zadeh, L. , and Keysers, C. (2006). Empathy and the somatotopic auditory mirror system in humans. *Current Biology*, 16(18), 1824-1829.

Gosselin, N. , Peretz, I. , Johnsen, E. , and Adolphs, R. (2007). Amygdala damage impairs emotion recognition from music. *Neuropsychologia*, 45(2), 236-244.

Heilman, K. M. , and Valenstein, E. (1972). Auditory neglect in man. *Archives of Neurology*, 26(1), 32-35.

Heyes, A. D. (1984). Sonic Pathfinder: A programmable guidance aid for the blind. Electronics and Wireless World, 90, 26-29.

Hickok, G. (2009). Eight problems for the mirror neuron theory of action understanding in monkeys and humans. *Journal of Cognitive Neuroscience*, 21(7), 1229-1243.

Hughes, B. (2001). Active artificial echolocation and the nonvisual perception of aperture passability. *Human Movement Science*, 20(4-5), 371-400.

Hull, J. M. (1990). *Touching the Rock: An Experience of Blindness*. New York: Pantheon Books.

Jourdaine, M. (1916). *Diderot's Early Philisophical Works* (M. Jourdaine, Trans.). Chicago: The Open Court Publishing Company.

Kaas, J. H. , and Hackett, T. A. (2000). Subdivisions of auditory cortex and processing streams in primates. *Proceedings of the National Academy of Sciences of the United States of America*, 97(22), 11793-11799.

Kay, L. (1964). An ultrasonic sensing probe as a mobility aid for the blind. *Ultrasonics*, 2, 53.

Koelsch, S. (2010). Towards a neural basis of music-evoked emotions. *Trends in Cognitive Sciences*, 14(3), 131-137.

Kumar, S. , von Kriegstein, K. , Friston, K. , and Griffiths, T. D. (2012). Features versus feelings: dissociable representations of the acoustic features and valence of aversive sounds. *The Journal of Neuroscience*, 32(41), 14184-14192.

Lechtzin, N. , Busse, A. M. , Smith, M. T. , Grossman, S. , Nesbit, S. , and Diette, G. B. (2010). A randomized trial of nature scenery and sounds versus urban scenery and sounds to reduce pain in adults undergoing bone marrow aspirate and biopsy. *Journal of Alternative and Complementary Medicine*, 16(9), 965-972.

Lewald, J. (2002). Rapid adaptation to auditory-visual spatial disparity. *Learning and Memory*, 9(5), 268-278.

Lewis, J. W. , Brefczynski, J. A. , Phinney, R. E. , Janik, J. J. , and DeYoe, E. A.

(2005). Distinct cortical pathways for processing tool versus animal sounds. *Journal of Neuroscience*, 25(21), 5148-5158.

Lewis, J. W., Phinney, R. E., Brefczynski-Lewis, J. A., and DeYoe, E. A. (2006). Lefties get it "right" when hearing tool sounds. *Journal of Cognitive Neuroscience*, 18 (8), 1314-1330.

Markowitsch, H. J., and Staniloiu, A. (2011). Amygdala in action: relaying biological and social significance to autobiographical memory. *Neuropsychologia*, 49(4), 718-733.

Martínez-Sala, R., Sancho, J., Sanchez, J. V., Gomez, V., Llinares, J., and Meseguer, F. (Writers). (1995). Sound attentuation by sculpture, *Nature*.

McDonald, K. L., and Alain, C. (2005). Contribution of harmonicity and location to auditory object formation in free field: evidence from event-related brain potentials. *The Journal of the Acoustical Society of America*, 118(3 Pt 1), 1593-1604.

McGurk, H., and MacDonald, J. (1976). Hearing lips and seeing voices. *Nature*, 264(5588), 746-748.

Meijer, P. B. (1992). An experimental system for auditory image representations. *IEEE Transactions on Biomedical Engineering*, 39(2), 112-21.

Mitterschiffthaler, M. T., Fu, C. H., Dalton, J. A., Andrew, C. M., and Williams, S. C. (2007). A functional MRI study of happy and sad affective states induced by classical music. *Human Brain Mapping*, 28(11), 1150-1162.

Moore, B. C. J. (2012). *An Introduction to the Psychology of Hearing*. Bingley: Emerald Group Publishing Limited.

Nath, A. R., and Beauchamp, M. S. (2012). A neural basis for interindividual differences in the McGurk effect, a multisensory speech illusion. *NeuroImage*, 59(1), 781-787.

Pallesen, K. J., Brattico, E., Bailey, C., Korvenoja, A., Koivisto, J., Gjedde, A., and Carlson, S. (2005). Emotion processing of major, minor, and dissonant chords: a functional magnetic resonance imaging study. *Annals of the New York Academy of Sciences*, 1060, 450-453.

Pascual-Leone, A., and Hamilton, R. (2001). The metamodal organization of the brain. *Progress in Brain Research*, 134, 427-445.

Peretz, I., Gagnon, L., and Bouchard, B. (1998). Music and emotion: perceptual determinants, immediacy, and isolation after brain damage. *Cognition*, 68(2), 111-141.

Price, J. L. (2005). Free will versus survival: brain systems that underlie intrinsic constraints on behavior. *The Journal of Comparative Neurology*, 493(1), 132-139.

Rauschecker, J. P., and Scott, S. K. (2009). Maps and streams in the auditory cortex: nonhuman primates illuminate human speech processing. *Nature Neuroscience*, 12 (6), 718-724.

Rauschecker, J. P., Tian, B., and Hauser, M. (1995). Processing of complex sounds in the macaque nonprimary auditory cortex. *Science*, 268(5207), 111-114.

Recanzone, G. H. (1998). Rapidly induced auditory plasticity: the ventriloquism aftereffect. *Proceedings of the National Academy of Science: USA*, 95(3), 869-875.

Riecke, L., Vanbussel, M., Hausfeld, L., Baskent, D., Formisano, E., and Esposito, F. (2012). Hearing an illusory vowel in noise: suppression of auditory cortical activity. *The Journal of Neuroscience*, 32(23), 8024-8034.

Rojas, J. A. M., Hermosilla, J. A., Montero, R. S., and Espi, P. L. L. (2009). Physical analysis of several organic signals for human echolocation: Oral vacuum pulses. *Acta Acustica United with Acustica*, 95(2), 325-330. doi: 10.3813/aaa.918155.

Romanski, L. M., Tian, B., Fritz, J., Mishkin, M., Goldman-Rakic, P. S., and Raus-checker, J. P. (1999). Dual streams of auditory afferents target multiple domains in the primate prefrontal cortex. *Nature Neuroscience*, 2(12), 1131-1136.

Sander, K., and Scheich, H. (2001). Auditory perception of laughing and crying activates human amygdala regardless of attentional state. *Cognitive Brain Research*, 12 (2), 181-198.

Sanders, L. D., Zobel, B. H., Freyman, R. L., and Keen, R. (2011). Manipulations of listeners' echo perception are reflected in event-related potentials. *The Journal of the Acoustical Society of America*, 129(1), 301-309.

Sekuler, R., Sekuler, A. B., and Lau, R. (1997). Sound alters visual motion perception. *Nature*, 385(6614),308. doi: 10.1038/385308a0.

Shams, L., Kamitani, Y., and Shimojo, S. (2000). Illusions. What you see is what you hear. *Nature*, 408(6814), 788. doi: 10.1038/35048669.

Supa, M., Cotzin, M., and Dallenbach, K. M. (1944). "Facial vision": The perception of obstacles by the blind. *The American Journal of Psychology*, 57(2), 133-183.

Szameitat, D. P. , Kreifelts, B. , Alter, K. , Szameitat, A. J. , Sterr, A. , Grodd, W. , and Wildgruber, D. (2010). It is not always tickling: distinct cerebral responses during perception of different laughter types. *NeuroImage*, 53(4), 1264-1271.

Teng, S. , and Whitney, D. (2011). The acuity of echolocation: Spatial resolution in the sighted compared to expert performance. *Journal of Visual Impairment and Blindness*, 105(1), 20-32.

Thaler, L. , Arnott, S. R. , and Goodale, M. A. (2011). Neural correlates of natural human echolocation in early and late blind echolocation experts. *PLoS One*, 6(5), e20162. doi: 10. 1371/journal. pone. 0020162PONE-D-11-04391 [pii].

Thomas, E. L. (2009). Applied physics: bubbly but quiet. Nature, 462(7276), 990-991.

Wallach, H. , Newman, E. B. , and Rosenzweig, M. R. (1949). The precedence effect in sound localization. *The American Journal of Psychology*, 62(3), 315-336.

Wilson, E. O. (1984). *Biophilia*. Cambridge: Harvard University Press.

Yost, W. A. (2007). *Fundamentals of Hearing* (5th ed.). San Diego: Academic Press.

Young, P. T. (1928). Auditory localization with acoustical transposition of the ears. *Journal of Experiment Psychology*, 11, 399-429.

7. 短暂性、沉浸式、渗透性:声音作为策展主题,1966—2013

Bosseur, J. -Y. (1993). *Sound and the Visual Arts*. Paris: Dis Voir.

Buchloh, B. (1990). Conceptual Art 1962-1969: From the Aesthetic of Administration to the Critique of Institutions. *October*, 55, 105-143.

Cluett, S. (2013). *Loud Speaker: Towards a Component Theory of Media Sound*. Dissertation. Princeton: Princeton University. http://arks. princeton. edu/ark:/88435/dsp01bc386j27h.

Coe, R. (1966). *Sound Light Silence: Art That Performs*. Kansas City: Nelson-Atkins Gallery.

Crimp, D. (1979). Pictures. *October*, 8, 75-88.

Kahn, D. (2001). *Noise, Water, Meat: A History of Sound in the Arts*. Cambridge: MIT Press.

Kelly, C. , (ed.) (2011). *Sound*. Cambridge: MIT Press.

Kim-Cohen, S. (2009). *In the Blink of an Ear: Toward a Non-Cochlear Sonic Art*.

New York：Continuum.

LeWitt，S.（1969）．"Variation on Wall Drawing ♯ 26," in *Art by Telephone*. Museum of Contemporary Art，Chicago.

Licht，A.（2007）．*Sound Art：Beyond Music，Between Categories*. New York：Rizzoli.

Lippard，L.（1997）．*Six Years：The Dematerialization of the Art Object from* 1966 *to* 1972. Berkeley：University of California Press.

Rosen，B.（1980）．*A Sound Selection，Audio Works by Artists*. New York：Committee for the Visual Arts.

Smith，R.（1979）．*Sound：An Exhibition of Sound Sculpture，Instrument Building，and Acoustically Tuned Spaces*. Los Angeles：Los Angeles Institute of Contemporary Art.

Trummer，T.，（ed.）（2008）．*Voice & Void*. Ridgefield：The Aldrich Museum.

8. 博物馆中的声音漫游：穿梭在视觉展览中的声音之旅

Blesser，B.，and Salter，L. R.（2007）．*Spaces Speak，Are You Listening? Experiencing Aural Architecture*. Cambridge，MA：MIT Press.

Drever，J. Levack.（2009）．Soundwalking：aural excursions into the everyday. In James Saunders，ed.，*Ashgate Research Companion to Experimental Music*. Farnham：Ashgate.

LaBelle，Brandon.（2010）．*Acoustic Territories*. London and New York：Continuum Press.

Oliveros，P.（2005）．*Deep Listening；A Composer's Sound Practice*. New York：iUniverse.

Rebentisch，J.（2003）．*Aesthetik der Installation*. Frankfurt am Main：Suhrkamp Verlag.

Schafer，R. Murray.（1977）．*European Sound Diary*. World Soundscape Project，Simon Fraser University，Canada

Schaub，M.（2005）．*Janet Cardiff：The Walk Book*，edited by Thyssen-Bornemisza. Art Contemporary，Vienna，in collaboration with Public Art Fund，New York，Walther König Cologne.

Shelton，Anthony A.（2006）Museum and museum's displays. In C. Tilley，W. Kean，S. Küchler，M. Roowlands，P. Spyer，eds，*Handbook of Material Culture*. London：Sage Publication.

Toop，D.（2010）．*Sinister Resonances*. London and New York：Continuum Press.

9. 感觉和运动系统在艺术鉴赏中的作用及对展览设计的意义

Andersen, R. A., Snyder, L. H., Bradley, D. C., and Xing, J. (1997). Multimodal representation of space in the posterior parietal cortex and its use in planning movements. *Annual Review of Neuroscience*, 20, 303-330.

Battaglia, F., Lisanby, S. H., and Freedberg, D. (2011). Corticomotor excitability during observation and imagination of a work of art. *Frontiers in Human Neuroscience*, 5, 79. doi:10. 3389/fnhum. 2011. 00079.

Bird, C. M., Bisby, J., and Burgess, N. (2012). The hippocampus and spatial constraints on mental imagery. *Frontiers in Human Neuroscience*, 6 (May), 142. doi: 10. 3389/fnhum. 2012. 00142.

Born, R. T., and Bradley, D. C. (2005). Structure and function of visual area MT. *Annual Review of Neuroscience*, 28, 157-189. doi: 10. 1146/annurev. neuro. 26. 041002. 131052.

Burgess, N. (2006). Spatial memory: how egocentric and allocentric combine. *Trends in Cognitive Sciences*, 10(12), 551-557. doi:10. 1016/j. tics. 2006. 10. 005.

Caggiano, V., Fogassi, L., Rizzolatti, G., Casile, A., Giese, M. A., and Thier, P. (2012). Mirror neurons encode the subjective value of an observed action. *Proceedings of the National Academy of Sciences of the United States of America*, in press. doi: 10. 1073/pnas. 1205553109.

Caggiano, V., Fogassi, L., Rizzolatti, G., Pomper, J. K., Thier, P., Giese, M. A., and Casile, A. (2011). View-based encoding of actions in mirror neurons of area F5 in macaque premotor cortex. *Current Biology*, 21(2), 144-148. doi:10. 1016/j. cub. 2010. 12. 022.

Caggiano, V., Fogassi, L., Rizzolatti, G., Thier, P., and Casile, A. (2009). Mirror neurons differentially encode the peripersonal and extrapersonal space of monkeys. *Science*, 324 (5925), 403-406. doi:10. 1126/science. 1166818.

Calvo-Merino, B., Jola, C., Glaser, D. E., and Haggard, P. (2008). Towards a sensorimotor aesthetics of performing art. *Consciousness and Cognition*, 17(3), 911-922. doi: 10. 1016/j. concog. 2007. 11. 003.

Campanella, F., Sandini, G., and Morrone, M. C. (2011). Visual information gleaned by observing grasping movement in allocentric and egocentric perspectives. *Proceedings of the Royal Society of London. Part B*, 278(1715), 2142-2149. doi: 10. 1098/ rspb. 2010. 2270.

Caruana, F., Jezzini, A., Sbriscia-Fioretti, B., Rizzolatti, G., and Gallese, V. (2011). Emotional and social behaviors elicited by electrical stimulation of the insula in the macaque monkey. *Current Biology*, 21(3), 195-199. doi:10.1016/j.cub.2010.12.042.

Casati, R., and Pignocchi, A. (2007). Mirror and canonical neurons are not constitutive of aesthetic response. *Trends in Cognitive Sciences*, 11(10), 410; author reply 411. doi:10.1016/j.tics.2007.07.007.

Casile, A. (2013). Mirror neurons (and beyond) in the macaque brain: An overview of 20 years of research. *Neuroscience Letters*, 540, 3-14. doi:10.1016/j.neulet.2012.11.003.

Cavanagh, P., Tyler, C. W., and Favreau, O. E. (1984). Perceived velocity of moving chromatic gratings. *Journal of the Optical Society of America. A, Optics and image science*, 1 (8), 893-899. Retrieved from http://www.ncbi.nlm.nih.gov/pubmed/647084.

Cela-Conde, C. J., Ayala, F. J., Munar, E., Maestú, F., Nadal, M., Capó, M. A., Del Río, D., et al. (2009). Sex-related similarities and differences in the neural correlates of beauty. *Proceedings of the National Academy of Sciences of the United States of America*, 106(10), 3847-3852. doi:10.1073/pnas.0900304106.

Cela-Conde, C. J., Marty, G., Maestú, F., Ortiz, T., Munar, E., Fernández, A., Roca, M., et al. (2004). Activation of the prefrontal cortex in the human visual aesthetic perception. *Proceedings of the National Academy of Sciences of the United States of America*, 101(16), 6321-6325. doi:10.1073/pnas.0401427101.

Chalupa, L. M., and Werner, J. S. (2003). The Visual Neurosciences. Bradford.

Chatterjee, A. (2003). Prospects for a cognitive neuroscience of visual aesthetics. *Bulletin of Psychology and the Arts*, 4, 55-60.

Colby, C. L., and Goldberg, M. E. (1999). Space and attention in parietal cortex. *Annual Review of Neuroscience*, 22, 319-349. doi:10.1146/annurev.neuro.22.1.319.

Costantini, M., Ambrosini, E., Tieri, G., Sinigaglia, C., & Committeri, G. (2010). Where does an object trigger an action? An investigation about affordances in space. *Experimental Brain Research*. doi:10.1007/s00221-010-2435-8.

Cross, E. S., Kirsch, L., Ticini, L. F., and Schütz-Bosbach, S. (2011). The impact of aesthetic evaluation and physical ability on dance perception. *Frontiers in Human Neuroscience*, 5, 102. doi:10.3389/fnhum.2011.00102.

Dapretto, M., Davies, M. S., Pfeifer, J. H., Scott, A. A., Sigman, M., Bookheimer, S. Y., and Iacoboni, M. (2006). Understanding emotions in others: mirror neuron dysfunction in children with autism spectrum disorders. *Nature Neuroscience*, 9(1), 28-30. doi:10. 1038/ nn1611.

D'Ausilio, A. , Altenmüller, E. , Olivetti Belardinelli, M. , and Lotze, M. (2006). Cross-modal plasticity of the motor cortex while listening to a rehearsed musical piece. *European Journal of Neuroscience*, 24(3), 955-958. doi:10. 1111/j. 14609568. 2006. 04960. x.

Davis, J. I. , Senghas, A. , Brandt, F. , and Ochsner, K. N. (2010). The effects of BOTOX injections on emotional experience. *Emotion*, 10(3), 433-440. doi: 10. 1037/ a0018690.

Di Dio, C. , and Gallese, V. (2009). Neuroaesthetics: a review. *Current Opinion in Neurobiology*, 19(6), 682-687. doi:10. 1016/j. conb. 2009. 09. 001.

Di Dio, C. , Macaluso, E. , and Rizzolatti, G. (2007). The golden beauty: brain response to classical and renaissance sculptures. *PloS ONE*, 2(11), e1201. doi:10. 1371/ journal. pone. 0001201.

Di Pellegrino, G. , Fadiga, L. , Fogassi, L. , Gallese, V. , and Rizzolatti, G. (1992). Understanding motor events: A neurophysiological study. *Experimental Brain Research*, 91 (1), 176-180. doi:10. 1007/ BF00230027.

Fogassi, L. , Ferrari, P. F. , Gesierich, B. , Rozzi, S. , Chersi, F. , and Rizzolatti, G. (2005). Parietal lobe: from action organization to intention understanding. *Science*, 308, 662-667.

Fogassi, L. , Gallese, V. , Fadiga, L. , Luppino, G. , Matelli, M. , and Rizzolatti, G. (1996). Coding of peripersonal space in inferior premotor cortex (area F4). *Journal of Neurophysiology*, 76(1), 141-157. Retrieved from http://www. ncbi. nlm. nih. gov/ pubmed/8836215.

Francis, S. , Rolls, E. T. , Bowtell, R. , McGlone, F. , O'Doherty, J. , Browning, A. , Clare, S. , et al. (1999). The representation of pleasant touch in the brain and its relationship with taste and olfactory areas. *Neuroreport*, 10(3), 453-459. Retrieved from http://www. ncbi. nlm. nih. gov/pubmed/10208571.

Freedberg, D. , and Gallese, V. (2007). Motion, emotion and empathy in esthetic experience. *Trends in Cognitive Sciences*, 11(5), 197-203. doi:10. 1016/j. tics. 2007. 02. 003.

Gallese, V. , Fadiga, L. , Fogassi, L. , and Rizzolatti, G. (1996). Action recognition in the premotor cortex. *Brain*, 119(2), 593.

Gallese, V. , and Freedberg, D. (2007). Mirror and canonical neurons are crucial elements in esthetic response. *Trends in Cognitive Sciences*, 11(10), 411.

Graziano, M. S., Yap, G. S., and Gross, C. G. (1994). Coding of visual space by premotor neurons. *Science*, 266(5187), 1054-1057. Retrieved from http://www. ncbi . nlm. nih. gov/pubmed/7973661.

Hajcak, G., Dunning, J. P., and Foti, D. (2007) Neural response to emotional pictures is unaffected by concurrent task difficulty: An event-related potential study. *Journal of Experimental Psychology: Human Perception and Performance*, 34, 1078-1091.

Hennenlotter, A., Dresel, C., Castrop, F., Ceballos-Baumann, A. O., Baumann, A. O. C., Wohlschläger, A. M., and Haslinger, B. (2009). The link between facial feedback and neural activity within central circuitries of emotion—new insights from botulinum toxin-induced denervation of frown muscles. *Cerebral Cortex*, 19(3), 537-542. doi:10. 1093/cercor/bhn104.

Huang, M., Bridge, H., Kemp, M. J., and Parker, A. J. (2011). Human cortical activity evoked by the assignment of authenticity when viewing works of art. *Frontiers in Human Neuroscience*, 5, 134. doi:10. 3389/fnhum. 2011. 00134.

Hubel, D. H., and Wiesel, T. N. (1959). Receptive fields of single neurones in the cat's striate cortex. *Journal of Physiology*, 148, 574-591. Retrieved from http:// jp. physoc. org/content/148/3/574. full. pdf.

Hubel, D. H., and wiesel, T. N. (1968). Receptive fields and functional architecture of monkey striate cortex. *Journal of Physiology*, 195(1), 215-243. Retrieved from http:// www. pubmedcentral. nih. gov/articlerender. fcgi? artid = 1557912&tool = pmcentrez& rendertype=abstract.

Hyman, J. (2010). Art and neuroscience. In R. Frigg and M. Hunter (eds.), *Beyond Mimesis and Convention*, pp. 245-261. Dordrecht: Springer Netherlands. doi: 10. 1007/978-90-481-3851-7.

Iacoboni, M. (2009). Imitation, empathy, and mirror neurons. *Annual Review of Psychology*, 60, 653-670. doi:10. 1146/annurev. psych. 60. 110707. 163604.

Iacoboni, M., and Dapretto, M. (2006). The mirror neuron system and the consequences of its dysfunction. *Nature Reviews Neuroscience*, 7(12), 942-951. doi: 10. 1038/nrn2024.

Ishizu, T., and Zeki, S. (2011). Toward a brain-based theory of beauty. *PloS ONE*, 6

(7)，e21852. doi：10. 1371/journal. pone. 0021852.

Ishizu，T.，and Zeki，S.（2013）. The brain's specialized systems for aesthetic and perceptual judgment. *European Journal of Neuroscience*，in press，1-8. doi：10. 1111/ejn. 12135.

Jackson，P. L.，Meltzoff，A. N.，and Decety，J.（2006）. Neural circuits involved in imitation and perspective-taking. *NeuroImage*，31（1），429-439. doi：10. 1016/j. neuroimage. 2005. 11. 026.

Jacobsen，T.，Schubotz，R. I.，Höfel，L.，and Cramon，D. Y. V.（2006）. Brain correlates of aesthetic judgment of beauty. *NeuroImage*，29（1），276-285. doi：10. 1016/j. neuroimage. 2005. 07. 010.

Kawabata，H.，and Zeki，S.（2004）. Neural correlates of beauty. *Journal of Neurophysiology*，91（4），1699-1705. doi：10. 1152/jn. 00696. 2003.

Kinetic Art.（2013）. Retrieved May 3，2013，from http://en. wikipedia. org/wiki/Kinetic_art.

Koechlin，E.，and Hyafil，A.（2007）. Anterior prefrontal function and the limits of human decision-making. *Science*，318（5850），594-598. doi：10. 1126/science. 1142995.

Kornysheva，K.，Von Anshelm-Schiffer，A. -M.，and Schubotz，R. I.（2011）. Inhibitory stimulation of the ventral premotor cortex temporarily interferes with musical beat rate preference. *Human Brain Mapping*，32（8），1300-1310. doi：10. 1002/hbm. 21109.

Kornysheva，K.，Von Cramon，D. Y.，Jacobsen，T.，and Schubotz，R. I.（2010）. Tuning-in to the beat：aesthetic appreciation of musical rhythms correlates with a premotor activity boost. *Human Brain Mapping*，31（1），48-64. doi：10. 1002/ hbm. 20844.

Leder，H.，Bär，S.，and Topolinski，S.（2012）. Covert painting simulations influence aesthetic appreciation of artworks. *Psychological Science*，23（12），1479-1481. doi：10. 1177/0956797612452866.

Livingstone，M. S.（1988）. Art，illusion and the visual system. *Scientific American*，258，78-85.

Livingstone，M. S.（2008）. Vision and Art：The Biology of Seeing. Abrams.

Livingstone，M. S.，and Hubel，D. H.（1987）. Psychophysical evidence for separate channels for the perception of form，color，movement，and depth. *Journal of Neuroscience*，7（11），3416-3468. Retrieved from http://www. ncbi. nlm. nih. gov/ pubmed/3316524.

Maeda, F. , Kleiner-Fisman, G. , and Pascual-Leone, A. (2002). Motor facilitation while observing hand actions: specificity of the effect and role of observer's orientation. *Journal of Neurophysiology*, 87, 1329-1335.

Molenberghs, P. , Cunnington, R. , and Mattingley, J. B. (2012). Brain regions with mirror properties: a meta-analysis of 125 human fMRI studies. *Neuroscience and Biobehavioral Reviews*, 36(1), 341-349. doi:10. 1016/j. neubiorev. 2011. 07. 004.

Mondrian, P. (1986). *The New Art-The New Life: The Collected Writings of Piet Mondrian*. Boston: J. K. Hall.

Moser, E. I. , Kropff, E. , and Moser, M. -B. (2008). Place cells, grid cells, and the brain's spatial representation system. *Annual Review of Neuroscience*, 31, 69-89. doi: 10. 1146/annurev. neuro. 31. 061307. 090723.

Nadal, M. , Munar, E. , Capó, M. A. , Rosselló, J. , and Cela-Conde, C. J. (2008). Towards a framework for the study of the neural correlates of aesthetic preference. *Spatial Vision*, 21(3-5), 379-396. doi:10. 1163/156856808784532653.

Pointillism. (2013). Retrieved May 8, 2013, from http://en. wikipedia. org/wiki/ Pointillism.

Rizzolatti, G. , and Craighero, L. (2004). The mirror-neuron system. *Annual Review of Neuroscience Neurosci*, 27, 169-192.

Rizzolatti, G. , and Fabbri-Destro, M. (2010). Mirror neurons: from discovery to autism. *Experimental Brain Research*, 200 (3-4), 223-237. doi: 10. 1007/s00221-009- 2002-3.

Rizzolatti, G. , Fadiga, L. , Gallese, V. , and Fogassi, L. (1996). Premotor cortex and the recognition of motor actions. Brain Research. *Cognitive Brain Research*, 3(2), 131- 141. Retrieved from http://www. ncbi. nlm. nih. gov/pubmed/8713554.

Rizzolatti, G. , Fogassi, L. , and Gallese, V. (2001). Neurophysiological mechanisms underlying the understanding and imitation of action. *Nature Reviews Neuroscience*, 2(9), 661-670. doi:10. 1038/35090060.

Rizzolatti, G. , and Sinigaglia, C. (2010). The functional role of the parieto-frontal mirror circuit: interpretations and misinterpretations. *Nature Reviews Neuroscience*, 11(4), 264-274. doi:10. 1038/nrn2805.

Small, D. M. , Zatorre, R. J. , Dagher, A. , Evans, A. C. , and Jones-Gotman, M. (2001). Changes in brain activity related to eating chocolate: from pleasure to aversion.

Brain，124（Pt 9），1720-1733. Retrieved from http：//www. ncbi. nlm. nih. gov/pubmed/11522575.

Umiltà，M. A. ，Berchio，C. ，Sestito，M. ，Freedberg，D. ，and Gallese，V. （2012）. Abstract art and cortical motor activation：an EEG study. *Frontiers in Human Neuroscience*，6，311. doi：10. 3389/fnhum. 2012. 00311.

Vartanian，O. ，and Goel，V. （2004）. Neuroanatomical correlates of aesthetic preference for paintings. *NeuroReport*，15(5)，893-897. doi：10. 1097/01. wnr. 00001.

Zeki，S. (1980). The representation of colours in the cerebral cortex. *Nature*，284 (5755)，412-418. Retrieved from http：//www. ncbi. nlm. nih. gov/pubmed/6767195.

Zeki，S. (1999a). *Inner Vision：An Exploration of Art and the Brain*. Oxford：Oxford University Press.

Zeki，S. (1999b). Art and the Brain. *Journal of Consciousness Studies*，6(6-7)，76-96.

Zeki，S. ，and Lamb，M. （1994）. The neurology of kinetic art. *Brain*，117，607-636. Retrieved from http：//www. ncbi. nlm. nih. gov/pubmed/8032869.

Zeki，S. ，and Stutters，J. （2012）. A brain-derived metric for preferred kinetic stimuli. *Open Biology*，2(2)，120001. doi：10. 1098/rsob. 120001.

10. 被遗忘的感官：从神经科学的视角看博物馆语境中的气味运用

Aggleton，J. P. and Waskett，L. （1999）. The ability of odours to serve as state-dependent cues for real-world memories：can Viking smells aid the recall of Viking experiences? *British Journal of Psychology*，90，1-7.

Barbara，A. and Perliss，A. （2006）. *Invisible Architecture：Experiencing Places through the Sense of Smell*. New York：Skira.

Baron，R. A. and Thomley，J. （1994）. A whiff of reality. *Environment and Behavior*，25，766-784.

Chu，S. and Downes，J. (2000). Long live Proust：The odour-cued autobiographical memory bump. *Cognition*，75，B41-50.

Classen，C. (2007). Museum manners：the sensory life of the early museum. *Journal of Social History*，40，895-914.

Classen，C. and Howes，D. (2006). The museum as sensescape：Western sensibilities and indigenous artifacts. In E. Edwards，C. Gosden and R. Phillips （eds. ），*Sensible Objects：Colonialism，Museum and Material Culture*. Oxford：Berg.

Clemens, S. L. (1882, 1957). "The Invalid's Story." In C. Neider (ed.), *The Complete Short Stories of Mark Twain*. Garden City, NY: International Collectors Library.

Cuevas, I., Plaza, P., Rombaux, P., Collignon, O., De Volder, A. and Renier, L. (2010). Do people who became blind early in life develop a better sense of smell? A psychophysical study. *Journal of Visual Impairment and Blindness*, 104, 369-379.

Cuevas, I., Plaza, P., Rombaux, P., De Volder, A. and Renier, L. (2009). Odour discrimination and identification are improved in early blindness. *Neuropsychologia*, 47, 3079-3083.

Ehrlichman, H. and Bastone, L. (1992). Olfaction and emotion. In M. Serby and K. Chobor (eds.), *Science of Olfaction*, pp. 410-438. New York: Springer-Verlag.

Engen, T. (1982). *The Perception of Odors*. New York: Academic Press.

Gelstein, S., Yeshurun, Y., Rozenkrantz, L., Shushan, S., Frumin, I., Roth, Y. and Sobel, N. (2011). Human tears contain a chemosignal. *Science*, 331, 226-230.

Gibson, E. J. (1953). Improvement in perceptual judgments as a function of controlled practice or training. *Psychological Bulletin*, 50, 401-431.

Goddard, L., Pring, L. and Felmingham, N. (2005). The effects of cue modality on the quality of personal memories retrieved. *Memory*, 13, 79-86.

Handa, K., Dairoku, H. and Toriyama, Y. (2010). Investigation of priority needs in terms of museum service accessibility for visually impaired visitors. *The British Journal of Visual Impairment*, 28, 221-234.

Hawkes, C. and Doty, R. (2009). *The Neurology of Olfaction*. Cambridge: Cambridge University Press.

Herz, R. S. (2004). A naturalistic analysis of autobiographical memories triggered by olfactory visual and auditory stimuli. *Chemical Senses*, 29, 217-224.

Herz, R. S., Eliassen, J., Beland, S. and Souza, T. (2004). Neuroimaging evidence for the emotional potency of odor-evoked memory. *Neuropsychologia*, 42, 371-378.

Hetherington, K. (2000). Museums and the visually impaired: the spatial politics of access. *The Sociological Review*, 30, 444-463.

Hudson, R. and Distel, H. (2002). The individuality of odor perception. In C. Rouby, B. Schaal, D. Dubois, R. Gervais and A. Holley (eds.), *Olfaction, Taste and Cognition*, pp. 408-420. Cambridge: Cambridge University Press.

Jenner, M. (2011). Follow your nose? Smell, smelling and their histories. *American Historical Review*, 116, 335-351.

Khan, R., Luk, C., Flinker, A., Aggarwal, A., Lapid, H., Haddad, R. and Sobel, N. (2007). Predicting odor pleasantness from odorant structure: pleasantness as a reflection of the physical world. *Journal of Neuroscience*, 27, 10015-10023.

Koutsoklenis, A. and Papadopoulos, K. (2011). Olfactory cues used for wayfinding in urban environments by individuals with visual impairments. *Journal of Visual Impairment and Blindness*, 105, 692-702.

Laird, D. (1935). What can you do with your nose? *The Scientific Monthly*, 41, 126-130.

Lawless, H. T. (1991). Effects of odors on mood and behavior: aromatherapy and related effects. In D. Laing, R. Doty and W. Breipohl (eds.), *The Human Sense of Smell*, pp. 361-386. Berlin: Springer-Verlag.

Morrot, G., Brochet, F., and Dubourdieu, D. (2001). The color of odors. *Brain & Language*, 79, 309-320.

Rosenbluth, R., Grossman, E. S. and Kaitz, M. (2000). Performance of early blind and sighted children on olfactory tasks. *Perception*, 29, 101-110.

Rouby, C. and Bensafi, M. (2002). Is there a hedonic dimension to odors? In C. Rouby, B. Schaal, D. Dubois, R. Gervais and A. Holley (eds.), *Olfaction, Taste and Cognition*, pp. 140-159. Cambridge: Cambridge University Press.

Rozin, P. (1982). "Taste-smell confusions" and the duality of the olfactory sense. *Perception and Psychophysics*, 31, 397-404.

Rozin, P. and Nemeroff, C. (1990). The laws of sympathetic magic. In J. Stigher, G. Hecht, and R. Shweker (eds.), *Cultural Psychology: Essays on Comparative Human Development*, pp. 205-232. Cambridge: Cambridge University Press.

Schiffman, S. S. (1974). Physiochemical correlates of olfactory quality. *Science*, 185, 112-117.

Sobel, N., Prabhakaran, V., Hartley, C., Desmond, J., Glover, G., Sullivan, E. and Gabrieli, J. D. (1999). Blind smell: brain activation induced by an undetected airborne chemical. *Brain*, 122, 209-217.

Stevenson, R. J. (2009). Phenomenal and access consciousness in olfaction. *Consciousness and Cognition*, 18, 1004-1011.

Stevenson, R. J. and Wilson, D. A. (2007). Olfactory perception: an object recognition approach. *Perception*, 36, 1821-1833.

Tham, W., Stevenson, R. J. and Miller, L. A. (2009). The functional role of the mediodorsal thalamic nucleus in olfaction. *Brain Research Reviews*, 62, 109-126.

Willander, J. and Larsson, M. (2006). Smell your way back to childhood: autobiographical odor memory. *Psychonomic Bulletin and Review*, 13, 240-244.

Willander, J. and Larsson, M. (2007). Olfaction and emotion: the case of autobiographical memory. *Memory and Cognition*, 35, 1659-1663.

11. 气味博物馆

Arnheim, R. (1969). *Visual Thinking*. Berkeley: University of California Press.

Classen, C., Howes, D. and Synnott, A. (1994). *Aroma: The Cultural History of Smell*. London: Routledge.

Desor, J. A. and Beauchamp, G. U. (1974). The human capacity to transend olfactory information. *Perception of Psychophysics*, 16, 551-556.

Ehrlichman, H. and Bastone. L. (1992). Olfaction and emotion. In M. J. Serby and K. L. Chobor (eds.), *Science of Olfaction*, pp. 410-438. New York: Springer.

Engen, T. (1982). *The Perception of Odors*. New York: Academic Press.

Gilbert, A. N. (2008). *What the Nose Knows*. New York: Crown Publishers.

Gottfried, J. A. (2006). Smell: central nervous processing. *Advances in Oto-Rhino-Laryngology*, 63, 44-69.

Guéguen, N. and Petr, C. (2006). Odors and consumer behavior in a restaurant. *International Journal of Hospitality Management*, 25, 335-339.

Herz, R. S. (2002). Influences of odors on mood and affective cognition. In C. Rouby, B. Schaal, D. Dubois, R. Gervais and A. Holley (eds.), *Olfaction, Taste, and Cognition*, pp. 160-167. Cambridge: Cambridge University Press.

Herz, R. S. and Cupchik, G. C. (1995). The emotional distinctiveness of odor-evoked memories. *Chemical Senses*, 20, 517-528.

Keller, A. (2011). Attention and olfactory consciousness. *Frontiers in Psychology*, 2, 380.

Kino, C. (2012). *Fragrances as Art, Displayed Squirt by Squirt*. In The New York Times, New York: C37.

Li, W., Moallem, I., Paller, K. A. and Gottfried J. A. (2007). Subliminal smells can guide social preferences. *Psychological Science*, 18, 1044-1049.

Lorig, T. (1992). Cognitive and "non-cognitive" effects of odor exposure: Electrophysiological and behavioral evidence. In S. Van Toller and G. Dodd (eds.), *The Psychology and Biology of Perfume*, pp. 161-172. Amsterdam, NL: Elsevier.

Mainland, J. and Sobel, N. (2006). The sniff is part of the olfactory percept. *Chemical Senses*, 31, 181-196.

Rosenberg, K. (2011). The New York Times.

Sela, L. and Sobel, N. (2010). Human olfaction: A constant state of change-blindness. *Experimental Brain Research*, 205, 13-29.

Stevenson, R. J. (2009). An initial evaluation of the functions of human olfaction. *Chemical Senses*, 35, 3-20.

Teller, C. and Dennis, C. (2012). The effect of ambient scent on consumers' perception, emotions and behaviour: A critical review. *Journal of Marketing Management*, 28, 14-36.

12. 博物馆——嗅觉场景

Carter, J. and Ovenden, C. (2001). Finding sense in new places: Vital Signs in contemporary art practice. *Material History Review*, Spring-Summer, 69-75.

Damian, P. and Damian, K. (1995). *Aromatherapy: Scent and Psyche*. Rochester, VT: Healing Arts Press.

de Cupere, P. (2013). The Use of Smell in Art, an "Olfactology" Art Research. New York: College Art Association Conference, February 16.

Drobnick, J. (1998). Reveries, assaults and evaporating presences: olfactory dimensions in contemporary art. *Parachute*, 89, 10-19.

Drobnick, J. (2000). Inhaling passions: art, sex and scent. *Sexuality and Culture*, 4(3), 37-56.

Drobnick, J. (2002a). Clara Ursitti: scents of a woman. Tessera 32, 85-97.

Drobnick, J. (2002b). Volatile architectures. In Bernie Miller and Melony Ward (eds.), *Crime and Ornament: In the Shadow of Adolf Loos*, 263-282. Toronto: YYZ Books.

Drobnick, J. (2003). reminiSCENT. Exhibition brochure. Toronto: FADO.

Drobnick, J. ed. (2006). *The Smell Culture Reader*. Oxford and New York: Berg.

Drobnick, J. (2009). Sense and reminiSCENT: performance and the essences of memory. *Canadian Theatre Review*, 137, 6-12.

Drobnick, J. (2010). Airchitecture: Gguarded Breaths and the [cough] art of ventilation. In Patrizia di Bello and Gabriel Koureas (eds.), *Art History and the Senses: 1830 to the Present*, 147-166. London: Ashgate.

Drobnick, J. and Fisher, J. (2008). Odor limits. *The Senses & Society*, 3(3), 349-358.

Drobnick, J. (2012). Nightsense. *Public*, 45, 35-63.

Drobnick, J. , Fisher, J. , and Tougas, C. (2001). Vital Signs: curatorial statement. *Material History Review*, Spring-Summer, 75-76.

El-Khoury, R. (2006). Polish and deodorize: paving the city in late eighteenth-century France. In Jim Drobnick (ed.), *The Smell Culture Reader*, 18-28. Oxford and New York: Berg.

Herz, R. (2012). Presentation at Multimodal Approaches to Learning conference. New York: Art Beyond Sight and the Metropolitan Museum of Art, October 26.

Hultén, B. , Broweus, N. , and van Dijk, M. (2009). *Sensory Marketing*. New York: Palgrave Macmillan.

Keller, A. (2012). Presentation at Multimodal Approaches to Learning conference. New York: Art Beyond Sight and the Metropolitan Museum of Art, October 27.

Lindstrom, M. (2005). *Brand Sense*. New York: Free Press.

Manalansan, M. F. (2006). Immigrant lives and the politics of olfaction in the global city. In Jim Drobnick (ed.), *The Smell Culture Reader*, 41-52. Oxford and New York: Berg.

Ursitti, C. (2006). "Self-Portrait in Scent, Sketch #1. " In Jim Drobnick (ed.), *The Smell Culture Reader*, 357. Oxford and New York: Berg.

13. 美味的博物馆:感官教育 一次一盘

About café and chef. Retrieved March 20, 2013 from Mitsitam Café, http://www. mitsitamcafe. com/content/about. asp.

About FRANK restaurant. Retrieved March 15, 2013 from FRANK, http://www. ago. net/ frank-restaurant-contemporary-comfort-cuisine-toronto.

Ackerman, D. (1991). *A Natural History of the Senses*. New York: Vintage.

Barthes, R. (2008). Towards a psychosociology of contemporary food consumption. In C. Counihan and P. Van Esterik (eds.), *Food and Culture: A Reader*, 28-35. New

York：Routledge.

Baumann, S. and Johnson, J. (2009). *Foodies：Democracy and Distinction in the Gourmet Foodscape*. New York：Routledge.

Celebrate Frida & Diego at AGO. Retrieved March 15, 2013 from Art Gallery of Ontario, http://www. ago. net/dining.

Classen, C. (2007). Museum manners: The sensory life of the early museum. *Journal of Social History*, 40(4), 895-911.

Clintberg, M. (2012). Gut Feeling: Artists' restaurants and gustatory aesthetics. *Senses & Society*, 7(2): 209-224.

Collections. Retrieved March 20, 2013 from the National Museum of the American Indian, http://nmai. si. edu/explore/collections/.

Cowan, B. (2007). New worlds, new tastes: Food fashions after the Renaissance. In P. Freedman (ed.), *Food: The History of Taste*, 197-232. Berkeley: University of California Press.

Cramer, J. M. , Greene, C. P. and Walters L. M. (2011). Beyond mere sustenance: Food as communication/communication as food. In C. P. Greene, J. M. Cramer, L. M. Walters (eds.), *Food as Communication/Communication as Food*, ix-xix. New York: Peter Lang.

Cronk, L. (n. d.). Churros: A secret history. Retrieved April 30, 2013 from The Prisma, http://www. theprisma. co. uk/2011/07/17/churros-a-secret-history/.

Drobnick, J. (1999). Recipes for the cube: Aromatic and edible practices in contemporary art. In B. Fischer (ed.), *Foodculture: Tasting Identities and Geographies in Art*, 69-80. Toronto: YYZ Press.

Fisher, J. (1999). Performing taste. In B. Fischer (ed.), *Foodculture: Tasting Identities and Geographies in Art*, 29-48. Toronto: YYZ Press.

FRANK dinner menu. Retrieved March 15, 2013 from FRANK, http://www. ago. net/frank-dinner-menu.

FRANK lunch menu. Retrieved March 15, 2013 from FRANK, http://www. ago. net/frank-lunch-menu.

FRANK management and culinary team. Retrieved March 15, 2013 from FRANK, http://www. ago. net/the-frank-culinary-team.

FRANK talk. Retrieved March 15, 2013 from FRANK, http://www. ago. net/frank-talk.

FRANK wine menu. Retrieved March 15, 2013 from FRANK, http://www. ago. net/frank-wines.

Gallegos, D. and McHoul, A. (2006). 'It's not about good taste. It's about taste good':Bourdieu and Campbell's soup ... and beyond. *Senses & Society*, 1(2), 165-82.

Gover, K. (2010). Preface. In R. Hetzler (ed.), *The Mitsitam Café Cookbook*, 1-3. Washington DC: Smithsonian.

Great Plains Fall 2012 menu. Retrieved March 20, 2013 from Mitsitam Café, http://www. mitsitamcafe. com/content/menus. asp.

Haden, R. (2011). Lionizing taste: Towards an ecology of contemporary connoisseurship. In J. Strong (ed.), *Educated Tastes: Food, Drink and Connoisseur Culture*, 237-290. Lincoln: University of Nebraska Press.

Heldke, L. (2001). "Let's eat Chinese!" Reflections on cultural food colonialism. *Gastronomica: The Journal of Food and Culture*, 1(2), 76-79.

———. (2003). *Exotic Appetites: Ruminations of a Food Adventurer*. New York: Routledge.

———. (2008). Let's cook Thai: Recipes for colonialism. In C. Counihan and P. Van Esterik (eds.), *Food and Culture: A Reader*, 327-341. New York: Routledge.

———. (2011). The extensive pleasure of eating. In J. Strong (ed.), *Educated Tastes: Food, Drink and Connoisseur Culture*, 121-257. Lincoln: University of Nebraska Press.

Heon, L. (2001). Janine Antoni's gnawing idea. *Gastronomica: The Journal of Food and Culture*, 1(2), 5-8.

Howes, D. (ed.) (2004). *Empire of the Senses: The Sensual Culture Reader*. Oxford: Berg.

Kirschenblatt-Gimblatt, B. (1999). Playing to the senses: Food as performance medium. *Performance Research*, 4(1), 1-30. Accessed at http://www. nyu. edu/classes/bkg/issues/food-pr6. htm.

Kirschenblatt-Gimblatt, B. (2006). Making sense of food in performance: The table and the stage. In S. Banes and A. Lepecki (eds.), *The Senses in Performance*, 71-89. New York: Routledge.

Korsmeyer, C. (1999). *Making Sense of Taste*. Ithaca: Cornell University Press.

Leong, M. (2010, March 19). It's not a porch for dorks but it's a dorky porch.

National Post. Retrieved from http://arts. nationalpost. com/author/mwleong/page/41/.

Lu，S. and Fine，G. A. (1995). The presentation of ethnic authenticity: Chinese food as a social accomplishment. *The Sociological Quarterly*, 36(3)，535-553.

Menu and café hours. Retrieved March 20，2013 from Mitsitam Café，http://www. mitsitamcafe. com/content/menus. asp.

Mesoamerican Fall 2012 menu. Retrieved March 20，2013 from Mitsitam Café，http://www. mitsitamcafe. com/content/menus. asp.

Mission statement. Retrieved March 20，2013 from the National Museum of the American Indian，http://nmai. si. edu/about/mission/.

Northern Woodlands Fall 2012 menu. Retrieved March 20，2013 from Mitsitam Café，http://www. mitsitamcafe. com/content/menus. asp.

Northern Woodlands Winter 2012 menu. Retrieved March 20，2013 from Mitsitam Café，http://www. mitsitamcafe. com/content/menus. asp.

Northern Woodlands Spring 2013 menu. Retrieved March 20，2013 from Mitsitam Café，http://www. mitsitamcafe. com/content/menus. asp.

Northwest Coast Fall 2012 menu. Retrieved March 20，2013 from Mitsitam Café，http://www. mitsitamcafe. com/content/menus. asp.

Our mandate. Retrieved March 15，2013 from the Art Gallery of Ontario，http://www . ago. net/mandate.

Parkhurst Ferguson, P. (2004). *Accounting for Taste : The Triumph of French Cuisine.* Chicago: Chicago University Press.

Poplak，L. (n. d.). One tank trip: Frida & Diego exhibit at Art Gallery of Ontario. The Buffalo News. Retrieved from http://www. buffalonews. com/apps/pbcs. dll/ article? AID＝/20121125/LIFE02/121129666/1072.

Sandoval，N. I. (2010). Introduction. In R. Hetzler (ed.)，*The Mitsitam Café Cookbook* , 4-7. Washington DC: Smithsonian.

Shupac，J. (n. d.). Frida economy. The Grid. Retrieved from http://www. thegridto. com/culture/arts/the-frida-economy/.

South American Fall 2012 menu. Retrieved March 20，2013 from Mitsitam Café，http://www. mitsitamcafe. com/content/menus. asp.

South American Spring 2013 menu. Retrieved March 20，2013 from Mitsitam Café，http://www. mitsitamcafe. com/content/menus. asp.

Trubek, A. (2008). *The Sense of Place: A Cultural Journey into Terroir*. Berkeley: University of California Press.

14. 博物馆导航

Ainge, J. A., Tamosiunaite, M., Woergoetter, F. and Dudchenko, P. A. (2007). Hippocampal CA1 place cells encode intended destination on a maze with multiplechoice points. *The Journal of Neuroscience*, 27(36), 9769-9779. doi: 10.1523/ JNEU-ROSCI. 2011-07. 2007.

Alvernhe, A., Van Cauter, T., Save, E. and Poucet, B. (2008). Different CA1 and CA3 representations of novel routes in a shortcut situation. *The Journal of Neuroscience*, 28(29), 7324-7333; doi: 10.1523/JNEUROSCI. 1909-08. 2008.

Andersen, P. A., Morris, R., Amaral, D., Bliss, T. and O'Keefe, J., eds. (2006). *The Hippocampus Book*. Oxford: Oxford University Press.

Andersen, R. A. (2011). Inferior parietal lobule function in spatial perception and visuomotor integration. *Comprehensive Physiology*. doi: 10.1002/cphy. cp010512.

Andersen, R. A., Essick, G. K. and Siegel, R. M. (1985). Encoding of spatial location by posterior parietal neurons. *Science*, 230 (4724), 456-458. doi: 10.1126/ science. 4048942.

Andersen, R. A. and Mountcastle, V. B. (1983). The influence of the angle of gaze upon the excitability of the light-sensitive neurons of the posterior parietal cortex. *The Journal of Neuroscience*, 3(3), 532-548.

Anderson, M. I. and Jeffery, K. J. (2003a). Heterogeneous modulation of place cell firing by changes in context. *The Journal of Neuroscience*, 23(26), 8827-8835.

Anderson, M. I. and Jeffery, K. J. (2003b). Dissociation of the geometric and contextual influences on place cells. *Hippocampus*, 13, 868-872. doi: 10.1002/ hipo. 10162.

Azevedo, F. A. C., Carvalho, L. R. B., Grinberg, L. T., Farfel, J. M., Ferretti, R. E. L., Leite, R. E. P., Jacob Filho, W., et al. (2009). Equal numbers of neuronal and nonneuronal cells make the human brain an isometrically scaled-up primate brain. *Journal of Comparative Neurology*, 513(5), 532-541. doi: 10.1002/cne. 21974.

Barry, C., Hayman, R., Burgess, N. and Jeffery, K. J. (2007). Experience-dependent rescaling of entorhinal grids. *Nature Neuroscience*, 10(6). doi:10.1038/nn1905

Bennett, T. (1995). *The Birth of the Museum*. Oxford and New York: Routledge.

Berridge, K. C., Robinson, T. E., and Aldridge, J. W. (2009). Dissecting components of reward: "liking," "wanting," and learning. *Current Opinion in Pharmacology*, 9(1), 65-73. doi: 10.1016/j. coph. 2008. 12. 014.

Bliss, T. and Lømo, T. (1973). Synaptic plasticity in the hippocampus. A possible mechanism for information storage uncovered in synapses between the performant pathway and dentate gyrus granule cells. Long-lasting potentiation of synaptic transmission in the dentate gyrus area of the anaesthetized rabbit following stimulation of the perforant path. *Journal of Physiology*, 232, 331-356.

Brun Kjelstrup, K., Solstad, T., Heimly Brun, V., Hafting, T., Leutgeb, S., Witter, M. P., Moser, E. I. and Moser, M. (2008). Finite scale of spatial representation in the hippocampus. *Science*, 321(5885), 140-143. doi:10. 1126/science. 1157086.

Buckner, R. L. and Carroll, D. C. (2007). Self-projection and the brain. *Trends in Cognitive Sciences*, 11(2), 49-57. doi: 10.1016/j. tics. 2006. 11. 004.

Buhry, L., Azizi, A. H. and Cheng, S. (2011). Reactivation, replay, and preplay: how it might all fit together. *Neural Plasticity*, 2011. doi:10.1155/2011/203462.

Burgess, N., Barry, C. and O'Keefe, J. (2007). An oscillatory interference model of grid cell firing. *Hippocampus*, 17(9), 801-812. doi: 10.1002/hipo. 20327.

Burgess, N. and Hartley, T. (2002). Orientational and geometric determinants of place and head-direction. In Dietterich, T., Becker, S., Ghahramani, Z (eds.), *Advances in Neural Information Processing Systems*. Vol 14, pp. 165-172. Cambridge, MA: MIT Press.

Byrne, P., Becker, S. and Burgess, N. (2007). Remembering the past and imagining the future: a neural model of spatial memory and imagery. *Psychological Review*, 114(2), 340. doi: 10.1037/0033-295X. 114. 2. 340

Colby, C. L. and Goldberg, M. E. (1999). Space and attention in parietal cortex. *Annual Review of Neuroscience*, 22(1), 319-349. doi: 10.1146/annurev. neuro. 22. 1. 319

Cressant, A., Muller, R. U. and Poucet, B. (1997). Failure of centrally placed objects to control the firing fields of hippocampal place cells. *The Journal of Neuroscience*, 17(7), 2531-2542.

Derdikman, D., Whitlock, J. R., Tsao, A., Fyhn, M., Hafting, T., Moser, M. B. and Moser, E. I. (2009). Fragmentation of grid cell maps in a multicompartment environment. *Nature Neuroscience*, 12(10). doi:10. 1038/nn. 2396.

Diba, K. and Buzsaki, G. (2007). Forward and reverse hippocampal place-cell sequences during ripples. *Nature Neuroscience*, 10, 1241-1242. doi:10.1038/nn1961.

Diekelmann, S. and Born, J. (2010). The memory function of sleep. *Nature Reviews Neuroscience*, 11(2), 114-126. doi:10.1038/nrn2762.

Dragoi, G. and Tonegawa, S. (2011). Preplay of future place cell sequences by hippocampal cellular assemblies. *Nature*, 469, 397-401. doi:10.1038/nature09633.

Dragoi, G. and Tonegawa, S. (2013). Distinct preplay of multiple novel spatial experiences in the rat. PNAS. doi: 10.1073/pnas.1306031110.

Dupret, D., O'Neill, J., Pleydell-Bouverie, B. and Csicsvari, J. (2010). The reorganization and reactivation of hippocampal maps predict spatial memory performance. *Nature Neuroscience*, 13(8). doi:10.1038/nn.2599.

Ekstrom, A. D., Kahana, M. J., Caplan, J. B., Fields, T. A., Isham, E. A., Newman, E. L. and Fried, I. (2003). Cellular networks underlying human spatial navigation. *Nature*, 425. doi:10.1038/nature01964.

Fenton, A. A. (2007). Where am I? Science, 315, 947. doi: 10.1126/science.1139146/Ferbinteanu, J. and Shapiro, M. L. (2003). Prospective and retrospective memory coding in the hippocampus. *Neuron*, 40(6), 1227-1239. doi: 10.1016/S0896-6273(03)00752-9.

Foster, D. J. and Knierim, J. J. (2012). Sequence learning and the role of the hippocampus in rodent navigation. *Current Opinion Neurobiology*, 22(2), 294-300. doi: 10.1016/j.conb.2011.12.005.

Foster, D. J. and Wilson M. A. (2006). Reverse replay of behavioural sequences in hippocampal place cells during the awake state. *Nature*, 440, 680-683. doi: 10.1038/nature04587.

Gage, S. A. (2006). The wonder of trivial machines. *Systems Research and Behavioral Science*, 23(6), 771-778. doi: 10.1002/sres.763.

Gothard, K. M., Skaggs, W. E. and McNaughton, B. L. (1996). Dynamics of mismatch correction in the hippocampal ensemble code for space: interaction between path integration and environmental cues. *The Journal of Neuroscience*, 16(24), 8027-8040.

Gumbrecht, H. U. (2004). *Production of Presence. What Meaning Cannot Convey.* Stanford: Stanford University Press.

Hafting, T., Fyhn, M., Molden, St., Moser, MB and Moser, E. I. (2005). Microstructure of a spatial map in the entorhinal cortex. *Nature*, 436, 801-806. doi:

10. 1038/nature03721.

Hartley, T., Burgess, N., Lever, C., Cacucci, F. and O'Keefe, J. (2000). Modeling place fields in terms of the cortical inputs to the hippocampus. *Hippocampus*, 10 (4), 369-379.

Holl, St., Pallasmaa, J. and Pérez-Gómez, A. (1994). Questions of Perception. a + uSpecial Issue. Tokyo: a+u Publishing Co., Ltd.

Jeffery, K. J. (2008). Self-localization and the entorhinal-hippocampal system. *Current Opinion in Neurobiology* 2008, 17, 1-8. doi: 10. 1016/j. conb. 2007. 11. 008.

Jezek, K., Henriksen, E. J., Treves, A., Moser, E. I. and Moser, MB. (2011). Thetapaced flickering between place-cell maps in the hippocampus. *Nature*, 478, 246-249. doi:10. 1038/nature10439.

Ji, D. and Wilson, M. A. (2008). Firing rate dynamics in the hippocampus induced by trajectory learning. *The Journal of Neuroscience*, 28 (18), 4679-4689. doi: 10. 1523/ JNEUROSCI. 4597-07. 2008.

Laveneux, P., Suzuki, W. A. and Amaral, D. G. (2002). Perirhinal and parahippocampal cortices of the macaque monkey: Projections to the neocortex. *Journal of Comparative Neurology*, 447, 394-420. doi: 10. 1002/cne. 10243.

Lever, C., Burton, St., Jeewajee, A., O'Keefe, J. and Burgess, N. (2009). Boundary vector cells in the subiculum of the hippocampal formation. *The Journal of Neuroscience*, 29(31), 9771-9777. doi: 10. 1523/JNEUROSCI. 1319-09. 2009.

Massumi, B. (2002). *Parables for the Virtual: Movement, Affect, Sensation, revised*. Durham, NC: Duke University Press.

McNaughton, B. L., Battaglia, F. P., Jensen, O., Moser, E. I. and Moser, M. B. (2006). Path integration and the neural basis of the "cognitive map." *Nature Reviews Neuroscience*, 7(8), 663-678. doi:10. 1038/nrn1932.

Moscovitch, M., Rosenbaum, R. S., Gilboa, A., Addis, D. R., Westmacott, R., Grady, C., and Nadel, L. (2005). Functional neuroanatomy of remote episodic, semantic and spatial memory: a unified account based on multiple trace theory. *Journal of Anatomy*, 207(1), 35-66. doi: 10. 1111/j. 1469-7580. 2005. 00421. x.

O'Keefe, J. and Burgess, N. (1996). Geometric determinants of the place fields of hippocampal neurons. *Nature*, 381, 425-428.

O'Keefe, J. and Dostrovsky, J. (1971). The hippocampus as a spatial map:

Preliminary evidence from unit activity in the freely-moving rat. *Brain Research*, 34, 171-175. doi: 10. 1016/0006-8993(71)90358-1.

O'Keefe, J. and Nadel, L. (1978). *The Hippocampus as a Cognitive Map*. Oxford and New York: Clarendon Press.

Pask, G. (1968). *A comment, a case history and a plan*. Cybernetic Serendipity exhibition.

Pfeiffer, B. E. and Foster, D. J. (2013). Hippocampal place-cell sequences depict future paths to remembered goals. *Nature*, 497, 74-79. doi:10. 1038/nature12112.

Quirk, G. J., Muller, R. U. and Kubie, J. L. (2008). The firing of hippocampal place cells in the dark depends on the rat's recent experience. *The Journal of Neuroscience*, X7(6), 2008-2017.

Quiroga, R., Quian, Reddy L., Kreiman, G., Koch, C. and Fried, I. (2005). Invariant visual representation by single neurons in the human brain. *Nature*, 435(23). doi:10. 1038/nature03687.

Radvansky, G. A., Tamplin, A. K., and Krawietz, S. A. (2010). Walking through doorways causes forgetting: Environmental integration. *Psychonomic Bulletin & Review*, 17(6), 900-904. doi: 10. 3758/PBR. 17. 6. 900.

Rivard, B., Li, Y., Lenck-Santini, P. P., Poucet, B. and Muller, R. U. (2004). Representation of objects in space by two classes of hippocampal pyramidal cells. *J. Gen. Physiol*, 124, 9-25. doi: 10. 1085/jgp. 200409015.

Schacter, D. L., Addis, D. R., Hassabis, D., Martin, V. C., Spreng, R. N. and Szpunar, K. K. (2012). The future of memory: remembering, imagining, and the brain. *Neuron*, 76. doi: 10. 1016/j. neuron. 2012. 11. 001.

Skaggs, W. E., McNaughton, B. L., Wilson, M. A. and Barnes, C. A. (1996). Thetaphase precession in hippocampal neuronal population and the compression of temporal sequences. *Hippocampus*, 6, 149-172.

Snyder, L. H., Grieve, K. L., Brotchie, P. and Andersen, R. A. (1998). Separate body and world-referenced representations of visual space in parietal cortex. *Nature*, 394, 887-891. doi:10. 1038/29777.

Solomon R. Guggenheim Museum, Past exhibitions. Accessed June 2013, http://pastexhibitions. guggenheim. org/brazil/.

Solstad, T., Moser, E. I. and Einevoll, G. T. (2006). From grid cells to place cells: a mathematical model. *Hippocampus*, 16（12）, 1026-1031. doi: 10. 1002/ hipo. 20244.

Solstad, T. , Boccara, C. N. , Kropff, E. , Moser, M. B. and Moser, E. I. （2008）. Representation of Geometric Borders in the Entorhinal Cortex. *Science*, 322(5909), 1865- 1868. doi: 10. 1126/science. 1166466.

Spiers, H. J. 2012. Hippocampal Formation. In: V. S. Ramachandran（ed. ）, *The Encyclopedia of Human Behavior*, vol. 2, pp. 297-304. Academic Press.

Spiers, H. J. , Hayman, R. M. A. , Jovalekic, A. , Marozzi, E. and Jeffery, K. J. （2013）. Place field repetition and purely local remapping in a multi-compartment environment. *Cerebral Cortex*, in press. doi:10. 1093/cercor/bht198.

Stirling, J. and Krier, L. （ed. ）（1975）. *James Stirling: Buildings and Projects* 1950- 1974. Oxford: Oxford University Press.

Sutton, T. （2000）. *The Classification of Visual Art: A Philosophical Myth and Its History*. Cambridge: Press Syndicate of the University of Cambridge.

Taube, J. （1998）. Head direction cells and the neurophysiological basis for a sense of direction. *Progress in Neurobiology*, 55（3）, 225-256. doi: 10. 1016/S0301-0082（98） 00004-5.

The Lousiana Museum of Modern Art. （2012）. *The Architecture*. Accessed March 2012, http://www. louisiana. dk/uk/Menu/Visit ＋ Louisiana/The ＋ museum ＋ and ＋ architecture/The＋architecture.

Vanderwolf, C. H. , Kramis, R. , Gillespie, L. A. and Bland, B. H. （1976）. Hippocampal rhythmic slow activity and neocortical low-voltage fast activity: relations to behavior. *The Hippocampus*. doi: 10. 1007/978-1-4684-2979-4_3.

Von Glaserfeld, E. （1996）. *Radical Constructivism, A Way of Knowing and Learning*. London: Falmer Press.

Wenz, K. （1997）. *Raum, Raumsprache und Sprachräume: zur Textsemiotik der Raumbeschreibung*. Tübingen: Gunter Narr Verlag.

Wilson, M. and McNaughton, B. （1994）. Reactivation of hippocampal ensemble memories during sleep. *Science*, 265(5172), 676-679. doi: 10. 1126/science. 8036517.

Wishaw, I. Q. and Vanderwolf, C. H. （1973）. Hippocampal EEG and behavior: Change in amplitude and frequency of RSA（Theta rhythm）associated with spontaneous and learned movement patterns in rats and cats. *Behavioral Biology*, 8(4), 461-484. doi:

10. 1016/S0091-6773(73)80041-0.

Wood，E. R.，Dudchenko，P. A.，Robitsek，R. J.，Eichenbaum，H. （2000）. Hippocampal neurons encode information about different types of memory episodes occurring in the same location. *Neuron*，27(3)，623-633. doi：10. 1016/S0896-6273(00) 00071-4.

Zhang，S. J.，Ye，J.，Miao，Ch.，Tsao，A.，Cerniauskas，I.，Ledergerber，D.，Moser，M. B. and Moser，E. I. （2013）. Optogenetic dissection of entorhinal-hippocampal functional connectivity. *Science*，340(6128). doi：10. 1126/science. 1232627.

15. 作为具身体验的博物馆

Le Corbusier. （1959）. *Towards a New Architecture*. London：The Architectural Press.

Le Corbusier. （1925）. *L'art decoratif d'aujourd'hui*. Paris：Editions G. Grès et Cie.

Levin，David Michael，（ed. ）（1993）. Modernity and the Hegemony of Vision. Berkeley and Los Angeles：University of California Press.

McGilchrist，Iain. （2010）. *The Master and His Emissary*. New Haven and London：Yale University Press，p. 409.

Merleau-Ponty，Maurice. （1992）. The intertwining—the chiasm. In Lefort，Claude （ed），*The Visible and the Invisible*. Evanston，IL：Northwestern University Press.

Montagu，Ashley. （1986）. *Touching*：*The Human Significance of the Skin*. New York：Harper & Row.

16. 为活态技艺服务的建筑设计

Belk，R. W. （1991）. The ineluctable mysteries of possessions. In Floyd W. Rudmin （ed. ），*To Have Possessions*：*A Handbook on Ownership and Property*，pp. 17-56. Corte Madera，CA：Select Press.

Box of Treasures (1983). DVD. Directed by Chuck Olin. © U'mista Cultural Society. Vancouver，BC：Moving Images Distribution.

Carr，M. H. （1993）. A conservation perspective on the wooden carvings of the Pacific Northwest coast. Paper presented at the Nineteenth Annual Conference of the Graduate Conservation Training Programs in North America，State University College at Buffalo，Art Conservation Department，April 15-17，1993. http://cool. conservationus. org/

coolaic/sg/wag/1993/WAG_93_carr. pdf. Center for American Indian Research and Native Studies. http://www. nativecairns . org/Evaluating. html (accessed August 2, 2011).

Facilities. Poeh Center. http://www. poehcenter. com/center/poeh-cultural-center/facilities. html (accessed February 21, 2010).

Fisher, R. (1977). *Contact and Conflict: Indian-European Relations in British Columbia*, 1774-1890. Vancouver: University of British Columbia Press.

Gamache, S. (2008). Southern Ute museum connects with the land. Seattle Daily Journal of Commerce, August 26. http://www. djc. comnewsae/11203979. html? id = 11203979&printmode=true.

Glenn, D. J. (2001). Towards a new tribal architecture: designing the Little Big Horn College campus plan. In Hormuz Batliboi (ed.), *Paradoxes of Progress: Architecture and Education in a Post-Utopian Era*, pp. 144-149. Washington DC: ACSA Press.

Honoring Nations Award: 2000 Honoree Poeh Cultural Center. The Harvard Project on American Indian Economic Development. http://www. hpaied. org/images/resources/publibrary/Poeh%20Center%20Sustaining%20and%20Construction%20 Legacies. pdf.

Huhugam Heritage Center. http:// www. huhugam. com/collections. htm (accessed March 1, 2010). The Center's website is no longer online but can be accessed from the Internet Archive Wayback Machine site: http://archive. org/web/web. php.

Jones, J. (2010). Interview by Joy Monice Malnar and Frank Vodvarka. Tape recording. April 1. Jones & Jones Architects, Landscape Architects, Planners, Seattle, WA.

Jones, J. (2012). Indigenous Design: Ancient Gifts—Verbal Gifts—Emerging Gifts. Lecture at the School of Architecture, University of Illinois at Urbana-Champaign, Champaign, IL. October 29.

Kirshenblatt-Gimblett, B. (1998). *Destination Culture: Tourism, Museums, and Heritage*. Berkeley: University of California Press.

Malnar, J. M. and Vodvarka, F. (2013). New Architecture on Indigenous Lands. Minneapolis: University of Minnesota Press.

Mithlo, N. M. (2004). "Red Man's Burden": the politics of inclusion in museum settings. *American Indian Quarterly*, 28(3/4), 743-763.

Mithlo, N. M. (2012). No word for art in our language?: Old questions, new paradigms. *Wicazo Sa Review*, 27(1), 111-126.

Nowotny, M. (2011). Native places. *National Museum of the American Indian*,

12,(2),40-46.

Poeh Center Presentation. (2000). Harvard University's Honoring Nations 2000 Award. St. Paul, Minnesota, September 27. http://www. poehcenter. com/center/ poeh-cultural-center/harvard/pdf/presentation. pdf (accessed June 17, 2009).

Rivera, G. , Lujan, V. , McHorse, Sr. , J. C. and McHorse, Jr. , J. C. (2010). Interview by Joy Monice Malnar and Frank Vodvarka. Tape recording. May 5. Poeh Center, Santa Fe, NM.

Robin, S. (1995). From the Editor. *In the Indigenous Planning Newsletter*, 1(1). American Planning Association, June.

Sloan, D. (2010). Interview by Joy Monice Malnar and Frank Vodvarka. Tape recording. May 4. David N. Sloan Architects, Albuquerque, NM.

Southern Ute Cultural Center & Museum. http://www. succm. org/feature (accessed June 9, 2011).

Southern Ute Cultural Center & Museum: Building a Dream. [n. d.]. DVD. Played in library during opening day ceremonies of Saturday, May 21, 2011.

StastnyBrun Architects, Inc. , David N. Sloan & Associates, and McCormack Landscape Design. (1998). Gila River Indian Community Huhugam Heritage Center, Vision/Program/Concept Design.

Tradition & Experimentation. (2006). Poeh Cultural Center and Museum. http://www. poehmuseum. com/Tradition_Experimentation. html (accessed January 24,2013).

U'mista: Courtesy Aboriginal Tourism Association BC. [n. d.]. Video clip, uploaded May 18, 2010. Museum of Anthropology. http://www. youtube. com/watch? v = PndL5fHnK04.

Witherspoon, G. (1977). *Language and Art in the Navajo Universe*. Ann Arbor: The University of Michigan Press.

Zenderman, N. L. (1996). Poeh Center: A statement by Pojoaque Pueblo. In Krinsky, C. H. , *Contemporary Native American Architecture: Cultural Regeneration and Creativity*, pp 233-35. New York: Oxford University Press.

17. 多感知记忆:体验如何更好地促进记忆

Albright, T. D. (2012). On the perception of probable things: neural substrates of associative memory, imagery, and perception. *Neuron*, 74(2), 227-245.

Amedi, A. , K. von Kriegstein, et al. (2005). Functional imaging of human crossmodal identification and object recognition. *Experimental Brain Research*, 166(3-4), 559-571.

Barnett, K. J. and F. N. Newell (2007). Synaesthesia is associated with enhanced, self-rated visual imagery. *Consciousness and Cognition*, 17, 1032-1039.

Brosch, M., E. Selezneva, et al. (2005). Nonauditory events of a behavioral procedure activate auditory cortex of highly trained monkeys. *The Journal of Neuroscience*, 25, 6797-806.

Cohen, B. H. and M. Saslona (1990). The advantage of being an habitual visualizer. *Journal of Mental Imagery*, 1, 101-112.

Craik, F. I. M. and R. S. Lockhart (1972). Levels of processing: A framework for memory research. *Journal of Verbal Learning and Verbal Behaviour*, 11, 671-684.

Ernest, C. H. and A. Paivio (1971). Imagery and sex differences in incidental recall. *British Journal of Psychology*, 62(Feb), 67-72.

Frankland, P. W. and B. Bontempi (2005). The organization of recent and remote memories. *Nature Reviews Neuroscience*, 6, 119-130.

Gottfried, J. A., A. P. R. Smith, et al. (2004). Remembrance of odors past: Human olfactory cortex in cross-modal recognition memory. *Neuron*, 42(4), 687-695.

Gotts, S. J., C. C. Chow, et al. (2012). Repetition priming and repetition suppression: A case for enhanced efficiency through neural synchronization. *Cognitive Neuroscience*, 3(3-4), 227-259.

Hänggi, D. (1989). Differential aspects of visual short-and long-term memory. European Journal of Cognitive Psychology 1, 285-292.

Heuer, F., D. Fischman, et al. (1986). Why does vivid imagery hurt color memory? *Canadian Journal of Psychology*, 40, 161-175.

Kim, R. S., A. R. Seitz, et al. (2008). Benefits of stimulus congruency for multisensory facilitation of visual learning. *Plos One*, 3(1).

Kosslyn, S. M., G. Ganis, et al. (2001). Neural foundations of imagery. *Nature Reviews Neuroscience*, 2, 635-642.

Lehmann, S. and M. M. Murray. (2005). The role of multisensory memories in unisensory object discrimination. *Cognitive Brain Research*, 24, 326-334.

Luck, S. J. and E. K. Vogel (1997). The capacity of visual working memory for features and conjunctions. *Nature*, 390(6657), 279-281.

Marschark, M. and L. Surian. (1989). Why does imagery improve memory? *European*

Journal of Cognitive Psychology, 1, 251-263.

McClelland, J. L., B. L. McNaughton, et al. (1995). Why there are complementary learning systems in the hippocampus and neocortex: Insights from the successes and failures of connectionist models of learning and memory. *Psychological Review*, 102, 419-457.

Morris, C. D., J. D. Bransford, et al. (1977). Levels of processing versus transfer appropriate processing. *Journal of Verbal Learning and Verbal Behavior*, 16, 519-533.

Moscovitch, M., R. S. Rosenbaum, et al. (2005). Functional neuroanatomy of remote episodic, semantic and spatial memory: a unified account based on multiple trace theory. *Journal of Anatomy*, 207(1), 35-66.

Murray, M. M., C. M. Michel, et al. (2004). Rapid discrimination of visual and multisensory memories revealed by electrical neuroimaging. *NeuroImage*, 21, 125-135.

Nyberg, L., R. Habib, et al. (2000). Reactivation of encoding-related brain activity during memory retrieval. *Proceedings of the National Academy of Sciences of the United States of America*, 97(20), 11120-11124.

O'Brien, D. (2001). *Quantum Memory Power*. Nightingale Conant.

O'Mahony, C. and F. N. Newell. (2012). Integration of faces and voices, but not faces and names, in person recognition. *British Journal of Psychology*, 103, 73-82.

Paivio, A. (1969). Mental imagery in associative learning and memory. *Psychological Review*, 76, 241-263.

Paivio, A. (1995). Imagery and memory. *The Cognitive Neurosciences*. M. S. Gazzaniga. Cambridge: MIT Press.

Quiroga, R. Q., A. Kraskov, et al. (2009). Explicit encoding of multimodal percepts by single neurons in the human brain. *Current Biology*, 19, 1308-1313.

Radvansky, G. A., B. S. Gibson, et al. (2011). Synesthesia and memory: color congruency, von Restorff, and false memory effects. *Journal of Experimental Psychology-Learning Memory and Cognition*, 37(1), 219-229.

Rich, A. N., J. L. Bradshaw, et al. (2005). A systematic, large-scale study of synaesthesia: Implications for the role of early experience in lexical-color associations. *Cognition*, 98, 53-84.

Rissman, J. and A. D. Wagner. (2012). Distributed representations in memory: insights from functional brain imaging. *Annual Review of Psychology*, 63, 101-128.

Rossi, J. S. and A. L. Fingeret. (1977). Individual differences in verbal and imagery abilities: Paired-associate recall as a function of stimulus and response concreteness. *Perceptual and Motor Skills*, 44, 1043-1049.

Rothen, N. , B. Meier, et al. (2012). Enhanced memory: Insights from synaesthesia. *Neuroscience and Biobehavioral Review*.

Rouw, R. , H. S. Scholte, et al. (2011). Brain areas involved in synaesthesia: A review. *Journal of Neuropsychology*, 5, 214-242.

Sai, F. Z. (2005). The role of the mother's voice in developing mother's face preference: Evidence for intermodal perception at birth. *Infant and Child Development*, 14(1), 29-50.

Seitz, A. R. , R. Kim, et al. (2006). Sound facilitates visual learning. *Current Biology*, 16(14), 1422-1427.

Simner, J. , N. Mayo, et al. (2009). A foundation for savantism? Visuo-spatial synaesthetes present with cognitive benefits. *Cortex*, 45(10), 1246-1260.

Small, D. M. , J. Voss, et al. (2004). Experience-dependent neural integration of taste and smell in the human brain. *Journal of Neurophysiology*, 92, 1892-1903.

Thelen, A. , C. Cappe, et al. (2012). Electrical neuroimaging of memory discrimination based on single-trial multisensory learning. *Neuroimage*, 62(3), 1478-1488.

von Kriegstein, K. and A. L. Giraud. (2006). Implicit multisensory associations influence voice recognition. *Plos Biology*, 4(10), 1809-1820.

von Kriegstein, K. , A. Kleinschmidt, et al. (2005). Interaction of face and voice areas during speaker recognition. *Journal of Cognitive Neuroscience*, 17, 367-376.

Ward, J. (2013). Synesthesia. Annual Review of Psychology 64. Wheeler, M. A. , D. T. Stuss, et al. (1997). Toward a theory of episodic memory: The frontal lobes and autonoetic consciousness. *Psychological Bulletin*, 121, 331-354.

Yaro, C. and J. Ward. (2007). Searching for Shereshevskii: What is superior about the memory of synaesthetes? *Quarterly Journal of Experimental Psychology*, 60, 682-696.

Zhou, Y. D. and J. M. Fuster. (2000). Visuo-tactile cross-modal associations in cortical somatosensory cells. *Proceedings of the National Academy of Science*, USA 97, 9777-9782.

18. 美学的秘密在于感官共轭：重塑感官博物馆

Art Education for the Blind. (1999). *Art History Through Touch & Sound*, A

Multisensory Guide for the Blind and Visually Impaired. European Modernism: 1900-1940. Louisville: American Printing House for the Blind.

Bennett, T. (1995). *The Birth of the Museum: History, Theory, Politics*. London: Routledge.

Berger, J. (1972). *Ways of Seeing*. London: BBC.

Brougher, K. , Mattis, O. , Strick, J. , Wiseman, A. and Zilzcer, J. (2005). *Visual Music: Synaesthesia in Art and Music Since* 1900. London: Thames & Hudson,

Candlin, F. (2010). *Art, Museums and Touch*. Manchester: Manchester University Press.

Classen, C. (1993). *Worlds of Sense: Exploring the Senses in History and Across Cultures*. London and New York: Routledge.

Classen, C. (1997). Foundations for an anthropology of the senses. *International Social Science Journal*, 153, 401-412.

Classen, C. (1998). *The Color of Angels: Cosmology, Gender and the Aesthetic Imagination*. London and New York: Routledge.

Classen, C. (2005). Touch in the early museum. In C. Classen (ed.), *The Book of Touch*, 275-286. Oxford: Berg.

Classen, C. (2007). Museum manners: The sensory life of the early museum. *Journal of Social History*. (Summer): 895-914

Classen, C. (2012). *The Deepest Sense: A Cultural History of Touch*. Champaign, IL: University of Illinois Press.

Classen, C. and Howes, D. (2006). The museum as sensescape: western sensibilities and indigenous artifacts. In E. Edwards, C. Gosden and R. Phillips (eds.), *Sensible Objects*, 199-222. Oxford: Berg.

Classen, C. , Howes, D. and Synnott. A. (1994). *Aroma: The Cultural History of Smell*. London and New York: Routledge.

Drobnick, J. (2004). Volatile effects: olfactory dimensions of art and architecture. In D. Howes (ed.), *Empire of the Senses: The Sensual Culture Reader*. Oxford: Berg.

Drobnick, J. (2005). *Olfactory Dimensions of Modern and Contemporary Art*. Ph. D. dissertation, Concordia University.

Elkins, J. (2000). How To Use Your Eyes. New York: Routledge. Gebhart-Sayer, A. (1985). The geometric designs of the Shipibo-Conibo in ritual context. *Journal of Latin-*

American Lore, 11(2), 143-175.

Gill, S. (1982). *Native American Religions: An Introduction, Belmont.* CA: Wadsworth.

Gregor, M. J. (1983). Baumgarten's Aesthetica. *Review of Metaphysics*, 37, 357-385.

Howes, D., (ed.) (1991). *The Varieties of Sensory Experience: A Source Book in the Anthropology of the Senses.* Toronto: University of Toronto Press.

Howes, D. (2003). *Sensual Relations: Engaging the Senses in Culture and Social Theory.* Ann Arbor: University of Michigan Press.

Howes, D., ed. (2004). *Empire of the Senses: The Sensual Culture Reader.* Oxford: Berg.

Howes, D. (2006a). Scent, sound and synesthesia: Intersensoriality and material culture theory. In Christopher Tilley, Webb Keane, Susanne Küchler, Michael Rowlands and Patricia Spyer (eds.), *Handbook of Material Culture*, 161-172. London: Sage.

Howes, D. (2006b). Cross talk between the senses. *The Senses & Society*, 1(3), 381-390.

Howes, David. (2010). Hearing scents, tasting sights: toward a cross-cultural multimodal theory of aesthetics. In Francesca Bacci and David Mellon (eds.), *Art and the Senses*, 161-182. Oxford: Oxford University Press.

Howes, D. and Classen, C. (2014). *Ways of Sensing: Understanding the Senses in Society.* London: Routledge

Illius, B. (2002). *Una ventana hacia el infinito: arte shipibo-conibo.* Lima: Instituto Cultural Peruano Norteamericano.

Jones, C. (2008). *Eyesight Alone: Clement Greenberg's Modernism and the Bureaucratization of the Senses.* Chicago: University of Chicago Press.

Kant, Immanuel. (1790, 1987). *Critique of Judgment, translated by W. Pluhar.* Indianapolis, IN: Hackett Publishing Co.

Kaplan, J. A. (1988). *Unexpected Journeys: The Art and Life of Remedios Varo.* New York: Abbeville Press.

Kirshenblatt-Gimblett, B. (1989). *Destination Culture.* Berkeley: University of California Press.

Marinetti, F. (1989). *The Futurist Cookbook, translated by Suzanne Brill.* New

York: Bedford Books.

Marinetti, F. (2005). Tactilism. In C. Classen (ed.), *The Book of Touch*. Oxford: Berg.

Morgan, M. J. (1977). *Molyneux's Question: Vision, Touch and the Philosophy of Perception*. Cambridge: Cambridge University Press.

Osborne, H. (1984). The cultivation of sensibility in art education. *Journal of Philosophy of Education*, 18(1), 31-40.

Parezco, N. J. (1983). *Navajo Sandpainting: From Religious Act to Commercial Art*. Tucson: University of Arizona Press.

Redfield, R. (1971). Art and icon. In Charlotte Otten (ed.), *Anthropology and Art*, 74-92. New York: Natural History Press.

Rée, J. (2000). The aesthetic theory of the arts. In P. Osborne, (ed.), *From an Aesthetic Point of View*. London: Serpent's Tail.

Rees Leahy, H. (2012). *Museum Bodies*. Aldershot: Ashgate Publishing.

Révész, G. (1950). *Psychology and Art of the Blind*, trans. *H. A. Wolff*. London: Longman, Greens and Co.

Rubin, W. (1984). Picasso. In W. Rubin (ed.), *Primitivism in 20th Century Art: Affinities of the Tribal and the Modern*, vol. I, 241-333. New York: Museum of Modern Art.

Sacks, O. (2004). The mind's eye: what the blind see. In D. Howes, (ed.), *Empire of the Senses*. Oxford: Berg.

Witherspoon, G. (1977). *Language and Art in the Navajo Universe*. Ann Arbor: University of Michigan Press.

19. 多感官心理模拟与美学感知

Aglioti, S. M., Minio-Paluello, I., and Candidi, M. (2012). The beauty of the body. *Proceedings Lyncei Academia*, 23, 281-288.

Aglioti, S. M., and Pazzaglia, M. (2011). Sounds and scents in (social) action. *Trends in Cognitive Science*, 15(2), 47-55.

Albright, T. D. (2012). On the perception of probable things: neural substrates of associative memory, imagery, and perception. *Neuron*, 74(2), 227-245.

Arnheim, R. (1969). *Visual Thinking*. Berkeley and Los Angeles: University of California Press.

Avenanti, A. , Bolognini, N. , Maravita, A. , and Aglioti, S. M. (2007). Somatic and motor components of action simulation. *Curr Biol.* , 17(24), 2129-2135.

Avenanti, A. , Candidi, M. , and Urgesi, C. (2013). Vicarious motor activation during action perception: beyond correlational evidence. *Front Hum Neurosci.* , 7, 185.

Avenanti, A. , Sirigu, A. , and Aglioti, S. M. (2010). Racial bias reduces empathic sensorimotor resonance with other-race pain. *Curr Biol.* , 8; 20(11), 1018-1022.

Azevedo, R. T. , Macaluso, E. , Avenanti, A. , Santangelo, V. , Cazzato, V. , and Aglioti, S. M. (2012). Their pain is not our pain: Brain and autonomic correlates of empathic resonance with the pain of same and different race individuals. *Hum Brain Mapp.* , July 17.

Barsalou, L. W. (2008). Grounded cognition. *Annu Rev Psychol.* , 59, 617-645. Review.

Berlucchi, G. , and Aglioti, S. M. (2010). The body in the brain revisited. *Exp Brain Res.* , 200(1), 25-35.

Blanke, O. , and Landis, T. (2003). The metaphysical art of Giorgio de Chirico. Migraine or epilepsy? *Eur Neurol.* , 50(4), 191-194.

Blanke, O. , Ortigue, S. , Landis, T. , and Seeck, M. (2002). Stimulating illusory ownbody perceptions. *Nature*, 419(6904), 269-270.

Blanke, O. , and Pasqualini, I. (2011). The riddle of style changes in the visual arts after interference with the right brain. *Front Hum Neurosci.* , 5, 154.

Botvinick, M. , and Cohen, J. (1998). Rubber hands "feel" touch that eyes see. *Nature*, 391(6669), 756.

Brown, S. , Gao, X. , Tisdelle, L. , Eickhoff, S. B. , and Liotti, M. (2011). Naturalizing aesthetics: brain areas for aesthetic appraisal across sensory modalities. *NeuroImage*, 58(1), 250-258.

Bufalari, I. , Sforza, A. , Cesari, P. , Aglioti, S. M. , and Fourkas, A. D. (2010). Motor imagery beyond the joint limits: a transcranial magnetic stimulation study. *Biol Psychol.* , 85(2), 283-290.

Calvo-Merino, B. , Jola, C. , Glaser, D. E. , and Haggard, P. (2008). Towards a sensorimotor aesthetics of performing art. *Conscious Cogn.* , 17, 911-922.

Calvo-Merino, B. , Urgesi, C. , Orgs, G. , Aglioti, S. M. , and Haggard, P. (2010). Extrastriate body area underlies aesthetic evaluation of body stimuli. *Exp Brain*

Res. , 204(3), 447-456.

Candlin, F. (2010). *Art, Museums and Touch*. Manchester: Manchester University Press.

Cantagallo, A., and Della Sala, S. (1998). Preserved insight in an artist with extrapersonal spatial neglect. *Cortex.*, 34(2), 163-189.

Carr, L., Iacoboni, M., Dubeau, M. C., Mazziotta, J. C., and Lenzi, G. L. (2003). Neural mechanisms of empathy in humans: a relay from neural systems for imitation to limbic areas. *Proc Natl Acad Sci USA*, 100(9), 5497-5502.

Carrozzino, M., and Bergamasco, M. (2010). Beyond virtual museums: experiencing immersive virtual reality in real museums. *Journal Of Cultural Heritage*, 11(4), 452-458.

Chatterjee, A. (2004). The neuropsychology of visual artistic production. *Neuropsychologia*, 42(11), 1568-1583.

Conway, B. R., and Rehding, A. (2013). Neuroaesthetics and the trouble with beauty. *PLoS Biol.*, 11(3), e1001504.

Costantini, M., Urgesi, C., Galati, G., Romani, G. L., and Aglioti, S. M. (2011). Haptic perception and body representation in lateral and medial occipito-temporal cortices. *Neuropsychologia*, 49(5), 821-829.

Cross, E. S., Kirsch, L., Ticini, L. F., and Schütz-Bosbach, S. (2011). The impact of aesthetic evaluation and physical ability on dance perception. *Front Hum Neurosci.*, 5, 102.

de Jong, T., Linn, M. C., and Zacharia, Z. C. (2013). Physical and virtual laboratories in science and engineering education. *Science*, 340(6130), 305-308.

Di Dio, C., and Gallese, V. (2009) Neuroaesthetics: a review. *Curr Opin Neurobiol.*, 19(6), 682-687.

Di Dio, C., Macaluso, E., and Rizzolatti, G. (2007). The golden beauty: brain response to classical and renaissance sculptures. *PLoS ONE*, 11, e1201.

Downing, P. E., Jiang, Y., Shuman, M., and Kanwisher, N. (2001). A cortical area selective for visual processing of the human body. *Science*, 293, 2470-2473.

Dutton D. (2009). *The art instinct*. Oxford: Oxford University Press.

Fetsch, C. R., Deangelis, G. C., and Angelaki, D. E. (2013). Bridging the gap between theories of sensory cue integration and the physiology of multisensory neurons.

Nat Rev Neurosci., 14(6), 429-442.

Fodor, J. (1983). *The modularity of mind: An essay on faculty psychology.* Cambridge, MA: MIT Press.

Fourkas, A. D., Avenanti, A., Urgesi, C., and Aglioti, S. M. (2006). Corticospinal excitability during first and third person imagery. *Experimental Brain Research*, 168, 143-151.

Fourkas, A. D., Bonavolontà, V., Avenanti, A., and Aglioti, S. M. (2008). Kinaesthetic imagery and tool-specific modulation of corticospinal representations in expert tennis players. *Cerebral Cortex*, 18, 2382-2390.

Freedberg, D., and Gallese, V. (2007). Motion, emotion and empathy in esthetic experience. *Trends Cogn Sci.*, 11(5), 197-203.

Gallese, V. (2007) Embodied simulation: from mirror neuron systems to interpersonal relations. *Novartis Found Symp.*, 278, 3-12; discussion 12-19, 89-96, 216-221.

Ishizu, T., and Zeki, S. (2011). Toward a brain-based theory of beauty. *PLoS ONE*, 6:e21852.

Ishizu, T., and Zeki, S. (2013). The brain's specialized systems for aesthetic and perceptual judgment. *Eur J Neurosci.*, 37(9), 1413-1420.

Jacobsen, T. (2010). Beauty and the brain: culture, history and individual differences in aesthetic appreciation. *J Anat.*, 216(2), 184-191.

Jacobsen, T., Buchta, K., Köhler, M., and Schröger, E. (2004). The primacy of beauty in judging the aesthetics of objects. *Psychol Rep.*, 94(3 Pt 2), 1253-1260.

Keysers, C., Kaas, J. H., and Gazzola, V. (2010). Somatosensation in social perception. *Nat Rev Neurosci.*, 11(6), 417-428.

Kilner, J. M., Neal, A., Weiskopf, N., Friston, K. J., and Frith, C. D. (2009). Evidence of mirror neurons in human inferior frontal gyrus. *J. Neurosci.*, 29, 10153-10159.

Klimecki, O. M., Leiberg, S., Lamm, C., and Singer, T. (2012). Functional neural plasticity and associated changes in positive affect after compassion training. *Cereb Cortex.*, June 1.

Kornysheva, K., von Anshelm-Schiffer, A. M., and Schubotz, R. I. (2011). Inhibitory stimulation of the ventral premotor cortex temporarily interferes with musical beat rate preference. *Hum Brain Mapp.*, 32(8), 1300-1310.

Kornysheva, K., von Cramon, D. Y., Jacobsen, T., and Schubotz, R. I. (2010).

Tuning-in to the beat: Aesthetic appreciation of musical rhythms correlates with a premotor activity boost. *Hum Brain Mapp.*, 31(1), 48-64.

Kreiman, G., Koch, C., and Fried, I. (2000). Imagery neurons in the human brain. *Nature*, 408(6810), 357-361.

Lacey, S., Hagtvedt, H., Patrick, V. M., Anderson, A., Stilla, R., Deshpande, G., Hu, X., Sato, J. R., Reddy, S., and Sathian, K. (2011). Art for reward's sake: visual art recruits the ventral striatum. *NeuroImage*, 55(1), 420-433.

Lacey, S., and Sathian, K. (2013). Please DO Touch the Exhibits! Interactions between visual imagery and haptic perception. This volume.

Lakoff, G., and Johnson, M. (1999). *Philosophy in the Flesh: The Embodied Mind and Its Challenge to Western Thought.* New York: Basic Books.

Leder, H., Bär, S., and Topolinski, S. (2012). Covert painting simulations influence aesthetic appreciation of artworks. *Psychol Sci.*, 23(12), 1479-1481.

Lenggenhager, B., Pazzaglia, M., Scivoletto, G., Molinari, M., and Aglioti, S. M. (2012). The sense of the body in individuals with spinal cord injury. *PLoS One*, 7(11), e50757.

Lenggenhager, B., Tadi, T., Metzinger, T., and Blanke, O. (2007). Video ergo sum: manipulating bodily self-consciousness. *Science*, 317(5841), 1096-1099.

Lipps, T. (1903). *Psychologie des Schönen und der Kunst* [Psychology of beauty and the arts]. Hamburg, Germany: Verlag Leopold Voss.

Liuzza, M. T., Cazzato, V., Vecchione, M., Crostella, F., Caprara, G. V., and Aglioti, S. M. (2011). Follow my eyes: the gaze of politicians reflexively captures the gaze of ingroup voters. *PLoS One*, 6(9), e25117.

Mahon, B. Z., and Caramazza, A. (2008). A critical look at the embodied cognition hypothesis and a new proposal for grounding conceptual content. *J Physiol Paris.*, 102(1-3), 59-70.

Maselli, A., and Slater, M. (2013). The building blocks of the full body ownership illusion. *Frontiers in Human Neuroscience*, 7, 83.

McNorgan, C. (2012). A meta-analytic review of multisensory imagery identifies the neural correlates of modality-specific and modality-general imagery. *Frontiers in Human Neuroscience*, 6, 285.

McWhinnie, Harold J. (1968). A review of research on aesthetic measure. *Acta*

Psychologica, 28(4), 363-375.

Moro, V., Berlucchi, G., Lerch, J., Tomaiuolo, F., and Aglioti, S. M. (2008). Selective deficit of mental visual imagery with intact primary visual cortex and visual perception. *Cortex*, 44(2), 109-118.

Moulton, S. T., and Kosslyn, S. M. (2009). Imagining predictions: mental imagery as mental emulation. *Philos Trans R Soc Lond B Biol Sci.*, 364(1521), 1273-1280.

Mukamel, R., Ekstrom, A., Kaplan, J., Iacoboni, M., and Fried, I. (2010). Single-neuron responses in humans during execution and observation of actions. *Curr. Biol.*, 20, 750-756.

Orgs, G., Hagura, N., and Haggard, P. (2013). Learning to like it: Aesthetic perception of bodies, movements and choreographic structure. *Conscious Cogn.*, 22(2), 603-612.

Pascual-Leone, A., and Hamilton, R. (2001). The metamodal organization of the brain. *Prog Brain Res.*, 134, 427-445.

Peck, T., Seinfeld, S., Aglioti, S. M., and Slater, M. (2013). Putting yourself in the skin of a black avatar reduces implicit racial bias. *Consciousness and Cognition* (in press).

Pérez-Fabello, M. J., Campos, A., and Gómez-Juncal, R. (2007). Visual imaging capacity and imagery control in fine arts students. *Percept Mot Skills.*, 104(3 Pt 1), 815-822.

Pernigo, S., Moro, V., Avesani, R., Miatello, C., Urgesi, C., and Aglioti, S. M. (2012). Massive somatic deafferentation and motor deefferentation of the lower part of the body impair its visual recognition: a psychophysical study of patients with spinal cord injury. *European Journal of Neuroscience*, 36(11), 3509-3518.

Preston, S. D., and de Waal, F. B. (2002). Empathy: Its ultimate and proximate bases. *Behavioral Brain Science*, 25(1), 1-20; discussion 20-71.

Pylyshyn, Z. W. (1984). *Computation and Cognition: Toward a Foundation for Cognitive Science*. Cambridge, MA: MIT Press.

Ramachandran, V. S., and Hirstein, W. (1999). The science of art: A neurological theory of aesthetic experience. *Journal of Consciousness Studies*, 6(6-7), 15-51.

Rizzolatti, G., and Craighero, L. (2004). The mirror-neuron system. *Annu Rev Neurosci*, 27, 169-192.

Roussou, M. (2001). Immersive interactive virtual reality in the museum. Proceedings of TiLE-Trends, Technology & Design in Leisure Entertainment (CD-ROM). London: Aldrich.

Sanchez-Vives, M. V., and Slater, M. (2005). From presence to consciousness through virtual reality. Nat *Rev Neurosci.*, 6(4), 332-339.

Sathian, K., Zangaladze, A., Hoffman, J. M., and Grafton, S. T. (1997). Feeling with the mind's eye. *Neuroreport*, 8(18), 3877-3881.

Sforza, A., Bufalari, I., Haggard, P., and Aglioti, S. M. (2010). My face in yours: Visuotactile facial stimulation influences sense of identity. *Soc Neurosci*, 5(2), 148-162.

Slater, M., Rovira, A., Southern, R., Swapp, D., Zhang, J. J., Campbell, C., and Levine, M. (2013). Bystander responses to a violent incident in an immersive virtual environment. *PLoS One*, 8(1), e52766.

Spence, C., and Parise, C. V. (2012). The cognitive neuroscience of crossmodal correspondences. *Iperception*, 3(7), 410-412.

Thornhill, R., and Gangestad, S. W. (1999). Facial attractiveness. *Trends in Cognitive Science*, 3(12), 452-460.

Umiltà, M. A., Berchio, C., Sestito, M., Freedberg, D., and Gallese, V. (2012). Abstract art and cortical motor activation: an EEG study. *Front Hum Neurosci.*, 6, 311.

Urgesi, C., Calvo-Merino, B., Haggard, P., and Aglioti, S. M. (2007a). Transcranial magnetic stimulation reveals two cortical pathways for visual body processing. *Journal of Neuroscience*, 27, 8023-8030.

Urgesi, C., Candidi, M., Ionta, S., and Aglioti, S. M. (2007b). Representation of body identity and body actions in extrastriate body area and ventral premotor cortex. *Nat. Neurosci.* 10, 30-31.

Vartanian, O., and Kaufman, J. C. (2013) Psychological and neural responses to art embody viewer and artwork histories. *Behav Brain Sci.*, 36(2), 161-162.

Zajonc, R. B. (1968). Attitudinal effects of mere exposure. *Journal of Personality and Social Psychology*, *Monograph Supplement*, 9, 1-27.

Zeki, S. (1999). *Inner vision: an exploration of art and the brain*. Oxford: Oxford University Press.

Zentgraf, K., Munzert, J., Bischoff, M., and Newman-Norlund, R. D. (2011).

Simulation during observation of human actions—theories, empirical studies, applications. *Vision Res.* 22; 51(8), 827-835.

20. 启迪之岛:博物馆体验的当下与未来

Anderson, Michael L. Embodied cognition: A field guide. *Artificial Intelligence* 149, no. 1 (September 2003), 91-130.

Benjamin, Walter. The work of art in the age of mechanical reproduction. In Walter Benjamin, *Illuminations: Essays and Reflections*, edited by Hannah Arendt, translated by Harry Zohn, 217-251. New York: Schocken, 1969.

Center for Mindfulness in Medicine, Health Care, and Society at UMass Medical School. Last modified June 4, 2013. http://www.umassmed.edu/cfm/stress/index.aspx.

Dijkstra, Karin, Marcel Pieterse, and Ad Pruyn. Physical environmental stimuli that turn healthcare facilities into healing environments through psychologically mediated effects: systematic review. *Journal of Advanced Nursing* 56, no. 2 (October 2006): 166-181. Originally published online.

Duncan, C., and A. Wallach. The universal survey museum. *Art History*, 3 (1980): 448-469.

Hayhoe, Simon. Viewing paintings through the lens of cultural habitus: A study of students' experiences at California School for the Blind and the Metropolitan Museum of Art, New York. *Space, Place & Social Justice in Education*, Manchester Metropolitan University. Manchester. February 13, 2012.

Hölzel, Britta K., Sara W. Lazar, Tim Gard, Zev Schuman-Olivier, David R. Vago, and Ulrich Ott. How does mindfulness meditation work? Proposing mechanisms of action from a conceptual and neural perspective. *Perspectives on Psychological Science* 6, no. 6 (November 2011): 537-559.

Hudson, Kenneth. The museum refuses to stand still. *Museum International* 50, no. 1 (February 4, 2003): 43-50.

Lakoff, George, and Mark Johnson. *Philosophy in the Flesh: The Embodied Mind and Its Challenge to Western Thought*. New York: Basic Books, 1999.

Marchand, W. R. Mindfulness-based stress reduction, mindfulness-based cognitive therapy, and Zen meditation for depression, anxiety, pain, and psychological distress. *Journal of Psychiatric Practice* 18, no. 4 (July 2012): 233-252.

Miller, Daniel. *Stuff*. Cambridge: Polity Press, 2010.

Robbins, Philip, and Murat Aydede, eds. *The Cambridge Handbook of Situated Cognition*. Cambridge: Cambridge University Press, 2008.

Seely Brown, John, Allan Collins, and Paul Duguid. Situated Cognition and the culture of learning. *Educational Researcher* 18, no. 1 (January-February 1989): 32-42.

Shapiro, Shauna L., Doug Oman, Carl E. Thoresen, Thomas G. Plante, and Tim Flinders. Cultivating mindfulness: effects on well-being. *Journal of Clinical Psychology* 64, no. 7 (2008): 840-862.

Silverman, Lois H. *The Social Work of Museums*. New York: Routledge, 2010.

Simon, Nina. *The Participatory Museum*. N. p.: Nina Simon CC Attribution-Non-Commercial, 2010.

Weil, Stephen. *Making Museums Matter*. Washington DC: Smithsonian Institution, 2002.

3D 技术在博物馆中的运用前景

Candlin, F. (2004). Don't touch! Hands off! Art and blindness and the conservation of expertise. Body Society 10(1), 71-90. http://eprints. bbk. ac. uk/775/2/Candlin2004. pdf.

Candlin, F. (2010). *Art, Museums and Touch*. Manchester: Manchester University Press

Chatterje, H., ed. (2008). *Touch in Museums*. Oxford and New York: Berg.

Donelan, J. (2002). Researchers digitize a cave-art gallery. Computer Graphics World 25 (3). http://www. cgw. com/Publications/CGW/2002/Volume-25-Issue-3-March-2002-/Making-Prehistory. aspx#. UTMz TTfd6So.

Dudley, S. (2012). *Materiality matters. Experiencing the displayed object*. University of Michigan Working Papers in Museum Studies Number 8

Fowles, S. (2000). The Garden Temple at Ince Blundell: a case study in the recording and non-contact replication of decayed sculpture. *Journal of Cultural Heritage* 1(Supplement 1), 89-91.

Giachristis, C. (2008). *The Use of Haptic Research Touch in Museums*. Oxford and New York: Berg, 75-90.

ICOM. (1991). Museums without Barriers. London: Routledge.

Metallo, A., and Rossi. V. (2011). The future of three-dimensional imaging and museum applications. Curator the Museum Journal. http://www. curatorjournal. org/archives/562.

Onol, I. (2008). Tactual explorations: A tactile interpretation of a museum exhibit through tactile art works and augmented reality. In *Touch in Museums*, 91-106. Oxford and New York: Berg.

Paterson, Mark. (2007). *The Senses of Touch: Haptics, Affects and Technologies*. Oxford and New York: Berg.

Pye, Elizabeth. (2007). *The Power of Touch*. Walnut Creek, CA: Left Coast Press.

Stone, Robert. (2001). *Haptic Feedback: A Potted History, From Telepresence to Virtual Reality*. Proceedings of the First International Workshop on Haptic Human-Computer Interaction. London: Springer Verlag.

Weisen, M. (2008). *How accessible are museums today? In Touch in Museums*, 243-253. Oxford and New York: Berg.

Wojciechowski, R., et al. (2004). Building virtual and augmented reality museum exhibitions. Proceedings of the ninth international conference on 3D Web technology. Web3D 1 (212). doi: 10.1145/985040.985060.

Zimmer, R. (2008). Touch technologies and museum access. In *Touch in Museums*, 150-62. Oxford and New York: Berg.

关于作者

妮娜·莱文特（Nina Levent）

哲学博士，"视觉之外艺术"组织执行理事。她是艺术史学家，同时在纽约艺术学院担任助理教授。莱文特与人合著了《视觉之外艺术资源向导》（一本关于艺术、创新和视觉损伤的资源参考书）；由 AEB 出版的多感知百科全书《通过触摸与声音的艺术史》是基本艺术史参考书；同时她也是《博物馆与教育者硬皮书》和《AEB 教师资源》的编者。莱文特在世界各地开设关于博物馆内无障碍和多感知学习的讲座与会议。她在许多博物馆内训练讲解员与博物馆教育工作者，其中包括惠特尼美国艺术博物馆、布鲁克林博物馆、欧布莱—诺克斯美术馆、沃尔特斯艺术博物馆、巴尔的摩艺术博物馆和马里兰犹太博物馆。莱文特曾和美国纽约与韩国首尔的课堂教育者合作。她是"非视觉艺术：多模式学习方法"国际会议的最初创立者之一，该会从 2005 年起每两年在纽约大都会博物馆举办一次。目前莱文特正在主持多家博物馆的无障碍研究，这是一项涉及多家主要艺术博物馆的调研，包括旧金山现代艺术博物馆、古根海姆博物馆、休斯顿艺术博物馆、国家艺术博物馆、布鲁克林博物馆和印第安纳波利斯艺术博物馆，同时还有一些小型博物馆。她也是博物馆学无障碍课程的创建者之一，这些课程在乔治城大学、亚利桑那州立大学、华盛顿大学、艺术大学和库珀斯敦研究生院均有开设。她在柏林洪堡大学获得了博士学位。

阿尔瓦罗·帕斯夸尔-利昂（Alvaro Pascual-Leone）

哈佛医学院临床转化研究所副主任，自 2012 年开始主持哈佛催化实验室的临床研究项目。之前，他曾担任贝斯以色列女执事医疗中心下属哈佛桑代克临床研究中心的项目负责人（2001—2012）。他是哈佛医学院的神经学教授,是世界公认的无创脑刺激研究领域的带头人,他的贡献涵盖从基于基础神经生物学的动物研究和建模方法的技术开发,到人类原理验证和多中心临床试验。他的临床研究运用经颅磁刺激(TMS)的方法,该方法已成为无创脑刺激治疗领域的基础方法,并推动了经颅磁刺激在抑郁症治疗及人脑皮质图谱上的发展,通过美国食品及药物管理局的批准,在临床神经科学中开辟了越来越多的应用。他获得神经科学方面的多个国际荣誉及奖项,包括美国国立卫生研究院 K-24 研究基金、哈佛医学院丹尼尔·费德曼优秀临床教育家奖等。他在哈佛医学院主持了高强度的无创脑刺激的培训计划,并在过去的 10 年内培训了 300 多人。目前,他继续从事认知神经科学的研究。

西蒙·莱西(Simon Lacey)

博士,埃默里大学高级研究助理。他的研究兴趣包括多感官过程,特别是物品的识别与再现和基础认知。他与人合著完成了《多感官意象》(2013)。

克里什·萨显(Krish Sathian)

医学博士,美国神经科学协会成员,美国神经康复协会现任主席,埃默里大学神经学、康复医学和心理学教授,埃默里系统成像中心医学主任。同时他是亚特兰大优化视觉与神经认知康复研发医疗中心执行理事。他的研究兴趣包括躯体感觉和多感官感知,隐喻的神经基础和视觉神经学康复的全新方法。他在上述领域中均有著作发表,同时他的研究得到了美国国家眼科研究所、美国国家科学基金会和退伍军人事务局的资助。他是埃默里大学 2001 年阿尔伯特·莱维教师卓越科学成就奖获得者。

弗朗西斯卡·巴吉(Francesca Bacci)

弗朗西斯卡·巴吉是特伦托和罗韦雷托现当代艺术博物馆(MART)特殊项目策展人。她在乌迪内大学接受作为艺术历史学家和修复师的训练,同时获得了美术保藏的学士学位。她作为富尔布赖特访问学者在美国罗格斯大学获得了艺术史博士学位和策展资格认定。她在牛津大学、牛津布鲁克斯大学、罗格斯大学和哈佛大学开设课程。她主要的研究兴趣是 19 世纪晚期至

20 世纪早期的欧洲艺术、早期摄影术、艺术心理学、策展和公众艺术体验。他与大卫·梅尔切合作开展在古根海姆博物馆(威尼斯和纽约)、布鲁克林艺术博物馆(纽约)、蓬皮杜中心(巴黎)、罗丹博物馆(巴黎)、特伦托和罗韦雷托现当代艺术博物馆(罗韦雷托)的研究与展览项目。

弗朗西斯科·帕瓦尼(Francesco Pavani)

特伦托大学心理学和认知科学系助理教授,心脑科学中心的成员。在来到意大利特伦托大学之前,帕瓦尼分别在意大利博洛尼亚大学、英国伦敦大学学院接受神经科学以及实验心理学的训练。他的研究兴趣为多感官感知,尤其在感官损失和再传入神经领域(如耳聋和耳蜗植入术),以及身体感知。

卡丽·麦吉 (Carrie McGee)

现代艺术博物馆教育部门团体与数据库项目的助理教师。她主要负责为残障人士观众发展项目和社团组织合作,同时教授画廊和工作室项目并训练教育工作者。2009 年,麦吉与他人合著了《遇见自己:让痴呆患者能够接触艺术》。她给来自哥伦比亚大学内科与外科部门的医学生在博物馆开设研讨课程;同时,她是全球艺术与健康联盟董事。

弗朗西斯卡·罗森伯格(Francesca Rosenberg)

现代艺术博物馆团体、数据库和学校项目主任。在现代艺术博物馆的 18 年间,她和她的团队努力使博物馆更接近大众并且获得了国内及国际上的尊重。最近,现代艺术博物馆因致力于建立代表痴呆人群的博物馆与网站,接受了阿尔茨海默症协会和美国博物馆协会授予的奖项。2007 年,罗森伯格获得了由听力障碍联盟设立的露丝·格林提倡奖。2002 年,她被认为是年度听力障碍自助团体领袖。罗森伯格是博物馆数据库联盟创建成员,目前为该联盟的指导委员会成员。她与他人合著了《遇见自己:让痴呆患者能够接触艺术》和《让盲人和视障者接触艺术》。

莫利·施泰因瓦尔德(Molly Steinwald)

菲普斯温室植物园(宾夕法尼亚州匹兹堡市)的科学教育研究主任,持有达拉斯大学的生物学理学学士学位，普渡大学生态学理学硕士学位。她是迈阿密大学（俄亥俄州）动物学在读博士，研究建筑中人与自然的环境心理学。同时，她还是匹兹堡大学中心研究校外环境的访问学者，卡耐基梅隆大学科学推广项目研究员，由多名世界顶尖自然摄影师组成的项目组织——国际保护主义摄影师联盟的成员。莫利拥有 15 年的本科和研究生水平的科学/非科学专业教学经验，涵盖专业有生态学、分子生物学、解剖学、人与植物的交互关系、摄影及传播科学；教学地点包括传统课堂、实地课堂、动物园和网上课堂。此外，她还有 10 年的研究经验，研究课题包括动物行为学、保护遗传学和植物群落组成学，她对美国各处的沙漠、林地与海岸栖息地进行了实地考察。她是一名国际公认的摄影师，并经常进行人与自然交互关系和环境课题的演讲。

梅利莎·A. 哈丁（Melissa Harding）

梅利莎·A. 哈丁是菲普斯温室植物园（宾夕法尼亚州匹兹堡市）的一名科学教育者，负责学校实地考察、季节性学习营以及科学教育与研究部门相关项目的创建和教学。同时，她还是该部门的线上推广员，负责菲普斯温室植物园博客的撰写和编辑。她拥有西维吉尼亚卫理公会学院的环境科学理学学士学位以及 6 年的环境教育工作经验。在任职于菲普斯温室植物园之前，梅丽莎曾担任过 4 年的宾夕法尼亚州自然资源保护局的地区户外休闲协调员，通过规划休闲娱乐项目促进城市青年的发展与教育。她还曾在西宾州奥杜邦协会、户外课堂以及谢弗河环境中心（Shaver's Creek）执教。目前，梅利莎是宾夕法尼亚州环境教育工作者协会西南区主管，兼宾夕法尼亚州环境教育工作者协会环境教育认证项目的导师。此外，她还是北美环境教育协会 STEM 环境蓝丝带小组的成员，帮助确定环境教育相关的最成功和最具创意的 STEM 项目的共同点与优先顺序（译者注：美国政府 STEM 计划是一项鼓励学生主修科学、技术、工程和数学的计划）。

理查德·V. 佩森蒂尼（Richard V. Piacentini）

菲普斯温室植物园（宾夕法尼亚州匹兹堡市）的执行董事，还是美国公共园林协会的创始人、财务主管与前任会长。理查德是多项奖项（地区奖项和

国际奖项）的获得者，包括国际生态未来研究所的生态未来英雄奖（Living
Future Hero Award）、美国绿色建筑委员会非政府组织个人领袖奖，这些奖
项表彰了他在菲普斯植物园运营的绿色环保转型中所做出的指导贡献，包括
首个 LEED（能源与环境设计先锋）认证公共园林游客中心，首个 LEED 认证
温室（LEED 白金级），全球最节能的热带森林音乐学院，以及符合生存建筑挑
战标准、LEED 景观白金认证和 SITES 景观认证的净零能源水耗的可持续景
观中心。佩森蒂尼拥有罗德岛大学的药学学士学位，康涅狄格大学的植物学
理学硕士学位，以及弗吉尼亚州立邦联大学的工商管理学硕士学位。目前，
佩森蒂尼是国际生态未来研究所与匹兹堡华德福学校的董事会成员，也是马
吉妇产医院的宣教与社区服务委员会的一员。

D. 琳恩·麦克雷尼（D. Lynn McRainey）

芝加哥历史博物馆首席教育顾问，伊丽莎白·F.切尼教育部主任。她领
导了在设计诠释项目和资源上颇有创意的部门，致力于扩展观众和观众分
层。她领导了多个机构发展小组，包括视觉委员会、观众战略策划，目前正致
力于将博物馆变成家庭活动场所。她曾是"感受芝加哥"展览的教育/项目主
任，该展览在优秀展览大赛中获胜（2007 年，AAM 年会）；同时也是"想象林肯
和华雷斯城"的项目主任，这是为高中学生设计的非叙述的音频导览项目，这
个项目获得了音频导览的缪斯金奖（2010 年，AAM 年会）。琳恩就职于编辑
顾问委员会，是《博物馆教育》杂志的客座主编。她是《博物馆展览让孩子与
历史近距离接触》的章节作者和合作主编。她还是班科街教育学院博物馆教
育项目客座教师，并在 2007 年澳大利亚昆士兰举办的博物馆和艺术画廊服务
会议上发表演讲。在长达 25 余年的博物馆教育生涯中，琳恩在艺术、历史和
儿童博物馆中均工作过。她是史密森学会和美国人文科学基金会成员，同时
参与了盖蒂领导力机构项目"博物馆领导者：下一个时代"。琳恩在弗吉尼亚
大学完成了艺术史硕士学位和美国史学士学位。

史蒂芬·R.阿诺特（Stephen Arnott）

2005 年毕业于多伦多大学，他在西安大略大学完成了博士后训练，与梅
尔·古德尔博士一起合作至 2008 年，目前是贝克列斯特罗特曼研究所老年护

理中心的副研究员。他获得了若干奖项，包括加拿大卫生研究机构博士荣誉。他的研究主要聚焦在人类大脑中处理声音的过程，尤其关注视觉大脑区域的多感知互动。

克劳德·阿兰(Claude Alain)

1991 年毕业于魁北克大学蒙特利尔分校；随后来到加利福尼亚马丁内斯 VA 医疗中心进行博士后训练，与大卫·伍兹合作至 1996 年；目前是贝克列斯特罗特曼研究所老年护理中心高级研究员，同时是多伦多大学的心理系教授。他获得了若干奖项，包括加拿大健康研究机构奖学金和由安大略政府授予的总理杰出研究奖。他的研究主要在认知神经科学领域，同时聚焦大脑对于声音场景的分析过程研究。他综合运用神经成像技术（如脑电图、脑磁图描记术和功能磁共振成像）来调查当进行声音场景分析时，不同的大脑区域是如何协同工作的。

赛斯·克卢特(Seth Cluett)

艺术家、演员及作家，他的工作领域涉及摄影、绘画、电视录像、装置艺术、音乐及批判性写作。他那"微妙的、引人入胜的、沉浸式的"声音作品被描述成"严肃聚焦且充满细节"以及"戏剧性的、强有力的以及自然的"。博姆卡特将其 2011 年由莱恩机构(Line)发行的纪念性 CD 描述为"电声中美丽的颤抖和深思的探索"。他为佩尤艺术与遗产中心、《分流(BYPASS)》、《希夫特(Shifter)》、《开放空间杂志》、《莱昂纳多音乐杂志》、《306090》、《听觉范围(Earshot)》及《美国声学学会杂志》撰写了多篇文章，他的作品由艾伦特博迪思出版社(Errant Bodies)、莱恩机构(Line)、沉淀唱片公司(Sedimental)及测风唱片公司(Winds Measure Recording)出版。他获得过美国作曲家基金会(Meet the Composer)和当代艺术应急基金会(The Foundation for Contemporary Arts Emergency Fund)的资助和奖励，也是安得鲁梅伦基金会(Andrew W. Mellon Foundation)的创始人。他在许多场馆举办过国际性的展览，例如美国麻省当代艺术馆(Mass MoCA)，基钦艺术空间(The Kitchen)，加尔维斯顿铁路博物馆(GRM)，巴黎东京宫(Palais de Tokyo)，当代艺术基金会弗朗什康地艺术馆(FRAC Franche-

Compte)，荷兰斯戴姆机构(STEIM)，以及丹迪当代艺术中心(Dundee Contemporary Arts)。克卢特拥有伦斯勒理工学院电子艺术美学硕士学位以及普林斯顿大学作曲学的博士学位，他在普林斯顿大学完成了媒体与现代研究的证书课程；2012年秋天，他加入了新泽西拉马波学院的现代艺术学系，教授音频工程学以及电子实验声学课程。

萨洛米·沃格林(Salomé Voegelin)

伦敦艺术大学伦敦传媒学院声音艺术的讲师，艺术家及作家。她是《聆听噪音和寂静：声音艺术的哲学面向》的作者。其他的文章还有发表在《声波学研究》2012年第2期上的《聆听的伦理学》，图书《神奇空间——奥地利实验音乐的25年》中关于广播持续时间的章节，以及2013年的《当前的重要问题？你不能听到的东西是什么？》(*What Matters Now? What Can't You Hear?*)中"聆听星辰(Listening to the Stars)"章节的作者。她的作品"移动的石头(Moving Stones)"被格伦里科登唱片公司(Gruenrekorder)收录在获奖作品集"秋天的落叶(Autumn Leaves)"中。最近，她的作品被收录在ICA(伦敦现代艺术学院)的声音作品(SOUND-WORKS)中。

安东尼诺·卡赛尔(Antonino Casile)

在意大利比萨大学获得计算机工程的学士学位后，在意大利比萨圣安娜大学获得了计算神经科学的博士学位。他的研究领域聚焦于低等级和高等级感知运动过程的影响。在他的研究中，所使用的方法包括心理物理学、理论研究、脑功能成像以及神经生理学技术。

卢卡·弗朗西斯科·蒂西尼(Luca Francesco Ticini)

他在意大利的里雅斯特大学获得生物科学学士学位，之后在德国图宾根大学国际马克斯·普朗克研究学院获得了神经与行为科学博士学位。他的研究兴趣在于用神经科学的方法研究美学，即神经美学。他是众多艺术和科学项目的科学顾问，同时他也是意大利神经美学学会"泽米儿·泽基(Semir Zeki)"主席。

理查德・J. 史蒂文森（Richard J. Stevenson）

1993 年，他获得了英国萨塞克斯大学实验心理学的硕士和博物馆学学位，随后在悉尼联邦科学与工业研究组织工作，并研究味道感知。在悉尼大学完成了博士后学习之后，他于 1998 年加入麦考瑞大学，成为心理系讲师。他是麦考瑞大学实验心理学教授，他的主要研究兴趣在于进食心理学，包括涉及味道的各种感觉，尤其是嗅觉。

安德里亚斯・凯勒（Andreas Keller）

洛克菲勒大学研究助理，致力于研究人类气味感知变化性的成因及结果。他是纽约市立大学哲学院研究生，期间他撰写了关于嗅觉在心理哲学上扮演的角色等论文。同时，他组织策划嗅觉艺术展览和创作互动式的气味艺术作品。

吉姆・多罗拔尼克（Jim Drobnick）

批评家和策展人，同时也是安大略艺术设计学院当代艺术与理论学的副教授。他在论文集《艺术、历史与意识》(2010) 和《感知与城市》(2011)，杂志 *Angelaki*、*High Performance*、《降落伞》、《表演研究》和《感知与社会》上发表关于视觉艺术、表演艺术、感知和后媒介实践的文章。他编辑出版了《气味文化》(2004)、《气味文化阅读者》(2006)，并与他人合作创立了《策展研究》杂志。他是 Display Cult 工作室的合伙人之一，共同策划了"气味极限 (Odor Limits)"展览，"都市声音 (MetroCult)"，"星光 (NIGHTSENSE)" (2009)。

伊丽娜・D. 米哈拉齐（Irina D. Mihalache）

多伦多大学信息学院博物馆学助理教授。在加入多伦多大学之前，伊丽娜是巴黎美国大学环球交流中心的博士后研究员。她是卡尔顿大学新闻与传播学院传播学博士，纽约大学法国研究硕士。伊丽娜调查了博物馆餐厅作为教育空间的可能性，将食物研究、博物馆学和文化研究联系起来。同时，她还对博物馆中的食物展陈和食物文化十分感兴趣。伊丽娜通过关注不同的食物网络秀中的男性表演来探讨男性在厨房中的表现。她也关注在文化机构中日常用品展览的策展实践。伊丽娜在法国后殖民主义饮食文化、博物馆餐厅身份认同和博物馆味觉展示等主题上均有著作出版。

菲奥娜·齐西斯(Fiona Zisch)

她获得了奥地利因斯布鲁克大学的建筑学硕士学位。她是独立建筑师,同时是克莱门斯·普朗克建筑的研究员和因斯布鲁克大学神经哲学组的研究员,她也在该大学教授建筑设计课程。菲奥娜目前在伦敦大学学院攻读跨学科博士学位,她的导师是史蒂芬·盖奇和雨果·斯皮尔。菲奥娜的研究兴趣在于头脑和心灵是如何呈现和建构空间经验的,同时过去和未来的记忆和相关行动扮演着何种角色。她的研究主要集中在心灵、脑、身体和环境互动及感应。她尤其对新科技和虚拟与现实的关联性以及在数字时代的建筑感兴趣。

史蒂芬·盖奇(Stephen Gage)

在建筑学会学习期间,他深受塞德里克·普莱斯和戈登·帕斯科作品的影响。毕业后,他在英国政府研究机构中工作并在伯恩茅斯艺术大学任教。他曾与史蒂芬·穆林(曾为塞德里克·普莱斯的助手,而后从事自己的实践项目,同时在加州从事设计绘画和建筑设计的工作)合作。

1973年回到英国后,他被邀与雷诺夫·格兰维尔一同负责建筑学院的设计系,一直教学至1993年。1973年,他加入道格拉斯·史蒂芬合伙公司。1993年,他加入巴特利特教学,领导了证书之十四课程——巴特利特互动建筑工作坊,同时他成为建筑学院的技术主任,并重新致力于理论研究。目前,他领导建筑学研究生项目的研究团队,同时协调项目的文字工作。他是英国艺术大学和利物浦大学的外邀考官,同时也是RIBA部分课程的检查组成员。

盖奇教授的兴趣点主要在于与外部环境相关联的建筑技术。他其他的研究来源于其长期的兴趣——与人类居住和建筑使用相关的建筑时间性范畴研究。他同时提出了对于建筑控制论的早期简述。在这一方面,他致力于探寻建筑让它的住户身心愉悦与获得启发的方法。

雨果·斯皮尔(Hugo Spiers)

他的研究兴趣在于我们的大脑是如何建构对世界的表现，同时去导航、想象未来和记忆过去的。他的研究团队通过使用大脑图像、神经心理学测试、增强现实技术、眼动技术和单一细胞记录等方法来理解大脑的运作和空间认知。他在伦敦大学学院认知心理学尼尔·伯吉斯和约翰·奥克菲的研究小组中完成了他的博士学位。在剑桥的 MRC 认知和脑科学系(与金·格雷厄姆合作)及惠康基金会神经成像中心(与埃莉诺·马奎尔合作)完成博士后训练后，斯皮尔博士获得了惠康基金会先进博士后称号。他的研究团队先后获得惠康基金会、英国 BBSRC 和美国杰姆斯·S.麦克唐奈基金会的资助。

尤哈尼·帕拉斯马(Juhani Pallasmaa)

建筑工程师，阿尔托大学理工学院的荣誉教授。他曾是多所大学的客座教授：美国天主教大学(2011)；伊利诺伊大学厄巴纳-尚佩恩分校(2010)；圣路易斯华盛顿大学(1999—2004)；弗吉尼亚大学(2002)和耶鲁大学(1993)。他也曾担任芬兰建筑博物馆馆长(1978—1983)和赫尔辛基工业艺术学院校长(1972—1974)。他在世界各地教学与演讲。他已发表了 40 余本著作，包括《遇见 1》(2005/2012)和《遇见 2》(2012)，《具身图像》(2011)，《思考的双手》(2009)，《肌肤的眼眸》(1996，2005，2012)，《建筑图像：影院的延伸空间》(2001，2007)，以及《动物建筑》(1995)。

乔伊·莫妮卡·马尔纳(Joy Monice Malnar)

美国建筑协会会员，伊利诺伊大学厄巴纳-尚佩恩分校建筑系助理教授，注册建筑师。她教授建筑设计和主持感官对建筑环境的反应的研讨会。她获得了伊利诺伊大学芝加哥分校的建筑学硕士学位。她曾在惠特克、斯基德穆尔、奥因斯和美林就职。她与弗兰克·沃德瓦尔卡合著了《内在维度：封闭空间和感官设计的理论方法》，同时她在悉尼、首尔和蒙特利尔等地的会议上发表演讲。她曾游览北美各地并采访了成功地设计涵盖部落文化内涵的建筑的建筑师。她与弗兰克·沃德瓦尔卡合著的第三本书《土著文化的新建筑》在 2013 年出版。

弗兰克·沃德瓦尔卡(Frank Vodvarka)

芝加哥洛约拉大学艺术系教授,教授设计、色彩原理和美国经验,获得芝加哥大学艺术学硕士学位。他曾在澳大利亚、比利时、博茨瓦纳、南非、津巴布韦和美国举办过展览。他与乔伊·莫妮卡·马尔纳合著了《内在维度:封闭空间和感官设计的理论方法》,同时他在悉尼、首尔和蒙特利尔等地的会议上发表演讲。他曾游览北美各地并采访成功地设计涵盖部落文化内涵的建筑的建筑师。他与乔伊·莫妮卡·马尔纳合著的第三本书《土著文化的新建筑》在2013年出版。

杰米·沃德(Jamie Ward)

英国萨塞克斯大学认知神经科学教授。他的研究主要关注的是感觉与多感知过程如何影响认知作用(包括记忆、语言和社会认知)的典型和非典型的互动。他因共同感觉除了通常会出现的感觉外的"其他"感知的研究而在学界知名。他撰写了该领域首屈一指的教科书《认知神经科学导论》与《社会神经科学导论》,同时他也是《认知神经科学》杂志的主编。

大卫·霍威斯(David Howes)

加拿大蒙特利尔康考迪亚大学人类学教授,感官研究中心主任。他获得了3个人类学学位和2个法学学位。他的主要研究领域包括感官人类学、文化和消费、宪法研究和法学人类学。他在巴布亚新几内亚的塞匹克河中游地区、阿根廷西北部和美国西南部进行关于感官文化生活的田野调查。在结束了牛津皮特利弗斯博物馆的物之感官生活的人类学研究后,他启动了和克里斯托弗·索尔特合作的"感官媒介"新媒体艺术计划。在法律研究方面,他关注解决跨国迁徙带来的文化融合和摩擦的法案在方法论上的详细阐述。为了替代将文化作为后防的观念,他提议跨文化法律体系的发展。同时他还开展关于加拿大和美国宪法的文化基础的研究(http://www.canadianicon.org)。他是《多样的感官体验》(1991)、《跨文化消费》(1996)和《感官帝国》(2004)的编者;与康斯坦斯·克拉森和安东尼·西诺特合著了《气味:嗅的文化史》(1994);还是《感官联系:文化与社会理论中的感官》(2003)的作者。他还出版了《阅读第六感》(2009)。他联合建设了感觉研究的网站(http://www. sensorystudies. org)。

塞尔瓦托·玛丽亚·阿里洛蒂(Salvatore Maria Aglioti)

神经学家,神经心理学家,社会神经科学家,罗马第一大学社会神经科学教授。他的研究主要关注健康、大脑受损以及脊柱受损的人群之间不同的肉体知觉中的神经基础,同时他还关注行动与移情作用间的主观方面。他主持认知社会与情感神经科学实验室和认知社会及情感神经,以及该研究方向的博士生国际项目(http://www. uniromal. it/cosan/)。他的研究在罗马第一大学心理学系和罗马圣塔露西亚基金会科学健康研究所(http://www. uniromal. it/aglioti/)中开展。

伊拉里亚·巴夫拉里(Ilaria Bufalari)

罗马第一大学心理学系认知神经科学博士后。她的研究主要关注影响身体表现、自我认同错觉和社会互动交流(特别是移情作用)的神经关联和心理变量。她的研究将大脑图像、刺激技术与性格测试相结合。

马泰奥·坎迪迪(Matteo Candidi)

心理学家和认知神经科学家,罗马第一大学心理学系助理教授。他的研究主要关注真实社会背景下健康个体在视觉与形体表现中的神经关联。他研究性格及文化变量对人际交流行为的影响,以及通过刺激大脑的视觉运动刺激间的神经关联。

萨曼莎·斯宝顿(Sam Sportun)

杜伦大学艺术(雕塑)学士,历史考古器物保藏硕士。她是曼彻斯特博物馆藏品管理经理、高级管理员。她在利物浦国家博物馆雕塑保藏部门工作了13年,期间对扫描和复制技术极感兴趣。她的研究兴趣点是3D数字技术和它如何在有效创造关联上运用。她获得了斯坦福大学创新技术硕士学位。

伊丽莎白·萨尔扎沃尔·阿克塞尔(Elisabeth Salzhauer Axel)

超越视觉艺术(ABS)创始人和主席,前盲人艺术教育(AEB)(创立于

1987 年的非营利性组织)成员。她同时也是惠特尼美国艺术博物馆的高级讲师和课程开发者,并工作了 15 年之久。伊丽莎白是美国博物馆协会和全国艺术教育者协会全国会议上作汇报。她是 AEB 的《触摸和声音下的艺术史》杂志(一本独特的多感官艺术百科全书)主编。在组织运作的方法和专业知识基础上,伊丽莎白与他人合著了《超越视觉艺术:艺术、创造力和视觉障碍指南》。考虑到这一领域的专家权威,此书和美国盲人基金会共同出版。伊丽莎白在诸如史密森学会、洛杉矶艺术博物馆、现代艺术博物馆、约翰与梅波瑞格林艺术博物馆、伯明翰博物馆和加利福尼亚盲人学校等著名机构中培训艺术教育和无障碍设施问题领域的员工和教师。她是犹太联合呼吁组织领导发展部、盲人协会(一个疗养康复机构)和残障人群市长办公室董事成员。

译后记

现在,闭上眼睛,回想一下我们的生活细节。早晨,你是否有被手机闹铃的"震天响"下意识地从睡梦中惊醒的经历?而当你闻到早饭或者晨间咖啡的香味时,朦胧的大脑是否一下清醒了过来?你也许会从一道菜的味道而回忆起某个人;也许会因为一阵香气而回忆起某个瞬间,就如《追忆似水年华》里写道的。举一个十分"接地气"的例子,你是不是曾经也忍不住去摸公园或者旅游景点里的铜狮子、神兽的头或者屁股?至少我是这样的。的确,我们的生活无时无刻不充盈着多感官的身影,我们无法想象只能看的世界是怎么样的,正如不会有人愿意在自己所爱的人面前仅能"大眼瞪小眼"吧。

若我们把语境放置在博物馆中,那么博物馆常常给人"高冷"的形象也就不难解释了。早在 18 世纪时,大英博物馆的门票上就有提示说,"所有被允许进入的游客禁止触碰馆内任何展品",虽然这个提示只是被选择性地执行,但是到了 19 世纪初,大英博物馆便通过将博物馆建成希腊神庙的样子来贯彻这项要求,强化观众的良好参观行为习惯,这便最终发展成为大众化的"博物馆"模样。当时的大众媒体上曾经发表过关于博物馆礼仪的指南,而且还专门开放了一个新的博物馆以进行测试:1. 不要触碰任何东西;2. 不大声说话;3. 不莽撞,以此指导即将进入博物馆的人群。① 由此,博物馆大概花了一百多年的时间教观众学会"博物馆礼仪"——不要跑,不要跳,不要爬,不要大喊大叫和不要摸来摸去。一百多年来,观众确信博物馆是用来"优雅"地静观的。同时这也变成了全球博物馆风潮,博物馆逐渐变成了视觉的帝国;而经历百年建造起来的帝国以它冰冷的铁面将众多观众的热情拒之门外。

我喜欢看旅行日记、游记,即使是旅游参观攻略,读来也颇为有趣。翻阅

① The British Museum. *The Penny Magazine of the Society for the Diffusion of Useful Knowledge*. 1832. 4. 14, p. 14.

十七八世纪的旅行者日记,可以发现那个时期的观众对收藏品有着无限浓厚的兴趣。1694 年西莉亚·费恩斯(Celia Fiennes)访问牛津的时候,她非常欣赏科珀斯克里斯蒂学院(Corpus Christi College)的"精美面包",三一学院礼拜堂的"精美香木"和马格达伦学院的"极佳的细砾石子路"。在阿什莫林博物馆,她还收集了一些展品,在帕多瓦植物园她寻找、采集和嫁接了一些植物①。在这些旅行文字中,没有任何地方表明必须通过藏品才能征服人的感官;而恰恰只有让人类所有的感官都参与进来才能全面地体验参观地。

　　怀着这样理念的我偶然间看到了这本《多感知博物馆:触摸、声音、嗅味、空间与记忆的跨学科视野》,兴奋之余,我如海绵般地吸收着其中的所思所感。实际上,多感官在博物馆中的运用由来已久,经过十七八世纪早期大量运用感官元素来丰富博物馆及其展览,观众除了触摸展品外,甚至还可以品尝展品;而到了 19 世纪中期,随着博物馆对观众行为的严格限制与约束,博物馆成了只能用远距离眼观的同时显示阶级与教养的场所;而 20 世纪后期,博物馆突破了之前所设置的严苛规范,触觉逐渐被运用至展览及展品中,尤其针对视障人士;而到了 21 世纪,不仅触觉的运用越来越广泛,同时也带动了其他感知觉的运用,博物馆逐渐建构了一种多感官的沉浸氛围。因此,博物馆的感官史经历了广泛提倡到全面压抑再到逐渐放宽直至今日的多感官体验。

　　无障碍诉求的不断发展也成为博物馆重思多感官功能与意义的主要原因。美国大都会博物馆早在 1913 年便陆续利用可触摸物品、盲文的提供以及通过读唇语的方式为各类身心障碍者提供服务②;波士顿儿童博物馆自 1916 年起,也为视障与听障儿童提供一些课程③;而英国泰特美术馆于 1976 年策划了一个以触摸为主的展览,特别为视障团体设计活动,并引导欧洲许多博物馆陆续加入这个潮流④。而专门为残障人士开展的项目已扩大到其他社会群体。研究人员正在探索多样的群体,如大学生群体、老人和医院的病人可

---

① Fiennes, Celia. *The Journeys of Celia Fiennes*. London: The Cresset Press, 1949, pp. 33-37.
② Steiner, C. K. *The Accessible Museum*: *Model Programs of Accessibility for Disabled and Older People*. Washington, D. C.: American Association of Museums, 1992, pp. 12-13.
③ 美国博物馆协会编:《零障碍博物馆》,桂雅文等译,五观艺术管理有限公司,2001 年,第 36 页.
④ Pearson, A. *Museums without Barriers*: *A New Deal for Disabled People*: Foundation de France and ICOM, 1991, p. 122.

能从对文物的亲身触摸体验中获益①。这种触觉接触提高了对文物的鉴赏力，并通过让人们真正接触到有价值的文物来促进人们的幸福感。②

　　但是，从书中看到的各种多感官实践案例实际上并没有给我带来切实的感受，直到我参观了美国华盛顿特区内的建筑博物馆（National Building Museum），才让我深刻地感受到了触摸、声音、身体运动等元素的加入会有如此大的传染力。建筑博物馆可以说是一家以历史为主的博物馆，而在 2017 年秋夏之交，一个叫做"蜂巢（Hive）"的大型装置占据了整个博物馆大厅空间，其用纸片、纸筒的巧妙堆积来模拟蜂巢的样子，观众可以任意在其中穿梭，孩子们更是爬上爬下，其中的一个区域还安排了敲击纸筒来创作音乐的项目，观众玩得不亦乐乎。而恰恰在这个"热火朝天"的大型装置一旁的房间里陈列着建筑博物馆从精神病院发展而来的历史。这样较为极端的例子也许在大多数博物馆中并不存在，但是它却让我思考"身体松绑"以及感官体验的多种形式已经悄然萌发在博物馆的各个地方。

　　博物馆更多地考虑"身体"与体验以及视觉、听觉、嗅觉、味觉、本体感觉等感知体验之间的组合和复杂交互，关注对观众在认知、情感等方面的潜在影响，这是博物馆未来发展的重要方向，也是这本书以及后续研究的意义所在。

　　而"多感官"中的"多"字除了包含多种感觉器官及其感知，也有一种多重选择的含义，这也表明了博物馆应含有一颗兼容并包的心，以多元化的态度来满足不同观众的需求，同时"多"也能让我们在对待自我和他人的时候，保持一份对于差异的理解。可能很多人都会认为不管是对于"多感官"的研究还是"多感官"的实践，都是技术、科学指向型，如我们常常会看到神经科学的试验结果证明多感官的效果等等文字，而多感官的展览应用实践也被认为是技术设备的更新与换代。但是，我并不觉得技术化的解释是多感官的最大意义所在。在我看来，多感官是一种态度、一种观念以及一种哲学观。在多感

---

① Chatterjee, Helen and Hannan, Leonie. *Engaging the Senses: Object-Based Learning in Higher Education*. Abingdon: Routledge, 2016.
② Chatterjee, Helen and Noble, Guy. *Museums, Health and Well-Being*. Farnham: Ashgate, 2013. 以及加拿大国家美术馆的"刺激感官"计划，Clintberg, Mark. Where Publics May Touch: Stimulating Sensory Access at the National Gallery of Canada. *The Senses & Society* 9:3, 2014, pp. 310-322.

官展览中,非可视的感觉不再被视为理解艺术的二流方式,而是作为一种模式。通过这种方式,每个人都能得到有意义的、令人鼓舞的印象。

莫利(Molly)就曾发出这样的感叹:"博物馆是'奇怪'的边缘地带:论及教育,它并非学校;论及研究,它并非大学;论及价值,它并非商店或银行;论及治疗,它并非医院;论及休闲娱乐,它并非游乐场。但如果博物馆有意做到,其可以向各类群体提供各类需求。"①因此,21 世纪的博物馆,多种感官正在重新发挥作用,帮助博物馆打造为学习中心、社区活动中心,甚至可以是治疗和思考的场所。② "无作为的静观(disinterested contemplation)"正逐渐被"有情感的参与(affective participation)"所取代,多感官元素被运用于自然专题类、民俗生活类、特殊历史场景类以及亲子教育类展览中,起到了制造沉浸感、激发情绪以及年代回忆、辅助教育以及导引等作用,博物馆从"单一感官展示(single sense epiphanies)"③的场所正逐渐转变成"感官游乐场"。而多感官的加入使博物馆成为一个历史的、跨文化的、提供美的发现和感悟的激动人心之地。

因此,我也希望这本书将成为多感官博物馆学术之旅的入场券,让更多的同行体会多感官的意义,使我们更柔软、更多元、更个性地对待博物馆中的历史、艺术、自然及社会。

王思怡

2019 年 2 月 24 日于雨后吴兴

---

① Harrison, M. *Changing museums: their use and misuse*. London: Longmans, 1967, pp. ix.
② 王思怡:《博物馆之脑:具身认知多感官美学感知中的理论与应用》,《博物馆研究》2016 年第 4 期,第 12 页。
③ Kirshenblatt Gimblett, B. *Destination Culture: Tourism Museums and Heritage*. Berkeley, CA: University of California Press, 1998, p. 58.

图书在版编目(CIP)数据

　　多感知博物馆：触摸、声音、嗅味、空间与记忆的
跨学科视野 /（美）妮娜·莱文特(Nina Levent)，
（美）阿尔瓦罗·帕斯夸尔-利昂
(Alvaro Pascual-Leone)主编. 王思怡，陈蒙琪译. —
杭州：浙江大学出版社，2020.4(2024.7 重印)
　　（博物馆学认知与传播·译丛）
　　书名原文：The Multisensory Museum：Cross-
Disciplinary Perspectives on Touch，Sound，Smell，
Memory，and Space
　　ISBN 978-7-308-18393-2

　　Ⅰ.①多… Ⅱ.①妮… ②阿… ③王… ④陈… Ⅲ.
①博物馆—工作—研究 Ⅳ.①G26

　　中国版本图书馆 CIP 数据核字(2018)第 149978 号
　　浙江省版权局著作权合同登记图字:11-2017-345 号

多感知博物馆:触摸、声音、嗅味、空间与记忆的跨学科视野

（美）妮娜·莱文特　（美）阿尔瓦罗·帕斯夸尔-利昂　主编
王思怡　陈蒙琪　译

责任编辑	陈佩钰(yukin_chen@zju.edu.cn)
责任校对	杨利军　严　莹
封面设计	程　晨
出版发行	浙江大学出版社
	（杭州市天目山路 148 号　邮政编码 310007）
	（网址:http://www.zjupress.com）
排　　版	杭州青翊图文设计有限公司
印　　刷	浙江新华数码印务有限公司
开　　本	710mm×1000mm　1/16
印　　张	24.25
字　　数	410 千
版 印 次	2020 年 4 月第 1 版　2024 年 7 月第 4 次印刷
书　　号	ISBN 978-7-308-18393-2
定　　价	88.00 元

版权所有　侵权必究　印装差错　负责调换

浙江大学出版社市场运营中心联系方式:0571-88925591;http://zjdxcbs.tmall.com